Bernhard Lohse
Epochen der Dogmengeschichte

Udo Jesberger
n̄/89

Wer sagt denn ihr,
daß ich sei?

MATTHÄUS 16, 15

Dogmen verschweigen
heißt Dogmen verleugnen

MAXIMUS CONFESSOR
MIGNE PATROLOGIA GRAECA 90, 165 A

Bernhard Lohse

EPOCHEN DER DOGMEN- GESCHICHTE

Kreuz Verlag

Dieses Buch ist auch als Hörbuch erschienen.
Blinde können es kostenlos entleihen bei der
Deutschen Blindenstudienanstalt
– Emil-Krückmann-Bücherei –
Liebigstraße 9
3550 Marburg
Telefon: 0 64 21/67 05 53

oder bei der
Deutschen Blinden-Hörbücherei
Am Schlag 2 a
3550 Marburg
Telefon: 0 64 21/60 62 61

7. Auflage 1988
Durchgesehener und ergänzter Nachdruck
der 3./4. überarbeiteten und erweiterten Auflage 1974/1978
© Kreuz Verlag, Stuttgart 1963
Gestaltung: Hans Hug
Gesamtherstellung: Ernst Kieser GmbH Graphischer Betrieb, 8902 Neusäß
ISBN 3 7831 0702 4

Inhaltsverzeichnis

Vorwort zur fünften Auflage

Dieser Entwurf der »Epochen der Dogmengeschichte«, der vor zwei Jahrzehnten zuerst erschien, hat insgesamt eine freundliche Aufnahme gefunden. Zeichen dafür sind die verschiedentlich notwendig gewordenen Neuauflagen (1969, 1974, 1978) sowie die Übersetzungen. In den USA erschien das Buch zuerst 1966; 1978 kam eine Paperback-Ausgabe heraus. Eine portugiesische Ausgabe wurde 1972 in Brasilien gedruckt; sie erschien 1981 in zweiter Auflage. Auch die zahlreichen Rezensenten haben im ganzen dem hier unternommenen Versuch Verständnis entgegengebracht.

In der zweiten sowie stärker in der dritten und vierten deutschen Auflage ist manches korrigiert und überarbeitet worden, um das Buch auf den neuesten Stand zu bringen, ohne daß jedoch größere Eingriffe vorgenommen wurden. Bei der Vorbereitung der fünften Auflage ist der Text an manchen Stellen neu gefaßt worden, und zwar hauptsächlich in den drei letzten Kapiteln, in denen es galt, die jüngste Entwicklung sowie auch neue eigene Erkenntnisse zu berücksichtigen. Zu einer grundlegenden Änderung der Konzeption und der Anlage des Buches habe ich mich jedoch nicht veranlaßt gesehen. Neuerdings ist die große, von Carl Andresen herausgegebene Darstellung »Handbuch der Dogmen- und Theologiegeschichte« im Erscheinen begriffen (Bd. 2, 1980; Bd. 1, 1982; Bd. 3, ca. 1984). Auf dieses Werk sei hier nachdrücklich hingewiesen.

Hamburg, im September 1982   Bernhard Lohse

Aus dem Vorwort zur ersten Auflage

Zu dem gegenwärtigen Zeitpunkt eine Darstellung der Dogmengeschichte zu schreiben, ist ein Wagnis. Die großen Werke über die Dogmengeschichte, die im deutschen Sprachbereich um die Jahrhundertwende verfaßt wurden, sind noch nicht durch einen neuen überzeugenden Gesamtentwurf ersetzt worden, obwohl sich die Auffassung vom Dogma und von der Dogmengeschichte im Bereich des Protestantismus inzwischen erheblich gewandelt hat ...

Es ist mir durchaus deutlich, daß in der heutigen Situation der Dogmengeschichtsforschung diese Darstellung nicht mehr als nur ein Versuch sein kann, eine neue evangelische Auffassung über das Dogma und die Dogmengeschichte zu einem Entwurf der »Epochen der Dogmengeschichte« auszubauen. Möge dieser Versuch immerhin dazu helfen, innerhalb der evangelischen Kirche das Verständnis für das Dogma, seinen wahren Sinn und seinen eigentlichen Anspruch neu zu wecken. In den Dogmen ist uns ein Erbe übergeben, das weder unbeachtet bleiben noch auch einfach konserviert werden darf, das vielmehr selbständig und verantwortlich übernommen sein will, wenn anders die Kirche von heute mit der Kirche der Väter im Glauben und im Bekenntnis eins ist.

Hamburg, im Februar 1963   Bernhard Lohse

Verzeichnis der Abkürzungen

BS   = Die Bekenntnisschriften der ev.-luth. Kirche, 4. Aufl. 1959.
CR   = Corpus Reformatorum, 1834 ff.
Denz.   = H. Denzinger, Enchiridion Symbolorum, Definitionum et Declarationum de Rebus Fidei et Morum, 29. Aufl. 1954. In Klammern sind, soweit vorhanden, die Fundorte der 34. Aufl. von A. Schönmetzer, 1967, hinzugefügt.
RE   = Realencyklopädie für protestantische Theologie und Kirche, 3 Aufl. 1896 ff.
RGG   = Die Religion in Geschichte und Gegenwart, 3. Aufl. 1957 ff.
TRE   = Theologische Realenzyklopädie.
WA   = Luthers Werke, Weimarer Ausgabe, 1883 ff.

Dogma und Dogmengeschichte

Undogmatisches Christentum?

Wenn sich heute viele Menschen diesseits und jenseits der Kirchenmauern in einem Punkt einig sind, so sind sie es in der Forderung nach einem undogmatischen Christentum. Seit den Tagen der Aufklärung ist das Dogma, oder jedenfalls das Verständnis, das man vom Dogma hatte, für ungezählte Menschen zum Ärgernis geworden, das sie an einem lebendigen Glauben hindert. Die modernen Weltanschauungen haben den Kampf gegen das christliche Dogma auf ihre Fahnen geschrieben. Der Nationalsozialismus hat seine Kirchenpolitik zunächst unter dem Schlagwort der Entkonfessionalisierung betrieben. Dabei wandte er sich insbesondere gegen die nach seiner Ansicht überholte Bindung an längst vergangene Dogmen und Bekenntnisse. Aber auch in der Kirche selbst ist der Ruf nach einem undogmatischen Christentum schon lange laut geworden. Adolf von Harnack, der die bis heute in vielfacher Hinsicht glänzendste Dogmengeschichte geschrieben hat, hat in der Geschichte der Dogmenbildung letztlich nichts anderes gesehen als einen Verfallsprozeß, der zur Hellenisierung des Christentums geführt habe und den es zu überwinden gelte; nur so könne man wieder zu einem dogmenlosen Glauben kommen, wie er nach Harnacks Ansicht in den Anfängen der Kirche bestanden hat und wie er allein dem Wesen des Christentums entsprechen soll. Auch in der Gegenwart ruft man wieder nach einem undogmatischen Christentum. Wie heute die Frage nach dem sogenannten historischen Jesus von neuem mit Nachdruck gestellt wird, so soll auch von ihr her eine Antwort auf die Frage nach dem Dogma gegeben werden. Gerhard Ebeling hat die Forderung ausgesprochen: »Es darf ... in christologischer Hinsicht nichts über Jesus ausgesagt werden, was nicht im historischen Jesus selbst begründet ist und sich nicht darauf beschränkt, auszusagen, wer der historische Jesus ist.«[1] Es ist ein offenes Geheimnis, daß viele

Katholiken hinsichtlich eines Dogmenglaubens nicht anders denken und zumindest von neuen Dogmen nichts wissen wollen. Als auf dem ersten Vatikanischen Konzil 1870 die Unfehlbarkeit des Papstes dogmatisiert wurde, gab es eine beträchtliche Opposition, die sich gerade aus den führenden Theologen Deutschlands und Frankreichs zusammensetzte. Und auch das neue Mariendogma ist vor seiner Verkündung von nicht wenigen Katholiken scharf kritisiert worden.

Es dürften vor allem drei Gründe sein, die den Ruf nach einem undogmatischen Christentum auch in der Kirche selbst immer wieder laut werden lassen. Zunächst wird oft gesagt, daß man doch auch, ohne an bestimmte Dogmen zu glauben, ein guter und frommer Christ sein könne. Dieser Gedanke ist seit den Tagen des radikaleren Pietismus, wie er sich vor allem bei Gottfried Arnold zeigt, immer wieder vertreten worden. Seine schärfste Ausprägung hat er wohl bei Leo Tolstoi gefunden, der für ein Reformchristentum im Sinne der Bergpredigt eintrat. In unserem Jahrhundert hat Albert Schweitzer ein solches Christentum der praktischen Tat ohne bestimmten Dogmenglauben in exemplarischer Weise vorgelebt. Kein Theologe und kein Kirchenführer sollte den Ernst und die Hingabe verkennen, die hinter einem solchen undogmatischen Christentum stehen. Gewiß kann die Forderung nach völliger Freiheit von irgendwelchen Dogmen auch von Indifferenten erhoben werden, die sich die Nächstenliebe nicht angelegen sein lassen. Aber gerade unser Jahrhundert hat doch wohl nicht ohne Grund eine Abneigung gegen bloße Worte, hinter denen nicht der Einsatz der ganzen Person steht.

Allein, es ist nicht nur die Spannung zwischen einem Dogmenglauben und einem Christentum der Tat, die zur Forderung nach einem undogmatischen Christentum führt. Nicht minder bedeutsam ist die Erkenntnis, daß die Dogmen nur zu oft aus einer bestimmten Situation heraus entstanden sind, die in ihrer Weise einmalig ist und nicht wiederkehrt, und daß sie daher wie alles Irdische der geschichtlichen Bedingtheit unterliegen. Diese Erkenntnis ist nicht zuerst von Gegnern des Christentums, sondern bezeichnenderweise in der Kirche selbst gewonnen worden. Sie hängt auf das engste mit dem Aufkommen des geschichtlichen Denkens in der Neuzeit zusammen. Die Reformatoren, insbesondere Luther, haben hier die ersten bahnbrechenden Schritte getan. Während in der alten Kirche und im Mittelalter die Dogmen weithin fraglos anerkannt wurden und die vereinzelte Kritik an ihnen noch nicht die geschichtliche Bedingtheit der Dogmen erkannte, hat <u>Luther</u> bei aller Anerkennung der grundlegenden Dogmen der alten Kirche doch die Forderung gestellt, daß man die Dogmen aus der Zeit ihrer Entstehung heraus verstehen müsse[2]. Zu einer eigentlichen Dogmengeschichtsschreibung ist es dann freilich erst in der Zeit der Aufklärung gekommen. Hier hat vor allem Lessing wichtige Anstöße gegeben. Dabei ist die Dogmengeschichte schon gleich zu Beginn weitgehend als Dogmenkritik betrieben worden. Einer der ersten Dogmenhistoriker, nämlich W. Münscher in seinem erstmalig 1797 bis 1809 veröffentlichten »Handbuch der christlichen Dogmengeschichte«, fand, daß sich die Dogmen oftmals stark verändert hätten und daß diese Wandlungen teilweise so unmotiviert seien wie der Wechsel in der Mode der Frauenzimmer. Bis heute ist die Geschichte der Dogmen oft in ähnlicher Weise verstanden worden. Tatsächlich scheint ja schon der Begriff der Dogmengeschichte auf die geschichtliche Bedingtheit der Lehraussagen der Kirche hinzuweisen, sofern das Dogma an sich etwas Absolutes, die Geschichte hingegen etwas Relatives, der Wandlung Unterworfenes bezeichnet.

In engem Zusammenhang mit der Erkenntnis, daß die Dogmen in strengem Sinne eine geschichtliche Größe darstellen, steht schließlich drittens die Ansicht, daß ein <u>Vergleich mit der Bibel</u> nur zu oft zum Nachteil der Dogmen ausfällt. Hier wird nicht mehr einfach der Theologenglaube dem Laienglauben gegenübergestellt, sondern durchaus das Ganze des biblischen Zeugnisses ernst genommen. Es war gerade das <u>Schriftprinzip der Reformation,</u> das den Unterschied zwischen den Aussagen der Schrift und denen der Dogmen erkennen lehrte. Dieser Unterschied besteht, kurz gesagt, darin, daß die <u>Bibel</u> sich <u>personaler Kategorien</u> bedient, während die <u>Dogmen ontologische Begriffe</u> verwenden. In der Bibel wird der Mensch mit seiner ganzen Person der Verkündigung von Gottes Heilshandeln in Jesus Christus konfrontiert; in den Dogmen hingegen wird der Versuch unternommen, das Wesen Gottes oder Jesu Christi zu definieren. Die Bibel zeigt dem Menschen die Macht der Sünde auf, die ihn faktisch in seinem Tun und Lassen bestimmt, und ruft ihn auf, in der Annahme der Heilsbotschaft von seiner Vergangenheit frei zu werden; die Dogmen dagegen erheben diese Unmittelbarkeit der Verkündigung in die Distanz der reinen Lehre. Die Bibel hält dem Menschen einen Spiegel vor, in welchem er sich in seinem wahren Wesen erkennt; in den Dogmen schiebt der Mensch jedoch diesen Spiegel beiseite und zeichnet ein Bild, das sich von einem neutralen Standpunkt aus betrachten läßt, von dem man sich aber ebensogut wieder abwenden kann. Die Bibel zielt auf Subjektivität, das Dogma hingegen auf Objektivität. So ist es gerade die Erkenntnis der eigentümlichen biblischen Rede- und Denkweise, die zur Forderung nach einem undogmatischen Christentum führt.

Gegen diese Gründe für ein undogmatisches Christentum ist nur schwer etwas einzuwenden. Auf keinen Fall darf man so tun, als gäbe es sie nicht, und aus bloßem Traditionalismus oder Konfessionalismus heraus die Autorität der Dogmen einfach statuieren. Ein solcher Versuch würde den christlichen Glauben tatsächlich zu einer rückständigen Sache machen, die der modernen Kritik nicht standhalten kann. Allein, es erhebt sich doch die Frage: ob denn die Dogmen das wirklich sind oder auch nur sein wollen, als was sie in der Neuzeit so oft hingestellt worden sind? Bezeichnenderweise ist auch diese Frage nicht zuerst von außen gestellt worden, sondern innerhalb der Dogmengeschichtsforschung selbst laut geworden. Offensichtlich hängt die Beurteilung der Geschichte der Dogmen davon ab, was man unter einem Dogma versteht.

Was ist ein Dogma?

Die Antwort auf die Frage nach dem Wesen des Dogmas scheint leicht zu sein. Weithin ist man sich darin einig, daß unter den Dogmen Lehrsätze, analog den Sätzen einer bestimmten philosophischen Schule, zu verstehen seien. Für die katholische Kirche ist es ganz eindeutig, daß das Dogma diesen und keinen anderen Sinn hat. Der Jesuit A. Deneffe hat in einer Untersuchung über das Dogma in Übereinstimmung mit vielen anderen katholischen Theologen die präzise Definition gegeben: »Dogma est veritas a Deo formaliter revelata et ab Ecclesia sive sollemniter sive ordinarie definita«[3], die man etwas frei so übersetzen kann: Ein Dogma ist eine Wahrheit, die ihrem sachlichen Gehalt nach von Gott geoffenbart und von der Kirche entweder durch Konzilsbeschluß bzw. Kathedralentscheid des Papstes oder durch das bloße Faktum, daß sie in der Kirche allgemein gelehrt wird, definiert ist.

In ähnlicher Weise haben auch die großen protestantischen Dogmenhistoriker die Bedeutung des Dogmas bestimmt. Harnack etwa sagt: »Die kirchlichen Dogmen sind die begrifflich formulierten und für eine wissenschaftlich-apologetische Behandlung ausgeprägten christlichen Glaubenslehren, welche die Erkenntnis Gottes, der Welt und der durch

Christus geschehenen Erlösung umfassen und den objektiven Inhalt der Religion darstellen. Sie gelten in den christlichen Kirchen als die in den heiligen Schriften (bzw. auch in der Tradition) enthaltenen, das Depositum fidei umschreibenden Wahrheiten, deren Anerkennung die Vorbedingung der von der Religion in Aussicht gestellten Seligkeit ist.«[4] Friedrich Loofs und Reinhold Seeberg, zwei andere bedeutende Dogmenhistoriker aus der Zeit des ausgehenden 19. und beginnenden 20. Jahrhunderts, stimmen im ganzen mit dieser Definition überein. Es verdient lediglich Beachtung, daß Seeberg im Unterschied von Harnack die Unfehlbarkeit als nicht unbedingt zum Wesen des Dogmas gehörig ansieht. Loofs betont noch besonders, daß es sich bei den Dogmen um Glaubenssätze handelt, »deren Anerkennung eine kirchliche Gemeinschaft von ihren Gliedern oder wenigstens von ihren Lehrern ausdrücklich fordert«[5].

Gegenüber dieser verbreiteten und auch heute in Fachkreisen noch oft vertretenen Auffassung ist in den letzten Jahrzehnten auf protestantischer Seite teilweise der Versuch gemacht worden, das Wesen des Dogmas in einem sehr viel weiteren Sinne zu bestimmen. Dabei haben sich sowohl Dogmengeschichtler als auch systematische Theologen von der Auffassung Harnacks und seiner Generation abgesetzt. Die Verfasser von zwei neueren im deutschen Sprachbereich erschienenen Dogmengeschichten, Walter Köhler und Martin Werner, sind sich darin einig, daß man das Dogma einfach als den jeweils vorherrschenden Ausdruck des Gemeindeglaubens hinsichtlich des Sinngehalts der christlichen Offenbarung verstehen solle. Hierbei komme es nicht darauf an, ob ein solches Dogma definiert sei, auch nicht einmal auf die kirchliche Legitimation, da diese ja doch letztlich gar nicht als Kriterium angesehen werden könne, sondern einfach auf das christliche Selbstbewußtsein. Köhler hat seiner Darstellung der Dogmengeschichte daher konsequenterweise den Titel »Dogmengeschichte als Geschichte des christlichen Selbstbewußtseins« gegeben.

Auch Karl Barth tritt, freilich mit anderen Gründen, für eine sehr allgemeine Auffassung vom Wesen des Dogmas ein. Nach Barth bezeichnet das Dogma als solches »die Übereinstimmung der kirchlichen Verkündigung mit der in der Heiligen Schrift bezeugten Offenbarung«[6]; es ist also zunächst jeder Konkretion entzogen und nicht mit einzelnen definierten Dogmen zu identifizieren. Die Dogmen hingegen sind weiter nichts als die Erscheinungsformen des Dogmas. Mit dieser scharfen Unterscheidung zwischen dem Dogma als solchem und den einzelnen Dogmen kann Barth schon in der Definition auf den vermeintlichen Unfehlbarkeitscharakter der Dogmen verzichten. Zudem können die einzelnen Dogmen wohl in ihrer Problematik gesehen, aber zugleich doch auch als Versuche gewürdigt werden, die Offenbarungswahrheit zum Ausdruck zu bringen. Dafür muß Barth freilich in Kauf nehmen, daß das Dogma als solches bei ihm eine recht nebulose Angelegenheit ist, mit der jedenfalls der Dogmenhistoriker nicht viel anfangen kann.

Die eigentliche Schwierigkeit, vor die man sich bei einer Wesensbestimmung des Dogmas gestellt sieht und die unausgesprochen hinter den verschiedenen Versuchen einer Definition steht, ist die, daß nicht nur die Dogmengeschichte als solche, sondern auch die Auffassung über das Dogma jeweils geschichtlich bedingt ist und daher Änderungen unterliegt. Die katholische Ansicht vom Dogma, die zugleich auch im Protestantismus weit verbreitet ist, ist keineswegs die Auffassung gewesen, die man in den ersten Jahrhunderten der Kirchengeschichte vom Dogma hatte, sondern ist selbst erst zu einem relativ späten Zeitpunkt entstanden. In den ersten Jahrhunderten hat man weder den Begriff des Dogmas in dem heute geläufigen Sinne gekannt noch auch die damit gemeinte Sache. Das erste sogenannte Dogma, nämlich die Entscheidung des nicänischen Konzils 325 über die Wesenseinheit des Sohnes mit dem Vater, ist, streng genommen, nicht ein Dogma gewesen und wollte es auch gar nicht sein, wenn man den Begriff der Infallibilität im Dogma mit enthalten sein läßt. Vielmehr wollten die Väter auf dem nicänischen Konzil ein Bekenntnis ablegen. Unter diesem Titel haben sie auch ihre Entscheidung veröffentlicht. Mit dieser Feststellung soll keineswegs geleugnet werden, daß die Entscheidung von Nicäa einen ungeheuren Anspruch stellt und in gewissem Sinne autoritativ sein wollte. Aber es ist doch ein Unterschied, ob man dafür in einer seltsamen Mischung von philosophischen und juristischen Kategorien Unfehlbarkeit behauptet oder ob man schon in der Redeweise zum Ausdruck bringt, daß es sich um ein Bekenntnis handelt, das daher nur in Relation zu der bekannten Sache oder der bekannten Person verstanden werden kann. Die neueren Untersuchungen haben auf jeden Fall deutlich gemacht, daß dieses Dogma nicht aus »Metaphysikhungrigkeit«[7] definiert wurde. Erst Basilius der Große hat in der Mitte des 4. Jahrhunderts die Unterscheidung zwischen dem christlichen Kerygma und den Dogmen als Glaubenssätzen aufgebracht. Freilich hat es noch einige Zeit gedauert, bis sich die Konzile diese

Unterscheidung zu eigen gemacht haben. Erstmalig ist im Chalce-donense 451 das lehrhafte Moment des Dogmas stärker betont, indem es heißt: »Wir lehren, daß man bekennen soll...« Ihren Charakter als unfehlbare Lehrsätze haben die Dogmen nicht zuletzt durch ihre reichsrechtliche Anerkennung gewonnen. Durch sie hat darüber hinaus alles Dogmatische den Beigeschmack des Zwangsmäßigen erhalten, den es für viele Menschen noch heute hat. Aber in der Zeit der alten Kirche kann man schon allein darum nicht von einem Unfehlbarkeits-anspruch der Dogmen sprechen, weil diese ihre Aufgabe nicht nur in einer Weiterentwicklung älterer Lehrentscheidungen gesehen, sondern zuzeiten auch früheren Entscheidungen einen anderen Sinn verliehen haben, als diese an sich hatten. Mit dem modernen Verständnis der Unfehlbarkeit von Dogmen wäre das nicht vereinbar. Erst im Mittel-alter hat die katholische Kirche die Lehre von dem Depositum fidei entwickelt, das heißt die Auffassung, daß der Kirche ein bestimmter Schatz an Wahrheiten übertragen ist, von dem nichts verlorengehen darf, der aber doch seinerseits eine Weiterentwicklung im Sinne einer näheren Entfaltung verträgt. In voller Konsequenz hat dann der neu-zeitliche Katholizismus für seine Dogmen die Infallibilität behauptet, und zwar sowohl auf dem Tridentinischen als auch auf dem ersten Vatikanischen Konzil. Das Verständnis des Dogmas im Sinne eines geoffenbarten Glaubenssatzes ist also durchaus nicht der alten Kirche eigen gewesen, sondern selbst erst durch bestimmte geschichtliche Fak-toren entstanden.

Für den Bereich des Protestantismus ist die Auffassung der Dogmen als unfehlbarer Glaubenssätze zu keiner Zeit gültig gewesen. So sehr Luther und die anderen Reformatoren die Autorität der altkirchlichen Konzilsentscheidungen anerkannt haben, so haben sie das doch nicht darum getan, weil diese von einem kirchenrechtlich und theologisch dazu befugten Konzil getroffen wären oder mit Notwendigkeit aus dem Depositum fidei folgten, sondern weil sie der Meinung waren, daß diese Konzilsentscheidungen sachlich mit der Schrift übereinstim-men und eine notwendige Abgrenzung gegenüber bestimmten Irrlehren darstellen. Daher haben Luther, Zwingli und Calvin diese Entschei-dungen auch nicht im Sinne eines unfehlbaren Dogmas, sondern im Sinne eines Bekenntnisses verstanden und insofern das altkirchliche Selbstverständnis der Konzilsentscheidungen im wesentlichen wieder aufgenommen. Nicht zufällig heißen die lehrmäßigen Formulierungen der Reformationskirchen nicht Dogmen, sondern Bekenntnisschriften.

Es ist daher geraten, innerhalb der evangelischen Kirche den einmal gebräuchlich gewordenen Begriff der Dogmen im Sinne von Bekenntnissen oder auch Lehrbekenntnissen zu verstehen. Nur so kann die stete Beziehung der Dogmen auf die in ihnen bezeugte Sache zu ihrem Recht kommen.

Die Kontinuität der Dogmengeschichte

Wenn man in den Dogmen Bekenntnisse oder Lehrbekenntnisse sieht, dürfte es möglich sein, auf die schwierige Frage sowohl nach dem Ansatz als auch nach der Fortentwicklung in der Dogmengeschichte eine befriedigende Antwort zu finden. Was den Ansatz der Dogmengeschichte betrifft, so besteht kein Zweifel, daß Jesus mit einem unvergleichlichen Anspruch aufgetreten ist und daß er sich nicht damit begnügt hat, die Menschen über dieses oder jenes zu belehren, sondern daß er sie herausgefordert hat, sich für ihn zu entscheiden, also sich zu ihm zu bekennen. Bekenntnisse hat es in diesem Sinne schon in den Erdentagen Jesu gegeben. Nach dem Bericht des Matthäusevangeliums (16, 15) hat Jesus seinen Jüngern die Frage gestellt: »Wer sagt denn ihr, daß ich sei?« Gleich, ob Jesus tatsächlich zu einem ganz bestimmten Zeitpunkt seiner Wirksamkeit diese Frage an seine Jünger gerichtet hat oder nicht, in jedem Fall gibt der Bericht des Matthäus das treffend wieder, worauf Jesus mit seiner ganzen Verkündigung zielt, nämlich auf die Entscheidung für ihn, das Bekenntnis zu ihm. Die Antwort, die Petrus auf diese Frage gibt, ist dann das erste Dogma im Sinne des Bekenntnisses: »Du bist Christus, der Sohn des lebendigen Gottes!«

Seit diesem Bekenntnis des Petrus hat es niemals eine Zeit gegeben, in der die Christen nicht vor der Aufgabe gestanden hätten, ihren Glauben bekenntnismäßig zum Ausdruck zu bringen. Dabei haben verschiedene Gründe dazu geführt, daß dieses Bekenntnis nicht nur in der einfachen und knappen Form wiederholt wurde, in der Petrus es geleistet hatte, sondern daß man es weiter ausführte und näher entfaltete. Der erste und wichtigste Grund, der zu einer näheren Darlegung des Bekenntnisses und auch zu einer Ausbildung der Lehre, wenigstens in Ansätzen, führte, ist die in ihrer Bedeutung kaum zu überschätzende Tatsache, daß die Urgemeinde schon sehr früh nach Jesu Kreuzigung und Auferstehung zu dem erhöhten Herrn betete. Sowohl der aramäisch überlieferte Gebetsruf »Maranatha« (1. Korinther 16, 22) als auch das Gebet des Paulus (2. Korinther 12, 8) bezeugen diesen Brauch schon für die älteste Zeit der Urgemeinde (vgl. auch Apostelgeschichte 9, 14; Römer 10, 12—14; 1. Korinther 1, 2). Beten kann man nur zu Gott. Wenn man aber zu Jesus Christus betet, dann muß sich die Frage erheben, in welchem Verhältnis der Erhöhte zu Gott steht. Die dogmengeschichtliche Entwicklung der Trinitätslehre und der Christologie hat demnach ihren Ansatzpunkt in der ersten Zeit der Kirche, wenn es auch lange dauerte, bis es hier zu einer eigentlichen Lehre kam.

Daneben haben aber auch andere Gründe zur Bildung von Dogmen oder Bekenntnissen geführt. Zunächst fehlte es nicht an Gelegenheiten, seinen Glauben zu bekennen, etwa bei der Taufe oder beim Abendmahl oder in der Verkündigung, insbesondere bei der Mission. Ferner hat die Tatsache, daß der christliche Glaube bestritten wurde, oft zu neuen Bekenntnissen oder Erweiterungen in schon vorhandenen Glaubensaussagen geführt. Neben manchen anderen Gründen, die ebenfalls von Bedeutung gewesen sein können, hat in späterer Zeit auch die Philosophie eine wichtige Rolle bei der Entfaltung des Dogmas und vor allem bei seiner Interpretation gespielt. Bestimmte Probleme wurden mit Hilfe philosophischer Begrifflichkeit einer Klärung zugeführt. Schließlich hat das Dogma zuzeiten auch die Tendenz besessen, sich selbst auszudehnen, so daß durch Analogieschluß neue Fragen beantwortet wurden, für die bei anderen, ähnlich gelagerten Fällen schon eine Lösung gefunden worden war.

Niemand kann verkennen, daß die Dogmen oder die Lehrbekenntnisse sich dabei manchmal weit oder auch sehr weit von dem dogmengeschichtlichen Ansatz im Neuen Testament entfernt haben. Und doch ist es so, daß der christliche Glaube zu keiner Zeit umhin gekonnt hat, Bekenntnisse zu schaffen. Das Bekenntnis eignet dem Glauben wesensmäßig. Man mag im einzelnen zu den Dogmen oder Lehrbekenntnissen der Christenheit so kritisch stehen, wie man will, diesen fundamentalen Grundsatz kann keiner vom Neuen Testament her bestreiten. Mit Recht hat Melanchthon in seiner Apologie des Augsburgischen Bekenntnisses gesagt: »Kein Glaube ist fest, der sich nicht im Bekenntnis zeigt.«[8] So sehr das Bekenntnis zu einer Veräußerlichung und Formalisierung des Glaubens führen kann und manchmal auch geführt hat, so ist doch ein Glaube ohne Dogma, ohne Bekenntnis, stets in der Gefahr, nicht mehr zu wissen, was er eigentlich glaubt, und damit in bloße Gläubigkeit abzusinken.

Die Kontinuität der dogmengeschichtlichen Entwicklung zeigt sich aber nicht nur, wenn man ihre Anfänge in der Zeit von Jesu Erdentagen mit der späteren Ausbildung kirchlicher Bekenntnisse vergleicht, sondern auch, wenn man die eigentliche Dogmengeschichte von ihren Anfängen bis zur Gegenwart überschaut. In unserem Jahrhundert ist man gegenüber dieser Kontinuität der Dogmengeschichte recht skeptisch geworden. Der Grund für diese Haltung liegt darin, daß im vergangenen Jahrhundert Ferdinand Christian Baur, der Begründer der Tübinger Schule, mit Hilfe der Hegelschen Geschichtsphilosophie eine universale Konzeption der Dogmengeschichte entfaltete, die zwar etwas Bestechendes hatte, aber doch mit der Hegelschen Philosophie stand oder fiel. Nach Baur ist die ganze Dogmengeschichte ein stetes Prozessieren des Geistes mit sich selbst. Durch These, Antithese und Synthese kommt der Geist zu sich selbst und offenbart dabei zugleich sein wahres Wesen, so daß die schon im Ursprung des Christentums keimhaft enthaltenen Momente im Laufe der Zeit ins Bewußtsein erhoben werden. Diese gleichsam von einem Standpunkt außerhalb der Welt konstruierte Geschichtskonzeption ist mit Recht scharf angegriffen worden. Sie ist in der Tat viel zu einseitig, als daß sie die mannigfachen Gründe und Motive, die in der Dogmengeschichte von Bedeutung gewesen sind, erfassen könnte. Aber wenn man heute vielfach in den einzelnen Dogmen nur Hinweise auf »das Dogma« sieht und dieses in unklarer Weise als die Übereinstimmung der kirchlichen Verkündigung mit der in der Schrift bezeugten Offenbarung bezeichnet, so scheint man in das andere Extrem zu verfallen. Für Barth und manche seiner Schüler ist die Dogmengeschichte letztlich nichts anderes als die Aufeinanderfolge einzelner, miteinander kaum oder gar nicht verbundener Hinweise auf die Offenbarungswahrheit. Es wird bei Barth nicht deutlich, inwiefern es eine Kontinuität der Dogmengeschichte geben kann, da die Dogmen lediglich Erscheinungsformen des Dogmas sind.

Dabei dürfte es so sein, daß sich die Kontinuität der dogmengeschichtlichen Entwicklung dem unvoreingenommenen Betrachter einfach aufdrängt, ohne daß er darum Hegelsche Gedanken nachzudenken braucht. Es ist schwerlich ein Zufall, daß das erste Dogma, das von der christlichen Kirche definiert worden ist, die Lehre von der Trinität ist, wobei der besondere Akzent auf der Beziehung zwischen dem Sohn und dem Vater lag; daß alsdann die Christologie entfaltet wurde, indem in <u>Chalkedon</u> die <u>Zwei-Naturen-Lehre</u> dogmatisiert wurde; daß etwa zur gleichen Zeit im Westen die Sünden- und Gnadenlehre geklärt wurde; daß im Mittelalter die Sakramentslehre näher entwickelt wurde; daß in der Reformationszeit die Frage der Aneignung des Heils das zentrale Problem darstellte, das zur Spaltung der abendländischen Christenheit führte und dann von Katholiken und Protestanten in verschiedener Weise gelöst wurde; und daß in der Neuzeit anscheinend die Frage nach der Einheit der Kirche immer mehr in den Vordergrund rückt und vielleicht hier die nächsten Schritte in der Entwicklung der Dogmengeschichte zu erwarten sind. Zu keiner Zeit waren es zweit- oder gar drittrangige Fragen, die dogmatisch geklärt wurden. Vielmehr behandeln alle Dogmen zentrale Probleme, die für das Selbstverständnis des Glaubens und zugleich auch für den Inhalt dessen, was geglaubt wird, von fundamentaler Bedeutung sind. Die Dogmen oder Bekenntnisse bilden gleichsam eine Art Katechismus der wichtigsten christlichen Wahrheiten.

Wenn man sich dies vor Augen hält, dann kann man schwerlich leugnen, daß die Dogmengeschichte, unbeschadet der Mannigfaltigkeit der Motive und Einflüsse, doch auch einem inneren Trend folgt. Wenn das aber so ist, dann darf man die Dogmengeschichte nicht in eine Reihe aktualistisch verstandener Bekenntnisakte auflösen, sondern muß stets diese Kontinuität ihrer Entwicklung im Auge behalten. Damit soll keineswegs einem Traditionalismus das Wort geredet werden, der sich an Vergangenes anklammert und darüber die Aufgaben der Gegenwart vergißt. Vielmehr muß beides beachtet werden, sowohl die Kontinuität der vergangenen Entwicklung als auch die Aktualität der gegenwärtigen Fragen und Aufgaben.

Die Autorität der Dogmen

Die Erwägungen über die Kontinuität der Dogmengeschichte führen von selbst zur Frage nach der Autorität der Dogmen. Geht man zunächst vom rein Geschichtlichen aus, ohne die Frage nach der theologischen Legitimität der Dogmen zu stellen, so läßt sich nicht bestreiten, daß den Dogmen in geschichtlichem Sinne Autorität zugekommen ist und noch zukommt. Die Dogmen oder Bekenntnisse, die die Christenheit je und dann formuliert hat, haben in der Geschichte der Kirche eine besondere Rolle gespielt, die nicht mit den Anschauungen einzelner Theologen zu verwechseln ist. Ließe man diese besondere Bedeutung der Bekenntnisse außer acht, so würde man den Erfordernissen, die der Gang der Geschichte selbst stellt, nicht gerecht werden. Der arianische Streit ist weithin nichts anderes gewesen als ein Streit um das nicänische Glaubensbekenntnis. Der spätere christologische Streit ist weitgehend um das Chalcedonense geführt worden. Nicht minder bedeuten auch die Entscheidungen des pelagianischen Streites einen Einschnitt in der Geschichte der Lehre von der Sünde und der Gnade. Auch die Bekenntnisschriften der Reformationszeit haben eine ähnliche Bedeutung für die innerprotestantischen Lehrauseinandersetzungen der folgenden Zeiten. Und schließlich kommt der Barmer Theologischen Erklärung für den Kirchenkampf und insbesondere für die Haltung der Bekennenden Kirche eine überragende Stellung zu. Es ist die Aufgabe der Dogmengeschichte, nicht nur die geschichtliche Bedingtheit der Dogmen oder Bekenntnisse darzutun, sondern zugleich diese besondere Bedeutung aufzuzeigen, die bestimmten Entscheidungen für die jeweilige Epoche, aber auch für das Ganze der Dogmengeschichte zukommt.

Aber nun erschöpft sich nach Ansicht der Konfessionen die Autorität der Dogmen keineswegs darin, daß sie in der Vergangenheit eine Bedeutung gehabt haben, die mit derjenigen einzelner Kirchenmänner und Theologen nicht auf eine Ebene gestellt werden darf. Vielmehr nimmt sowohl die katholische als auch die evangelische Kirche für ihre Lehrentscheidungen eine sehr viel größere Autorität in Anspruch. Was die katholische Kirche betrifft, so behauptet sie bekanntlich für ihre Dogmen die Unfehlbarkeit. Hierbei ist allerdings zu beachten, daß diese Unfehlbarkeit nach Meinung mancher katholischer Theologen nicht die absolute Abgeschlossenheit und Vollkommenheit der definierten Dogmen meint. Sie besage, so wird öfter betont, nicht einmal, daß ein bestimmtes Dogma der einzig richtige Satz in dem zur Debatte stehenden Glaubensartikel sei. Vielmehr brauchten andere Sätze, die mit dem Dogma nicht identisch sind, nicht von vornherein falsch zu sein. Auch sei es denkbar, daß die in einem definierten Dogma zum Ausdruck gebrachte Wahrheit zu einem späteren Zeitpunkt weitergeführt, ergänzt oder in einem umfassenderen Zusammenhang in eine hellere Beleuchtung gestellt werde[9]. Otto Karrer hat dabei eigens noch betont, daß die Dogmen der katholischen Kirche aus der Zeit ihrer Entstehung heraus verstanden und interpretiert werden müssen, wenn er sagt: »,Unfehlbarkeit' besagt irrtumsfreie Angemessenheit der gegebenen Erklärung in Beantwortung zeitgeschichtlicher Fragen.«[10] Es gibt also in der römischen Kirche, jedenfalls nach Ansicht mancher

katholischer Theologen, durchaus bestimmte Grenzen für den Unfehlbarkeitscharakter der Dogmen. Nur eines ist für die katholische Theologie und Kirche schlechterdings unaufgebbar, nämlich die Behauptung,
daß ein definiertes Dogma seinem sachlichen Gehalt nach irrtumslos
ist und daß darum eine spätere Weiterführung oder Ergänzung eines
Dogmas niemals im Widerspruch zu ihm stehen darf, ja auf Grund der
Irrtumslosigkeit der lehrenden Kirche nicht stehen kann. Hier handelt
es sich auf katholischer Seite um einen Glaubenssatz, der nicht selten
mit der geschichtlichen Wirklichkeit nur schwer, wenn überhaupt, in
Übereinstimmung zu bringen ist.

Auf protestantischer Seite ist eine derartige Unfehlbarkeit für die
evangelischen Lehraussagen nur selten von einzelnen Außenseitern behauptet worden. Nach den reformatorischen Bekenntnisschriften gehören die Dogmen und Lehrentscheidungen der Kirche zur menschlichen Überlieferung, deren dogmatische Richtigkeit nicht nach rein
formalen Gesichtspunkten bestimmt werden kann; vielmehr wollen
die Dogmen allein von der in ihnen bezeugten und bekannten Sache
her beurteilt sein. Dogmen und Bekenntnisse stehen also in strengem
Sinne unter der Schrift und sind an der Schrift zu prüfen und von ihr
her auszulegen. Andererseits gilt aber auch, daß die Bekenntnisse und
Dogmen zu einem rechten Schriftverständnis anleiten wollen, indem sie
bestimmte Auffassungen abwehren und zugleich das Zentrum der biblischen Botschaft herausstellen wollen. Luther hat zwar die Konzile
scharf der Autorität Christi untergeordnet, wenn er sagt: »Ich erhebe
mich nicht über die Doctores und Concilia, ich erhebe Christum über
alle Lehrer und Concilia.«[11] Nach seiner Meinung müssen Konzile in
Zeiten, in denen »der Glaube Not leidet«[12], zusammentreten und Entscheidungen fällen. Solche Entscheidungen haben aber durchaus
Autorität: »Es sind auf etlichen Konzilen Artikel des Glaubens durch
die Schrift erläutert, wie es beim Nicänum war, und etliche Ding gesetzt, aus der Schrift gezogen und durch Schrift gegründet; daß man
dieselben halte, ist eben so viel als Gottes Wort halten.«[13]

Dabei wird man den Bekenntnischarakter der Dogmen stets im
Auge behalten müssen. Denn er schließt ein, daß der Bekennende sich
mit seinem Bekenntnis identifiziert, also mit seinem Bekenntnis zu
Jesus Christus steht oder fällt. Es kann niemals äußere, rechtliche Kriterien geben, die über die sachliche Richtigkeit eines Dogmas entscheiden. Das bedeutet jedoch nicht, daß den Dogmen keine theologische Autorität zukommt. Nur ist es sachgemäßer, statt von Unfehl-

barkeit von einem Verbindlichkeitscharakter der Dogmen zu sprechen. So kommt zum Ausdruck, daß das Dogma oder Bekenntnis nicht abgesehen von dem Einsatz des Bekennenden zu verstehen ist und daß es ebenfalls nicht ohne persönlichen Einsatz übernommen werden kann. Deshalb kann es auch nicht die Aufgabe der Dogmengeschichtsschreibung sein, entweder die Dogmen lediglich als Vorstufen oder Bausteine eines umfassenden Lehrsystems anzusehen oder sie von einem vermeintlich modernen Standpunkt aus generell zu kritisieren. Vielmehr ist es ihre Aufgabe, die Funktion der Dogmen als jeweiliger Aktualisierung des Bekenntnisses zu Jesus Christus angesichts bestimmter Zeitfragen aufzuzeigen. Dabei muß die Zeitsituation durchaus berücksichtigt werden. Aber die Dogmen müssen dabei unter dem Gesichtspunkt erörtert werden, ob sie zu ihrer Zeit als sachgemäßes Bekenntnis gedient haben und ob die durch sie dann bewirkte Scheidung zwischen Orthodoxie und Häresie legitim war oder ob es durch sie zu einer falschen Frontstellung kam, die keine echte Alternative darstellt.

Die Kirche ist zu allen Zeiten der Überzeugung gewesen, daß sie dogmatische Entscheidungen nicht nur aus eigener Kraft, sondern unter der Führung des Heiligen Geistes trifft. Gewiß gibt es keine formalen Bedingungen, die der Kirche den Beistand des Heiligen Geistes garantieren. Auch erlauchte Konzile können irren und haben geirrt, wobei der Irrtum keineswegs immer nur auf menschliche Schwachheit zurückzuführen ist. Und doch wird kein Christ bezweifeln, daß zumindest manche der dogmatischen Entscheidungen unter der Leitung des Heiligen Geistes getroffen sind. Wenn das aber so ist, dann schließt das eine bedeutsame Folgerung für die Frage nach der theologischen Autorität der Dogmen ein. Jeder Versuch, die Autorität der Dogmen völlig zu relativieren zugunsten eines undogmatischen Christentums, leugnet das in der Vergangenheit geschehene Werk des Heiligen Geistes. Zudem würde dann die Kontinuität der Dogmengeschichte ihren Sinn und ihre Bedeutung verlieren. Eine Erkenntnis, die die Kirche gewiß in menschlicher Schwachheit und in zeitbedingter Form, aber doch unter dem Beistand des Heiligen Geistes gewonnen hat, kann und darf von ihr nicht einfach zum alten Eisen geworfen werden. Es geht auch nicht an, das Maß der augenblicklichen Aktualität zum Maß des Dogmas zu machen. Bestimmte Bekenntnisse der Vergangenheit können plötzlich wieder eine ganz unerwartete Aktualität erhalten. So hat im Kirchenkampf nicht nur die Barmer Theologische

Erklärung, sondern es haben auch Dogmen und Bekenntnisse der alten
Kirche und der Reformationszeit in neuer Weise zur Kirche zu sprechen
begonnen. Diese Kontinuität der Dogmengeschichte hat ihren Grund
in der Kontinuität der Kirche, welcher Gott den Heiligen Geist für
alle Zeiten verheißen hat. Mit Recht betont das Augsburgische Bekenntnis diese Kontinuität, wenn es sagt, daß nach dem Glauben der
Evangelischen zu allen Zeiten eine heilige christliche Kirche sein und
bleiben wird[14].

Dogmen müssen interpretiert werden!

Bedeuten diese Gedanken über die Autorität der Dogmen nicht, daß
zwischen der evangelischen Auffassung und der katholischen Lehre von
dem Depositum fidei kaum noch ein Unterschied besteht? Offenbar
nicht; denn die Behauptung einer Unfehlbarkeit bleibt in jedem Falle
für das evangelische Verständnis der Dogmen ausgeschlossen. Die Kontinuität der Kirche und ihrer Dogmengeschichte ändert nichts daran,
daß Dogmen oder Bekenntnisse der Vergangenheit veralten können.
Der Vorgang, daß bestimmte Entscheidungen und Lehraussagen anti-
quieren, ist unvermeidlich. Er läßt sich immer wieder beobachten. Selbst
in der Gegenwart kann man sehen, wie manche Bekenntnisse, die noch
gestern unter dem Einsatz der ganzen Existenz formuliert wurden,
heute schon die Menschen nicht mehr ansprechen, weil die Situation, in
der sie sich befinden, inzwischen ganz anders geworden ist. Wer wollte
darum die Wahrheit und bleibende Gültigkeit der Bekenntnisse leugnen? Oder wer wollte dies als Argument gegen die Behauptung, daß
viele Entscheidungen der Kirche unter dem Beistand des Heiligen
Geistes getroffen sind, benutzen? Das könnte nur tun, wer die Fleischwerdung des göttlichen Wortes leugnet. Denn der Beistand des Heiligen Geistes bei den Bekenntnissen der Kirche gleicht der Fleischwerdung des Wortes insofern, als in beiden Fällen Gott sich nicht in
die Verfügbarkeit begibt, sondern in der Verborgenheit wirkt.
Aber nicht nur hinsichtlich der Auffassung über die Unfehlbarkeit
besteht ein Unterschied zwischen der katholischen und der evangelischen Auffassung. Vielmehr kann die römische Ansicht, daß die definierten Dogmen gleichsam einen Schatz darstellen, der vermehrt werden kann und soll, aus historischen und theologischen Gründen nicht
akzeptiert werden. Dieser Gedanke läßt die Bedeutung außer acht, die
der jeweils neuen Aneignung der Bekenntnisse der Vergangenheit zu-

kommt. Zudem entspricht es einfach nicht dem geschichtlichen Tatbestand, daß den früheren Erkenntnissen lediglich etwas Neues hinzugefügt wird. Gewiß ist die Glaubenserkenntnis im Verlauf der Dogmengeschichte an vielen Punkten angewachsen. Aber die Tatsache, daß
Bekenntnisse veralten, weist darauf hin, daß sich der Schwerpunkt der
dogmatischen Fragestellung und des Gefordertseins ständig verlagert.
Dabei geht es nicht nur um eine Ergänzung alter Wahrheiten, sondern
zugleich immer wieder neu um die ganze Wahrheit. Dieselbe Wahrheit
erscheint in der Geschichte der Dogmen oder Bekenntnisse in immer
neuem Lichte. Wenn sich für die Kirche des 4. Jahrhunderts die ganze
Frage nach dem Wesen des christlichen Glaubens auf das Problem der
Wesenseinheit des Sohnes mit dem Vater konzentrierte, so stand in der
Reformationszeit keineswegs nur die Frage der Heilsaneignung, also
der Rechtfertigung, auf dem Spiel, sondern in ihr und mit ihr zugleich
noch einmal das Ganze des christlichen Glaubens und seiner Lehre. In
der Zeit des Nationalsozialismus ging es für die Kirche nicht nur um
gewisse Adiaphora, die in der Vergangenheit noch nicht geklärt waren,
nun aber im Sinne einer Ergänzung alter Wahrheiten durch eine bloße
Vermehrung des christlichen Erkenntnisschatzes zu erörtern waren.
Vielmehr stand noch einmal und in einer ganz neuen Weise der gesamte christliche Glaube auf dem Spiel. Nicht anders ist es in unserer
heutigen Zeit. Wenn manchmal die Meinung vertreten wird, daß jedenfalls im Westen die Alternative zwischen christlich und nichtchristlich
kaum deutlich zu sehen sei, so kann darauf nur entgegnet werden, daß
es in früheren Epochen nicht selten ähnlich war. Erst in der Rückschau
scheinen die Dinge so klar zu sein, daß man sich wundert, wie es möglich war, daß in der Vergangenheit viele Menschen, die sonst doch an
dem Erbe des christlichen Glaubens und Bekenntnisses festhalten wollten, sich falsch entschieden haben. Es könnte sein, daß die eigentlichen
Entscheidungen über christlich oder nicht-christlich in der Gegenwart
an ganz anderen Stellen fallen, als viele Menschen heute meinen, und
daß eine spätere Zeit es gar nicht wird begreifen können, wieso die
Mehrzahl der Menschen die eigentlichen Fragen nicht gesehen hat.

Es genügt also nicht, die Kontinuität der Dogmengeschichte zu behaupten. Vielmehr muß daneben betont werden, daß in jeder Epoche
neu das Ganze des christlichen Bekenntnisses auf dem Spiel steht. Fortschritt in der Dogmengeschichte besagt nicht einfach, daß der Schatz
christlicher Erkenntnis anwächst, sondern daß in jeder neuen Zeit und
Situation noch einmal alles Überkommene neu gewonnen werden muß.

Das aber bedeutet, daß die Dogmen oder Bekenntnisse, die die Kirche in der Vergangenheit definiert hat, der Interpretation bedürfen, wenn anders die Kirche sie sich wirklich zu eigen machen will. Man mag sich in die Fragen und Probleme des 4. Jahrhunderts noch so gut hineinversetzen und mit dem ehrlichsten Herzen auf seiten der athanasianischen Orthodoxie gegen die arianische Häresie stehen, für die Gegenwart ist damit nur wenig gewonnen. Vielmehr müssen die Entscheidungen der Vergangenheit interpretiert, also gleichsam übersetzt werden, um für uns heute verständlich zu werden. Diese Übersetzungsaufgabe kann als solche nicht Sache der Dogmengeschichtsforschung sein. Gewiß soll auch sie die Dogmen nicht als eine längst vergangene Größe behandeln. Aber eigentliche Aufgabe der Dogmengeschichte ist zunächst darzustellen, wie es zu den Dogmen als bestimmten Bekenntnissen oder Lehrbekenntnissen gekommen ist, und dann die Frage zu erörtern, ob und in welchem Sinne die Dogmen ihre Funktion, Hinweis auf Christus zu sein, zu ihrer Zeit erfüllt haben. Die Aufgabe der Übersetzung der Dogmen kommt innerhalb der theologischen Wissenschaft der Systematik zu. Darüber hinaus ist sie in Predigt und Bekenntnis der Kirche jeweils neu zu vollziehen.

Mit all dem soll keineswegs gesagt sein, daß die Dogmengeschichte ihre Aufgabe nicht mit allen Mitteln wissenschaftlicher Kritik wahrzunehmen hat. Niemand kann und darf ihr Methoden und Ergebnisse vorschreiben. Jeder Versuch, die Freiheit der dogmengeschichtlichen Arbeit einzuengen, würde sich bald rächen. Die Kirche hat einen solchen Versuch aber auch gar nicht nötig. Es scheint jedoch, daß die Meinung, die Dogmengeschichtsforschung müsse grundsätzlich und von vornherein mit dem Ziel der Destruktion des Dogmas betrieben werden, nicht mehr wissenschaftlich gerechtfertigt werden kann, sondern auf bestimmten weltanschaulichen Vorentscheidungen beruht, die nicht durch das Studium der Geschichte der Dogmen gewonnen sind. Dogmengeschichte und Dogmenkritik sollten zumindest methodisch getrennt und nicht miteinander verquickt werden. Den oft so glänzenden Arbeiten von Harnack und seinen Schülern haftet in dieser Hinsicht nicht selten ein fundamentaler Fehler an, der es trotz aller Gelehrsamkeit nicht zu einer unvoreingenommenen Erfassung des Gegenstandes kommen läßt. Das ist an keinem anderen Punkt so deutlich wie bei Harnacks These, daß in das Evangelium im Grunde nur der Vater, nicht der Sohn hineingehöre. Gegen diese Ansicht spricht schlechterdings die gesamte neutestamentliche Überlieferung. Sie stellt jedoch

letztlich den Maßstab dar, an dem Harnack die ganze Dogmengeschichte mißt. Der Dogmenhistoriker soll nicht meinen, daß er in der
evangelischen Kirche diejenige Rolle spielen soll, die in der römischen
Kirche der Glaubenskongregation – der obersten Behörde zur Bewahrung
der Reinheit des Glaubens und zur Verfolgung häretischer Verkehrt-
heit — zufällt, nur daß die Maßstäbe auf den Kopf gestellt wären.
Nicht Kritik, sondern Interpretation der Dogmen ist die Aufgabe der
Dogmengeschichte. Diese Aufgabe kann jedoch selbstverständlich nur
mit allen Mitteln der kritischen Wissenschaft durchgeführt werden.

Übrigens hat Harnack selbst trotz seiner eigenen Arbeitsweise diese
Aufgabe im Grunde klar gesehen. Was er in einem Brief an seinen
Freund F. Loofs schrieb, läßt sich zu einem guten Teil nur billigen:
»Ich glaube, daß wir ohne ein ikonoklastisches (bilderstürmerisches)
Element nicht weiter kommen. Da wir es direkt nicht üben dürfen, weil
weder die Kanzel noch der kirchliche Unterricht dafür der Ort ist, so
darf es m. E. in unseren Büchern nicht fehlen, wenn wir den Protestantismus aus seinen Verklitterungen befreien ... wollen ... Ich möchte
keinem Studenten der Theologie eine einschneidende Krisis ersparen.
Die drei Ausgänge, welche dieselbe nehmen kann: Abfall von der
Theologie, Verfestigung in der Autorität oder Verständnis, sind alle
drei wünschenswerter als das schwammige Gebilde des Gemüts und
Denkens, welches sie durch Indifferenz auf der Universität konservieren, um es dann durch das zu befeuchten, was man die ›Erfahrungen im Amt‹ nennt und was in der Mehrzahl der Fälle einfach die
Routine ist.«[15] Scharfe Kritik an den Dogmen ist in jedem Falle eher
zu begrüßen als völlige Gleichgültigkeit, die ihnen nicht einmal die
Ehre antut, sie ernst zu nehmen.

Kann es neue Dogmen geben?

Für die katholische Kirche ist diese Frage bekanntlich zu bejahen.
Seit dem 16. Jahrhundert sind drei Dogmen neu definiert worden, das
Dogma von der unbefleckten Empfängnis der Maria und das Dogma
von der Unfehlbarkeit des Papstes im 19. sowie das Dogma von der
Assumptio der Maria im 20. Jahrhundert. Es kann auch kein Zweifel
bestehen, daß die römische Kirche in Zukunft ebenfalls neue Glaubenssätze zu Dogmen erklären kann und wohl auch wird. Freilich gibt es
in der römischen Kirche eine ganze Reihe von Stimmen, die schon seit
langem vor weiteren Dogmatisierungen warnen. Sie bestreiten ihrer

Kirche, das heißt heute dem Papst, keineswegs das Recht und die Vollmacht, neue Dogmen zu definieren. Aber sie weisen doch darauf hin, daß jedes neue Dogma die Kluft zwischen dem Katholizismus auf der einen und der Orthodoxie sowie dem Protestantismus auf der anderen Seite erheblich vertieft. Insbesondere würde jedes weitere Mariendogma die Gefahr verstärken, daß man der römischen Kirche in höherem Maße als bisher ein Aufgeben der Christozentrik zugunsten des Marienkultes vorwerfen kann. Es bleibt allerdings abzuwarten, ob solche Stimmen sich in der römischen Kirche Gehör verschaffen werden. In der Zeit seit der abendländischen Kirchenspaltung haben sie bisher nur wenig auszurichten vermocht. Im Gegenteil, sie sind nicht selten verdächtigt worden, nur einen halben Katholizismus zu vertreten. Das war insbesondere bei den Verhandlungen auf dem ersten Vatikanischen Konzil im 19. Jahrhundert der Fall.

Wie aber steht es bei den nicht-römischen Kirchen? Die orthodoxe Kirche des Ostens zählt als letztes Dogma die Entscheidung auf dem Konzil zu Nicäa 787. Seither hat sie keine weiteren Glaubenssätze dogmatisiert. Allem Anschein nach ist auch nicht mit der Definition weiterer Dogmen durch die orthodoxe Kirche zu rechnen. Dem steht nicht zuletzt ihre Auffassung über die Autorität der Konzile entgegen, die notwendig ökumenisch sein müssen, es aber seit der Trennung von Rom nicht mehr in umfassendem Sinne sein können.

Legt man die katholische Auffassung vom Dogma zugrunde, so hat selbstverständlich auch der Protestantismus keine neuen Glaubenssätze dogmatisiert. Ja im Grunde kennt der Protestantismus, wie schon ausgeführt wurde, kein einziges Dogma, wenn man in den Dogmen unfehlbare Lehrsätze sieht. Versteht man unter dem Dogma hingegen ein kirchliches Bekenntnis oder Lehrbekenntnis, dem zwar nicht Unfehlbarkeit, wohl aber Verbindlichkeit eignet, so ergibt sich ein anderes Bild. Es hat im Protestantismus nicht an Versuchen gefehlt, zu neuen verbindlichen Lehraussagen oder Bekenntnissen zu kommen. Dabei ist es nicht entscheidend, ob diese Lehrbekenntnisse auch stets präzise formuliert sind. Die anglikanische Kirche hat in den letzen 130 Jahren eine sehr folgenschwere Entwicklung durchgemacht. Am stärksten zeigt sich das in der Auffassung über den historischen Episkopat, der in der grundlegenden Bekenntnisschrift der Anglikaner, den 39 Artikeln und dem Book of Common Prayer, keine Bedeutung hat, praktisch aber in der Neuzeit zu einer Fundamentallehre des Anglikanismus geworden ist.

Auch im deutschen Protestantismus hat es Versuche gegeben, neue Bekenntnisse zu formulieren. Sieht man von vereinzelten Bemühungen im 16. Jahrhundert ab, eine weitere Bekenntnisschrift als Lehrnorm einzuführen, sowie von dem etwas mißglückten Versuch, neue Lehrnormen aufzustellen, wie er im letzten Jahrhundert vereinzelt unternommen wurde, so ist auf jeden Fall die Theologische Erklärung von Barmen zu nennen. Die Frage, ob dieser Erklärung der Rang einer Bekenntnisschrift zukommt oder nicht, hat zu einer lebhaften Kontroverse geführt. Praktisch haben sich die Landeskirchen hier voneinander abweichend entschieden. Das, worauf es in unserem Zusammenhang ankommt, ist jedoch, daß hier der deutsche Protestantismus zum ersten Mal seit der Reformationszeit die Aufgabe klar erkannt und auch in Angriff genommen hat, seinen Glauben in einer für die Gegenwart verbindlichen Weise neu zu bekennen. Man mag zu der Barmer Erklärung im einzelnen stehen, wie man will, über eines sollte doch bei allen evangelischen Christen Einmütigkeit herrschen, daß nämlich die evangelische Kirche hier erstmalig wieder eine ihr gestellte Aufgabe erkannt hat. Von konfessionalistischer Seite ist der Versuch gemacht worden, die Bedeutung dieser Tatsache dadurch zu bagatellisieren, daß man sagt, die altkirchlichen Bekenntnisse hätten vollkommen zur Abwehr der deutschchristlichen Irrlehre ausgereicht. Faktisch haben sie diesen Dienst eben nicht getan. Der Grund dafür besteht darin, daß es bei der nicht zu leugnenden Kontinuität der Dogmengeschichte doch zugleich immer wieder um das aktuelle Bekennen geht und daß dabei die früher erkannten und bekannten Wahrheiten nicht nur ergänzt werden müssen, sondern daß neu das Ganze des christlichen Glaubens in der hier und jetzt zu vollziehenden Entscheidung auf dem Spiele steht. Insofern bedeutet die Tatsache, daß es zu der Barmer Theologischen Erklärung gekommen ist, einen entscheidenden Schritt vorwärts in der Geschichte des Protestantismus, den die evangelische Kirche nicht ungestraft wieder zurücknehmen oder auch nur ignorieren kann. Denn daß es seit der Reformationszeit sonst zu keinen nennenswerten neuen Bekenntnisaussagen im Bereich des Protestantismus gekommen ist, stellt einen Notstand dar, der unbedingt überwunden werden muß.

Damit soll keineswegs eine vermehrte Produktion von neuen Dogmen oder Bekenntnissen befürwortet werden. Es kann durchaus ein Zuviel an Bekenntnissen geben. Was Gutachten, Erklärungen und bestimmte »Worte« betrifft, so hat die evangelische Kirche in den letzten Jahren geradezu eine Hochflut erlebt. So dringlich die jeweiligen Stellungnahmen sein mögen, so wird doch das einzelne Wort entwertet, wenn solche Veröffentlichungen zu häufig erfolgen. Aber es geht hier auch gar nicht um derartige Stellungnahmen, sondern um Bekenntnisse, oder wie immer man sie bezeichnen will, die angesichts einer bestimmten Situation, aber doch über den Tag hinaus den christlichen Glauben neu und verbindlich formulieren. Ein solches Bekenntnis wird der Kirche nicht alle Jahre, oft nicht einmal zu jeder Generation oder in jedem Jahrhundert geschenkt. Das ist auch nicht unbedingt nötig. Man braucht darum nicht gleich ungeduldig zu werden. Und doch sollte die evangelische Kirche erkennen, daß das Bekenntnis, und zwar auch das neu formulierte, wesensmäßig zum Glauben dazugehört. Ein Glaube, der nicht mehr zu bekennen versteht und dieses Bekenntnis auch nicht mehr in einer lehrmäßigen Weise ausdrücken kann, wird kraftlos und schwach. Denn jede Epoche muß neu auf die Frage antworten, die ihr der Herr der Kirche und der Welt stellt: »Wer sagt denn ihr, daß ich sei?«

I. KAPITEL

Kanon und Glaubensbekenntnis

Die erste Entscheidung der Kirche, die man im Sinne des Lehrbekenntnisses als Dogma bezeichnen kann, ist die Schaffung des biblischen Kanons sowie des Glaubensbekenntnisses. Was zunächst den Kanon betrifft, so kommt ihm in der Dogmengeschichte eine schlechthin überragende Bedeutung zu. Rein äußerlich betrachtet, erklärt sich die Tatsache, daß das Christentum einen Kanon heiliger Schriften als Grundlage von Lehre und Verkündigung hat, aus dem Vorbild des Judentums, das im ganzen schon zur Zeit Jesu den Kanon des Alten Testaments abschließend bestimmt hatte, wenn dieser endgültig auch erst auf der jüdischen Synode zu Jamnia um 100 nach Christus festgesetzt worden ist. Allein, das Verständnis des Alten Testaments war bei Christen und Juden doch von Anfang an verschieden. Jesus selbst hatte bei aller Anerkennung des Alten Testaments manchen seiner Aussagen doch einen anderen Sinn verliehen. Vor allem aber hatte Jesus in der Bergpredigt mit seinem »Ich aber sage euch« den ursprünglichen, jetzt in ihm offenbar werdenden Gotteswillen verkündigt. So ist die Übernahme des alttestamentlichen Kanons sowie die Anerkennung der Schriften des Neuen Testaments als Kanon nicht allein durch das Vorbild des Judentums zu erklären, sondern stellt die erste, grundlegende Lehrentscheidung der Kirche dar.

Das Alte Testament

In den ersten hundert Jahren der christlichen Kirche war der Kanon in dem eigentlichen Sinne des Wortes ausschließlich das Alte Testament. Natürlich gab es bereits die meisten Schriften, die später in dem Neuen Testament zusammengefaßt wurden. Mit Ausnahme einiger weniger Schriften sind ja die Bücher des Neuen Testaments zum großen Teil bereits vor dem Jahre 100 abgefaßt. Auch waren die später sogenannten neutestamentlichen Schriften durchaus im kirchlichen Gebrauch. Sie wurden in den Gottesdiensten gelesen, sie galten als Richtschnur für die Ordnung der Gemeinden und wurden als Hilfe für den Katechumenenunterricht verwendet. Auch in theologischer Hinsicht bediente man sich ihrer selbstverständlich. Allein, im eigentlichen Sinne des Wortes waren bis weit ins 2. Jahrhundert hinein weder die Evangelien noch die Briefe des Paulus zum Kanon erhoben worden. Die Kirche verstand sich als das Neue Israel, und so hielt man sich an den gleichen Kanon, den auch die Juden hatten. Dabei war es jedoch nicht so, daß man der Meinung war, das Alte Testament gleichsam mit den Juden gemeinsam zu haben. Im Gegenteil, die frühe Kirche war überzeugt, daß das Alte Testament, recht verstanden, ein christliches Buch sei, das im ganzen von Jesus Christus Zeugnis ablegt. Das hat vor allem Justin (gest. ca. 165) in seinem Dialog mit dem Juden Trypho dargelegt. Konsequenterweise hat man daher den Juden bestritten, daß sie den Kanon des Alten Testaments für sich beanspruchen dürften.

Die Ansicht, daß das Alte Testament nicht dem Judentum, sondern der Kirche gehört, hatte zur Voraussetzung eine ganz bestimmte Interpretation der alttestamentlichen Texte, die zugleich auch immer wieder den Beweis für die Richtigkeit des christlichen Anspruchs auf das Alte Testament zu liefern hatte. Daß das Alte Testament nicht einfach in einer unmittelbaren Weise von Christus Zeugnis ablegt, haben auch die frühkirchlichen Theologen gesehen. Sie waren jedoch überzeugt, daß der Sinn des Alten Testaments sich nicht in einem buchstäblichen Verständnis erschöpft, daß es vielmehr daneben noch eine tiefere Bedeutung der alttestamentlichen Texte gibt, die sich einem nur dann enthüllt, wenn man das Alte Testament von seiner Erfüllung in Jesus Christus her liest. Zwei Methoden wurden in der alten Kirche für die Erhebung dieses tieferen Sinnes der Schrift verwendet. Die eine ist die allegorische Schriftauslegung. Sie stellt keine originale Schöpfung der Kirche dar, sondern wurde bereits in vorchristlicher Zeit von der jüdisch-hellenistischen Theologie in Alexandrien gebraucht, um anstößigen Stellen des Alten Testaments einen Sinn zu geben, der auch gebildeten Juden und selbst philosophisch interessierten Heiden einleuchtet. Die Kirche hat diese allegorische Auslegungsmethode vom hellenistischen Judentum übernommen und sie dann teilweise selbständig weiter entwickelt. Freilich entfernt sich diese Art der Exegese doch oft ganz erheblich von dem Literalsinn der Texte, ja hat mit diesem überhaupt nichts mehr zu tun. Die zweite Methode der Schriftauslegung, die die Kirche schon seit den Anfängen bei ihrer Exegese des

Alten Testaments anwandte, ist die der Typologie. Sie ist nicht vom Judentum übernommen, sondern — wenn man von der Typologie absieht, die sich im Alten Testament schon findet, die aber im Frühjudentum für die Schriftauslegung ohne große Bedeutung war — von der Kirche geschaffen worden. Diese Auslegungsmethode bleibt sehr viel näher bei dem buchstäblichen Sinn des Textes. Zwar kam es nicht selten vor, daß die typologische Exegese in die allegorische überging. Aber die typologische Auslegung ermöglichte doch grundsätzlich eine volle historische Würdigung der Textaussagen. Zugleich konnte sie dartun, daß der Sinn eines Textes sich nicht auf das Zeitgeschichtliche beschränkt, sondern gemäß dem göttlichen Geschichtsplan, der von der Schöpfung bis zum Jüngsten Gericht reicht und in Jesus Christus seinen Höhepunkt gefunden hat, auf etwas Kommendes hinweist und erst von daher in seiner Tiefendimension verstanden werden kann.

Wenn die christliche Kirche das Alte Testament als Kanon übernahm, so war ihr damit stets die Aufgabe seiner Interpretation in einer gegenüber dem Judentum ganz neuen Weise gestellt. Die Kirche las das Alte Testament im Blick auf seine Erfüllung in Jesus Christus, wie sie umgekehrt Jesus Christus vom Alten Testament her verstand. Dieses wechselseitige Verständnis des Alten Testaments und der Gestalt Jesu Christi zeigt sich bereits in den Evangelien. Texte wie Psalm 22 haben die Berichte über Jesu Passion beeinflußt. Vor allem Matthäus legt stets Wert auf den sogenannten Weissagungsbeweis. Besonders wichtig ist, daß gemäß der urchristlichen Formel über Jesu Sterben und Auferstehen, die Paulus 1. Korinther 15,3 f. überliefert, alles »nach der Schrift« geschehen ist: »Daß Christus gestorben sei für unsere Sünden nach der Schrift, daß er begraben sei, und daß er auferstanden sei am dritten Tage nach der Schrift.« Dabei ist es nicht so, daß man erst vom Alten Testament her zu der Erkenntnis kam, daß Jesus der Christus ist. Dies wußte man vielmehr auf Grund der Erscheinungen des Auferstandenen. Wohl aber wird die Tatsache des Leidens und der Auferstehung Christi erst vom Alten Testament her in ihrer ganzen Bedeutung erschlossen, wie andererseits von dem eschatologischen Ereignis der Auferstehung her das Alte Testament als prophetischer Hinweis auf Jesus Christus erst voll erkennbar wird.

In dieser Weise haben die ersten Generationen der Christen das Alte Testament als die christliche Bibel gelesen. Was der sogenannte Barnabasbrief, eine etwa 135 wohl in Alexandrien entstandene Schrift, sagt, war die Überzeugung der ganzen frühen Christenheit: »Die

Propheten, die von dem Herrn die Gnade empfangen hatten, haben
auf ihn prophezeiend hingewiesen.«[16] Ein besonders schönes Beispiel
frühchristlicher Auslegung des Alten Testaments stellt die Passa-
Homilie des Bischofs Meliton von Sardes (ca. 170) dar. Hier wird in
einer Predigt über den Auszug der Juden aus Ägypten (2. Mose 12)
das Passalamm typologisch auf Christus als das wahre Passalamm
gedeutet. Meliton handelt auch von dem Problem des Gesetzes und
prägt im Anklang an Johannes 1,14 das tiefe Wort: »Das Gesetz ward
Wort und das Alte neu, hervorgehend aus Zion und Jerusalem, und
das Gebot ward Gnade und das Vorbild (Typos) Wahrheit.«[17] Hier
ist sowohl der Unterschied zwischen dem Alten Testament und dem
christlichen Glauben als auch die Einheit beider gesehen, die darin
gründet, daß Jesus Christus die »wahrhaftige« Erfüllung des Alten
Testamentes ist.

Die Bildung des neutestamentlichen Kanons

Allein, so groß die Bedeutung des Alten Testamentes für die frühe
Kirche war, so hat es doch schon seit den Anfängen neben ihm andere
Worte gegeben, die im Grunde für die Kirche ebenfalls schon »Bibel«
waren, auch wenn sie noch nicht schriftlich fixiert waren. So sehr die
Urgemeinde die Überlieferung über das irdische Leben Jesu im Lichte
der Auferstehung Jesu bewahrte und gestaltete, so hat doch das Wort
des Herrn eine unvergleichliche Autorität besessen. Jesus selbst hatte
gesagt: »Himmel und Erde werden vergehen; aber meine Worte werden nicht vergehen« (Matthäus 24,35). Paulus unterschied deutlich
zwischen seiner eigenen Meinung und bestimmten Worten des Herrn
(1. Thessalonicher 4, 15; 1. Korinther 7, 10. 12. 25; 9, 14) und erkannte selbstverständlich fraglos deren Autorität an. Daneben hatten
aber auch die Worte der Apostel großes Gewicht. Das Wort Jesu »Wer
euch aufnimmt, der nimmt mich auf; und wer mich aufnimmt, der
nimmt den auf, der mich gesandt hat« (Matthäus 10, 40) sicherte
ihnen einen besonderen Rang. Dazu waren die Apostel die Augen-
zeugen des Auferstandenen. So bildete sich neben dem Alten Testament
eine Art Vorform eines zweiten Kanons. Bezeichnend ist, daß die
Formel »es steht geschrieben«, mit der man alttestamentliche Zitate
einzuleiten pflegte, schon ca. 135 im Barnabasbrief[18] und etwa gleichzeitig im 2. Clemensbrief[19] auf Worte Jesu bezogen wird, die Autorität der Worte Jesu also derjenigen des Alten Testaments gleichsteht.

Aber schon früher, nämlich zu Beginn des 2. Jahrhunderts, wurden die Evangelien als entscheidende Instanz bei Lehrstreitigkeiten angesehen[20]. Schließlich hatten die Paulusbriefe schon früh große Bedeutung für Ordnung und Leben der Gemeinden; sie wurden in den Gottesdiensten verlesen, und das besagt natürlich auch, daß sie Grundlage für die Lehre waren.

Im Laufe der Zeit ist es dann zur Entstehung des neutestamentlichen Kanons gekommen. Es ist nicht ganz sicher, wann man den Beginn dieser Entwicklung ansetzen soll. Gewisse Anfänge zeigen sich schon in der ersten Hälfte des 2. Jahrhunderts. Aber erst seit der Mitte des 2. Jahrhunderts verstärkt sich diese Entwicklung. Der Autor des wohl 120—150 entstandenen 2. Petrusbriefes stellt bereits die Paulusbriefe mit den »anderen Schriften« auf eine Ebene (3, 15 f.). Aber der erste Schriftsteller, der von einem »Neuen« Testament spricht, war doch erst Irenäus von Lyon (gest. ca. 202). Allerdings macht Irenäus noch einen deutlichen Unterschied zwischen der Autorität der Evangelien und derjenigen der Paulusbriefe. Nicht eines der insgesamt 206 Pauluszitate ist bei Irenäus durch die Formel »Es steht geschrieben« eingeführt. Gleichwohl hat die Abgrenzung des neutestamentlichen Kanons um das Jahr 200 einen vorläufigen Abschluß erreicht. Zwar blieb die Kanonizität einiger katholischer Briefe sowie der Offenbarung des Johannes noch für längere Zeit strittig; endgültig wurde der genaue Umfang des neutestamentlichen Kanons erst auf einer Reihe von Synoden in der zweiten Hälfte des 4. Jahrhunderts festgelegt. Aber die wichtigsten Schriften, das heißt die vier Evangelien, die Apostelgeschichte sowie die Paulusbriefe, galten doch seit dem ausgehenden 2. Jahrhundert im Osten wie im Westen als der neutestamentliche Kanon.

Es ist manchmal behauptet worden — so vor allem von Harnack —, daß die Bildung des neutestamentlichen Kanons entscheidend durch Marcion in Gang gekommen sei. Marcion, der manchen gnostischen Richtungen nahestand, hat kurz vor der Mitte des 2. Jahrhunderts unter Verwerfung des Alten Testaments und auch zahlreicher später im Neuen Testament vereinigten Schriften einen eigenen Kanon geschaffen. Dieser umfaßte außer dem Lukasevangelium die ersten zehn Paulusbriefe. In der Tat handelt es sich hier um den ersten Kanon neutestamentlicher Schriften, den es gibt. Aber der kirchliche Kanon des Neuen Testaments war doch bereits vorher im Entstehen begriffen gewesen. Die Kirche hatte schon vor Marcion eine bestimmte Sammlung oder Sammlungen neutestamentlicher Schriften, die bereits als heilige Schrift angesehen wurden. Marcion hat den Prozeß der Kanonisierung des Neuen Testaments zweifellos beschleunigt, indem er die Kirche zwang, sich gegenüber seiner eigenen Ablehnung des Alten Testaments und der Streichung alles vermeintlich Jüdischen aus den neutestamentlichen Schriften über ihre Stellung zum Gott des Alten Testaments, zur Schöpfung und zur neutestamentlichen Überlieferung klarzuwerden. Indem die Kirche gegen Marcion am Alten Testament festhielt und außerdem die willkürliche Streichung zahlreicher Schriften und Abschnitte in dem sich herausbildenden neutestamentlichen Kanon nicht mitmachte, blieb sie bei ihrer Überlieferung und verschaffte dieser durch die Kanonisierung der neutestamentlichen Schriften normative Geltung.

Die Bedeutung dieser Entscheidung kann schwerlich überschätzt werden. Sie wird auch nicht dadurch gemindert, daß damals keine Konzile stattfanden oder amtliche Urteilssprüche ergingen, sondern die Kirche durch die allerorten Marcion zuteil werdende Ablehnung sich über ihren Glauben und ihre Lehre klar wurde. In kirchengeschichtlicher Hinsicht ist die Kanonisierung des Neuen Testaments — zusammen mit der Ausbildung der Lehre von der apostolischen Sukzession — der Abschluß der Entwicklung des Frühchristentums zur altkatholischen Kirche. Fortan stehen grundlegende Normen für Lehre und Verfassung fest. In dogmengeschichtlicher Hinsicht bedeutet die Bildung des neutestamentlichen Kanons einen nicht minder großen Einschnitt. Zudem bekräftigte die Kirche durch ihre Anerkennung der neutestamentlichen Schriften ihre Stellung zum Alten Testament und zur Schöpfung. Die gnostische und marcionitische Trennung zwischen Schöpfergott und Erlösergott sowie die daraus folgende Abwertung der Schöpfung und der Leiblichkeit des Menschen als des widergöttlichen Prinzips wurde von der Kirche endgültig verworfen. Positiv gewendet heißt das, daß von nun ab für die christliche Kirche die Einheit des Gottes des Alten Testamentes mit dem des Neuen Testamentes auch als fundamentale Lehrnorm feststeht, daß trotz des radikalen Sündenverständnisses die Schöpfung als solche doch als gut angesehen wird, daß die Einheit der Kirche mit dem erwählten Gottesvolk des Alten Bundes sowie ein bestimmtes Verständnis des Alten Testaments in Umrissen, keineswegs in Einzelheiten, unaufgebbar ist. Insofern stellt es durchaus keine Übertreibung dar, wenn man in der Kanonisierung des Neuen Testaments ein Grunddogma der Kirche sieht, nämlich ein allen später folgenden Lehrentscheidungen zugrunde liegendes, sie überhaupt erst ermöglichendes Bekenntnis zu der Offenbarung Gottes in Jesus Christus. Denn die Festsetzung eines bestimmten neutestamentlichen Kanons besagt ja, daß die Kirche nur aus diesen Schriften in gültiger und verpflichtender Weise etwas über die Offenbarung in Jesus Christus erfährt. Andere Schriften mögen noch so bedeutend und geistreich sein, sie können in der Kirche nicht die gleiche Autorität beanspruchen wie das kanonische Schrifttum. Dieses Grunddogma ist für die meisten christlichen Konfessionen in Geltung geblieben. Das hindert freilich nicht, daß faktisch zu manchen Zeiten und vor allem in manchen Kirchen doch der Versuch gemacht worden ist, auch aus anderen Schriften und Quellen Richtlinien für die christlichen Glaubensaussagen zu nehmen.

Schrift und Tradition

Die Kanonisierung einer bestimmten Anzahl von Schriften im Neuen Testament bedeutete auch für manche anderen Fragen eine wichtige Entscheidung. Hatten in den Anfängen schriftliche und mündliche Tradition nebeneinander Autorität besessen, ohne daß man über ihr Verhältnis zueinander Reflexionen anstellte, so mußte die Schaffung des neutestamentlichen Kanons hier zu einer Wandlung führen. Das entscheidende Kriterium für die Feststellung der Kanonizität der neutestamentlichen Schriften war ihr Alter. Man wollte diejenigen Schriften zur Norm erheben, die von Aposteln oder unmittelbar von ihren Schülern verfaßt waren. Gegenüber der Gnosis, die sich auf geheime Überlieferung aus der Zeit zwischen Auferstehung und Himmelfahrt Christi berief, war die apostolische Abfassung der wichtigsten Schriften tatsächlich ein ebenso legitimes wie brauchbares Kriterium. Gewiß urteilt heute die kritische Forschung über die apostolische Verfasserschaft mancher neutestamentlichen Schriften anders als die Kirche des 2. Jahrhunderts. Gleichwohl ist es erstaunlich, mit welcher Treffsicherheit die damalige Kirche im ganzen die wesentlichen und auch zuverlässigsten Schriften in den Kanon aufgenommen hat. Es gibt schwerlich eine andere Schrift, deren Aufnahme in den Kanon man nachträglich wünschen möchte. Über einige Schriften am Rande des Kanons mag man streiten. Aber über die Bedeutung und den Wert der meisten neutestamentlichen Schriften kann es keinen Zweifel geben.

Allein, durch die Kanonisierung des Neuen Testamentes stellte sich die Frage nach der Relevanz der Tradition. Man muß hier jedoch moderne Erwägungen über die größere Bedeutung der schriftlichen oder der mündlichen Tradition zurückstellen. In dieser Form ist das Problem von Schrift und Tradition in der gesamten alten Kirche nicht gestellt worden. Die Dinge lagen in den ersten Jahrhunderten der Kirche anders als in der Reformationszeit und der Neuzeit. Das Bedeutsame war damals zunächst, daß überhaupt ein besonderer Begriff dessen, was man Tradition nennt, aufkam. Für die apostolischen Väter und auch noch für die Apologeten, also bis über die Mitte des 2. Jahrhunderts, lassen sich Schrift und Tradition noch nicht voneinander trennen. Sie alle waren überzeugt, daß die christliche Religion bestimmte Glaubenssätze und Verhaltensweisen einschließt, daß beide der Christenheit von den Aposteln überliefert sind und daß sie letztlich auf Jesus Christus zurückgehen. Daher konnte man sagen, daß es darauf ankomme, sich für Gott und die Lehren, die von ihm herkommen, zu entscheiden[21]. Oder es wurde einfach betont, daß Christus unser Lehrer sei[22], ohne daß man dabei die Frage nach der Art und Weise stellte, in welcher seine Lehre weitergegeben wurde. Gewiß hatten das Alte Testament sowie die Evangelien — Justin nennt sie die Denkwürdigkeiten der Apostel[23] — eine überragende Autorität. Aber Schrift und Tradition waren doch noch nicht gegeneinander abgehoben.

Die Kanonisierung des Neuen Testaments führte hier zu einer Änderung. Tatsächlich läßt sich um dieselbe Zeit, zu der die Bildung des neutestamentlichen Kanons im großen und ganzen abgeschlossen war, in der Kirche auch ein präziserer Traditionsbegriff beobachten. Dieser neue Traditionsbegriff ist freilich auch durch die Auseinandersetzung mit der Gnosis über die rechte Tradition bedingt. Erstmalig begegnet »Tradition« in dem neuen Sinne bei Irenäus im ausgehenden 2. Jahrhundert. Allerdings kann noch Irenäus das Ganze des christlichen Glaubens unter dem Begriff der Tradition zusammenfassen. So betont er etwa, daß bei allen Verschiedenheiten, die es unter den einzelnen Kirchen in Sprache und Verständnis gibt, doch die Kraft der Überlieferung ein und dieselbe ist, so daß die gesamte Kirche ihre Lehre so einstimmig verkündigt und überliefert, als ob sie nur einen Mund besäße[24]. Aber Irenäus versteht unter der Tradition doch auch die mündliche Überlieferung, die die Kirche von den Aposteln überkommen hat. Diese Überlieferung ist grundsätzlich nicht an eine

schriftliche Fixierung gebunden, wie denn auch manche Barbaren-
stämme ohne schriftliche Dokumente an Christus glauben und die alte
Tradition bewahren[25]. Wichtig ist dabei jedoch einmal, daß die Tradition für Irenäus nie etwas Geheimes ist, sondern daß sie stets öffentlich und für jedermann überprüfbar weitergereicht ist; sodann, daß
diese Tradition zugleich geistgewirkt ist, wie denn die gesamte Kirche
von dem Heiligen Geist durchdrungen und geleitet wird; und drittens,
daß zwischen der mündlichen und der schriftlichen Tradition keinerlei
Widerspruch besteht, da beide auf die Apostel zurückgehen. Freilich
wurde durch das Nebeneinander von Schrift und Tradition doch die
Aufgabe gestellt, beide ins rechte Verhältnis zueinander zu bringen.
Die Tradition erklärte die Schrift oder doch zumindest manche dunklen
Stellen in ihr, wie andererseits die Schrift Norm der Tradition war. So
mußte die theologische Entscheidung, die mit der Kanonisierung des
Neuen Testaments gefällt war, zu weiteren Erwägungen und Erklä-
rungen führen.

Nicht minder wichtig war ein anderes. So sehr die Festsetzung eines
Kanons, wenigstens in seinen Umrissen, eine Entscheidung gegen die
gnostischen und marcionitischen Irrlehren darstellte, so mußte die
Kirche doch die Erfahrung machen, daß damit noch nicht die Gefahr
gebannt war. Auch die Häretiker konnten sich auf die Schrift berufen
und taten es sogar nicht selten mit großem Geschick. Es ist nicht zufällig, daß die ersten Kommentare zu neutestamentlichen Schriften
nicht in Kreisen der Großkirche, sondern in gnostischen christlichen
Gruppen entstanden. In der Mitte des 2. Jahrhunderts schrieb Hera-
kleon, ein Schüler des Gnostikers Valentin, einen Kommentar zum
Johannesevangelium, wobei dieses für die Gnosis in Anspruch genommen wurde. Offensichtlich genügte also die Kanonisierung mancher
Schriften nicht, wenn die Kirche die Gnosis ablehnen wollte. Vielmehr
bedurften diese steter Interpretation, und diese Exegese mußte ebenfalls wiederum nach bestimmten Grundsätzen erfolgen, wenn man die
Gnosis widerlegen wollte. Tatsächlich läßt sich bei den antignostischen
Kirchenlehrern, vor allem bei Irenäus und Tertullian (gest. nach 220),
beobachten, daß die Tradition gegenüber der Schrift ein besonderes
Gewicht erhält, weil nur von ihr her die Gnosis abzuwehren ist. Aber
darum haben sie doch nicht, wie ihnen manchmal vorgeworfen wird,
die Tradition über die Schrift gestellt. Vielmehr hatte die Tradition für sie den Sinn, daß sie den Inhalt der Schrift zusammen-
faßte.

Neben der Schrift und der Tradition gewann im ausgehenden 2. Jahrhundert eine dritte Größe fundamentale Bedeutung für die Lehre der Kirche, nämlich das Glaubensbekenntnis. Bekenntnisformeln hatte es schon seit den ersten Anfängen der Kirche gegeben. Allerdings findet sich im 1. Jahrhundert noch nicht eine einzige Formel, deren Wortlaut als Bekenntnis eindeutig feststeht. Auch im 2. Jahrhundert begegnen mannigfache Glaubensformeln. Es ist trotz mancher Versuche nicht gelungen, bei Irenäus oder Tertullian einen bestimmten Wortlaut des Glaubensbekenntnisses auszumachen, obwohl beide oft genug auf das Glaubensbekenntnis verweisen und auch bestimmte Formeln zitieren, deren Wortlaut jedoch niemals genau gleich ist. Trotzdem ist der Prozeß der Bildung des Glaubensbekenntnisses schon im 2. Jahrhundert zu einem vorläufigen Abschluß gelangt. Eines der ältesten Glaubensbekenntnisse, das in einer bestimmten Kirche kanonisiert wurde, ist das alte römische Taufbekenntnis, das man allgemein als Romanum (R) bezeichnet. Nach der Rekonstruktion von H. Lietzmann[26] hatte eine Vorform dieses Bekenntnisses folgenden Wortlaut:

Ich glaube an Gott, den Vater, den Allmächtigen;
Und an Jesus Christus, seinen eingeborenen Sohn, unseren Herrn,
Und an den Heiligen Geist, die heilige Kirche, des Fleisches Auferstehung.

In dieser Form dürfte das altrömische Bekenntnis wohl nicht später als in der Mitte des 2. Jahrhunderts entstanden sein. In diese ursprünglich ganz schlichte, dreigliedrige Formel, die jeweils aus drei Aussagen bestand, ist wahrscheinlich Ende des 2. Jahrhunderts im zweiten und dritten Artikel eine nähere Bestimmung eingefügt worden, so daß R jetzt lautet[27]:

Ich glaube an Gott, den Vater, den Allmächtigen;
Und an Christus Jesus, seinen eingeborenen Sohn, unseren Herrn,
Der geboren ist aus dem Heiligen Geist und der Jungfrau Maria,
Der unter Pontius Pilatus gekreuzigt wurde und begraben,
am dritten Tage auferstand von den Toten,
auffuhr in die Himmel,
sitzet zur Rechten des Vaters,
von dannen er kommen wird, zu richten die Lebendigen und die Toten;

Und an den Heiligen Geist, die heilige Kirche, die Vergebung der Sünden, des Fleisches Auferstehung.

Die längere christologische Einfügung richtete sich wahrscheinlich gegen bestimmte christologische Irrlehren, vornehmlich den Doketismus, aber auch den adoptianischen Monarchianismus, auf die in Kapitel II eingegangen werden wird.

Mehr oder weniger ähnliche Glaubensbekenntnisse gab es in den meisten christlichen Gemeinden des Westens. In Rom hat jedoch das Glaubensbekenntnis früher als in anderen Gemeinden eine feste Formulierung erhalten. Später hat sich der Wortlaut von R im Abendland allgemein durchgesetzt. Der Osten hat noch lange Zeit hindurch eine sehr viel größere Mannigfaltigkeit in der Formulierung der Glaubensbekenntnisse gekannt. Zudem ist es eine Eigenart der östlichen Glaubensbekenntnisse gewesen, daß sie die Gottessohnschaft Christi nicht wie R in schlichter Weise von der Jungfrauengeburt Christi her deuteten, sondern von seiner vorweltlichen Zeugung durch Gott-Vater verstanden. Dadurch sollte der Unterschied zwischen dem Sohn Gottes und allem zeitlich Gewordenen herausgestellt werden. Nach H. Lietzmann[28] hat die ursprüngliche östliche trinitarische Glaubensformel etwa folgenden Wortlaut gehabt:

Ich glaube an einen Gott, den Vater, den Allmächtigen,
aus dem alles ist,
und an einen Herrn, Jesus Christus, den eingeborenen Sohn Gottes,
durch den alles ist,
und an den Heiligen Geist.

Was bedeutet das Glaubensbekenntnis für die Dogmengeschichte? Die Antwort läßt sich am besten geben, wenn man auf seinen Sitz im Leben achtet. Man hat oft die Behauptung aufgestellt, daß die Glaubensbekenntnisse ihren festen Sitz in der Taufe hatten. Das ist selbstverständlich insofern richtig, als die Glaubensbekenntnisse bei der Taufe rezitiert wurden. Dabei bediente man sich in der Regel der Frageform, so daß der Täufling gefragt wurde: »Glaubst du an Gott?« oder »Glaubst du an Jesus Christus?« usw., wobei bestimmte Erweiterungen hinzugefügt wurden. Allein, fragt man genauer nach der Beziehung zwischen der Taufe und dem Glaubensbekenntnis, so muß man die These, daß die Bekenntnisse ihren Sitz im Leben in der Taufe haben, dahin abwandeln und präzisieren, daß sie an sich mit dem Katechumenat verbunden waren. Bei der Taufe kann selbstverständlich die Rezitation eines Bekenntnisses nur stattfinden, wenn der betreffende Täufling vorher über diesen Glauben unterrichtet worden ist. Darum hat also die Glaubensformel primär ihren Ort in dem Unterricht der Taufkandidaten. Das aber führt zu einem weiteren Punkt, daß nämlich das Glaubensbekenntnis als die formelhafte Zusammenfassung des christlichen Glaubens fungierte: es war die Richtschnur des Glaubens, die dem Katechumenenunterricht zugrunde gelegt wurde.

Es ist fraglich, ob man das Glaubensbekenntnis, von dem uns bei Irenäus und Tertullian öfter Zitate begegnen, mit der sogenannten Glaubensregel gleichsetzen darf. In früherer Zeit hat man das meist getan. Neuerdings sind Bedenken dagegen erhoben worden. Tatsächlich dürfte die Glaubensregel nicht sowohl eine feste Formel dargestellt haben als vielmehr eine Reihe von christlichen Fundamentallehren, die jedoch faktisch den inhaltlichen Aussagen des Credo weithin parallel gehen. Vielleicht kann man in der Glaubensregel das theologisch vertiefte, normative Verständnis des Glaubensbekenntnisses sehen. Auf jeden Fall lassen sich Glaubensbekenntnis und Glaubensregel auch nicht voneinander trennen. Doch wie immer sie sich zueinander verhalten haben, in ihnen hatte die Kirche ein Instrument in der Hand, das für die Auseinandersetzung mit der Häresie wirkungsvoller war als die bloße Tradition. Denn die Glaubensformeln waren präzise, knapp und eindeutig, dazu im wesentlichen fest formuliert, wenn auch über die einzelnen Aussagen abweichende Überlieferungen bestanden. Durch diese Eigenschaften waren sie in manchem sogar der Schrift überlegen. Es ist daher kein Wunder, wenn ein Mann wie Tertullian sich bei seiner Auseinandersetzung mit der Gnosis lieber auf die Glaubensregel berief als auf die Schrift, da diese von den Häretikern doch immer nach ihrer eigenen Meinung umgebogen werden konnte. Eine Überordnung der Glaubensregel über die Schrift war damit nicht gegeben. Aber die Glaubensregel gewann doch tatsächlich den Rang eines Dogmas. Sie diente als Richtschnur für die Feststellung von Häresie und Orthodoxie.

Nicht unwichtig ist dabei, daß man schon damals der Meinung war, die Apostel selbst hätten das Glaubensbekenntnis den nachfolgenden Generationen weitergereicht. Tertullian sagt von der Glaubensregel sogar, daß sie von Christus selbst herrühre und von seinen Begleitern überliefert sei[29]. Aus solchen Vorstellungen entstand später die Legende über die Entstehung des apostolischen Glaubensbekenntnisses, die u. a. Rufin von Aquileja in seinem etwa 404 geschriebenen Kommentar zum Symbol der Apostel berichtet. Danach wurden die Apostel, nachdem sie zu Pfingsten die Gabe erhalten hatten, in verschiedenen Sprachen zu reden, von dem Herrn unterwiesen, allen Völkern Gottes Wort zu verkündigen. Bevor sie nun auseinandergingen, setzten sie eine gemeinsame Grundlage für ihre Predigt fest, damit sie nicht etwa wegen der weiten Entfernung voneinander verschiedene Lehren verkündigten. So legten sie das Apostolicum als Richtschnur fest, wobei jeder Apostel einen Teil des Bekenntnisses beisteuerte. Alsdann hätten sie beschlossen, dieses Credo auch der Nachwelt als Maßstab für den Glauben zu überliefern. Diese Legende, die natürlich den historischen Vorgang der Entstehung des Glaubensbekenntnisses in idealisierter Form konstruiert, trifft doch eines mit Recht, nämlich das verhältnismäßig hohe Alter sowie die Bedeutung des Glaubensbekenntnisses. Nächst dem biblischen Kanon war es gleichsam das zweite Dogma der Kirche.

II. KAPITEL

Die Trinitätslehre

Die Anfänge

Im vorigen Kapitel wurde schon auf die Glaubensregel und das Glaubensbekenntnis als Richtschnur für die kirchliche Predigt und Lehre hingewiesen. Beide bezeichnen einen wichtigen Schritt auf dem Wege zur Ausbildung der kirchlichen Trinitätslehre, sofern sie den Glauben der Christenheit knapp zusammenfassen. Freilich hat es noch lange, nämlich bis weit ins 4. Jahrhundert hinein, gedauert, bis die Trinitätslehre dogmatisch geklärt wurde. Wie ist es dazu gekommen? Und aus welchen Gründen sah sich die Kirche überhaupt veranlaßt, ihren Glauben an Gott und an Jesus Christus sowie die Erfahrung der Gegenwart des Heiligen Geistes in der Form der Trinitätslehre zum Ausdruck zu bringen? Muß man, wenn man Christ sein will, auch die Trinitätslehre übernehmen?

Zunächst ist es nicht unwichtig, festzustellen, daß die Trinitätslehre nicht, wie man früher manchmal vermutete, auf außerchristliche Quellen zurückgeht. Es hat nicht an Versuchen gefehlt, eine Vorform der Trinitätslehre bei Platon oder im Hinduismus oder im Parsismus wiederzufinden. Sie dürfen heute sämtlich als gescheitert angesehen werden. Eine andere Frage ist es freilich, ob die Kirche bei der Ausbildung der Trinitätslehre auf bestimmte Vorstellungsweisen zurückgriff, die bereits in der philosophischen und religiösen Umwelt vorhanden waren, um mit ihrer Hilfe ihren eigenen Glauben zu einem auch denkerisch klaren Ausdruck zu bringen. Diese Frage ist durchaus zu bejahen. Im einzelnen läßt sich oftmals die Übernahme dieser oder jener Vorstellung nachweisen. Freilich liegen die Dinge gerade hinsichtlich der Anfänge der Trinitätslehre noch ziemlich im Dunkeln. Eine abschließende Klärung ist hier bisher noch nicht erreicht worden.

Was das Neue Testament betrifft, so begegnet in ihm noch keine eigentliche Trinitätslehre. Aber damit ist noch nicht viel gesagt. Denn das Neue Testament bietet im ganzen ja weniger bestimmte Lehren als vielmehr die Verkündigung des Reiches Gottes, das in und mit der Person Jesu Christi anbricht. Gleichwohl finden sich im Neuen Testament doch durchaus die Ansätze zu einer auch lehrmäßigen Weiterbildung und Klärung der Gottesvorstellung.

Das Judentum, in dessen Umwelt die ersten Christen lebten und von dem sie selbst herkamen, ist stets eine besonders streng monotheistische Religion gewesen. Von ihm hat das Christentum den Monotheismus übernommen. Wenn auch das Verständnis des Monotheismus bei Christen und Juden nicht das gleiche ist, so haben beide doch den Monotheismus als solchen seit jeher gegenüber dem heidnischen Polytheismus gemeinsam gehabt.

Aber nun glaubten die Christen ja von Anfang an nicht nur im Sinne der Juden an Gott, sondern sie glaubten auch an Jesus Christus; und auch von dem Heiligen Geist erfuhr man anderes und mehr als die Juden. Was zunächst die Person Jesu Christi betrifft, so brachten die Christen ihren Glauben auf die mannigfachste Weise zum Ausdruck. Für die Urgemeinde ist Jesus Christus der Messias. Er steht, wie vor allem das Johannesevangelium immer wieder betont, in einer unvergleichlich innigen und unauflösbaren Gemeinschaft mit dem Vater. Oder es heißt, daß Christus das Ebenbild Gottes ist (2. Korinther 4, 4; Kolosser 1, 15). Im Prolog des Johannesevangeliums wird gesagt, daß der göttliche Logos, der von allem Anbeginn an bei Gott war, in Jesus Christus Fleisch geworden ist (Johannes 1, 1—18). Damit ist eine Präexistenz Christi vor seinem irdischen Leben ausgesagt. Die Kirche konnte hier an bestimmte Vorstellungen anknüpfen, die das vorchristliche Judentum über die Präexistenz der Gestalt der Weisheit ausgebildet hatte. Aber was im Judentum nur ein Ideal gewesen war, das wurde im Christentum von dem entscheidenden Faktum der Inkarnation her verstanden.

Auch an anderen Stellen ist von einem vorweltlichen Sein Christi die Rede oder wird doch zumindest die Präexistenz Christi vorausgesetzt (z. B. Philipper 2, 5—11; Römer 8, 32; 2. Korinther 8, 9). Am weitesten gehen einige Stellen, an denen Christus als Gott bezeichnet wird. Dabei ist umstritten, ob Paulus Römer 9, 5 den Ausdruck »Gott« wirklich auf Christus bezogen hat oder ob die letzten Worte in diesem Vers eine Benediktion darstellen, in der von Gott-Vater die Rede ist. Die Einwände gegen die Auffassung, Paulus bezeichne Christus hier als Gott, stützen sich zumeist nur auf die allgemeine Erwägung, daß der aus dem Judentum ererbte strikte Monotheismus dem Paulus eine solche Aussage hätte verbieten müssen. Aber dagegen ist zu sagen, daß Paulus zu dem erhöhten Herrn beten konnte; dann aber konnte er auch den Ausdruck »Gott« für Christus verwenden. An anderen Stellen des Neuen Testamentes begegnet jedenfalls das Prädikat »Gott« für Christus ohne Zweifel (Johannes 1, 18 lesen die besten Handschriften: »der eingeborene Gott«; 1. Johannes 5, 20). Mit diesen, für den jüdischen Monotheismus unüberbietbar anstößigen Aussagen brachten die Christen ihren Glauben zum Ausdruck, daß ihnen in Jesus Christus nicht nur irgendein himmlisches Wesen, sondern Gott selbst begegnet und daß darum Jesu Sendung, insbesondere sein Kreuz und seine Auferstehung, für die ganze Welt Bedeutung hat.

Die Aussagen des Neuen Testamentes über den Heiligen Geist sind nicht so klar und eindeutig wie diejenigen über Jesus Christus. Man wußte, daß der Geist durch die Propheten geredet hatte und daß er bei der Taufe Jesu herabgekommen sei und Jesus zu seinem Wirken ausgerüstet habe. Besonders weit gehen die johanneischen Aussagen. Jesus verheißt den Seinen für die Zeit nach seinem Abschied den Parakletos (Helfer, Beistand), der ausdrücklich als der »Geist der Wahrheit« (Johannes 14, 17) oder als der »Heilige Geist« (Johannes 14, 26) bezeichnet wird. Wenn es von dem Geist heißt, daß er ein »anderer Parakletos« ist (Johannes 14, 16), so könnte man meinen, daß der Geist hier als eine Person neben Jesus Christus vorgestellt wäre. Aber das trifft doch schwerlich zu. Vielmehr ist es so, daß im Geist als dem Parakleten Jesus selbst zu seinen Jüngern kommt. Allerdings ist es nun doch bezeichnend und gerade für die dogmengeschichtliche Entwicklung sehr bedeutsam, daß Christus und der Paraklet nicht einfach gleichgesetzt werden, sondern daß der Geist ein »anderer Parakletos« genannt wird. Wie sehr die frühe Kirche die Wirklichkeit des Geistes erfuhr und von ihr her bestimmt wurde, kann man in den paulinischen Briefen auf Schritt und Tritt sehen. Der Geist heißt ebenso der Geist Gottes wie der Geist Christi (Römer 8, 9). Aber auch hier ist der Geist noch nicht personhaft vorgestellt, jedenfalls nicht in dem Sinne der späteren Trinitätslehre.

Das Neue Testament hat sich nun aber nicht mit diesen teilweise sehr weitgehenden Aussagen über Gott-Vater, Jesus Christus und den Heiligen Geist begnügt. Vielmehr finden sich an manchen Stellen triadische Formeln. Man nennt sie triadisch und nicht trinitarisch, weil sie wohl Gott-Vater, den Sohn und den Geist nebeneinander nennen, aber über die Einheit Gottes nicht reflektieren und insofern eben noch keine Lehre von der Dreieinigkeit enthalten. Eine solche Formel begegnet etwa 2. Korinther 13, 13: »Die Gnade unseres Herrn Jesu Christi und die Liebe Gottes und die Gemeinschaft des Heiligen Geistes sei mit euch allen!« Bedeutsam ist, daß Epheser 4, 4—6 zwar auch der Geist, der Sohn und der Vater ohne nähere Erläuterungen nebeneinander genannt werden, daß aber jedesmal das »ein« betont wird: es ist »ein Gott«, an den die Christen glauben, nicht aber sind es drei Götter. Besonders weit geht der Taufbefehl Matthäus 28, 19, wo es heißt, daß die Taufe »im Namen des Vaters und des Sohnes und des Heiligen Geistes« erfolgen soll. Das Bedeutsame ist bei dieser Formel nicht so sehr, daß hier der Vater, der Sohn und der Geist nebeneinander genannt werden, da es das ja damals schon öfter gab, sondern daß hier auch von dem »Namen des Heiligen Geistes« die Rede ist. Nicht drei verschiedene Namen sind es, auf die hin getauft werden soll, sondern ein Name, dabei aber eben auch der Name des Heiligen Geistes. Das Geistverständnis, das dieser Taufformel zugrunde liegt, geht sehr viel weiter als dasjenige, das sonst im Matthäusevangelium begegnet. Tatsächlich besaß die Kirche in dem Taufbefehl eine Aussage, die über ihr damaliges Verständnis weit hinausging und deren vollen Gehalt und tiefe Bedeutung sie sich erst im Verlaufe einer langen Entwicklung zu eigen machen mußte. Denn was das Bekenntnis zu Jesus Christus als Gott und was die Gegenwart des göttlichen Geistes in der Kirche für das Gottesverständnis im ganzen bedeutet, das hatte man sich noch nicht annähernd genügend vergegenwärtigt. Gleichwohl dürfte kein Zweifel bestehen, daß die Glaubensaussagen, die die ersten Christen mit Bezug auf Gott-Vater, den Sohn und den Heiligen Geist machten und die sich auf Gottes Handeln in Jesus Christus und die Ausgießung des Geistes gründeten, nach einer näheren Entfaltung geradezu riefen. Es war nicht nur eine Notwendigkeit, gegenüber dem Judentum deutlich zu sagen, in welchem Sinne man als Christ Monotheist war. Vielmehr verlangte auch der Glaube selbst nach größerer Klarheit.

Es ist nicht im mindesten verwunderlich, daß die Kirche bei dem Versuch, ihren Glauben an Gott-Vater, Jesus Christus und den Heiligen Geist auch denkerisch und begrifflich zu formulieren, längere Zeit hindurch getastet hat, ja daß zuzeiten auch mancher Irrweg beschritten wurde, von dem man dann später wieder abkam, um erneut nach dem rechten Weg zu suchen. Manchmal schien es sogar, als würde die Aufgabe, vor die man sich gestellt sah, nicht bewältigt werden können. Gewiß stand von vornherein für die Kirche Wesentliches fest, nämlich einmal, daß Gott einer ist, daß man also nicht an zwei oder gar drei Götter glaubt; sodann, daß dieser eine Gott sich doch auf eine dreifache Weise geoffenbart hat, als Vater, als Sohn und als Heiliger Geist; daß man dabei nicht Vater und Sohn in der Weise gleichsetzen kann, daß die Unterschiede zwischen ihnen aufgehoben werden, also in dem Sohn nicht eine bloße »Maske« sehen darf, hinter welcher sich der Vater verbirgt. Aber wie sollte man diese fundamentalen Glaubensartikel auf eine Formel bringen? Was für Begriffe eigneten sich überhaupt dafür?

Als sich im 2. Jahrhundert das Schwergewicht der christlichen Kirche und ihrer Theologie endgültig von dem palästinensischen Bereich in die Welt des griechischen Denkens verlagerte, ergab sich für die Kirche die Notwendigkeit, ihren Glauben in einer auch für griechisches Empfinden verständlichen Form auszusagen. Das hatte die wichtige Folge, daß an die Stelle der biblisch-konkreten Redeweise seinshaft-metaphysische Begriffe traten. Das griechische Denken unterscheidet sich von dem biblischen ja vor allem darin, daß für dieses die Wahrheit von Gott in der Geschichte geoffenbart ist, für jenes aber im metaphysischen Sein gründet. Auf die Gottesvorstellung angewendet bedeutete das, daß man die Unterschiede zwischen Gott-Vater, dem Sohn und dem Geist als metaphysische Eigenständigkeit (Hypostase) verstehen konnte. Die altkirchlichen Apologeten haben hier bahnbrechende Schritte getan und die griechische Logosvorstellung mit dem Logosgedanken von Johannes 1 verbunden. Freilich hatte es seine eigene Problematik, wenn ein Mann wie der Apologet Justin Christus als „zweiten Gott« bezeichnen konnte[30].

Gegen einen solchen Pluralismus wandte sich der sogenannte Monarchianismus. Sein wesentliches Anliegen war es, den Monotheismus auch im Christentum zu wahren. Vor allem ging es dabei um die Frage, wie sich der Vater und der Sohn zueinander verhalten. Tatsächlich sind Christologie und Trinitätslehre immer miteinander auf das engste verbunden gewesen; ganz besonders gilt das aber für die Zeit der Anfänge. Im Monarchianismus meinte man nun, das Problem so lösen zu können, daß man die Gottheit des Sohnes entweder nur eine abgeleitete sein ließ oder daß man in dem Sohn nur eine Erscheinungsweise des Vaters sah. Nach der ersten Richtung, dem sogenannten dynamistischen Monarchianismus, wirkte in dem Menschen Jesus eine unpersönliche göttliche Kraft; Christus ist dann erst als Sohn Gottes adoptiert worden. In reiner Form ist dieser dynamistische Monarchianismus vor allem im ausgehenden 2. und auch noch gelegentlich im 3. Jahrhundert vertreten worden. Eine in naiver Weise adoptianische Vorstellung ist jedoch sehr viel älteren Datums und begegnet in zahlreichen frühkirchlichen Schriften, die sonst durchaus orthodox sind.

Die andere Richtung, der sogenannte modalistische Monarchianismus, stellt demgegenüber schon eine entwickeltere Vorstellung dar. Er ist ebenfalls um 200 in verschiedenen Teilen der Kirche vertreten worden. Nach seiner Auffassung ist Gott nur eine einzige Person. Der Sohn und auch der Geist stellen nur Erscheinungsweisen des einen Gottes dar. Sabellius, der Anfang des 3. Jahrhunderts in Rom wirkte, gebrauchte sogar den Ausdruck »Sohn-Vater«.

Das berechtigte Anliegen des Monarchianismus war es zweifellos, die Einheit Gottes zu behaupten. Zu allen Zeiten mag es die größere Gefahr gewesen sein, daß die Kirche, wenn sie ihren Glauben entfaltet, in einen Polytheismus gerät, als daß die Unterschiede zwischen den Personen der Trinität nivelliert werden. Aber der Monarchianismus konnte doch nur scheinbar mit größerem Recht als die Kirche an der Einheit Gottes festhalten. Denn entweder sah er sich gezwungen, in Christus seit seiner Taufe oder seit seiner Auferstehung eine Art Halbgott zu sehen; so war es beim dynamistischen Monarchianismus. Oder man mußte die Berichte der Evangelien, wonach ja der irdische Jesus auch zu Gott-Vater betete, völlig außer acht lassen, um die Unterschiede zwischen dem Vater und dem Sohn zu beseitigen; so geschah es beim modalistischen Monarchianismus. Beide Formen des Monarchianismus gaben daher etwas von dem, was für die Kirche schlechterdings fundamental ist, auf.

Ferner haben die zahlreichen gnostischen Systeme, die im 2. Jahrhundert entwickelt wurden, auf die Ausbildung der kirchlichen Trinitätslehre Einfluß ausgeübt. Zwar haben die Gnostiker keine eigene Trinitätslehre entfaltet. Vielmehr haben sie Gott-Vater, Gott-Sohn und den Heiligen Geist in ihre zahlreichen Äonen eingegliedert. Der Gnostiker Valentin kannte nicht weniger als dreißig Äonen. Dabei steht Christus noch unter ihnen. Nach den meisten gnostischen Systemen hatte Christus auf Erden nur einen Scheinleib, den er auch vor der Kreuzigung wieder verließ. Daher ist nicht der Gottessohn Christus, sondern nur der Mensch Jesus gestorben. Diese Christologie bezeichnet man als Doketismus. Gegenüber derartigen Systemen

konnte die Kirche sich nicht mit der bloßen Wiederholung des Tauf-
befehls von Matthäus 28, 19 oder anderen neutestamentlichen Aussagen begnügen, sondern mußte ihren Glauben näher entfalten.

Ansätze einer Trinitätslehre

Wie wenig klar die Entfaltung der Trinitätslehre noch weit im
2. Jahrhundert war, zeigt eine Äußerung Justins. In seiner Apologie
sucht er den heidnischen Vorwurf, daß die Christen Atheisten seien,
zu entkräften. Dabei sagt er, daß die Christen zwar die falschen heidnischen Götter ablehnen, fährt dann aber fort, daß die Christen keine
Gottesleugner seien mit Bezug auf den wahren Gott, den Vater der
Gerechtigkeit und Keuschheit und der übrigen Tugenden, der mit dem
Schlechten nichts gemein hat. Wörtlich heißt es dann: »Ihn und seinen
Sohn, der von ihm gekommen ist und uns diese Dinge gelehrt hat, auch
das Heer der anderen guten Engel, die ihm anhangen und ganz ähnlich sind, und den prophetischen Geist verehren und beten wir an,
indem wir ihn mit Vernunft und Wahrheit ehren.«[31] Nicht genug,
daß bei dieser Aufzählung überhaupt die Engel als von den Christen
verehrte, angebetete Wesen begegnen: Justin nimmt keinen Anstand,
die Engel vor dem Heiligen Geist zu erwähnen. Die Reihenfolge der
Wesen, die verehrt werden — Gott-Vater, Christus, die Engel, der
Geist — ist bezeichnend. Und doch würde man Justin völlig Unrecht
tun, wenn man ihn mit Gnostikern wie Valentin auf eine Stufe
stellte!

Zu etwas größerer Klarheit sollte es in der Gotteslehre erst seit
dem Ausgang des 2. Jahrhunderts kommen. Hier war zunächst
Irenäus, Bischof von Lyon, von Bedeutung. In seiner Gotteslehre lassen sich zwei Grundzüge beobachten. Einmal hat er von Gottes inne-
rem Wesen gehandelt, zum anderen von seiner fortschreitenden Selbst-
erschließung in der Heilsgeschichte. Irenäus kann die Einheit Gottes
so stark betonen, daß er sich auch vor modalistisch klingenden Wen-
dungen nicht scheut, als wären der Sohn und der Geist nur Erscheinungsweisen des einen Gottes. In seiner »Darstellung der apostolischen
Verkündigung« heißt es: »Nach dem Dasein und der Kraft seines
Wesens gibt es Einen Gott«, dann allerdings: »Nach dem Vorgang
und der Vollführung der Erlösung gibt es jedoch Vater und Sohn.«[32]
Irenäus will damit jede pluralistische Redeweise von Gott vermeiden.
Freilich wußte er durchaus zwischen Gott-Vater, dem Sohn sowie dem

Heiligen Geist zu unterscheiden. Wie schon die altkirchlichen Apologeten vor ihm, insbesondere Theophilus von Antiochien, so war auch
Irenäus der Meinung, daß Gott seit aller Ewigkeit sein Wort und
seine Weisheit bei sich hatte. Sie waren gleichsam Hypostasen. Vor
der Schöpfung der Welt hat Gott dann sein Wort und seine Weisheit
aus sich herausgesetzt. Der Sohn ist von dem Vater vor der Zeit gezeugt. Allein, Irenäus weist jede nähere Spekulation ab, die das Geheimnis der Zeugung des Sohnes ergründen möchte.

So hat Irenäus in Grundzügen eine Trinitätslehre entfaltet. Es ist
die ausgeprägteste Trinitätslehre, die im 1. und 2. Jahrhundert vertreten worden ist. Ihr Charakteristikum hat sie darin, daß sie nicht,
wie die spätere orthodoxe Trinitätslehre des 4. Jahrhunderts, von
drei gleichewigen Personen ausgeht, sondern von der Person des
Vaters, der bei und neben sich sein Wort und seine Weisheit hat. Im
späteren Sprachgebrauch läßt sich also nicht von drei gleichewigen
Personen reden. Es ist keine Frage, daß die Stellung sowohl des
Sohnes als auch des Geistes hier nicht klar zum Ausdruck kommt. Die
Entfaltung der Lehre von den göttlichen Personen ist bei Irenäus nur
von der Heilsgeschichte her erfolgt.

Weithin ähnlich hat sich Tertullian, der erste lateinisch schreibende
Theologe, der in Karthago lebte, über die Gotteslehre ausgesprochen.
Auch er ist von der Person Gottes des Vaters ausgegangen, der bei sich
Wort und Geist hat und diese für die Schöpfung der Welt aus sich
heraussetzt. Aber Tertullian hat doch für die gesamte spätere Trinitätslehre dadurch große Bedeutung gewonnen, daß er scharfe Formeln geprägt hat, die sowohl die Einheit Gottes als die Dreiheit der
Personen zum Ausdruck brachten. Es gilt, an der einen Substanz in
den drei zusammengehörenden Personen festzuhalten[33]. In der einen
Substanz leben drei Personen, und doch gibt es nur einen Gott. Für
die Heilsgeschichte aber wird die Einheit zur Dreiheit differenziert.
So gibt es auf Grund jener Oikonomia (Heilsgeschichte) drei Personen. In messerscharfen Formeln äußert Tertullian, daß sie »non
statu sed gradu, nec substantia sed forma, nec potestate sed specie«
(nicht durch ihr Sein, sondern durch ihren ‚Grad‘, nicht durch ihr
Wesen, sondern durch ihre Gestalt, nicht durch ihre Macht, sondern
durch ihre Erscheinung) unterschieden sind[34]. Die drei sind eins, nicht
einer. Damit hat Tertullian die bisherigen Gedanken über die Gotteslehre präzis zusammengefaßt und zugleich die Irrlehren sowohl des
Monarchianismus als auch der Gnosis abgewehrt. Die Lehre von der

Wesensgleichheit des Vaters und des Sohnes wie auch des Heiligen Geistes ist bei ihm im Grunde schon da, wenn er auch andererseits den Sohn dem Vater streng unterordnet und für die Trinität nicht recht glückliche Bilder gebrauchen kann, wie etwa dieses, daß Vater, Sohn und Geist der Wurzel, dem Strauch und der Frucht gleichen.

Sehr viel weiter als Irenäus und Tertullian ist Origenes (gest. 254) gegangen. Dieser scharfe Denker, der schon mit textkritischen Arbeiten an den biblischen Schriften begonnen hat und von dessen Feder die erste christliche Dogmatik stammt, hat auch in der Gotteslehre einen wichtigen Beitrag geliefert. Freilich enthält seine Trinitätslehre manche Probleme, die die Entstehung des arianischen Streites mit veranlaßten.

Die Trinitätslehre des Origenes ist durch zwei Grundzüge gekennzeichnet. Einmal hat Origenes wohl wie Irenäus und Tertullian die Einheit Gottes stark betont. Aber die Einheit kommt doch bei ihm nicht so deutlich zum Ausdruck. Vielmehr hebt Origenes neben ihr zugleich die Unterschiede der Personen hervor. Dabei geht er über die Früheren hinaus. In strengem Sinne ist nur der Vater Gott. Aber auch dem Sohne und dem Heiligen Geist gehört der Name Gott zu. Ihre Gottheit ist eine von dem Vater abgeleitete. Gott bringt den Sohn in einem ewigen Akt hervor. Ähnlich wie der Sohn unter dem Vater steht, so steht der Geist unter dem Sohn. Origenes gebraucht für die drei Personen der Gottheit den Begriff der Hypostasen. Darunter versteht er eine individuelle Wesenheit. Sohn und Geist sind also hinsichtlich ihrer Hypostase andere als der Vater. Zugleich aber gilt, daß alle drei Personen betreffs ihrer Einmütigkeit, der Harmonie und Einheit des Willens, eins sind. Origenes hat sogar für diese Einheit schon den später zu Nicäa 325 dogmatisierten Begriff »homousios« (eines Wesens) gebraucht, daneben jedoch die numerische Unterschiedenheit von Vater und Sohn festgehalten. Aber es ist kein Zweifel, daß Origenes, obwohl er durchaus an der Einheit der drei Personen festhielt und als erster eine eigentliche Trinitätslehre entfaltet hat, doch nicht sowohl die Einheit als vielmehr die Unterschiedenheit der drei göttlichen Personen klarzumachen vermochte. Hier enthielt seine Gotteslehre Spannungen. Denn Origenes konnte trotz der von ihm behaupteten Wesenseinheit von Vater und Sohn sagen, daß der Sohn ein Geschöpf des Vaters sei, wonach der Sohn streng dem Vater untergeordnet wäre. Besonders deutlich zeigt sich die Problematik dieser Trinitätslehre darin, daß Origenes entgegen dem Neuen Testament und der Tradition das Gebet zu dem erhöhten Herrn ablehnt. Nur zu Gott-Vater dürfe man beten, allerdings müsse man es durch den Sohn und im Geist tun[35].

Nicht minder wichtig ist der zweite Grundzug in der Gotteslehre des Origenes. Origenes war der Meinung, daß Gott-Vater, da er die vollkommene Güte und Kraft ist, immer Objekte gehabt haben muß, an denen er seine Güte und Kraft erwiesen hat. Von dieser Voraussetzung aus stellte Origenes die an manche gnostischen Systeme erinnernde Lehre auf, daß Gott vor Erschaffung unseres Kosmos eine Welt geistiger Wesenheiten ins Leben gerufen habe, die mit ihm selbst gleichewig sind. Die geschichtliche Welt habe Gott erst geschaffen, als diese Geistwesen von ihm abfielen. Die ewigen Wesenheiten standen jedoch von Anfang an unter Gott-Vater, und so bedurfte es eines Mittlers zwischen Gottes absoluter Einheit und ihrer Vielzahl. Dieser Mittler eben ist der Sohn. Wenn Origenes die ewige Zeugung des Sohnes lehrt, die Zeugung also noch kein abgeschlossener Akt ist, so hängt das mit dieser seiner Auffassung über die ewige Schöpfung zusammen und ist ganz anders begründet als ein ähnlicher Gedanke der späteren Trinitätstheologie, für die sich die ewige Zeugung des Sohnes daraus ergab, daß es in der Ewigkeit nicht Vergangenes und Zukünftiges gibt, sondern alles ewige Gegenwart ist (Augustin). Es ist ohne weiteres deutlich, daß dieser zweite Grundzug in der Trinitätslehre des Origenes noch wesentlich problematischer ist als der erste. Die Annahme einer ewigen Schöpfung stand in glattem Widerspruch zur kirchlichen Lehre und zu den Aussagen der Schrift. Gerade in der Auseinandersetzung mit den verschiedenen gnostischen Systemen war es der Kirche zu vollem Bewußtsein gekommen, daß die Lehre über die ewige Schöpfung mit der Bibel und dem christlichen Glauben unvereinbar ist. Dann aber mußte die Ansicht des Origenes über die ewige Zeugung des Sohnes und auch über die Homousie des Sohnes mit dem Vater mit der Behauptung der ewigen Schöpfung stehen oder fallen.

Tatsächlich zeigen die nächsten Jahrzehnte nach dem Tode des Origenes bis zum Ausbruch des arianischen Streites, daß die origenistische Trinitätslehre in der einen oder anderen Weise weiterentwickelt werden mußte. Die meisten Theologen lehnten die Ewigkeit der Schöpfung ab. Dann aber mußte man entweder diejenige Linie betonen, wonach der Sohn dem Vater streng untergeordnet ist, oder man mußte über Origenes hinausgehend die Wesenseinheit der verschiedenen Hypostasen stärker herausstellen. Gleichwohl verdankt die gesamte spätere Theologie, ob sie nun zur origenistischen »Linken« oder »Rechten« gehört, Origenes das Entscheidende. Denn erst seit ihm und durch ihn war die Aufgabe einer eigentlichen Trinitätslehre erkannt, die über die »ökonomische« Trinitätslehre der älteren Theologen zu einer »immanenten« Trinitätslehre fortschritt, also in der sukzessiven Offenbarung der Personen der göttlichen Dreieinigkeit einen Hinweis auf das Gott auch von Ewigkeit eignende Wesen sah. Zudem war, worauf unten noch einzugehen ist, erst durch Origenes die Logoschristologie allenthalben zum Sieg gelangt. So haben die Späteren eigentlich alle von Origenes gelernt, selbst wenn sie nicht seine Einseitigkeiten mitmachten.

Arius

Auch Arius (gest. 336) hatte manches von Origenes gelernt. Die geistige Welt, aus der Arius stammt, nämlich die antiochenische Schule Lukians von Antiochien, hat nicht wenig von Origenes übernommen. Aber wenn irgendwo, so gilt hier, daß es nicht dasselbe ist, wenn zwei dasselbe sagen. Arius hat, mehr noch als Lukian, die origenistische Theologie verändert und umgebildet, wobei er sich von ganz bestimmten Motiven leiten ließ, die Origenes in dieser Weise fremd waren.

Das zentrale Anliegen des Arius war es, die Einzigkeit und Transzendenz Gottes zu betonen. Man muß sich dies deutlich vor Augen halten, um nicht vorschnell zu urteilen, sondern vielmehr auch einen Mann wie Arius zu verstehen. In einem Glaubensbekenntnis des Arius heißt es: »Wir bekennen Einen Gott, der allein ungezeugt ist, allein ewig, allein ohne Anfang, allein wahr, allein unsterblich, allein weise, allein gut, allein Herr, allein Richter aller.« Unter »Gott« versteht Arius dabei immer nur Gott-Vater. Weil sein Wesen absolut transzendent und absolut unwandelbar ist, darum kann es niemandem mitgeteilt werden. Alles andere, was außer diesem einen transzendenten Gott existiert, muß daher erschaffen sein, und das heißt, es muß aus dem Nichts hervorgegangen sein. Arius lehnt den Gedanken, daß der Sohn aus dem Vater hervorgegangen sei, strikt ab; eine solche Denkweise übertrüge physische Kategorien auf Gott. Obendrein wäre für eine solche Vorstellung Gott ein »Zusammengesetztes«; das aber sei unmöglich.

Was aber sagt nun Arius über Jesus Christus? Wohl weiß auch Arius, wie schon vor ihm die Apologeten, Irenäus und Tertullian, daß Gott von Ewigkeit her sein Wort und seine Weisheit hat. Aber diese beiden fallen für Arius doch schlechterdings mit dem Wesen Gottes zusammen und haben nichts mit der zweiten und dritten Person der Trinität zu tun. Das Wort hingegen, das in Jesus Christus Fleisch geworden ist, ist ein Geschöpf Gottes, aus dem Nichts vor der Zeit erschaffen. Arius stellt freilich den Sohn nicht auf eine Ebene mit den anderen Geschöpfen. Nach ihm ist der Sohn ein vollkommenes Geschöpf, aber nicht wie eins von den anderen Geschöpfen. Von einer Zeugung des Sohnes darf man dabei nicht reden, weil das den Sohn zu nahe an den Vater heranrücken würde; nur in übertragenem Sinne ließe sich dieser Ausdruck allenfalls vertreten. Auf keinen Fall kann aber die Wesenseinheit von Vater und Sohn ausgesagt werden. Sie ist für Arius die schlimmste Häresie. Statt dessen gilt, daß Gott nicht immer der Vater war, sondern daß es eine Zeit gab, zu der er allein und noch nicht Vater war; erst später wurde er Vater. Was den Sohn betrifft, so kann von ihm nicht wie vom Vater die Unwandelbarkeit behauptet werden. Zwar kann man ihn auch wohl »Gott« nennen. Aber die Gottheit eignet dem Sohne nicht wesensmäßig, sondern ist ihm nur durch Gottes Gnade beigelegt worden.

Auch Arius sah jedoch die Notwendigkeit, den origenistischen Begriff der Hypostase zu übernehmen. Er hat sogar, scheinbar ganz wie Origenes, von drei Hypostasen gesprochen, also von den drei Personen des Vaters, des Sohnes und des Heiligen Geistes. Eine höchste Dreiheit hat also auch Arius angenommen und nicht etwa wie der Monarchianismus die Besonderheit des Sohnes und des Heiligen Geistes geleugnet oder verschleiert. Insofern hat auch Arius sich dem allgemeinen Trend, den die Gotteslehre schon seit dem 2. Jahrhundert genommen hatte, nicht zu entziehen vermocht.

Allein, selbst wenn man das Anliegen des Arius und auch manche seiner Gedanken zu würdigen versucht, so kann man doch nicht umhin, seinen Entwurf der Gotteslehre für höchst gefährlich zu halten. Ja im Grunde endet Arius bei zahlreichen ungelösten Problemen, die dazu viel größer sind als diejenigen, die er hatte lösen wollen. Er wollte die Einzigkeit Gottes festhalten. Scheinbar konnte er das auch. Aber tatsächlich machte er aus Christus eine Art Halbgott, der weder ganz Mensch noch ganz Gott ist. Ähnliches gilt für seine Anschauung vom Heiligen Geist, wobei freilich zu berücksichtigen ist, daß die

Lehre vom Heiligen Geist damals noch nicht zur Debatte stand. Aber wenn Origenes noch die drei Hypostasen, die er lehrte, zur Einheit Gottes zusammenzudenken vermochte, so sind bei Arius aus den drei Hypostasen drei gegeneinander abgestufte Gottheiten geworden. In Arius' Gotteslehre tritt daher offenkundig zutage, was schon seit langem als eine Gefahr in der Theologie latent vorhanden gewesen war, nämlich die strikte Unterordnung des Sohnes unter den Vater. Teilweise hatte man sogar in früheren Zeiten, manche jüdisch-apokalyptischen Gedanken aufnehmend, eine sogenannte Engelchristologie entfaltet. Danach ist in Jesus Christus ein besonders hochstehendes Engelwesen erschienen. Diese Anschauung war früher noch gleichsam eine naive gewesen, da sie nicht zu Ende durchgedacht war. Aber in der Gotteslehre des Arius, die mit philosophischen Begriffen und Vorstellungen entwickelt und ganz anders durchdacht war als die älteren Anschauungen, trat nun die Gefahr einer subordinatianischen Christologie hervor. Ihre gefährliche Konsequenz zeigt dabei die arianische Lehre in der Behauptung, daß Christus, da er nicht Gott ist, auch nicht den Vater wirklich erkennt. Darum vermittelt auch die Offenbarung nicht die volle Erkenntnis Gottes. Die unzulängliche Lehre von Gott führt somit zwangsläufig zu einer ganz unzureichenden Lehre von der Offenbarung.

Wenn man einerseits an der Einzigkeit Gottes, andererseits an der Gültigkeit der Offenbarung Gottes in Jesus Christus festhalten will, dann kann man auf keinen Fall den Weg des Arius gehen. Denn sonst endet man bei einer neuen Form von Polytheismus. Es ehrt Arius, daß er die Einheit Gottes nicht um den Preis der Offenbarung aufrechtzuerhalten suchte. Aber wenn man den Weg des Arius beschreitet, muß man entweder die Offenbarung Gottes in Jesus Christus leugnen oder mehrere Götter annehmen. Immerhin hat Arius eines erreicht: er hat der Kirche mit unüberhörbarer Dringlichkeit die Frage gestellt, ob nach ihrem Glauben Jesus Christus ein Geschöpf ist, das weit unter Gott steht, oder ob er selbst Gott ist. Um diese Frage geht es in dem arianischen Streit.

Das Konzil zu Nicäa

Arius war Pfarrer an der Baukaliskirche zu Alexandrien. Schon seit langem stellte Alexandrien ein Zentrum nicht nur des allgemeinen geistigen Lebens, sondern auch der theologischen Arbeit dar. Hier hatte

Origenes lange gewirkt, der bedeutendste griechische Theologe der alten Kirche. So mußten die Gedanken des Arius, gerade wo sie in dieser Stadt geäußert wurden, Beachtung finden. Zunächst freilich schien es, als würde es vielleicht nicht zum Streit kommen. Der Bischof des Arius, Alexander von Alexandrien, war ein friedliebender Mann, der für seine Person wohl am liebsten die Auseinandersetzung vermieden hätte. Aber dazu waren die Dinge doch zu weit vorgeschritten. Hinter Arius standen viele Gesinnungsgenossen in allen Teilen des griechischen Ostens.

Als Konstantin der Große im Jahre 324 nach dem Sieg über Licinius auch im Osten des Römerreiches die Herrschaft angetreten hatte, fand er dort die Kirche mitten im heftigsten Streit. Konstantin, der als erster Kaiser Christ geworden war, hatte im Grunde nicht das geringste Verständnis für die Fragen, um die es in der griechischen Theologie ging. Er sah in dem Streit über die Trinitätslehre lediglich ein unnötiges Theologengezänk, das sich am besten vermeiden ließe, wenn man jegliche Spekulation ablehnte und in gegenseitiger Liebe und Eintracht lebte. Andererseits kam es Konstantin doch sehr darauf an, den kirchlichen Frieden zu erhalten oder wiederherzustellen. Denn der Kirche war in seinem Reich eine wichtige Aufgabe zugedacht: Sie sollte die weithin in der Bevölkerung eingerissenen Sittenlosigkeiten beheben und die Menschen zu Zucht und Ordnung anleiten; sie sollte weiter für die Ausbreitung der reinen Gottesverehrung Sorge tragen; und schließlich sollte sie vor allem, indem sie ihre Aufgaben als Kirche recht erfüllte, den Segen Gottes für Kaiser und Reich erflehen und erlangen. So nahm sich der Kaiser des Streites an und lud zu einem großen Konzil nach Nicäa (325) ein, der kaiserlichen Residenz nicht weit vom Marmarameer in Kleinasien.

Man muß sich die für die Kirche ganz neue Situation vor Augen halten, wenn man den Gang der Verhandlungen auf dem Konzil zu Nicäa verstehen will. Nachdem die Kirche seit 300 Jahren verfolgt worden war und nur gelegentlich eine kurze Atempause erlangt hatte, hatte man nun unmittelbar nach dem Ende der diokletianischen Christenverfolgung, die die schwerste in der ganzen Zeit der alten Kirche war, erlebt, daß ein Kaiser sich zum christlichen Glauben bekennt. Zum ersten Mal in ihrer Geschichte war die Kirche im römischen Reich nicht mehr die verfolgte, sondern die offiziell geduldete und anerkannte, ja in manchem schon geförderte Religion. Rein äußerlich zeigte sich der Wandel der Situation für die Bischöfe darin, daß

sie nicht mehr heimlich oder unter Benutzung der normalen Reise-
möglichkeiten einander aufsuchten, sondern jetzt das Privileg genos-
sen, zum Konzil mit den staatlichen Verkehrsmitteln zu reisen, die an
sich für höhere Staatsbeamte vorgesehen waren. In Nicäa beherbergte
der Kaiser die Bischöfe in seinem Palast. Dort fanden auch die Verhandlungen statt, und zwar in Gegenwart des Kaisers. Deutlicher
konnte niemandem der Wandel der Dinge vor Augen geführt werden.
Es ist verständlich, wenn die Bischöfe dem Kaiser mit möglichst weit-
gehendem Entgegenkommen dankten.

Bei den langen Verhandlungen, die nun in Nicäa geführt wurden,
griff der Kaiser mehrfach persönlich ein. Wenn er auch eine Abneigung gegen die gesamten Streitigkeiten hatte und selbst nur über
eine umrißhafte »Theologie« verfügte, so war er doch nicht ganz
ohne Sinn für die Probleme und ließ sich jedenfalls von seinen bischöflichen Ratgebern über manches genauer unterrichten. Das entscheidende
Stichwort des nicänischen Bekenntnisses, nämlich das »homousios«
(wesenseins), stammt von niemandem anders als von dem Kaiser
selbst. Es ist bis heute nicht geklärt worden, woher der Kaiser dieses
Stichwort hatte. Wahrscheinlich ist es ihm von seinem Ratgeber Bischof
Ossius von Cordoba eingegeben worden und weiter nichts als die
griechische Übersetzung des schon bei Tertullian begegnenden Ausdrucks, daß Vater und Sohn von einer Substanz sind.

Man formulierte auf dem Konzil ein feierliches Glaubensbekenntnis,
das den Ergebnissen der Beratungen Ausdruck gab. Dabei legte man
ein Bekenntnis zugrunde, das aus dem syro-palästinensischen Raum
stammt und vielleicht aus Jerusalem herrührt. Dieses Bekenntnis, das
Nicänum, ist nicht zu verwechseln mit dem Bekenntnis, das in den
heutigen Gottesdiensten oft als Nicänum bezeichnet wird und das
richtig Nicaeno-Constantinopolitanum (von 381) genannt wird. Das
Nicänum von 325 hat folgenden Wortlaut: »Wir glauben an einen
Gott, den Vater, den Allmächtigen, den Schöpfer aller sichtbaren und
unsichtbaren Dinge; und an einen Herrn, Jesus Christus, den Sohn
Gottes, aus dem Vater gezeugt, den Einziggeborenen, das heißt aus
dem Wesen des Vaters, Gott aus Gott, Licht vom Licht, wahrhaftigen
Gott aus wahrhaftigem Gott, gezeugt, nicht geschaffen, eines Wesens
mit dem Vater, durch den alle Dinge geworden sind, sowohl die im
Himmel als auch die auf Erden; der um uns Menschen und um unseres
Heiles willen herabgekommen und Fleisch geworden ist, Mensch geworden ist, gelitten hat und am dritten Tage auferstanden ist, auf-

gefahren in die Himmel, und kommen wird, um Lebende und Tote
zu richten; und an den Heiligen Geist.« Unmittelbar auf dieses Bekenntnis folgen die Verurteilungen der häretischen Anschauungen:
»Diejenigen aber, die sagen: es gab eine Zeit, zu der er (der Sohn
Gottes) noch nicht war, und daß er aus dem Nicht-Seienden geworden
ist, oder die sagen, daß er aus einer anderen Natur (Hypostasis) oder
einer anderen Wesenheit (Usia) ist, oder daß der Sohn Gottes geschaffen, der Veränderung oder dem Wandel unterworfen ist — diese verdammt die katholische Kirche.«[36]

Die meisten Bischöfe, die auf dem Konzil anwesend waren, unterschrieben dieses Glaubensbekenntnis, darunter auch diejenigen, die es
von ihren theologischen Voraussetzungen aus an sich nicht oder kaum
hätten tun können, wie etwa Euseb von Cäsarea. Was vielen Bischöfen
und Theologen aus dem Osten vor allem anstößig war, war jener
Begriff, den Konstantin selbst in das Bekenntnis eingefügt hatte, eben
das homousios, das in den folgenden Kämpfen zwischen Orthodoxie
und Häresie zum eigentlichen Streitobjekt werden sollte. Selbst die
meisten Arianer setzten ihre Namen unter dieses Glaubensbekenntnis.
Lediglich Arius und zwei seiner Freunde verweigerten die Unterschrift.
Sie wurden dafür exkommuniziert. Doch was war denn nun eigentlich
der genaue Sinn jenes Glaubensbekenntnisses, das von so verschiedenen Theologen unterzeichnet wurde und zunächst in eigenartiger
Weise als Einigungsformel diente, um später immer neu Anlaß zur
Auseinandersetzung zu werden?

Es ist nicht ganz einfach, den ursprünglichen Sinn des Nicänums
genau festzustellen. Der Grund für diese Schwierigkeit besteht nicht
so sehr darin, daß es an Quellen fehlte, obwohl über die einzelnen
Verhandlungen auf dem Konzil selbst keine Protokolle mehr vorliegen. Der eigentliche Grund, warum man nicht so leicht die ursprüngliche Bedeutung der nicänischen Entscheidung herausarbeiten
kann, ist vielmehr die Tatsache, daß die Kirche bei der Entscheidung
von Nicäa nicht stehenbleiben konnte, sondern zu weiteren Klärun-
gen ihrer Gotteslehre geradezu gedrängt wurde. Dabei aber erhielt
die Entscheidung von Nicäa jeweils einen neuen, tieferen Sinn. Die
spätere Interpretation des nicänischen Bekenntnisses braucht darum
keineswegs seiner ursprünglichen Bedeutung zu widersprechen. Im
Gegenteil, sie erkannte vielleicht das Gewicht der nicänischen Entscheidung tiefer und besser als die Konzilsväter selbst. Hier zeigt sich, daß
die Dogmengeschichte es nicht nur mit der Entstehung einer Reihe von

Lehrsätzen zu tun hat, sondern daß es um Bekenntnisse geht, die jeweils der Aneignung und Interpretation bedürfen.

So viel ist nun freilich sicher, daß das nicänische Glaubensbekenntnis die Lehre des Arius abweisen wollte und abgewiesen hat. Mit allem Nachdruck betont das Konzil, daß der Sohn nicht geschaffen, sondern gezeugt ist. Dabei soll der Begriff der Zeugung den Gedanken ausschließen, als wäre der Sohn aus dem Nichts ins Leben gerufen worden oder als hätte es eine Zeit gegeben, zu welcher Gott-Vater allein war, und das heißt eben, daß er noch nicht der Vater gewesen wäre. Auf diese Weise wird die Unveränderlichkeit und Ewigkeit Gottes bezeugt. Diese Unveränderlichkeit und Ewigkeit Gottes wird aber mit der Verwerfung des Arianismus zugleich auch vom Logos, also der zweiten Person der Trinität, ausgesagt.

Aber was ist nun der positive Sinn des nicänischen Bekenntnisses? Um ihn festzustellen, muß man die Aussagen ins Auge fassen, daß der Sohn »aus dem Wesen des Vaters« und daß er »eines Wesens mit dem Vater« ist. Was zunächst die erste dieser beiden Formeln betrifft, so dürfte sie mit Sicherheit besagen, daß der Logos in wirklichem Sinne der Sohn des Vaters ist, daß es sich also um eine »metaphysische« Sohnschaft handelt. Damit wird betont, daß der Sohn dieselbe göttliche Natur hat wie der Vater, aus dem er hervorgegangen ist. Jede andere Aussage, die auf den Begriff der Zeugung verzichtet, würde zwangsläufig zu der Folgerung führen, daß der Sohn nicht nur ein anderer, sondern auch »etwas anderes« ist als der Vater, nämlich eben nicht Gott.

Schwieriger ist es, den genauen Sinn des Ausdrucks »eines Wesens mit dem Vater« zu bestimmen. Zunächst ist so viel klar, daß diese Formel nichts anderes besagen kann als der Ausdruck »aus dem Wesen des Vaters« und ohne Zweifel auch nichts anderes besagen wollte. Aber es erhebt sich die Frage, in welchem Sinne man die betonte Einheit des Wesens zu verstehen hat: sind Vater und Sohn eins in dem Sinne des Origenes, das heißt, daß sie vermöge des gleichen Wesens eins sind, wobei Origenes jedoch eine numerische Verschiedenheit von Vater und Sohn gegen die Monarchianer behauptete? Oder ist die Formel im Sinne der numerischen Identität des Wesens zu verstehen?

Man hat die Entscheidung von Nicäa lange Zeit im zweiten Sinne verstanden. Diese Interpretation begegnet schon in der alten Kirche selbst. Auch ist es keine Frage, daß der Begriff »eines Wesens mit dem Vater« dieses Verständnis zuläßt, ja es im Grunde sogar fordert.

Dann bedeutet diese Aussage, daß die Personen der Gottheit ein gemeinsames göttliches Wesen sind. Freilich, so sehr diese Interpretation der späteren orthodoxen Auffassung entspricht, so trifft sie doch schwerlich die ursprüngliche Bedeutung dieses Ausdrucks. Denn der Begriff »homousios« ist damals noch nicht in diesem Sinne verstanden worden. »Homousios« hieß vielmehr für die Theologen des 3. Jahrhunderts einfach »aus dem gleichen Wesen«, ohne daß über die Frage der numerischen Identität reflektiert wurde. Es ist schwer vorstellbar, daß auf der Synode zu Nicäa der Begriff »homousios« plötzlich und ohne Vorbereitung in einem neuen Sinne gebraucht worden wäre.

Demnach ist es wahrscheinlich, daß das Konzil zu Nicäa durch die Wahl des Ausdrucks »eines Wesens mit dem Vater« noch einmal das »gezeugt, nicht geschaffen« und damit die Gottheit des Sohnes bekräftigen wollte. Das Konzil hat nicht den Versuch unternommen, die Frage der göttlichen Einheit und der Verschiedenheit der Personen zu lösen. Vielmehr hat es gegen Arius und seine Theorie, die aus Jesus Christus eine Art Halb-Gott machte, die volle Gottheit auch des Sohnes bezeugt. Allein, selbst wenn man die Entscheidung von Nicäa in diesem begrenzteren Sinne versteht, als man es früher meist tat, so ist sie doch auch in diesem Fall wichtig genug. Zwar war der Satz, daß Jesus Christus Gott ist, schon seit alters vertreten worden, begegnet er doch ansatzweise bereits im Neuen Testament selbst. Aber der latente Subordinatianismus, der in der Theologie des Arius auf die Spitze getrieben war, hatte doch zu einer Einschränkung dieser Aussage geführt. Diese Entwicklung wurde nun abgewehrt und die volle Gottheit des Sohnes bezeugt. Es ist klar, daß dadurch sofort neue Probleme geschaffen wurden. Die beiden wichtigsten sind einmal, wie sich die verschiedenen göttlichen Personen zueinander verhalten, sodann, wie die in Nicäa bezeugte Gottheit Jesu Christi zu dem Jesusbild, das die Evangelien zeichnen, paßt. Tatsächlich haben diese beiden Probleme die Folgezeit in hervorragendem Maße beschäftigt.

Nicht minder wichtig ist aber die Bedeutung des Nicänums in einer anderen Hinsicht. Das Glaubensbekenntnis von Nicäa bedeutet nämlich zugleich auch eine Absage an den philosophischen Gottesbegriff. Es war ja deutlich, wie stark sich Arius bei seinen scharfen christologischen Sätzen von bestimmten philosophischen Voraussetzungen hatte leiten lassen. Gewiß kommt auch die christliche Kirche nicht darum herum, ihren Glauben in klarer, begrifflich durchdachter Sprache auszusagen. Dabei hat sie auch niemals auf die Verwendung philosophischer Begriffe verzichten können. Und doch ist der Gebrauch solcher Begriffe in der Theologie und in der Philosophie nicht der gleiche. Luther hat einmal gesagt, daß die philosophischen Begriffe, wenn sie in der Theologie gebraucht werden sollen, gleichsam »zum Bade« geführt, also getauft werden müssen[37]. In Nicäa hat die Kirche jedenfalls nicht den Versuch gemacht, das Geheimnis Gottes zu ergründen oder es wie Arius von dem philosophischen Begriff der Transzendenz her zu beschreiben. Gewiß hat sie dafür in Kauf nehmen müssen, daß ihr Bekenntnis eine Paradoxie enthält. Aber ist es nicht die Paradoxie, die darin besteht, daß das Wort Fleisch geworden ist?

Über fünf Jahrzehnte Streit

Das nicänische Konzil hat den arianischen Streit nicht beendet, sondern ihn erst richtig eingeleitet. Zwar haben die meisten in Nicäa anwesenden Bischöfe das Bekenntnis unterschrieben. Aber das Verständnis dieser Formel war doch bei vielen verschieden. Konstantin war zufrieden, wenn das Bekenntnis unterzeichnet wurde, und stellte die Interpretation weitgehend einem jeden anheim. Hinter den Kulissen begann nun aber ein heftiger kirchenpolitischer Kampf. Die Arianer, die zwar für den Augenblick zurückgedrängt waren, verfügten nach wie vor über zahlreiche Anhänger. Sie leiteten alles in die Wege, um nach Möglichkeit freiwerdende Bischofsstühle mit ihren Anhängern zu besetzen. Andererseits blieben die Vertreter der Orthodoxie, unter ihnen vor allem Athanasius (seit 328 Bischof von Alexandrien, gest. 373), auch nicht untätig. Zu dem harten Machtkampf, der auf beiden Seiten manchmal mit sehr unerfreulichen Mitteln geführt wurde, kam nicht nur die sachliche Meinungsverschiedenheit, sondern ein ziemlich weitgehendes Mißverständnis der gegenseitigen Positionen. Nicht alle, die das Nicänum ablehnten, waren eigentliche Arianer. Aber sie waren von der Theologie des Origenes her doch mit dem Nicänum unzufrieden. Für sie schien es, daß in Nicäa die Unterschiede zwischen den göttlichen Personen unzureichend bestimmt waren; nach ihrer Meinung leistete das Nicänum dem modalistischen Monarchianismus Vorschub. Andererseits wurden auch die Anhänger des Nicänums ihren Gegnern keineswegs immer gerecht. Schon im 5. Jahrhundert hat der Kirchengeschichtler Sokrates (gest. ca. 450) den arianischen Streit mit einer nächtlichen Schlacht verglichen, wo niemand mehr Freund und Feind voneinander unterscheiden kann[38]. Und doch darf man über den oft unerfreulichen Begleiterscheinungen nicht den eigentlichen Gegenstand der Auseinandersetzungen außer acht lassen.

Aus der Fülle der Personen, die Jahrzehnte hindurch vor allem im Osten des römischen Reiches gestritten haben, heben sich einige wenige heraus, nämlich einmal Athanasius, zum anderen die drei sogenannten Kappadozier. Sie alle haben in verschiedener Weise, aber doch in letzter sachlicher Einheit und auch mit einem Blick für die wirkliche Bedeutung der Auseinandersetzungen an der Entscheidung von Nicäa festgehalten, sie aber zugleich in ganz bestimmtem Sinne weiterentwickelt. Wie wenige andere haben sie erkannt, daß Nicäa für die Lehre der Kirche nicht nur einen Endpunkt darstellt, nämlich sofern der Arianismus verurteilt wurde, sondern daß zugleich neue Aufgaben gestellt wurden.

Athanasius gilt seit eh und je als der eigentliche Streiter für das Nicänum. Er ist tatsächlich wie kein anderer für das »homousios« eingetreten, ohne jedoch engherzig auf diesem Begriff herumzureiten. Er hat nicht weniger als fünf, teilweise lange Jahre dauernde Verbannungen auf sich genommen, nur weil er am Nicänum festhielt. Gewiß gehört er nicht zu jenen theologischen Köpfen, die selbständig und kühn ein eigenes System entwickeln. Athanasius hat anscheinend niemals die Theologie um der Theologie willen betrieben, sondern sich ihr nur der Polemik halber gewidmet. Aber mit dieser Einschränkung hat er doch scharfsinnig gedacht und jedenfalls unerbittlich auf die Konsequenzen hingewiesen, die die Stellung zur Frage der Homousie des Sohnes mit dem Vater in sich schließt.

Für die Geschichte der Trinitätslehre hat Athanasius vor allem in zweifacher Hinsicht Bedeutung. Zunächst hat er in zunehmendem Maße die Notwendigkeit erkannt, das »homousios« von Nicäa nicht nur als Aussage über die volle Gottheit des Sohnes, sondern auch in seiner Bedeutung für die Einheit Gottes zu verstehen. Gerade in diesem Punkt hat Athanasius eine Entwicklung durchgemacht. In seiner Frühzeit hat er noch nicht besonderes Gewicht auf das »homousios« gelegt. Es macht sich bei ihm sogar eine gewisse Reserve gegenüber diesem Ausdruck bemerkbar. Aber da wurde es nun bedeutsam, daß Athanasius während seiner ersten Verbannung in Trier (335—337) sowie während der zweiten in Rom und Aquileja (339—346) mit der alten abendländischen Trinitätslehre bekannt gemacht wurde. Diese hatte ja seit den Tagen Tertullians die Einheit Gottes betont und deshalb auch das »homousios« von Nicäa mehr im Sinne der abend-

ländischen Tradition als in dem der überwiegend griechischen Konzilsväter verstanden. Seit ca. 350 ist Athanasius nicht nur für die
nicänische Orthodoxie als solche, sondern speziell auch für den Terminus »homousios« mit aller Entschiedenheit eingetreten. Hatte
Athanasius früher hauptsächlich die Göttlichkeit des Logos hervorgehoben, ohne sich näher über die Einheit von Gott-Vater und Gott-
Sohn zu äußern, so betont er jetzt vor allem die Einheit Gottes, hat
dafür die ausgezeichnete Formel »homousios« zur Hand, muß aber
andererseits in Kauf nehmen, daß nun die Unterschiede zwischen den
Personen nicht in voller Klarheit deutlich werden. Aber zunächst ist
wichtig, daß das »homousios« nunmehr den neuen Sinn erhält, daß es
nämlich die Einheit Gottes bedeutet. So kann Athanasius jetzt herausstellen, daß die Gottheit des Sohnes mit der Gottheit des Vaters identisch, ja daß die Gottheit des Sohnes zugleich die Gottheit des Vaters
ist; oder daß die Fülle der Gottheit des Vaters das Sein des Sohnes
ist[39]. Damit will Athanasius durchaus nicht in den Irrtum der Sabel-
lianer verfallen, wie ihm von den Arianern unterstellt wurde. Im
Gegenteil, er hält daran fest, daß Vater und Sohn »zwei« sind: »Sie
sind Eins, nicht wie wenn das Eins wieder in zwei Teile geteilt wäre
und diese wieder nichts weiter als Eins wären, auch nicht so, wie wenn
das Eins zweimal genannt würde, so daß derselbe das eine Mal Vater,
ein anderes Mal sein eigener Sohn wäre; denn wegen dieser Ansicht
wurde Sabellius zum Häretiker erklärt. Vielmehr sind es zwei, weil
der Vater Vater ist und nicht auch Sohn ist, und weil der Sohn Sohn
und nicht auch Vater ist. Aber die Natur ist nur Eine.«[40] Allein, was
hier noch nicht zu voller Klarheit gelangt, ist der Unterschied zwischen
den göttlichen Personen. Hier sollten die Kappadozier weiterarbeiten.

Freilich ging es Athanasius niemals um bloße Spekulation. Sein
eigentliches Interesse haftete nicht an der Trinitätslehre als solcher,
sondern an der Soteriologie, der Lehre von der Erlösung. Bei Arius
hatte die strenge Unterordnung des Sohnes als eines Geschöpfes unter
den Vater dazu geführt, daß durch Christus auch keine volle Gottes-
erkenntnis vermittelt wird. Athanasius hatte diese Konsequenz der
arianischen Theologie sofort erkannt, und er ist nicht müde geworden,
auf sie hinzuweisen. Umgekehrt hat Athanasius stets mit dem größten
Nachdruck betont, daß nur das Festhalten an der Homousie des Sohnes
mit dem Vater den Glauben an die Erlösung sichert. Wenn in Jesus
Christus nur ein geschaffenes Wesen halbgöttlicher Art erschienen ist,
dann gibt es durch Christus auch keine wirkliche Erlösung. Schon in

seiner Frühzeit hat Athanasius betont: »Wir sind die Ursache der Leib-
werdung des Herrn, und um unseres Heiles willen offenbarte er seine
Menschenliebe und wollte in einem menschlichen Leibe geboren werden
und erscheinen.«[41] In seiner Spätzeit hat Athanasius diese Verbindung
von Gotteslehre und Erlösungslehre erst recht in den Mittelpunkt gerückt. Ohne sie ist sein Kampf für die Geltung des nicänischen Bekenntnisses nicht zu verstehen.

Allerdings sind gerade an dieser Stelle oft Bedenken laut geworden.
Sie betreffen nicht die Verbindung von Gotteslehre und Erlösungslehre
als solche, sondern das, was Athanasius sich unter der Erlösung vor-
stellt. Seine Erlösungslehre wird häufig als eine »physische« bezeichnet,
das heißt, es geht nicht nur um die Befreiung von Sünde und Schuld,
sondern auch und vor allem um die Wiederherstellung und Unver-
weslichkeit der menschlichen Natur, oder anders ausgedrückt, um die
Vergottung des Menschen. Immer wieder findet sich bei Athanasius die
Formel: »Das Wort ward Fleisch, damit wir vergöttlicht würden.«[42]
Später heißt es bei ihm einmal: »Es ist also in Christus das Menschengeschlecht vervollkommnet worden und wurde wieder so hergestellt,
wie es auch im Anfang gewesen war oder vielmehr mit noch größerer
Gnade. Denn wenn wir von den Toten auferstanden sind, fürchten wir
den Tod nicht mehr, sondern wir werden in Christus immer im Himmel herrschen. Das aber ist geschehen, weil das eigene und aus dem
Vater stammende Wort Gottes selbst das Fleisch anzog und Mensch
geworden ist.«[43] Harnack hat auf Grund solcher Aussagen Athanasius
dahin interpretiert, daß für ihn die Sterblichkeit an sich als das größte
Übel und als Ursache aller anderen Übel gelte, daß es aber der Güter
höchstes sei, ewig zu leben.

Gegenüber solchen Vorwürfen ist jedoch Vorsicht geboten. Gewiß ist
kein Zweifel, daß Athanasius, so sehr er auch den Gedanken kennt,
daß Christus uns von Sünde und Schuld befreit, in der Soteriologie vor
allem in den Kategorien von sterblich-unsterblich denkt. Der Tod wird
durch das Leben überwunden. Aber einmal ist zu beachten, daß das
Neue Testament selbst, wenn es von der Erlösung spricht, sich nicht nur
der Vorstellungen von Schuld und Vergebung bzw. Rechtfertigung
bedient, sondern auch Tod und Leben einander gegenüberstellen kann.
Das gilt nicht nur für das johanneische Schrifttum, sondern auch für
manche Stellen bei Paulus. Die Reformation hat in dieser Hinsicht die
Gedanken des Neuen Testaments zweifellos in einer gewissen Einseitigkeit wiedergegeben; sie ist dabei aber im Grunde nur der ganzen

abendländischen Tradition treu geblieben, die zu allen Zeiten stärker in »ethischen« Begriffen dachte als die morgenländische Kirche, die seit den Anfängen vor allem »physische« Vorstellungen gebrauchte. Zudem sind Tod und Leben für Athanasius keine vorwiegend »physischen« Begriffe, sondern sind stets inhaltlich gefüllt. Tod ist eben die schuldhafte Gottferne, ist der Fluch, der Adam und die ganze Menschheit getroffen hat. Leben dagegen ist die volle Gemeinschaft mit Gott, die nicht nur in der Vergebung der Schuld besteht, sondern die ein neues Sein bedeutet, das seinem Wesen nach nicht mehr vergänglich, sondern ewig ist.

Außer Athanasius haben nun aber auch die drei sogenannten Kappadozier für die Weiterentwicklung und das rechte Verständnis der Entscheidung von Nicäa große Bedeutung. Eigentlich waren erst sie es, die die gedanklichen und begrifflichen Mittel zu einer vollen Aneignung des nicänischen Glaubensbekenntnisses schufen. Ihre Weiterarbeit ist auf das engste mit der Frage der Gottheit des Heiligen Geistes verknüpft.

Die Gottheit des Heiligen Geistes

Im Nicänum war vom Heiligen Geist nur ganz knapp die Rede gewesen. Man hatte sich mit der Aussage begnügt, daß man auch an den Heiligen Geist glaube. Tatsächlich war ja auch durch die Lehre des Arius hauptsächlich die Frage der Gottheit des Sohnes gestellt worden. Auf sie hatte man in Nicäa seine Antwort gegeben. An sich schien es nicht erforderlich, über die Frage der Wesenseinheit des Sohnes mit dem Vater hinaus auch das Problem der Stellung des Heiligen Geistes in der Gottheit zu erörtern.

Aber hier zeigte sich nun im Laufe der Zeit immer deutlicher, daß man bei der kurzen Aussage von Nicäa nicht stehenbleiben konnte. Wie der Begriff der Homousie zwangsläufig zu einem tieferen Nachdenken über die Einheit von Vater und Sohn führte, wobei man über die Feststellung der Gottheit des Sohnes hinaus auch die substantielle Einheit von Vater und Sohn behauptete, so mußte nun auch die Frage des Heiligen Geistes brennend werden. War einmal die von Arius gestellte Alternative zwischen Göttlichkeit und Geschaffensein in ihrer vollen Tragweite erkannt, so ließ sich das Problem des Geistes ihr gegenüber nicht ausklammern. Arius hatte in dem Geist ein Wesen gesehen, das nicht nur dem Vater, sondern auch dem Sohn ganz unähnlich ist. Aber auch bei anderen Theologen war die Unsicherheit in der Lehre vom Heiligen Geist noch größer als bei der Frage der Homousie des Sohnes. Ein Mann wie Euseb von Cäsarea ordnete ebenfalls den Geist dem Vater und dem Sohne unter; er sei das erste der vom Sohn hervorgebrachten Geschöpfe. Manche Theologen, wie etwa Kyrill von Jerusalem, lehrten zwar schon ähnlich wie die spätere Orthodoxie. Aber auch bei den Anhängern des Nicänums gab es doch noch viel Unsicherheit über die Frage, welche Stellung der Geist in der Trinität hat. Vor allem wurde jedoch die Gottheit des Heiligen Geistes von den sogenannten Pneumatomachen abgelehnt, die sich um Makedonius, Bischof von Konstantinopel (342—360), sammelten.

Athanasius hat sich erst ziemlich spät in seinen verschiedenen Briefen an Serapion über die Stellung des Heiligen Geistes geäußert (359 oder 360). Dabei betont er, daß nach dem eindeutigen Zeugnis der Schrift der Heilige Geist nicht etwas Kreatürliches ist, sondern zu Gott gehört und mit der Gottheit, welche die Dreieinigkeit ist, eins ist. Der Geist kommt von Gott, gibt die Heiligung, ja das Leben. Der Geist ist unveränderlich, allgegenwärtig und einer, während die Geschöpfe veränderlich, an Zeit und Raum gebunden sowie viele sind. Durch den Geist haben wir an Gott teil. Andererseits ist es aber nicht so, daß der Geist an anderem teilnimmt; vielmehr teilt er nur sich selbst mit. So ergibt sich nach Athanasius ohne Zweifel, daß auch der Geist Gott ist und daß auch von ihm die Homousie ausgesagt werden muß. Insbesondere hebt Athanasius die Verbindung zwischen dem Geist und dem Sohn hervor. Wie man vom Sohne die Erkenntnis des Geistes gewinnen muß, so ist der Geist untrennbar vom Sohn. Er ist der Geist des Sohnes, den dieser aussendet. Alles, was dem Geist gehört, gehört dem Sohn, wie sich aus Johannes 16, 13 f. ergibt. So hat Athanasius eine volle Trinitätstheologie entwickelt, wobei ihm allerdings ein geeigneter Begriff für das, was wir »Person« nennen, fehlte. An diesem Punkt haben erst die Kappadozier zu größerer Klarheit geführt.

Mit dem Namen der drei Kappadozier bezeichnet man Basilius den Großen (gest. 379), Bischof von Cäsarea und Metropolit von Kappadozien, sodann Gregor von Nyssa (gest. 394), einen jüngeren Bruder des Basilius, und Gregor von Nazianz (gest. ca. 390). Sie alle kamen aus alten, gebildeten Familien, haben ausgiebig sowohl die klassische antike Literatur als auch die Kirchenväter studiert, haben alle drei Bischofsämter bekleidet und das kirchliche Leben ihrer Diözesen auf mannigfache Weise gefördert. Vor allem aber haben sie als Theologen

Außerordentliches geleistet. Ohne ihre geistige Arbeit wäre der arianische Streit schwerlich in der Weise beendet worden, wie es geschah.

Ihrer geistigen und theologischen Eigenart nach unterscheiden sich
die Kappadozier im Grunde nicht wenig von Athanasius. Fragen der
Kirchenpolitik lagen ihnen nicht so sehr. Statt dessen kamen sie an sich
von Origenes her. Nur hatten sie den Weg zum Nicänum gefunden und
bejahten die Entscheidung von 325 voll und ganz, suchten aber zugleich die Lösung der Fragen weiterzuführen.

Das Erbe des Origenes zeigt sich bei ihnen darin, daß sie an sich in
ihrer Gotteslehre weniger von der Einheit des göttlichen Wesens als
vielmehr von den drei voneinander zu unterscheidenden Personen
ausgingen. Trotzdem haben sie doch sowohl die Homousie des Sohnes
als auch die des Heiligen Geistes betont. Vor allem aber haben sie eine
präzise Begriffssprache entwickelt, um zwischen dem gemeinsamen
Wesen Gottes und den einzelnen Personen zu unterscheiden. Während
Usia (Wesen) und Hypostasis (Wesenheit, Natur) von den Alt-Nicä-
nern ohne Unterschied gebraucht wurden, haben die Jung-Nicäner den
ersten Begriff für die gemeinsame Substanz, den zweiten hingegen für
die konkrete Ausprägung oder Eigenexistenz gebraucht. Von nun ab
wird »Wesen« der technische Ausdruck für die Gottheit als solche,
während Hypostasis jetzt nicht mehr »Natur« bedeutet, sondern »Person«. Usia bezeichnet also das gemeinsame Gott-Sein, Hypostasis die
je besonderen Formen, die dieses Gott-Sein in der Person des Vaters,
des Sohnes und des Heiligen Geistes annimmt. Diese scharfe Differenzierung zwischen den Begriffen bedeutete eine wesentliche Hilfe für die
Klärung der Gotteslehre.

Sodann haben die Kappadozier die Eigenart der Personen der Trinität schärfer bestimmt, als das vorher der Fall gewesen war. Hier legte
es sich nahe, bei dieser näheren Bestimmung von den drei Namen aus-
zugehen, die den Personen der Trinität zukommen. Das hat Basilius
getan und dementsprechend dem Vater die »Vaterschaft«, dem Sohn
die »Sohnschaft« und dem Heiligen Geist die »heiligende Kraft« oder
die »Heiligung« zugeschrieben. Oder es ließen sich die Unterschiede
auch dahin bestimmen, daß dem Vater das »Ungezeugtsein«, dem
Sohn das »Gezeugtsein« und dem Heiligen Geist das »Hervorgehen«
zukommt. Durch diese genaue Unterscheidung sowie durch die Bestimmung von »Usia« und »Hypostasis« haben die drei Kappadozier
eigentlich erst eine wirkliche Trinitätslehre ermöglicht, die sowohl die
Einheit als auch die Unterschiedenheit der Personen festhält. Übrigens

wurde etwa zu der Zeit, als die Kappadozier ihre Lehre entwickelten, auch die Interpretation des »homousios« (wesenseins) im Sinne von »homoiusios« (wesensgleich, wesensähnlich) von Athanasius für orthodox erklärt. Da in der Zwischenzeit, wie erwähnt, die Homousie im Sinne der numerischen Einheit von Vater und Sohn gedeutet wurde, konnte sie auch in sabellianischem Sinne mißverstanden werden. Das »homoiusios« war geeignet, dieses Mißverständnis auszuräumen.

Damit war nun der Abschluß des langen trinitarischen Streites vorbereitet. Am Vorabend des Konzils von Konstantinopel 381, das den langen Auseinandersetzungen ein Ende setzen sollte, hat Gregor von Nazianz in einer Rede erklärt, es sei die Bestimmung seiner Zeit, das Geheimnis, das im Neuen Testament nur dunkel angedeutet ist, zu voller Klarheit zu erheben. Das war ein kühnes Wort; aber es umreißt die Aufgabe, die der Zeit damals in theologischer Hinsicht gestellt war.

Auf dem Konzil von 381 hat man weithin die Bestimmungen des Nicänums übernommen, jedoch an einigen kleinen Stellen Änderungen angebracht und vor allem den dritten Artikel von Nicäa wesentlich erweitert, um auch die Gottheit des Heiligen Geistes zu bezeugen. Frühere Versuche, diesem Bekenntnis wegen seiner späten historischen Bezeugung — es begegnet erstmalig 451 — einen anderen historischen Ort zuzuweisen als denjenigen des zweiten ökumenischen Konzils, dürften sich als nicht berechtigt erwiesen haben[44]. Das Nicaeno-Constantinopolitanum, wie man dieses Bekenntnis nennt, hat nun folgenden Wortlaut: »Wir glauben an Einen Gott, den Vater, den Allmächtigen, den Schöpfer Himmels und der Erde, aller sichtbaren und unsichtbaren Dinge; und an einen Herrn, Jesus Christus, den einziggeborenen Sohn Gottes, der aus dem Vater gezeugt ist vor allen Zeiten, Licht vom Licht, wahrhaftigen Gott aus wahrhaftigem Gott, gezeugt, nicht geschaffen, eines Wesens mit dem Vater, durch den alle Dinge geworden sind; der um uns Menschen und um unseres Heiles willen aus den Himmeln herabgekommen und aus dem Heiligen Geist und der Jungfrau Maria Fleisch geworden und Mensch geworden ist, für uns unter Pontius Pilatus gekreuzigt, gelitten hat und begraben ist und am dritten Tage auferstanden ist nach der Schrift, aufgefahren in die Himmel und sitzend zur Rechten Gottes, und der wieder kommen wird mit Herrlichkeit, um Lebende und Tote zu richten; dessen Reich wird kein Ende haben. Und an den Heiligen Geist, den Herrn und Geber des Lebens, der von dem Vater ausgeht, mit dem Vater und dem Sohne zusammen verehrt und zusammen verherrlicht wird, der durch die Propheten geredet hat; an eine heilige katholische und apostolische Kirche. Wir bekennen eine Taufe zur Vergebung der Sünden; wir warten auf die Auferstehung der Toten und das Leben der kommenden Welt. Amen.«

Zwar fehlt in diesem Glaubensbekenntnis eine ausdrückliche Aussage über die Homousie des Geistes mit dem Vater und dem Sohn. Allein, der Sache nach ist die Homousie des Geistes doch in dem Nicaeno-Constantinopolitanum enthalten. Denn einmal wird der Geist auch als »Herr« bezeichnet. Sodann wird betont, daß der Geist als Spender des Lebens mit dem Vater und dem Sohn zusammen verehrt und verherrlicht wird. Eine neue Synode zu Konstantinopel im Jahre 382 hat zudem in einem Schreiben ausdrücklich die Homousie sowie die volle Gottheit des Heiligen Geistes und seine Existenz als eine besondere Hypostase hervorgehoben. In diesem Schreiben, das an die Bischöfe des Abendlandes gerichtet ist, welche nicht anwesend sein konnten, wird im Anschluß an die Theologie der Kappadozier die eine Gottheit der drei göttlichen Personen herausgestellt: »Eine Gottheit, Macht und Wesen des Vaters und des Sohnes und des Heiligen Geistes wird geglaubt, ebenso gleiche Ehre und Würde und gleichewige Herrschaft in drei ganz vollkommenen Hypostasen oder drei vollkommenen Personen.«[45]

Mit der Entscheidung von Konstantinopel ist zum ersten Mal in der Kirchengeschichte ein spezielles Problem des christlichen Glaubens in autoritativer Weise abschließend entschieden worden. So sehr man in der Schaffung des neutestamentlichen Kanons wie auch in der Glaubensregel ein erstes Dogma der Kirche sehen kann, so unterscheiden sich die Bestimmungen von Nicäa und Konstantinopel doch von dem Kanon wie von der Glaubensregel insofern, als es jetzt um einen ganz bestimmten Inhalt des Glaubens ging, eben um die Lehre von Gott. Handelt es sich dabei nun, wie es so oft behauptet worden ist, um einen Abfall der Kirche von dem Christentum des Neuen Testaments? Wer die Entwicklung der Trinitätslehre von den Anfängen bis zum Ende des 4. Jahrhunderts überschaut, wird schwerlich einen solchen Vorwurf erheben können. Man kann mit mehr Recht das Gegenteil behaupten, daß nämlich die Kirche durch dieses Dogma gerade einen Wall gegen die hereinbrechende Sturmflut des Hellenismus errichtet hat, die den christlichen Glauben hinwegzuspülen drohte. Gerade wenn man das »homousios« in seiner von der neueren Forschung herausgearbeiteten ursprünglichen Bedeutung nimmt, muß man sagen, daß die Kirche 325 lediglich in Abwehr der arianischen Irrlehre ihren Glauben an die Gottheit Christi bekannt hat. Basilius hat einmal mit Bezug auf das »homousios« treffend gesagt, daß es um der Irrtümer des Arius willen notwendig gewesen sei, ein deutliches Wort zu wählen, weil Arius die Schriftworte alle in seinem Sinn umgedeutet habe. Weder in Nicäa noch in Konstantinopel hat man den Versuch gemacht, das Geheimnis Gottes zu ergründen oder sein Wesen zu definieren. Vielmehr hat man bezeugt, daß in Jesus Christus wirklich Gott selbst begegnet und daß im Heiligen Geist Gott selbst in seiner Kirche gegenwärtig ist.

Die rechte Interpretation der Trinitätslehre

Hätten die Konzilsväter mit ihrem Bekenntnis wirklich Gottes Wesen ergründen wollen, so wäre im Grunde jede Interpretation ihrer Entscheidung überflüssig. Man müßte dann vielmehr in dem Nicänum und dem Nicaeno-Constantinopolitanum eine derartige Klärung der Trinitätslehre sehen, die jede weitere Arbeit an diesem christlichen Lehrstück ausschließt. So haben jedoch weder die Konzilsväter selbst noch auch spätere Theologen das Dogma von der Trinität verstanden. Im Gegenteil, wie die Erklärung der Homousie von 325 mit innerer Notwendigkeit zu einer weiteren Vertiefung der Gotteslehre führte, so hat auch mit dem Bekenntnis von 381 nicht die Arbeit an der Trinitätslehre geendet. Gerade jetzt wurde die Notwendigkeit einer vertiefenden Interpretation empfunden. Das sei an dem einen Beispiel Augustins gezeigt.

Als sich die Konzilsväter 381 in Konstantinopel versammelten, war Augustin noch nicht Christ. Erst 386 erlebte er sein Damaskus. Seit 395 ist er Bischof der kleinen, unbedeutenden nordafrikanischen Hafenstadt Hippo Regius, dem heutigen Bône, gewesen. Auf den verschiedensten Gebieten hat er, der ohne Zweifel der bedeutendste lateinische Kirchenvater ist, gewirkt. Hinsichtlich der Lehre von Sünde und Gnade hat er die Theologie in gleicher Weise gefördert wie bei der gerade in Afrika damals so umstrittenen Lehre von der Kirche. Seine Sakramentslehre hat die Voraussetzung für die gesamte spätere Entwicklung dieses Lehrstückes sowohl im Mittelalter als auch in der Reformation geschaffen. In seinem Werk über den »Gottesstaat« hat er vom christlichen Glauben aus eine der tiefsten Deutungen der Weltgeschichte entworfen, die es gibt. So ist es kein Wunder, daß Augustin sich auch mit der Trinitätslehre näher befaßt hat. Er hat das vor allem in den 15 Büchern seines großen Werkes »Über die Trinität« getan, an dem er mit Unterbrechungen von 399 bis 419 gearbeitet hat. Es ist das größte Werk, das in der alten Kirche über die Trinitätslehre überhaupt geschrieben worden ist.

Faßt man einige der Grundgedanken dieses Werkes zusammen, so ist zunächst festzustellen, daß Augustin vor allem die Einheit Gottes betont hat. Augustin hat deutlich erkannt, daß die Formel der Kappadozier über das eine Wesen und die drei Personen, mehr noch aber ihre Interpretation dieser Formel Mißverständnissen Vorschub leisten konnte. Oben war schon die Rede von ihrer Unterscheidung zwischen »Usia« und »Hypostasis«, zwischen dem gemeinsamen Wesen und der besonderen Ausprägung in den einzelnen Personen. Die Kappadozier haben nun oft das zweite, also die Personen, betont. Dabei sind sie manchmal reichlich weit gegangen. Es begegnet etwa der Vergleich der »Usia« mit dem Gattungsbegriff »Mensch«, während die einzelnen Hypostasen mit bestimmten Menschen wie beispielsweise Petrus, Andreas oder Johannes verglichen werden. Was die »Usia«, also die zugrunde liegende Substanz, betrifft, so seien sie alle drei Menschen. Insofern sind sie auch »eines Wesens«. Andererseits gelangt die zugrunde liegende Substanz erst durch die konkrete Eigenexistenz zu bestimmtem Ausdruck.

Dieser Vergleich war nun allerdings wenig glücklich. Denn er bringt die Unterschiede zwischen den Personen der Trinität viel stärker zum Ausdruck als ihre Einheit. Die Arianer haben darum der Trinitätslehre der Kappadozier mit einem gewissen Schein des Rechts den Vorwurf des Polytheismus zurückgeben können. Augustin, der das Mißliche eines solchen Vergleiches stark empfand, suchte die Klippe, an der die Theologie der Kappadozier zu scheitern drohte, zu umgehen. Mit allem Nachdruck hat er hervorgehoben: die Dreieinigkeit ist ein Gott, nicht etwa drei Götter. Auch hört Gott dadurch, daß er eine Dreiheit ist, nicht auf, »einfach« (simplex) zu sein. Bedeutsam ist dabei, daß Augustin für das Wesen Gottes nicht den Begriff der substantia, sondern den der essentia verwendet. Augustin meidet den Ausdruck substantia, weil dann etwa die Gerechtigkeit als etwas nur der Substanz Anhaftendes verstanden werden könnte, während doch alle Vollkommenheiten, die von Gott ausgesagt werden, mit seinem Wesen ineinszusetzen sind. Wollte man den Begriff der substantia gebrauchen, so müßte man Gott als den Träger seiner Eigenschaften ansehen. Das aber ist unmöglich. Zum Beispiel ist die Größe oder die Güte oder die Ewigkeit Gottes nicht etwas, was erst zu seiner Substanz hinzukommt. Gott ist vielmehr durch sich selbst, durch seine eigene Größe groß. Ein Gleiches gilt auch für die anderen sogenannten Eigenschaften Gottes: sie alle fallen mit seinem Wesen zusammen.

Das führt aber sofort zu einer weiteren Konsequenz: absolute Vollkommenheit und absolutes Sein kann immer nur von Einem ausgesagt werden. Demnach kommt dem einen Gott, also nicht etwa den drei Personen je für sich, eine Natur, eine Gottheit, eine Majestät und eine Herrlichkeit zu, ferner auch nur ein Wille und nur eine Wirkung. Es gibt also kein Werk, bei dem etwa nur der Vater oder nur der Sohn oder nur der Heilige Geist wirkte. Gott bzw. die drei trinitarischen Personen stellen gegenüber der Welt »ein Prinzip« dar[46]. Augustin denkt die Einheit der Dreieinigkeit so streng, daß bei der Menschwerdung des Sohnes nicht allein der Vater, sondern auch der Sohn und der Heilige Geist aktiven Anteil haben[47]. Augustin hat dafür die scharfe Formel geprägt, daß die Werke der Trinität nach außen immer ungetrennt sind, das heißt, daß die drei Personen der Trinität stets zusammen wirken[48].

Nicht minder wichtig sind Augustins Erwägungen über den Personbegriff. Augustin hat ihm gegenüber stets eine besondere Reserve empfunden. Tatsächlich ist der Personbegriff in der Trinitätslehre höchst problematisch. Während das griechische »Hypostasis« vor allem die besondere Eigenexistenz meint, denkt man bei dem lateinischen »persona« nicht selten auch an das besondere Selbstbewußtsein. Es war außerordentlich schwierig, das griechische Wort Hypostasis angemessen ins Lateinische zu übersetzen. An sich hätte man es mit »substantia« übersetzen müssen. Das aber hätte den Eindruck erweckt, als lehre man drei göttliche Substanzen, was im Widerspruch zur Homousie des Sohnes und des Geistes mit dem Vater gestanden hätte. Im Griechischen hatte sich ja Hypostasis erst langsam durchgesetzt und andere ältere Ausdrücke verdrängt, die ebenfalls problematisch waren, wie beispielsweise der Begriff prosopon (Maske, Gesicht). Augustin empfand stark das Ungenügende des Ausdrucks »persona«. Er hat ihn stets nur ungern gebraucht und ihn in der Regel durch den Begriff »relatio« (Beziehung, Verhältnis) ersetzt. Die drei sogenannten Personen sind nicht an sich je etwas anderes, sie sind es nur in ihrer »Beziehung« zueinander oder zur Welt. Während alle absoluten Bestimmungen wie Vollkommenheit, Güte, Allmacht der Trinität nur in der Einzahl zukommen, bedeutet »relatio« also das innere Leben Gottes sowie sein Verhältnis zur geschaffenen Welt. Man kann die Dreieinigkeit nicht in demselben Sinne, wie man sie groß oder gut oder ewig nennt, auch »Vater« heißen; das wäre höchstens in übertragenem Sinne wegen ihrer Beziehung zu den Geschöpfen möglich, die von ihr als Kinder angenommen sind. Aber auch bei dem übertragenen Gebrauch bestimmter Namen besteht eine Verschiedenheit zwischen den Personen der Trinität. Wohl kann man in uneigentlichem Sinne die ganze Trinität »Vater« nennen. Aber man kann sie nicht auch als »Sohn« bezeichnen, weil die Sohnschaft in keiner Weise für die anderen Personen der Trinität zutrifft[49]. Augustin meint also, daß die Bezeichnungen Vater, Sohn und Heiliger Geist nicht eine substantielle oder quantitative oder qualitative Unterschiedenheit ausdrücken, weil eine solche gar nicht besteht. Vielmehr wird die ewige Relation durch die Begriffe der Personen bezeichnet. Diese »Beziehung« ist nun aber nicht ein »accidens«, also etwas, was erst zu dem »Wesen« hinzukommt; denn sonst wäre sie ja der Veränderlichkeit unterworfen. Vielmehr ist der eine Gott niemals nur Vater oder nur Sohn oder nur Heiliger Geist gewesen, sondern er ist immer gewesen und wird immer sein der eine, dreieinige Gott, nämlich Vater, Sohn und Heiliger Geist.

Augustin hält also an den Unterschieden der »Personen« durchaus fest. Keineswegs hat er das Besondere, das dem Vater oder dem Sohn oder dem Heiligen Geist zukommt, leugnen wollen. Aber er hat mit Recht festgestellt, daß der Personbegriff mißverständlich ist. Augustin meint, man habe diesen Begriff verwendet, »um nicht überhaupt schweigen zu müssen«; der wahre Sachverhalt werde damit nicht zum Ausdruck gebracht[50].

Das Abendland hat diese Interpretation, die Augustin den Konzilsentscheidungen von Nicäa und Konstantinopel zuteil werden ließ, niemals außer acht gelassen. Augustin hat die lateinische Theologie wohl endgültig vor der Gefahr gewarnt und bewahrt, in eine Drei-Götter-Lehre zu verfallen. Karl Barth hat unter Berufung auf Augustin den Begriff »persona« durch den der »Seinsweise« wiedergegeben[51]. Aber noch in einem anderen ist Augustin auch heute noch Vorbild. Er hat sein großes Werk über die Dreieinigkeit mit einem Gebet geschlossen, in dem er Gott um Vergebung bittet, falls er etwas nicht der Wahrheit Gemäßes gesagt haben sollte: »Du, Herr, Gott, du der Eine, du Gott Dreieinigkeit, was immer ich in diesen Büchern von dir her gesagt habe, mögest du auch als dir gehörig gelten lassen; wenn ich etwas von mir her gesagt habe, dann laß es nicht gelten, und auch so laß mich dein bleiben.«[52] Anders als in dieser Ehrfurcht sollte niemand von dem Geheimnis der Dreieinigkeit sprechen. Aber vielleicht muß heute noch mehr betont werden, daß das bloße Schweigen über dieses Geheimnis noch nicht genug ist.

III. KAPITEL:

Die Christologie

Die Anfänge

Bei der Schilderung der Entwicklung der Trinitätslehre war es mehrfach nötig gewesen, auch christologische Probleme kurz zu streifen. Christologie und Trinitätslehre lassen sich weder in der Dogmengeschichte noch auch in der Systematischen Theologie voneinander trennen. Jede christologische Aussage schließt immer auch ein bestimmtes Verständnis der Trinität mit ein, wie umgekehrt jede trinitarische Aussage zugleich auch eine christologische mit enthält. Gleichwohl müssen die trinitarischen und die christologischen Probleme sorgfältig unterschieden werden. So sehr Trinitätslehre und Christologie sich stets gegenseitig bedingt haben, so ist doch nicht zufällig zunächst im 4. Jahrhundert um die Trinitätslehre gestritten worden und erst darauf um die Christologie. Während es die Trinitätslehre mit der Frage der Einheit Gottes angesichts der geglaubten Gottheit nicht nur des Vaters, sondern auch des Sohnes und des Heiligen Geistes zu tun hat, geht es in der Christologie um die Frage, wie sich Göttliches und Menschliches in der Person Jesu Christi zueinander verhalten.

Es ist von vornherein deutlich, daß es sich hierbei um eine spezifisch christliche Frage handelt. So gewiß auch die Trinitätslehre nicht auf außerchristliche Vorbilder zurückgeht, so ist doch das Problem der Einheit Gottes keineswegs allein ein christliches, sondern auch ein philosophisches. In der Christologie hingegen geht es um ein ausschließlich christliches Problem. Die Frage, wie sich Göttliches und Menschliches in einer bestimmten Person zueinander verhalten, ist keine allgemeine Frage der Menschheit oder auch nur der Philosophie. Vielmehr stellt sie sich nur demjenigen, der Jesus Christus begegnet und dann seinen Glauben zum Ausdruck bringen will, daß Jesus Christus einerseits ein wirklicher Mensch ist, daß in ihm aber andererseits Gott selbst gegenwärtig ist, ja daß er eigentlich selber auch Gott ist.

Eine begrifflich und gedanklich fest ausgebildete Christologie begegnet im Neuen Testament so wenig wie eine eigentliche Trinitätslehre. Und doch finden sich im Neuen Testament hinsichtlich der Christologie schon ausgebildetere Formen als für die spätere Trinitätslehre. Das liegt daran, daß die Christologie die entscheidenden Anstöße aus der unmittelbaren Begegnung mit Jesus Christus erhielt, während es für die Ausbildung der Trinitätslehre diffiziler Begriffsklärungen bedurfte. Für den Kreis der Jünger und der Verfasser der Evangelien konnte an der wahren Menschheit Jesu nicht der mindeste Zweifel bestehen. Man hatte Christus auch »nach dem Fleische« gekannt, war mit ihm durch Galiläa und Judäa gezogen, hatte seine Verhaftung und Verurteilung, seine Marterung und schließlich seinen Kreuzestod mit erlebt. Der Glaube an die Auferstehung stand nicht im Gegensatz dazu. Vielmehr hatte Gott sich durch die Auferweckung Jesu Christi dazu bekannt, daß der Gekreuzigte der von ihm Gesandte ist.

Zugleich aber war sich die Jüngerschar dessen bewußt, daß Jesus Christus nicht nur irgendein von Gott gesandter Mensch war, sondern daß in ihm Gott in einer unvergleichlichen und unüberbietbaren Weise, also schlechthin endgültig, begegnet, ja daß Jesus Christus in gewisser Weise selbst göttlich ist. Dieser Glaube resultierte nicht erst und nicht allein aus der Begegnung mit dem Auferstandenen. Schon der irdische Jesus war mit einer Vollmacht aufgetreten, die alles von Menschen Gewohnte durchbrach. Die Menschen entsetzten sich über seine Predigt; denn »er lehrte wie einer, der Vollmacht hat, und nicht wie die Schriftgelehrten« (Markus 1, 22). Jesus konnte in Gottes Auftrag Sünden vergeben. Er stellte sich über das Alte Testament und behauptete, den ursprünglichen Gotteswillen zu verkünden. Das Gesetz war für ihn keine letzte Autorität. Er heilte Kranke und kündigte den Schriftgelehrten und Pharisäern das Gericht Gottes an. Die Kategorie des Prophetischen reichte offensichtlich nicht aus, um das Geheimnis seiner Person zu umschreiben (Markus 8, 27—33). Aber welche Begriffe sollte man dann nehmen, um seinen Glauben an Jesus Christus zum Ausdruck zu bringen? Wie ließ sich das, was mehr ist als das Prophetische, so formulieren, daß es einerseits angemessen ist, andererseits nicht die Einheit Gottes gefährdet?

Es ist bezeichnend, daß das Neue Testament, obwohl es an einigen Stellen Jesus »Gott« nennt, doch im ganzen gegenüber dieser Redeweise Zurückhaltung übt. Der Grund dafür war der strenge Monotheismus der jüdischen Umwelt, der eine solche Bezeichnung nicht duldete. Der Sache nach hat die Urgemeinde jedoch schon seit der ersten Zeit Jesus als Gott angesehen, wie aus der Tatsache deutlich wird, daß man zu dem Erhöhten betete. Den Verfassern des Neuen Testaments stand damit, allgemein gesagt, Jesu Christi »göttliche Art« von vornherein fest. Darüber hinaus ist schon früh von Jesus die Präexistenz ausgesagt worden. Bei Paulus begegnet der Gedanke der Präexistenz Christi als etwas Selbstverständliches. Die Urgemeinde konnte hierbei auf bestimmte Vorstellungen zurückgreifen, die die jüdische Apokalyptik schon ausgebildet hatte, und mit ihrer Hilfe ihren Glauben an Jesus Christus zum Ausdruck bringen.

Freilich war es keineswegs eine geradlinige Entwicklung, die von den christologischen Gedanken des Urchristentums zur späteren Zwei-Naturen-Lehre führte. Ähnlich wie bei der Trinitätslehre, so hat es auch in der Christologie manchen tastenden Versuch gegeben, der sich nicht durchgesetzt hat. Am Anfang herrschte eine große Mannigfaltigkeit christologischer Vorstellungen, aus denen sich dann im Laufe der Zeit einige wenige Entwürfe herauskristallisierten, die sich scharf gegeneinander abheben. Da im Folgenden hauptsächlich nur auf diejenige Linie eingegangen werden kann, die zur späteren Zwei-Naturen-Lehre führt, sei wenigstens auf zwei andere Typen hingewiesen. Der eine ist die sogenannte ebionitische Christologie. Die Ebioniten waren Judenchristen, die zwar manche alten Überlieferungen aus der Urgemeinde pflegten, sich aber in betontem Gegensatz zu Paulus und übrigens auch zu Johannes dem Täufer, aber unter Einwirkung jüdischer und gnostischer Einflüsse von der Großkirche absonderten und an deren Entwicklung nicht teilnahmen. Sie nannten sich »Ebioniten« (Arme) im Anklang an diesen Ehrennamen der jerusalemer Urgemeinde (vgl. Galater 2, 10; Römer 15, 26). Nach Meinung der Ebioniten war Jesus der natürliche Sohn von Joseph und Maria. Weiter, er war zum Messias bestimmt und würde eines Tages wiederkehren, um sein Reich aufzurichten. Die wesentliche Eigenart der Ebioniten ist, daß sie in Christus einen bloßen Menschen sehen, der von Gott freilich mit besonderen Gaben ausgestattet ist. Eine ähnliche Christologie hat es auch zuzeiten im Heidenchristentum gegeben, nämlich in dem schon im vorigen Kapitel erwähnten »Adoptianismus«, der sogar bis weit in das 3. Jahrhundert hinein gelehrte Verfechter fand.

Ein anderer christologischer Typus, der sich im Gegensatz zur Lehre der Großkirche entwickelt hat, ist der sogenannte Doketismus, wonach

Christus nur scheinbar Mensch geworden ist, in Wahrheit aber sich
nur für eine begrenzte Zeit, nämlich bis zur Kreuzigung, mit dem
Menschen Jesus verbunden hat, um diesen dann vor dem Tode wieder
zu verlassen. Ein ausgebildeter Doketismus findet sich hauptsächlich
in den gnostischen Systemen und bei Marcion. Aber auch nicht wenige
kirchliche Schriftsteller des 2. und 3. Jahrhunderts verraten gelegentlich doketische Neigungen. Ja selbst in späterer Zeit haben sich immer
wieder doketische Tendenzen innerhalb der Kirche gezeigt. Aber seine
schärfste Ausprägung hat der Doketismus doch schon im 1. und 2. Jahrhundert erhalten.

In die Richtung der späteren kirchlichen Christologie weisen in der
Frühzeit am stärksten einige bei Paulus und Johannes begegnende
Gedanken.

Galater 4, 4 schreibt Paulus: »Als aber die Zeit erfüllt war, sandte
Gott seinen Sohn, geboren von einem Weibe und unter das Gesetz
getan.« Hier ist deutlich die Präexistenz Jesu ausgesagt. Schon bevor
Jesus in die Welt kam, war er der Sohn des Vaters. Die Sohnschaft
Jesu Christi datiert also nicht erst seit seiner irdischen Geburt. Noch
weiter als diese Aussage geht eine andere, die vielleicht ein frühchrist-
liches Bekenntnis darstellt, das Paulus zitiert, nämlich Römer 1, 3 f.:
»Das Evangelium von seinem Sohne, der herstammt aus Davids Ge-
schlecht dem Fleische nach, dann aber eingesetzt ist als Sohn Gottes in
Macht dem heiligen Geiste nach, durch seine Auferstehung von den
Toten.« Paulus bzw. das Bekenntnis, das er hier übernimmt, spricht
an dieser Stelle von zwei Seinsweisen Jesu Christi. Die eine ist die
irdisch-fleischliche, die andere die himmlisch-geistliche. Nach der einen
Seinsweise ist er uns Menschen gleich, nach der anderen ist er uns
schlechthin überlegen. Dem Fleische nach stammt Jesus Christus von
David ab, dem Heiligen Geiste nach ist er eingesetzt als Sohn Gottes
in Macht. Die Aussage, daß Jesus als Sohn Gottes »eingesetzt« ist,
darf dabei nicht in adoptianischem Sinne verstanden werden, als wäre
er erst durch die Auferstehung Gottes Sohn geworden. Vielmehr ist
das »eingesetzt« im Gegenüber zu der Aussage »herstammt« zu verstehen. Beide Male wird ein grundlegendes Datum des Weges Jesu
Christi bezeichnet, hier der Beginn seiner irdischen Existenz, dort der
seiner himmlischen »in Kraft«. Gewiß liegt hier noch keine ausgeprägte
Zwei-Naturen-Lehre vor. Gleichwohl sind doch die wesentlichen Voraussetzungen für sie hier vorhanden und ist im Grunde auch schon das
Problem als solches gestellt. Denn man kann dieses Bekenntnis nicht

so verstehen, als wäre Jesus während seiner Erdentage bloßer Mensch gewesen. Das Subjekt der ganzen Aussage ist der Gottessohn. Er ist zunächst beim Vater, kommt dann in diese Welt, um schließlich wieder zum Vater zurückzukehren. Diese Aussage fordert geradezu ein näheres Nachdenken darüber, wie Göttliches und Menschliches sich in der Person Jesu Christi zueinander verhalten. Der Christushymnus, der sich Philipper 2, 5—11 findet und der ebenfalls nicht von Paulus geschaffen, sondern von ihm an dieser Stelle nur zitiert ist, geht dabei noch einen Schritt weiter als das Bekenntnis in Römer 1, 3 f. Denn in dem Christushymnus wird über die Existenzweise des Gottessohnes mehr ausgesagt, indem von dem »Sein in der Gestalt Gottes« und dem »Gott-gleich-Sein« (V. 6) die Rede ist.

Neben den paulinischen Aussagen weisen aber auch die johanneischen in die Zukunft. Dabei handelt es sich vor allem um den Prolog des Johannesevangeliums und die dort begegnenden Aussagen über den göttlichen Logos. Es ist in der Forschung umstritten, an welche philosophische oder religiöse Logosvorstellung das Johannesevangelium angeknüpft hat. Die Stoa wußte von dem Logos als der göttlichen Weltvernunft, die aber auch in dem Menschen wirksam ist. Der jüdisch-alexandrinische Theologe Philo gab in seinem System der Gestalt des Logos als des göttlichen Schöpfungs- und Offenbarungsmittlers einen überragenden Platz, wenn auch der Logos bei Philo nicht personhaft vorgestellt sein dürfte. In der Gnosis gab es eine mythologische Logosgestalt, wobei allerdings fraglich ist, ob diese Anschauung schon in vorchristlicher Zeit vorhanden war oder nicht. Es ist bisher nicht gelungen, mit Sicherheit nachzuweisen, welche dieser Logoskonzeptionen das Johannesevangelium aufgenommen hat. Diese Frage ist aber auch im Blick auf die spätere Entwicklung der Christologie gar nicht so wichtig. Denn gleich, ob Johannes an Philo oder an die Gnosis anknüpft, an der entscheidenden Stelle weicht die johanneische Logosvorstellung von allen Vorbildern ab, sofern sie nämlich in dem Bekenntnis gipfelt: »Das Wort ward Fleisch« (Johannes 1, 14). Sodann mußte die Aufnahme der Logosvorstellung in die Christologie früher oder später neue, große Möglichkeiten eröffnen, die Lehre von Jesus Christus näher zu entfalten, wobei man nun das ganze antike Erbe der Logosvorstellung sichten und das Brauchbare aufnehmen konnte. Es hat noch einige Zeit gedauert, bis sich eine eigentliche Logoschristologie in der christlichen Theologie durchgesetzt hat. Aber die Voraussetzungen dafür sind doch schon im Neuen Testament selbst geschaffen wor-

den, und auch hier riefen die Aussagen nach einer näheren Durch-
denkung und Entfaltung.

Zu einer Weiterentwicklung der Christologie ist es im 2. Jahrhundert
nicht schon bei den apostolischen Vätern, sondern erst bei den Apologeten gekommen, unter denen besonders Justin der Märtyrer hervor-
ragt. Wie die Apologeten hinsichtlich der Trinitätslehre einige neue
Ansätze gesucht haben, so auch in der Christologie. Sie haben vor
allem den Logosbegriff aufgenommen, ihn allerdings von vornherein
in Beziehung zur griechischen Philosophie gesetzt. Der Logosbegriff
ermöglichte einmal, das Verhältnis zwischen Christus und Gott-Vater
näher zu klären. Die stoische Philosophie unterschied zwischen dem
Logos, sofern er im Geiste wohnt, und dem Logos, sofern er sich selbst
mitteilt, also ausgesprochen ist. Diese Differenzierung eignete sich gut,
um die Beziehung zwischen Gott-Vater und seinem Sohn näher zu
erläutern. Nicht minder wichtig war aber der Logosbegriff für die
Auffassung von Jesus Christus selbst. Die Apologeten verstehen den
Logos nicht mehr nur wie das Johannesevangelium, nämlich als das
in der Geschichte erschienene Wort Gottes, sondern als Weltvernunft
und kosmisches Prinzip. Sie haben also den präexistenten Christus mit
dem Logosbegriff der griechischen Philosophie gleichgesetzt. Das
konnte den Gebildeten den Zugang zum Christentum erleichtern;
denn es ermöglichte die Aufnahme des gesamten griechischen Erbes.
Die Apologeten konnten nun sagen, daß, was auch immer die griechischen Philosophen an Wahrem gedacht haben, letztlich von dem Logos,
nämlich Jesus Christus, herrührt. Ist der Logos in der antiken Philosophie bruchstückhaft und unvollkommen erschienen, so hat er sich nun
in Jesus Christus endgültig und vollkommen geoffenbart.

Im 3. Jahrhundert hat sich die Logoschristologie vor allem dank
dem Einfluß des Origenes allenthalben durchgesetzt. Sie war damit die
von allen Seiten anerkannte Voraussetzung für weitere christologische
Erwägungen. Auch Arius hatte ja den Logosbegriff übernommen, wenn
er ihn auch anders deutete als die Apologeten und Origenes. Aber mit
der Übernahme der Logoschristologie als solcher war das christologische
Problem ja noch keineswegs ausreichend durchdacht. Selbst wenn man
die Verdoppelung des Logos, die Arius vornahm und auf die oben
hingewiesen wurde, nicht mitmachte, sondern den Sohn Gottes als den
ewigen Logos des Vaters verstand und mit Athanasius an der
Homousie des Sohnes mit dem Vater festhielt, waren noch nicht alle
Fragen beantwortet. Vielmehr mußte das Problem, wie sich Göttliches

und Menschliches in der Person Jesu Christi zueinander verhalten, nur um so dringender werden. Solange man den Sohn dem Vater streng unterordnete, konnte man in dem irdischen Jesus so etwas wie ein übermenschliches, nahezu göttliches Wesen sehen. Aber wenn man uneingeschränkt die volle Gottheit des Sohnes behauptete, mußte seine wahre Menschheit zum Problem werden. Wie ließen sich beide Aussagen miteinander vereinbaren?

Auch bei diesem Problem hat bereits Tertullian Anfang des 3. Jahrhunderts eine seiner Zeit weit vorauseilende Lösung gefunden, die noch im 5. Jahrhundert für die Entscheidung des Konzils von Chalkedon von Bedeutung war. Wie Tertullian in der Trinitätslehre als erster eine klare Begriffssprache schuf, so hat er auch in der Christologie bahnbrechende Formulierungen gefunden. Die Auseinandersetzung mit Gnostikern und auch mit Modalisten zwang ihn zu diesem Weiterdenken der überkommenen Probleme. In seiner Schrift gegen Praxeas stellt er selbst die Frage, wie man die Fleischwerdung zu verstehen habe. Handelt es sich um eine Verwandlung, die der göttliche Logos auf sich nimmt? Oder muß man von einer Annahme des Fleisches sprechen? Tertullian entscheidet sich, wie auch die spätere Christologie, für die Behauptung der Annahme des menschlichen Fleisches. Würde man von einer Verwandlung des Logos sprechen, so schlösse das ein, daß der Logos aufhört zu sein, was er ist. Gott aber kann niemals aufhören, das zu sein, was er ist. Zudem würde, wenn man eine Verwandlung behauptete, auch die wahre Menschheit des fleischgewordenen Logos in Frage gestellt. Man könnte dann weder die Gottheit noch die Menschheit Christi festhalten, vielmehr würde aus beidem etwas Drittes entstehen, das weder wahrer Gott noch wahrer Mensch wäre. Darum kann man allein sagen, daß der göttliche Logos die menschliche Natur angenommen hat[53].

Das aber bedeutet, daß Jesus Christus zweierlei Naturen oder, wie Tertullian sich ausdrückt, zweierlei Substanzen hat. Jede der beiden »Naturen« ist unversehrt und hat ihre besondere Eigenheit. Darüber hinaus muß man auch die besondere Aktivität jeder der beiden Substanzen behaupten. Der Logos vollbringt die Wunder, während die menschliche Substanz die Leiden erträgt. Und doch wäre es völlig verkehrt, darum die beiden Substanzen voneinander zu trennen. Vielmehr handelt es sich um den einen Jesus Christus, der sowohl Gottessohn als auch Menschensohn ist. Von daher gelangt Tertullian zu der scharfen Formel: »Wir sehen einen doppelten Seinsstand (status), unvermischt, aber verbunden, in einer Person, den Gott und den Menschen Jesus.«[54] In der einen, untrennbaren Person Jesu Christi sind also Gott und Mensch, Gottheit und Menschheit, göttlicher Geist und menschliches Fleisch vereint. Entsprechend sind in ihm auch Unsterblichkeit und Sterblichkeit, Kraft und Schwachheit vereint. Tertullian streift dabei manchmal die später von den Nestorianern behaupteten Thesen, indem er die einzelnen Ereignisse in Jesu Leben auf die beiden Naturen verteilt. Aber er hat sich doch sorgsam gehütet, wegen der Unterscheidung der beiden Naturen die Einheit der Person Jesu Christi in Frage zu stellen.

Besonders wichtig im Blick auf die späteren Auseinandersetzungen ist, daß nach Tertullian Christus als realer Mensch auch eine menschliche Seele gehabt hat. Der Logos ist nicht etwa an die Stelle der menschlichen Seele getreten; sonst wäre die Erlösung nicht bewerkstelligt. Vielmehr ist Christus voll und ganz Mensch geworden. Andererseits ist aber Jesus doch auch als Mensch Gottes Sohn bzw. der göttliche Logos.

Freilich haben die tiefen Gedanken Tertullians doch nicht der Kirche den lang andauernden christologischen Streit zu ersparen vermocht. Dazu bedurften manche Probleme noch weiterer Klärung. Vor allem aber hat der griechische Osten von der Christologie Tertullians keine weitere Notiz genommen, zumal da seit dem 3. Jahrhundert das Schwergewicht der theologischen Arbeit eindeutig im Osten lag und der Westen sich aufs Ganze gesehen weder am trinitarischen noch am christologischen Streit mit eigenen Leistungen beteiligte. Den meisten abendländischen Theologen sind die Probleme der östlichen Theologie damals nicht vertraut gewesen.

Wie in der Geschichte der Trinitätslehre, so kommt auch bei der weiteren Ausbildung der Christologie den Gedanken des Origenes eine überragende Bedeutung zu. Durch ihn ist die Problematik des späteren christologischen Streites bis in die Einzelheiten vorbereitet worden. Auch hier verdanken die streitenden Parteien Wesentliches dem großen Alexandriner.

Der spekulativen Trinitätslehre des Origenes entspricht auch ein spekulativer Zug in seiner Christologie. Die später so heftig umstrittene Frage, ob Jesus eine menschliche Seele gehabt habe oder nicht, hat bei Origenes eine eigentümliche Antwort gefunden. Zwar hält er daran fest, daß Jesus eine menschliche Seele gehabt hat. Aber entsprechend seiner Auffassung über die Geistwesen und ihr vorweltliches Dasein behauptet Origenes auch eine Präexistenz der Seele Jesu. Sie war also bereits vor der Inkarnation vorhanden. Während jedoch die anderen präexistenten Seelen von Gott abfielen, wurde die präexistente Seele Jesu schon in der Präexistenz mit dem göttlichen Logos vereinigt. Diese Vereinigung war so innig, daß die präexistente Seele Jesu den Logos ganz in sich aufnahm, so daß sie von ihm ihr Licht und ihren Glanz erhielt. So wurde sie bereits in der Präexistenz ein Geist mit dem Logos. Dadurch wurde aber die Seele Jesu unfähig zu sündigen. Mit dieser Seele verbunden ist alsdann der göttliche Logos bei der Inkarnation in den Leib Jesu eingegangen. Dabei kommt der Seele eine Mittlerrolle zwischen dem ewigen Logos und dem endlichen Leib Jesu zu. Wie die Seele den Logos fassen konnte, so konnte der Leib die Seele und durch sie den Logos aufnehmen. Jesus war also ein wirklicher Mensch, wie alle anderen Menschen auch. Selbst hinsichtlich der Präexistenz der Seele unterschied er sich nicht von ihnen, da Origenes ja für alle Menschen die Präexistenz der Seele annahm. Von da aus konnte Origenes einmal die Unterschiedenheit von Gottheit und Menschheit in Jesus Christus behaupten — er bedient sich hier teilweise ähnlicher Formulierungen wie Tertullian —, zum anderen aber auch die Einheit des Gottmenschen herausstellen: nicht nur durch eine »Gemeinschaft«, sondern durch eine wirkliche »Einheit« oder »Vereinigung« sind die Naturen miteinander verbunden.

Diese Theorie vermochte wohl viele biblische Vorstellungen aufzunehmen. Aber sie hat doch den Gedanken der Fleischwerdung nicht genügend betont. Die menschliche Natur paßt letztlich in dieses System nicht hinein. Das zeigt sich nicht nur an der Mittlerrolle, die der Seele zukommt, sondern auch daran, daß Origenes nach der Auferstehung eine fortschreitende Absorption des erhöhten menschlichen Leibes Jesu angenommen hat. Die Leibfeindlichkeit der Gnostiker hat hier in einer milderen Form Eingang in die Christologie gefunden. Eben darum war aber diese Christologie für die meisten Theologen nicht akzeptabel. Man gab vor allem die Theorie über die Präexistenz der Seele Jesu auf. Dabei stellte sich freilich eine Schwierigkeit ein: wie verhält es sich dann mit der menschlichen Seele des fleischgewordenen Logos? Man konnte hier im Grunde nur zwischen zwei Möglichkeiten wählen. Hielt man sich an die platonische Anthropologie, wonach der Mensch als ein Leib angesehen wird, der durch eine Seele oder einen Geist belebt ist, so ergab sich die Konsequenz, daß man dem irdischen Jesus keine menschliche Seele zuzuschreiben vermochte. Oder man

konnte sich an die aristotelische Anthropologie halten, wonach Leib
und Seele eine Einheit bilden. In beiden Fällen ergaben sich besondere
Probleme, wie man einerseits die Einheit, andererseits die Unterschiedenheit von göttlichem Logos und menschlichem Leib zum Ausdruck
bringen sollte. In der Dogmengeschichte hat sich die erste Linie mehr
in Alexandrien unter dem Stichwort der Wort-Fleisch-Christologie
durchgesetzt, die zweite hingegen in Antiochien unter dem Begriff
der Wort-Mensch-Christologie.

Apollinaris von Laodicea

Im arianischen Streit ist die Bedeutung der Frage, ob Jesus eine
menschliche Seele gehabt hat, zunächst noch nicht erkannt worden.
Man kann in der Stellung zu diesem Problem sogar eine gewisse Übereinstimmung zwischen Arianern und Nicänern feststellen. Die Arianer
leugneten das Vorhandensein einer menschlichen Seele im fleischgewordenen Logos. Nach ihrer Ansicht hat der Logos die Stelle der
Seele eingenommen; der Leib Jesu war an sich ohne Seele. Es ist bezeichnend, daß für Athanasius das Anstößige an dieser Argumentation
nicht in der Leugnung der menschlichen Seele bestand, sondern in der
Folgerung der Arianer, daß, wenn der Logos die Stelle der menschlichen Seele innehat, der Geschöpfcharakter des Logos feststeht. Denn
nun müssen alle Aussagen über das Leiden und Sterben Jesu Christi
nicht auf seine menschliche Seele, sondern auf den Logos selbst bezogen
werden. Wenn aber der Logos gelitten hat, so kann er nicht unveränderlich sein, sondern muß ein Geschöpf sein.

Athanasius hat im Grunde ebenfalls eine Wort-Fleisch-Christologie
vertreten, nur von dem entgegengesetzten Ausgangspunkt her. Zwar
hat Athanasius niemals das Vorhandensein einer menschlichen Seele
Jesu geleugnet. Aber es ist doch keine Frage, daß er ihr jedenfalls in
den ersten Jahrzehnten des arianischen Streites keine wirkliche Bedeutung beizumessen verstand. Athanasius war in Gefahr, die
Homousie des Sohnes mit dem Vater auf Kosten der vollkommenen
menschlichen Natur des Fleischgewordenen zu behaupten. Aber ihm
lag eben alles an der vollen Gottheit des Sohnes. Die Lehre von der
Menschwerdung hat er noch nicht als Problem erkannt.

Gleichwohl haben schon früh gerade manche der orthodoxen Theologen das Gewicht der Frage nach der menschlichen Seele Jesu gesehen. Das gilt zunächst von Eustathius von Antiochien (gest. 337).

Eustathius hielt gegen die Arianer an der Gottheit Christi fest, erkannte aber zugleich auch die Konsequenzen der Leugnung einer menschlichen Seele. Freilich drohte Eustathius nun in das andere Extrem zu verfallen, nämlich Gottheit und Menschheit Christi auseinanderzureißen. Er lehrte, daß Christus eine menschliche Seele gehabt habe und daß sie das Subjekt seiner Leiden gewesen sei. Man müsse sich die Verbindung von Logos und voller Menschheit Jesu so vorstellen, daß der Logos dem Menschen Jesus eingewohnt habe; der Mensch Jesus habe den Gott mit sich getragen. Eustathius hat damit in den wesentlichen Punkten die spätere antiochenische Christologie vorweggenommen.

Diese Gefahren einer Auseinanderreißung von Gottheit und Menschheit erkannte Apollinaris von Laodicea (gest. um 390) schon früh. Dieser kühne Denker, der seiner Zeit in vielem vorauseilte und schon die eigentlichen Probleme des christologischen Streites des 5. Jahrhunderts sah, gehörte an sich zu den unnachgiebigen Anhängern des Nicänums und zu den Kampfgenossen des Athanasius. In den Gedanken, wie sie Eustathius entwickelte, erblickte er einen Dualismus, durch den die Einheit der Person Jesu Christi gespalten wird. Dagegen hat er in scharfer Weise eine Christologie nach dem Wort-Fleisch-Typus entfaltet, und zwar eben einseitiger als Athanasius. Seinen Gegnern wirft er vor, sie lehrten zwei Söhne, nämlich einmal den Sohn Gottes, zum anderen den Sohn der Maria. Jener sei von Natur aus Gottes Sohn, dieser aber erst als Sohn Gottes angenommen. Die Heilige Schrift kenne demgegenüber nur einen einzigen Sohn Gottes. Dabei ist Apollinaris, ähnlich wie Athanasius, von soteriologischen Erwägungen bestimmt: als bloßer Mensch hätte Christus nicht die Fähigkeit besessen, die Menschen zu erlösen. Ein Satz des Apollinaris lautet: »Wer einen Menschen nennt den, der von Maria geboren ward, und einen Menschen den, der gekreuzigt ward, der macht ihn zu einem Menschen statt Gott. Und bei einem Menschen kann man das Leben nicht finden, das von Gott gegeben wird.«[55] Wie könnten wir zudem in den Tod eines bloßen Menschen hineingetauft werden? Als Mensch wäre Christus dem Irrtum unterworfen gewesen und hätte folgerichtig auch keine Erlösung gebracht.

Um diese Gefahren zu vermeiden, hat Apollinaris häufig von dem »fleischgewordenen Gott« oder auch von dem »fleischtragenden Gott« gesprochen. Apollinaris hat diese Ausdrücke durchaus nicht doketisch verstanden, als wäre das Fleisch lediglich eine Decke für den auf Erden wandelnden Gott gewesen. Vielmehr nahm Apollinaris eine wirkliche Vereinigung von Gott und Fleisch seit der Empfängnis an. Das Fleisch ist nicht etwas Hinzugefügtes, sondern bildet mit der Gottheit in Christus eine einzige Wirklichkeit. Der Fleischgewordene ist daher ein Zusammengesetztes in Menschengestalt. So gibt es nur »eine Natur des göttlichen Logos, welche Fleisch geworden ist«[56]. Das besagt aber, daß Jesus Christus ein einziges, untrennbares Lebewesen war, oder — um es zugespitzt zu sagen — daß der Leib Jesu auf den Logos als das ihn leitende Prinzip angewiesen war. Der Logos ist das Aktive, das Fleisch das Passive. So allein kann man von dem einen Wesen Jesu Christi reden.

Das war der Ansatz in der Christologie des Apollinaris. Bis hierhin vermochten ihm viele Theologen zu folgen; sicher konnte es Athanasius. Aber auch von der späteren orthodoxen Christologie aus ist gegen diesen Ansatz kaum etwas einzuwenden. Nur machte Apollinaris den Versuch, diesen Ansatz ganz durchzuführen. Dabei verstand er die Formel von der »Fleischwerdung« des Logos nicht übertragen, nämlich von der Menschwerdung, sondern buchstäblich: der Logos hat nur Fleisch bzw. nur einen Leib angenommen. Ein menschliches Geistesleben kann aber vom irdischen Jesus nicht behauptet werden. Einmal würde sonst die menschliche Natur Christi zu einem besonderen Wesen erhoben und dadurch die völlige Vereinigung mit dem Logos zu einer bloßen Verbindung herabgemindert. Sodann aber könnte sonst die menschliche Natur kraft der ihr eigenen Freiheit gleichsam die Verbindung mit der Gottheit kündigen. Dadurch sei aber die Beständigkeit der Vereinigung von Gottheit und Menschheit in Frage gestellt.

Aus diesem Grunde schließt Apollinaris, daß der Logos keinen »Geist« angenommen hat; vielmehr ist der Logos an die Stelle des Geistes getreten. In seiner Frühzeit hat Apollinaris wahrscheinlich obendrein noch das Vorhandensein einer menschlichen Seele beim Fleischgewordenen geleugnet. Später hat er aber hier seine Meinung geändert und auch eine Seele beim irdischen Jesus zugegeben, aber eben an die Stelle des Geistes den Logos gesetzt. So ist es nun in Jesus Christus zu einer »Vermischung« von Gott und Mensch gekommen. Es handelt sich, wie Apollinaris sagt, um eine Verbindung wie die zwischen dem Feuer und dem Metall im glühenden Eisen.

Diese Auffassung hat eine wichtige Konsequenz hinsichtlich des Fleisches. Apollinaris war der Meinung, daß das Fleisch Jesu durch diese Vereinigung verherrlicht worden ist. Es ist göttliches Fleisch geworden. Man hat darum manchmal Apollinaris vorgeworfen, er lehre die Präexistenz des Fleisches Christi. Das ist jedoch nicht berechtigt. Denn für ihn folgte diese Verherrlichung des Fleisches lediglich aus seiner Verbindung mit dem Logos. Er hat durchaus daran festgehalten, daß das Fleisch Jesu aus der Jungfrau Maria herstammte. Gleichwohl ist es bezeichnend, daß Apollinaris trotz der andersartigen Voraussetzungen, von denen er ausging, doch zu ähnlichen Folgerungen gelangte wie Origenes. Beide haben letztlich nicht die volle Menschheit des Fleischgewordenen festzuhalten vermocht.

Es hat einige Zeit gedauert, bis man die Gefahr erkannte, die der Kirche von dieser Lehre her drohte. In den letzten Jahren des arianischen Streites ist die Christologie des Apollinaris auf verschiedenen Synoden verurteilt worden, vor allem auch von dem zweiten ökumenischen Konzil zu Konstantinopel 381. Zu einer abschließenden Klärung der christologischen Streitfragen ist es damals freilich noch nicht gekommen. Aber immerhin war doch so viel deutlich, daß Apollinaris sich nur schwer gegen den Vorwurf des Doketismus wehren konnte; daß seine Lehre einfach den biblischen Berichten widersprach, die doch wiederholt von Jesu Nicht-Wissen, von seiner Mühsal und dergleichen erzählen — man denke nur an Gethsemane; daß also mit einem Worte die wirkliche Menschwerdung des Logos bei ihm nicht zum Ausdruck kam.

Antiochener und Alexandriner

In den beiden großen theologischen Schulen der Antiochener und Alexandriner wurden nun einerseits die älteren christologischen Gedanken aufgenommen, andererseits die beiden grundlegenden Konzeptionen der Christologie entworfen, die im christologischen Streit miteinander ringen sollten. In der scharfen Auseinandersetzung, zu der es damals kam, sind die beiden Ansätze, die es für eine Entwicklung der Christologie wohl überhaupt geben kann, klar herausgearbeitet worden. Dabei ist es wichtig, daß sich der christologische Streit des 5. Jahrhunderts in einem wesentlichen Punkt von dem trinitarischen Streit des 4. Jahrhunderts grundlegend unterscheidet: während im 4. Jahrhundert von vornherein das größere Recht ohne jeden Zweifel auf seiten des Athanasius und der Nicäner war und die Argumente des Arius nicht annähernd das gleiche Gewicht hatten, ist im 5. Jahrhundert die Entscheidung darüber, wer denn nun recht hat, sehr viel schwerer zu treffen. Sowohl die Antiochener als auch die Alexandriner vertraten Gesichtspunkte, die für den christlichen Glauben schlechterdings unaufgebbar sind. Die Entscheidung, die der christologische Streit fand, ist daher auch nicht so eindeutig zugunsten der einen oder der anderen streitenden Partei gefallen, wie es im arianischen Streit geschah.

Daneben ist aber noch ein zweiter Unterschied wichtig, der zwischen dem christologischen und dem trinitarischen Streit besteht. War es schon in diesem oftmals auch um kirchenpolitische Fragen gegangen und der dogmatische Gegensatz zuzeiten nur ein Vorwand für einen kaum verhüllten Machtkampf, so gilt das in noch viel stärkerem Maße für den christologischen Streit. So sehr in ihm Nestorius als Bischof von Konstantinopel (abgesetzt 431, gest. nach 451) für die Anschauungen der Antiochener und Kyrill von Alexandrien (gest. 444) für die Christologie der Alexandriner eintraten, so sind beide doch zugleich die Exponenten der rivalisierenden Patriarchate von Konstantinopel und Alexandrien gewesen, die vor kaum einem Mittel zurückschreckten, um sich gegenüber dem Nebenbuhler durchzusetzen. Kyrill hat dabei seinen Gegenspieler um einige Grade an Rücksichtslosigkeit übertroffen. Im Folgenden können wir auf diesen Machtkampf und seine Hintergründe nicht eingehen. An dem Gewicht der sachlichen Fragen, um die man zwischen Konstantinopel und Alexandrien rang, ändern diese wenig erfreulichen Begleitumstände nichts.

Wir hatten gesehen, daß Apollinaris von Laodicea eine Christologie des Wort-Fleisch-Typus vertrat und von ihr aus zu seinen extremen Folgerungen gelangt war, deretwegen seine Lehre schließlich verurteilt wurde. Im Positiven wie im Negativen knüpften eigentlich alle späteren Theologen, die für die christologische Auseinandersetzung von Bedeutung sind, an die durch Apollinaris geschaffene Problematik an. Dabei waren zunächst die meisten Theologen, die sich an der Polemik gegen Apollinaris beteiligten, ebenfalls Anhänger der Wort-Fleisch-Christologie. Diese Tatsache machte aber zugleich die Schwäche ihrer Argumentation aus. Innerhalb dieses christologischen Schemas ließ sich die häretische Einseitigkeit der Konsequenzen, die Apollinaris gezogen hatte, nur schwer vermeiden. Was man brauchte, das war eine Christologie, die einerseits an der vollen, realen Menschheit Jesu festhielt, andererseits aber die Verbindung von Göttlichem und Menschlichem in der Person Jesu deutlich zu machen verstand. Es war und ist das Verdienst der antiochenischen Christologie, eine derartige Christologie

geliefert zu haben. Dieses Verdienst wird auch nicht dadurch ge-
schmälert, daß die Antiochener bei ihrer berechtigten Polemik gegen
Apollinaris zu weit in die entgegengesetzte Richtung gerieten. Denn
was sie geleistet haben, das ist die Ersetzung der einseitigen Wort-
Fleisch-Christologie durch eine Wort-Mensch-Christologie.

Die antiochenische Christologie geht in ihren Ansätzen auf die oben
entfalteten Gedanken des Eustathius von Antiochien zurück. Näher
entwickelt wurde sie einmal durch Diodor von Tarsus (gest. vor 394),
zum anderen von Theodor von Mopsuestia (gest. 428), während sie
erst in der Gestalt, in der sie Nestorius vertrat, zur Auseinandersetzung
mit den Alexandrinern führte. Gemeinsam ist diesen Theologen, daß
sie gegen Apollinaris die volle, ungeschmälerte menschliche Natur Jesu
Christi betonen. Ihnen lag vor allem daran, daß nicht geleugnet würde,
daß Jesus sowohl eine menschliche Seele als auch ein menschliches
Geistesleben gehabt hat. Wenn Logos und Fleisch, wie Apollinaris
meinte, eine substantielle Einheit gebildet hätten, dann würde dadurch
nicht nur die Vollständigkeit der menschlichen Natur, sondern auch
die der göttlichen in Frage gestellt. Diodor etwa betonte, daß die
Heilige Schrift einen scharfen Unterschied zwischen der Tätigkeit einerseits des Gottessohnes, andererseits des Davidssohnes mache. Die Einheit beider ist nicht eine Vermischung von Logos und Fleisch. Vielmehr
hat man sich die Einheit so vorzustellen, daß der Logos in dem Fleisch
wie in einem Tempel wohnte. Hier besteht eine gewisse Ähnlichkeit
zwischen Jesus und den Propheten, zugleich aber auch ein Unterschied.
Zwar hat den Propheten zuzeiten auch der Geist Gottes eingewohnt,
aber eben nur vorübergehend. Christus hingegen ist ständig und bleibend mit dem göttlichen Logos erfüllt worden. Auf keinen Fall aber
kann man behaupten, daß der Fleischgewordene eine einzige Hypostase gewesen sei. Für die Anbetung sind jedoch Gottessohn und Davidssohn verbunden, da der Davidssohn teil hat an der Verehrung, die
dem Gottessohn dargebracht wird.

Theodor von Mopsuestia ist in seiner Kritik an der alexandrinischen
Christologie wesentlich weiter gegangen als Diodor. Er hat deutlich
gesehen, daß die Wort-Fleisch-Christologie, gleich ob sie nun bis zu
den extremen Konsequenzen eines Apollinaris weitergeführt wird oder
nicht, stets die Voraussetzung macht, daß beim Fleischgewordenen der
Logos das leitende Prinzip ist. Eben diese Auffassung kritisiert Theodor. Dabei weist er darauf hin, daß, wäre diese Ansicht richtig, die
Menschheit Jesu von allen Schwächen und Leiden wie Hunger, Durst,

Verzagtheit hätte frei sein müssen. Daher schließt Theodor, daß der Logos nicht nur einen Leib, sondern einen vollkommenen Menschen angenommen hat. Hier zeigt sich also deutlich das Anliegen der Wort-Mensch-Christologie. Entsprechend diesem Ansatz kann Theodor betonen, daß in Christus zwei vollkommene Dinge zusammen sind, nämlich einmal der vollkommene Mensch, zum anderen der vollkommene Gott.

Die Christologie Theodors weist eine Reihe von Mängeln auf. Die schwerwiegendsten sind die beiden folgenden. Einmal, für den Gedanken, daß das göttliche Wort Mensch geworden ist, bleibt hier im Grunde kein Platz. Es handelt sich eigentlich um die Annahme eines Menschen und nicht um eine Menschwerdung. Damit aber kann Theodor die fundamentale Aussage von Johannes 1, 14 »Das Wort ward Fleisch« in seiner Christologie nicht genügend wiedergeben. Wenn Apollinaris nicht an der vollen Menschheit Jesu festzuhalten vermochte, so Theodor nicht an der wirklichen Menschwerdung. Sodann, die Einheit von Gott und Mensch in Jesus Christus konnte Theodor ebenfalls nicht hinreichend zum Ausdruck bringen. Auch er bediente sich des Gedankens, daß der Logos dem Menschen eingewohnt habe. Weiter meinte er, daß diese Einwohnung so eng gewesen sei, daß es zu einer wirklichen Einheit beider gekommen sei. Aber in der Regel sprach er doch nur von einer »Verknüpfung« oder »Verbindung« zwischen beiden, die dadurch hergestellt wurde, daß der Mensch Jesus auch das wollte, was der Logos wollte, und umgekehrt.

Diodor und Theodor sind beide zu ihren Lebzeiten wegen ihrer Christologie nicht angefochten worden. Erst später hat sich Widerspruch gegen ihre Lehre geregt, und beide sind viele Jahrzehnte nach ihrem Tode nachträglich als Ketzer verurteilt worden, Diodor im Jahre 499 und Theodor von dem fünften ökumenischen Konzil zu Konstantinopel 553. Eine solche posthume Verketzerung ist in jedem Fall eine Ungerechtigkeit, weil sie dem Betreffenden nicht die Möglichkeit gibt, sich gegen falsche Interpretationen zu verteidigen. Zudem würdigt sie in diesem Falle nicht das berechtigte Anliegen dieser Antiochener, die eben mit Nachdruck die volle Menschheit des Herrn betont haben. Nicht zufällig haben gerade sie die Bibelexegese in einer damals sonst nirgends erreichten Weise gepflegt und auch dadurch die wahre Menschheit des Herrn hervorgehoben.

Allein, ins Rollen kam der Stein gegen die antiochenische Christologie doch erst durch Nestorius. Ohne seine oft sehr unvorsichtigen

Äußerungen wären Diodor und Theodor vielleicht niemals in ihrer Rechtgläubigkeit angefochten worden. Dabei hat Nestorius sachlich kaum etwas anderes geäußert als die älteren Schulhäupter der antiochenischen Theologie. Zum Streit kam es bei der Frage, ob man Maria das Prädikat »Gottesgebärerin« beilegen dürfe oder nicht.

Nestorius wurde anscheinend bald, nachdem er Bischof von Konstantinopel geworden war (428), um eine Stellungnahme zu der Frage gebeten, ob man Maria »Gottesgebärerin« nennen dürfe. Dieser Begriff war in der Tat ein Schibboleth für die Christologie: akzeptierte man ihn, so stand vor allem anderen die Einheit von Gottheit und Menschheit des Fleischgewordenen fest; lehnte man ihn ab, so mußte sich die Frage ergeben, von wann ab man Jesus als Gott bezeichnen könne und in welcher Weise Gottheit und Menschheit in ihm vereinigt seien, wenn sie es nicht von seiner Geburt an gewesen sein sollten. Nestorius witterte hinter den Anhängern des Ausdrucks »Gottesgebärerin« Apollinarismus. Außerdem meinte er, daß dieser Titel das Christentum gegenüber den Heiden lächerlich machen würde. Schließlich fand sich dieser Begriff weder in der Schrift noch im Nicänum. So griff Nestorius ihn in verschiedenen Predigten an und ließ ihn höchstens dann gelten, wenn als Ergänzung der andere Ausdruck »Menschengebärerin« hinzugefügt würde. Auf jeden Fall meinte er, daß es besser sei, wenn man Maria als »Christusgebärerin« bezeichne. Worum es dabei Nestorius ging, ist deutlich: er wollte zum Ausdruck bringen, daß Maria an sich nicht den göttlichen Logos, sondern nur den mit der Gottheit geeinten Menschen Jesus geboren habe. Unglücklicherweise bediente sich Nestorius jedoch in seinen Ausführungen über dieses Thema einer herausfordernden Redeweise. So argumentierte er etwa, daß eine Frau doch nicht die Gottheit neun Monate lang in ihrem Schoß getragen haben oder daß die Gottheit doch nicht in Windeln gewickelt werden könne oder gar gelitten habe, gestorben sei und beigesetzt worden sei.

Nestorius hat sich später, als er längst verurteilt war, in einer Rechtfertigungsschrift gegen die Unterstellung gewehrt, als habe er die Einheit der Person Jesu Christi aufgelöst und die häretische Lehre von den »zwei Söhnen« vertreten. Auch hat er in der Entscheidung von Chalkedon, von der er in seiner Verbannung noch kurz vor seinem Tode hörte, nur eine Bestätigung seiner eigenen Lehre gesehen. Dabei hat Nestorius sicherlich insofern nicht unrecht, als das Chalcedonense nicht einfach die Christologie seines Gegenspielers Kyrill von Alexandrien sanktioniert hat. Es ist eine Frage für sich, ob Nestorius oder

Kyrill ihre Ansicht mit mehr Recht im Chalcedonense wiederfinden können. Aber das ändert doch nichts daran, daß Nestorius die Einheit von Gottheit und Menschheit in der Person Jesu Christi nur höchst ungenügend zum Ausdruck zu bringen vermochte. Trotz seiner gegenteiligen Beteuerung ist doch der Verdacht nicht unbegründet, er habe die Einheit nur in moralischem oder ethischem, nicht aber in personhaftem Sinne verstanden.

Die Christologie Kyrills von Alexandrien ist demgegenüber streng in dem Schema der Wort-Fleisch-Christologie entfaltet. Kyrill sah in der Christologie des Nestorius eine Leugnung der wirklichen Menschwerdung des göttlichen Wortes. Das aber schließt die Folgerung ein, daß es auch keine wirkliche Erlösung gibt. Bei Kyrill zeigt sich somit ähnlich wie bei Athanasius ein starkes soteriologisches Interesse. Dieses ist bei Kyrill weithin auf die Eucharistie gerichtet: er hat die Sorge, daß, wenn Nestorius recht hätte, auf dem Altar nur der Leib eines Menschen läge; das aber würde die Eucharistie ihrer lebenspendenden, vergottenden Kraft berauben.

Von diesem soteriologischen Ausgangspunkt her betont Kyrill vor allem immer wieder, daß der göttliche Logos selbst in Jesus Christus Mensch geworden ist. Ihm ging es dabei nicht so sehr um die Frage, wie man die beiden Naturen Christi in Beziehung zueinander setzen kann. Vielmehr dachte er, ähnlich wie die Theologen in der Zeit der Anfänge der Kirchengeschichte, im wesentlichen in dem Schema zweier aufeinander folgender Seinsweisen des Logos, zunächst seiner vorzeitlichen Existenz, dann seiner Fleischwerdung. Beide Male handelt es sich um ein und denselben Logos. Kyrill bringt diese Unterscheidung der Seinsweisen sowie die Einheit des Logos in beiden Seinsweisen schon terminologisch dadurch zum Ausdruck, daß er zwischen dem »noch nicht fleischgewordenen Logos« und dem »fleischgewordenen Logos« unterscheidet. Kyrill bezeichnet die Einheit von Gottheit und Menschheit gern durch die Formel: »Eine Natur des göttlichen Logos, welche Fleisch geworden ist.« Dabei war er der Meinung, daß es sich hier um eine orthodoxe Formel handle. Das Unglück wollte es jedoch, daß es eben dieselbe Formel war, die Apollinaris als Stichwort für seine häretische Christologie verwendet hatte. In der Zwischenzeit hatten manche Anhänger des Apollinaris die Schriften ihres Meisters unter dem Namen des Athanasius ausgehen lassen. Eine solche Fälschung wurde auch sonst in der alten Kirche nicht selten angewandt, um die Schriften eines Ketzers der drohenden Vernichtung zu entreißen.

Für Kyrill kann bei dem fleischgewordenen Logos von einer Teilung oder Trennung der Naturen keine Rede sein. Vielmehr ist er wirklich Fleisch geworden. Unter »Fleisch« versteht Kyrill dabei die volle menschliche Natur, wobei ausdrücklich auch eine menschliche Seele eingeschlossen ist. Trotz jener von Apollinaris übernommenen Formel wollte Kyrill von dessen Christologie nichts wissen. Weiter, Gottheit und Menschheit sind nicht nur durch eine »Verknüpfung«, sondern in einer »hypostatischen« Einheit verbunden, das heißt, daß die menschliche Natur Jesu Christi niemals für sich existiert hat, sondern daß sie von dem Augenblick der Empfängnis an ganz zu dem Logos gehört hat und weiter nichts als eben seine menschliche Natur gewesen ist. Der Leib Jesu war der Leib des Logos, nicht der Leib bloß eines Menschen.

Damit hat Kyrills Christologie eine große Geschlossenheit, die sie der antiochenischen Christologie überlegen macht. Er hat stärker herausgestellt, daß das Heil nicht so zustande gekommen ist, daß Gott einen Menschen, nämlich Jesus, begnadete, sondern dadurch, daß Gott selbst in die Welt kam. Von daher konnte er Maria das Prädikat »Gottesgebärerin« ohne jede Einschränkung zuerkennen, da es wirklich der allein sachgemäße Ausdruck ist. Gleichwohl ist auch seine Christologie nicht ohne Problematik. Eine gewisse Nähe zum Apollinarismus läßt sich nicht leugnen, zumal Kyrill gelegentlich von einer »Vermischung« von Gottheit und Menschheit sprechen konnte. Die wahre Menschheit Jesu hat er nicht so zu betonen vermocht wie die Antiochener. Überhaupt hat er eigentlich die Fragen, mit denen sich die Gelehrten der antiochenischen Theologenschule befaßten, nicht besser beantworten können. Wäre Kyrill in der Entwicklung seines christologischen Ansatzes weiter gegangen, als er es wirklich tat, so hätte er kaum der Konsequenz des Apollinarismus oder derjenigen des späteren Monophysitismus, der nur eine einzige Natur Jesu Christi anerkannte, entrinnen können. Aber es ist vielleicht gerade das Große an Kyrill, daß er sich gegenüber tiefer bohrenden, spekulativen Fragen auf die Wiederholung des biblischen Zeugnisses und des Glaubens der Kirche beschränkte. Die Frage, wie denn Gottheit und Menschheit in Christus vereinigt seien, wird kein Theologe befriedigend beantworten können. Als Melanchthon sich zum Sterben bereitete, hat er auf einem Zettel zu seinem eigenen Trost u. a. die Worte notiert: »Du wirst zum Licht kommen, du wirst Gott sehen, du wirst seinen Sohn schauen, du wirst die wunderbaren Geheimnisse erkennen, die du in diesem Leben nicht begreifen konntest: warum wir so und nicht anders geschaffen sind und worin die Vereinigung der beiden Naturen in Christus besteht«.[57]

Von Ephesus bis Chalkedon

Nach einer Reihe von scharfen literarischen Auseinandersetzungen zwischen den beiden rivalisierenden Patriarchen kam es im Jahre 431 zum Konzil von Ephesus. Unter Rechtsbruch eröffnete Kyrill eine Rumpfsynode mit seinen Anhängern und ließ Nestorius verurteilen. Maria wurde das Prädikat »Gottesgebärerin« zuerkannt. Die formal zu Recht eröffnete Gegenversammlung des Nestorius zahlte mit gleicher Münze heim. Der Kaiser bestätigte zunächst beide Urteile. Gleichwohl wußte Kyrill sich mit Hilfe unlauterer Mittel wieder in den Besitz seines Patriarchenstuhles zu bringen. Ein noch größerer Erfolg war es für ihn, daß er es trotz der klaren rechtlichen Lage, die eindeutig zugunsten der unter Nestorius tagenden Versammlung spricht, durchgesetzt hat, daß die seinige als drittes ökumenisches Konzil anerkannt wurde. Allein, die Einzelheiten dieser Auseinandersetzung sind für unsere Fragestellung nicht so wichtig, ebenfalls auch nicht die mancherlei Versuche einer Verständigung, die später unternommen wurden und die zeitweilig sogar zum Ziele führten, und schließlich auch nicht die Gründe, die Ende der 40er Jahre des 5. Jahrhunderts zu einem erneuten Aufflackern des christologischen Streites und damit auch zur Entscheidung von Chalkedon führten. Wohl aber ist der Inhalt und die Bedeutung der Entscheidung von Chalkedon von Belang.

Das Konzil zu Chalkedon, einer Stadt am Ostufer des Bosporus gegenüber von Konstantinopel, das als das vierte ökumenische Konzil gilt, fand 451 statt. Es ist in seinen dogmatischen Entscheidungen wesentlich durch einen Lehrbrief Leos I. von Rom bestimmt worden, den dieser am 13. Juni 449 ausgehen ließ. Dieser Lehrbrief faßte angesichts der langen und schweren Auseinandersetzungen, die in der griechischen Kirche stattgefunden hatten, die Christologie des Abendlandes knapp und treffend zusammen. Dabei wird nicht nur die Christologie Tertullians, die für das Abendland stets grundlegend geblieben ist, aufgenommen, sondern auch die wichtige Weiterarbeit, die die Christologie durch Hilarius (gest. 367) und Ambrosius (gest. 397) sowie vor allem durch Augustin (gest. 430) erfahren hat. Leo betonte in seinem Lehrbrief einmal, daß die Person des Gottmenschen, also des Fleischgewordenen, identisch ist mit der Person des göttlichen Logos; sodann, daß in dieser einen Person des fleischgewordenen Logos die göttliche und die menschliche Natur nebeneinander ohne Vermischung bestehen: »Indem die Besonderheit beider Naturen unversehrt ist und indem sie, das heißt diese Besonderheiten, zu der einen Person zusammenkommen, ist von der Majestät die Demut angenommen worden.«[58] Die Einheit beider Naturen ist nach Leo notwendig mit Rücksicht auf die Erlösung. Der eine und selbe Mittler zwischen Gott und Menschen, Jesus Christus, mußte fähig sein, in einer Hinsicht zu sterben und in anderer Hinsicht nicht zu sterben. Gleichwohl kann man auch sagen, daß der Logos stirbt: er tut es nach seiner menschlichen Natur, nicht nach seiner göttlichen. Weiter betont Leo, daß die beiden Naturen Christi an sich getrennte Wirkungsweisen haben, daß sie aber gleichwohl stets je in Gemeinschaft mit der anderen handeln. Und schließlich vertritt er die sogenannte Lehre von der communicatio idiomatum, die ansatzweise schon von Früheren vorgebracht war, aber hier zu besonders klarer Fassung gelangt: auf Grund der Einheit der Person findet ein Austausch der Eigenschaften statt. Daher kann man sagen, daß der Sohn Gottes gekreuzigt und begraben ist, oder daß der Menschensohn vom Himmel herabgekommen ist.

Die klare Haltung in den wesentlichen, grundlegenden Fragen sowie die gewisse Weite der Ausführungen im einzelnen machten diesen Lehrbrief in besonderer Weise geeignet, die Entscheidung des Konzils von Chalkedon vorzubereiten. Ursprünglich wollte die Mehrheit auf dem Konzil sich sogar damit begnügen, lediglich noch einmal den nicänischen Glauben zu bekräftigen und obendrein die Autorität sowohl der dogmatischen Briefe Kyrills als auch des Lehrbriefes des Papstes anzuerkennen. Wenn es gleichwohl zu einem neuen Bekenntnis gekommen ist, so liegt das an den Gesandten des Kaisers, die auf der Abfassung eines neuen Bekenntnisses bestanden, auf welches man die Bischöfe verpflichten könnte. Das Konzil hat zwar seine ursprünglichen Pläne verwirklicht, jedoch auch den Wunsch des Kaisers erfüllt.

Das auf diese Weise zustande gekommene Glaubensbekenntnis lautet: »In Übereinstimmung mit den heiligen Vätern lehren wir alle einmütig, daß wir unseren einen Herrn Jesus Christus bekennen sollen: denselben vollkommen in seiner Gottheit und denselben vollkommen auch in seiner Menschheit, wahrhaft Gott und wahrhaft Mensch aus einer vernunftbegabten Seele und einem Leibe, wesensgleich mit dem Vater nach seiner Gottheit und wesensgleich mit uns nach seiner Menschheit, in allem uns ähnlich, jedoch ohne Sünde; vor aller Zeit aus dem Vater gezeugt nach seiner Gottheit, in der letzten Zeit aber um unseret- und unseres Heiles willen aus Maria der Jungfrau, der Gottesgebärerin, (hervorgebracht) nach seiner Menschheit; einen und denselben Christus, Sohn, Herrn, Einziggeborenen, in zwei Naturen, unvermischt, unverwandelt, ungetrennt, ungesondert, wobei die Unterschiedenheit der Naturen um der Einheit willen auf keine Weise aufgehoben wird, vielmehr die Besonderheit jeder Natur gewahrt und doch zu einer Person und zu einer Hypostase vereinigt wird, nicht in zwei Personen getrennt oder unterschieden, sondern einen und denselben Sohn, den Einziggeborenen, Gott, Logos, den Herrn Jesus Christus, wie einst die Propheten über ihn und dann Jesus Christus selbst uns belehrt hat und wie ihn das Glaubensbekenntnis der Väter uns überliefert hat.«

Um den genauen Sinn des Chalcedonense zu erfassen, ist es nötig, einen kurzen Blick auf die Verhandlungen zu werfen, die der endgültigen Formulierung des Bekenntnisses vorangingen. Manche Bischöfe hatten die Sorge, daß sich der Lehrbrief Leos kaum von der Ansicht des Nestorius unterschied. Darum hatte ein erster Entwurf des Bekenntnisses statt »ein Christus in zwei Naturen« »ein Christus aus zwei Naturen« formuliert. Dadurch wurde stärker die Einheit der Person Jesu Christi zum Ausdruck gebracht, also das Anliegen der alexandrinischen Christologie gewahrt. In späterer Zeit wurde die Formel »ein Christus aus zwei Naturen« zum Schlagwort der Monophysiten. Indem man auf dem Konzil schließlich doch von dem einen Christus »in zwei Naturen« sprach, hat man das Interesse der antiochenischen Christologie aufgenommen und jedes nur mögliche Mißverständnis des Chalcedonense im Sinne eines kaum verhüllten Apollinarismus abgewehrt. Andererseits ist aber durch die Bekräftigung des Prädikates »Gottesgebärerin« für Maria sowie durch die Betonung der Einheit der Person das Wesentliche der alexandrinischen Christologie aufgenommen worden. Es ist daher nicht ganz leicht zu sagen, ob das Chalcedonense der antiochenischen oder der alexandrinischen Christologie nähersteht. Von beiden hat es das Entscheidende übernommen, und doch hat es die Einseitigkeiten der beiden christologischen Konzeptionen sorgsam vermieden. Die kyrillische Behauptung einer »hypostatischen Einheit« ist in diesem Bekenntnis ebensowenig enthalten wie die antiochenische Auffassung, daß der Logos dem Menschen Jesus eingewohnt habe. Statt dessen wird durch die Betonung, daß die beiden Naturen »unvermischt, unverwandelt, ungetrennt, ungesondert« sind, einerseits die Einheit der Person, andererseits aber die Besonderheit der Naturen herausgestellt: die Einheit ist nicht im Sinne einer Vermischung zu verstehen.

Angesichts der Fülle der zur Debatte stehenden Fragen hat das Chalcedonense demnach eine sehr besonnene Entscheidung getroffen. Dabei hat es sich auch einer meisterhaften Sprache bedient. Im Chalcedonense hat das Abendland auf die Fragen des Morgenlandes eine Antwort gegeben. Die griechischen Theologen wären auf Grund ihrer Tradition kaum zu einer so abgewogenen Stellungnahme in der Lage gewesen. Andererseits erhielt die traditionelle abendländische Christologie durch die Konfrontation mit den Problemen des Ostens ihre scharfe Profilierung. Schließlich muß man sagen, daß das Bekenntnis von Chalkedon wohl die zwischen Antiochenern und Alexandrinern strittigen Fragen aufgenommen und sich um eine Antwort bemüht hat, daß es dabei aber sehr sorgfältig die rechte Mitte zwischen einer unverbindlichen Stellungnahme einerseits und einem spekulativen Ergründen des Geheimnisses, das uns in der Person Jesu Christi begegnet, andererseits gewahrt hat. Niemand, der das Bekenntnis von Chalkedon auf dem Hintergrund der vorangegangenen christologischen Streitigkeiten sieht, kann ihm vorwerfen, es habe den Versuch unternehmen wollen, die Person Jesu Christi zu definieren und das Unaussagbare in begriffliche Formeln zu zwängen. Das Gegenteil ist der Fall. Angesichts der endlosen Auseinandersetzungen über das Verhältnis von Gottheit und Menschheit in Jesus Christus hat das Chalcedonense in schlichter, aber zugleich unüberbietbar klarer und treffender Weise den Glauben der Christenheit bezeugt, daß nämlich Jesus Christus eine Person ist und daß er zugleich sowohl Gott als auch Mensch ist. Die spekulativen Fragen werden durch das Chalcedonense damit nicht abgewehrt. Aber es ist ihnen durch dieses Glaubensbekenntnis eine Richtung gewiesen, in der jeder Versuch, von Jesu Christi Gottheit und Menschheit recht zu reden, allein unternommen werden kann. Insofern kann man nicht sagen, daß mit diesem Dogma die griechische Spekulation über den christlichen Glauben den Sieg davongetragen hätte. Vielmehr hat das Dogma gerade einen Wall gegen die Spekulation, zumindest gegen eine übertriebene Form derselben, errichtet.

Das Nachspiel

Allein, ein Ende der christologischen Auseinandersetzungen war mit dem Bekenntnis von Chalkedon doch noch nicht erreicht. Es hat nicht die volle Union zwischen den rivalisierenden Gruppen herzustellen vermocht, sondern seinerseits zugleich den Kampf aufs neue entfacht. Nicht wenige Anhänger der alexandrinischen Christologie meinten, ihrem Anliegen sei durch das Chalcedonense nicht genügend Rechnung getragen worden, die Einheit der Naturen Jesu Christi hätte stärker betont werden müssen. Durch diese Ablehnung des Chalcedonense von seiten der extremeren Vertreter der Alexandriner ist es auch nach Chalkedon zu einem noch Jahrhunderte währenden Streit gekommen. Ihr wirkliches Ende hat diese Auseinandersetzung eigentlich erst dadurch gefunden, daß der Islam die Gebiete, in denen der Kampf geführt wurde, nämlich vornehmlich Ägypten und Syrien, dem byzantinischen Reich entriß und die Kirche in den mohammedanisch gewordenen Gebieten zu einer kümmerlichen Existenz am Rande verurteilte, die ihr die Kraft für große geistige Leistungen raubte. Aus den langen Kämpfen um das Chalcedonense können im folgenden lediglich einige wenige Abschnitte geschildert werden.

Zunächst muß kurz darauf hingewiesen werden, daß auch jetzt der Streit zwischen den verschiedenen Gegnern des Chalcedonense und dessen Verteidigern nicht allein in der Sache als solcher, also der verschiedenen Christologie, begründet ist, sondern daß daneben andere Motive eine erhebliche Rolle gespielt haben. Freilich ging es jetzt nicht mehr um eine Rivalität der beiden Patriarchen von Konstantinopel und Alexandrien. Dieser Kampf gehörte nunmehr der Vergangenheit an. Denn der Nachfolger Kyrills von Alexandrien, Dioskur (451 abgesetzt, gest. 454), hatte den alexandrinischen Standpunkt in der Christologie so überspitzt vertreten und zudem eine derart gewalttätige Machtpolitik betrieben, daß er in Chalkedon selbst zu Fall geraten war. Betrachtet man den christologischen Streit des 5. Jahrhunderts unter rein politischem Gesichtspunkt, so haben weder der Patriarch von Konstantinopel noch der von Alexandrien gesiegt, sondern das oströmische Kaisertum, das es verstand, die Kirche seiner Autorität zu unterwerfen. Eben dadurch wurden aber die nationalen Leidenschaften der Völker Ägyptens und Syriens herausgefordert. Beide wehrten sich gegen das ihnen vom Kaiser aufoktroyierte Bekenntnis und suchten von der byzantinischen Herrschaft loszukommen.

Durch diesen doppelten Gegensatz, den christologischen wie den nationalen, ist es zu harten Kämpfen gekommen. Verschiedentlich haben die Gegner des Chalcedonense Bischöfe auf Patriarchenstühle gebracht. So wurde noch im 5. Jahrhundert sowohl in Ägypten als auch in Syrien ein monophysitischer Patriarch erhoben. Monophysiten nannten sie sich nach der Formel Kyrills von der »einen Natur des göttlichen Logos, welche Fleisch geworden ist«. Ebenfalls noch im 5. Jahrhundert haben verschiedene Kaiser versucht, den Monophysiten entgegenzukommen. Dabei haben sie das Chalcedonense mehr oder weniger offen außer Kraft gesetzt. Allein, die radikaleren Monophysiten ließen sich durch keine Kompromißformel beschwichtigen. Obendrein verurteilte der römische Papst diese Versuche, so daß es zu einem ersten offenen Schisma zwischen Abendland und Morgenland kam (484—519).

Ähnlich wie die Monophysiten trennten sich auch die Nestorianer von der Reichskirche. Die Kirche in Persien, die ohnehin schon seit eh und je in ihrer Entwicklung von der Reichskirche abgesondert war, nahm den Nestorianismus an, so daß dieser sich jetzt von Syrien bis hin nach Indien erstreckte. Die Nestorianer haben in den folgenden Jahrhunderten eine außerordentlich lebhafte Missionstätigkeit entfaltet, die das Christentum nach Indien und auch nach China brachte. Für die Einheit des Reiches wie auch der Kirche bedeutete die Abspaltung der Nestorianer nicht minder einen schweren Schlag als der Widerstand der Monophysiten.

Im 6. Jahrhundert hat Justinian I. (527—565) die Einigungsversuche fortgesetzt. Im Jahre 553 hat sich das fünfte ökumenische Konzil zu Konstantinopel erneut mit der christologischen Frage befaßt. Auch hier ist man den Monophysiten weit entgegengekommen, wenn auch nicht so weit wie bei den mißglückten Versuchen des späteren 5. Jahrhunderts. Wenn in Chalkedon seinerzeit das Abendland seine Christologie dem Morgenland diktiert hatte, so hat das Morgenland damit geantwortet, daß es dazu seine eigene Interpretation gab. In den Ausführungen des fünften ökumenischen Konzils wird viel über die Einheit der beiden Naturen gesagt. Während man in Chalkedon seinerzeit den kyrillischen Ausdruck »hypostatische Einheit« nicht übernommen hatte, wird eben dieser Terminus jetzt als die sachgemäße Interpretation des Chalcedonense eingeführt. Die Christologie des Theodor von Mopsuestia und des Nestorius wird in allen Einzelheiten widerlegt und verworfen, da sie zur Behauptung von zwei Personen führe. Auch der Ausdruck, daß in Christus »zwei Hypostasen« seien, wird abgelehnt und mit Emphase betont, das alles sei eine Entstellung des Chalcedonense. Gewiß, zu dem Wortlaut des Chalcedonense als solchem steht die Entscheidung des fünften Konzils nicht im Widerspruch. Aber die Spannung zwischen beiden Konzilsentscheidungen ist doch nicht zu verkennen. Man redet daher auch von einem Neuchalkedonismus, der zu einer Neuinterpretation des Chalcedonense führte und in der Entscheidung des fünften ökumenischen Konzils seinen Ausdruck gefunden hat. Freilich, die politischen Ziele, die Justinian mit dieser Deutung des Chalcedonense anstrebte, wurden nicht erreicht. Die Monophysiten lehnten auch das fünfte ökumenische Konzil ab, und die Entwicklung zur Bildung zweier großer Nationalkirchen, der Monophysiten und der Nestorianer, schritt nach wie vor fort.

Noch problematischer wurden allerdings spätere christologische Streitigkeiten. Im 7. Jahrhundert hat Kaiser Heraklius noch einmal den Versuch unternommen, die Monophysiten für die Reichskirche zurückzugewinnen. Im Jahre 633 erreichte er eine Union mit ihnen auf Grund der Formel, daß der aus zwei Naturen bestehende Christus alles »in einer gottmenschlichen Tätigkeit« gewirkt habe. Daraufhin kam es erneut zu heftigen Streitigkeiten. Der Begriff der »einen Tätigkeit« erregte den lebhaften Widerspruch vor allem des Abendlandes. Eine Zeitlang verständigte man sich dahin, daß man statt von der »einen gottmenschlichen Tätigkeit« von dem »einen Willen« sprach. Diese Formel wurde auch von Papst Honorius I. gebilligt. Freilich konnte dieser Ausdruck die Anhänger von Chalcedon ebensowenig befriedigen. Gegen diesen »Monotheletismus« (Lehre von dem einen Willen) erhob sich lebhafte Opposition in Ost und West. Ihr theologischer Führer war Maximus Confessor, dem zur Strafe für seinen Widerstand gegen die kaiserliche Kompromißformel die Zunge abgeschnitten und die rechte Hand abgeschlagen wurde. Aber schließlich siegte doch die Opposition gegen den Monotheletismus. Das sechste ökumenische Konzil, das 680/81 in Konstantinopel tagte, hat den »Dyotheletismus« (Lehre von den zwei Willen) sanktioniert. Dieses Konzil entschied, daß man bei der Frage, ob Jesus Christus einen oder zwei Willen gehabt habe, entsprechend dem Chalcedonense nur zwei Willen annehmen könne. Freilich wird von diesen »beiden natürlichen Willen« in Christus sowie von den »beiden natürlichen Tätigkeiten« ebenfalls analog wie im Chalcedonense ausgesagt, daß sie »ungesondert, unverwandelt, ungetrennt, unvermischt« seien. Ein Gegensatz zwischen dem göttlichen und dem menschlichen Willen in dem fleischgewordenen Logos ist undenkbar, da ja der menschliche Wille Jesu seinem göttlichen Willen, ohne Widerstand zu leisten, unterworfen ist.

Man kann über diese Entscheidung schwerlich glücklich sein. Zwar ist gegen sie formal nichts einzuwenden. Zieht man die Linien vom

Chalcedonense aus weiter, so kann man zu keiner anderen Folgerung gelangen, als sie auf dem sechsten Konzil gezogen wurde. Insbesondere lassen die Aussagen in Leos Lehrbrief, auf die man sich in Konstantinopel berief, keinen anderen Schluß zu. Wer also das Chalcedonense bejaht, muß Maximus Confessor in seinem Kampf innerlich recht geben und auch diese Konzilsentscheidung anerkennen. Zudem waren der damaligen an Aristoteles geschulten Philosophie Wirken und Willen nur als Funktion einer konkreten Substanz denkbar. Von der Zwei-Naturen-Lehre her ließ sich also keine andere Entscheidung fällen, als daß bei Jesus zwei Willen vorhanden waren.

Aber man kann sich doch nicht des Eindrucks erwehren, daß die Auseinandersetzung zwischen Monotheletismus und Dyotheletismus von vornherein verfehlt war. So grundlegend für den christlichen Glauben das Bekenntnis zu Jesu Christi voller Gottheit und voller Menschheit ist, so läßt sich doch die Tätigkeit der göttlichen Natur nicht gegen diejenige der menschlichen aufrechnen. Das Anliegen des fünften Konzils, die Einheit der Person Jesu Christi zu betonen, war demgegenüber in viel höherem Maße berechtigt. Schließlich hat die Entwicklung der christologischen Lehre mit dieser neuen Entscheidung den Zickzack-Kurs, der seit dem Chalcedonense eingesetzt hatte, nur fortgesetzt.

Trotzdem darf man bei aller Kritik nicht vergessen, daß man sich damals dieses Problem nicht ausgesucht hat, sondern daß es im Rahmen der Einigungsbemühungen der Kaiser mit einer gewissen Zwangsläufigkeit zu dem monotheletischen Streit gekommen ist. Keine Zeit kann sich die Fragen und Aufgaben auswählen, mit denen sie sich beschäftigen möchte. Sie werden ihr, jedenfalls zum großen Teil, durch den Gang der Geschichte und der geistigen Entwicklungen gestellt. Die Männer, die für den Dyotheletismus eintraten, haben lieber die von ihnen geglaubte Wahrheit unverkürzt festgehalten, als daß sie politischen Motiven zuliebe Kompromisse schlossen.

Ein Nachspiel haben die langen christologischen Auseinandersetzungen noch in dem Bilderstreit gehabt, der die griechische Kirche im 8. und 9. Jahrhundert erschütterte. Zwar sind die Ursachen des Bilderstreites mannigfach. Auch waren es keineswegs nur Gesichtspunkte der Christologie, die von beiden Seiten betont wurden. Aber bei dem Für und Wider des Bilderstreits ging es doch zugleich stets auch um christologische Probleme. Jedenfalls läßt sich bei manchen der Bildergegner feststellen, daß sie stark von der Einheit des Gottmenschen her argumentieren; eine isolierte Darstellung der menschlichen Natur Christi sei daher unmöglich, und die Abbildung der göttlichen Natur falle unter das Bilderverbot der Schrift. In diesem Sinne hat das ikonoklastische Konzil von 754 entschieden und christologische Gesichtspunkte geltend gemacht. Andererseits haben die Bilderfreunde sich darauf berufen, daß doch der göttliche Logos wirklich Mensch geworden sei. Insofern sei nicht nur die menschliche Natur, sondern auch die göttliche Natur Christi darstellbar. Aber neben diesen christologischen Gesichtspunkten haben andere Gedanken im Bilderstreit eine nicht minder große Rolle gespielt, vor allem philosophische Erwägungen über Urbild und Abbild, aber schließlich auch die Volksfrömmigkeit, die die in der späteren alten Kirche aufgekommene Bilderverehrung beibehalten wollte.

Der christologische Streit hat damit die Kirche wesentlich länger beschäftigt als der trinitarische, und er hat auch nicht einen so klaren Abschluß gefunden wie dieser. Allein, wenn es in der Dogmengeschichte nicht nur um die Definierung bestimmter Lehren geht, sondern immer zugleich auch um deren Aneignung, dann ist der Unterschied zwischen beiden nicht so groß. Denn dann ist lediglich die Form, in der die Kirche mit dem von ihr definierten Dogma gelebt hat, verschieden. Wurde das trinitarische Dogma durch Augustin, ohne daß Kämpfe heraufbeschworen wurden, näher interpretiert und gegen Mißverständnisse geschützt, so ging der gleiche Prozeß beim christologischen Dogma sehr viel unruhiger und bewegter vonstatten. Vor allem aber gleichen sich die grundlegenden Entscheidungen des trinitarischen Streites und die christologischen Bestimmungen von Chalkedon darin, daß sie beide nicht versucht haben, das Geheimnis Gottes zu enträtseln, sondern daß sie angesichts der aufgeworfenen Fragen den überkommenen Glauben der Christenheit neu formuliert und bekannt haben.

IV. KAPITEL

Die Lehre von Sünde und Gnade

Glaube und Werke

Mit der Ausbildung der Lehre von Sünde und Gnade setzt ein neuer Abschnitt in der christlichen Dogmengeschichte ein. Dieser neue Abschnitt ist nicht allein dadurch gekennzeichnet, daß den schon formulierten verbindlichen Bekenntnissen der Kirche ein neues hinzugefügt wurde. Vielmehr ist er vor allem durch seine gegenüber den älteren Dogmen neue Thematik herausgehoben. Zum ersten Mal in der Geschichte der Kirche wurde nicht ein Artikel über Gott oder die Trinität oder die Zwei-Naturen-Lehre Gegenstand der Auseinandersetzung, sondern ein Problem, das in besonderer Weise die Auffassung vom Menschen sowie die Lehre von der Erlösung zum Inhalt hat. Indem außer der Lehre von Gott nun auch eine bestimmte andere Glaubensaussage dogmatisch geklärt wird, zeigt sich der christliche Glaube erst ganz in seiner Eigenart und in seinem Unterschied von anderen Religionen, besonders vom Judentum. Dieses kennt im ganzen keine Dogmen oder doch nur das einzige, daß der Herr allein Gott ist und daß es keine anderen Götter gibt. Gleichen sich Christentum und Judentum darin, daß der Glaube an Gott, wenn auch in verschiedener Weise, das Grunddogma oder Grundbekenntnis ist, so hebt sich der christliche Glaube vom jüdischen besonders deutlich durch die Dogmatisierung bestimmter Gedanken über Sünde und Gnade ab. Gewiß, die christliche Lehre von der Erbsünde stützt sich nicht nur auf das Neue Testament, sondern auch auf manche Aussagen des Alten Testaments, vornehmlich 1. Mose 3. Aber wie der Bericht vom Sündenfall innerhalb des Alten Testaments nur recht vereinzelt dasteht, so hat auch das Judentum niemals eine Erbsündenlehre dogmatisiert, obwohl es in manchem zu ähnlichen Auffassungen gelangt ist wie die christliche Kirche. Tatsächlich ist die christliche Lehre von der Sünde nicht minder

als die von der Gnade im entscheidenden von der Christologie her entwickelt worden. So viel das Alte Testament schon über die Sünde und
auch über die Gnade zu sagen weiß, so sind beide in ihrem tiefsten
Wesen doch erst durch Jesus Christus offenbar geworden.

Für den modernen Betrachter scheint nicht selten der Weg vom
Neuen Testament zum trinitarischen und christologischen Dogma kür-
zer zu sein als der zum Dogma von Sünde und Gnade. Daß Jesus sich
in ganz besonderer Weise von Gott gesandt wußte, daß Gott gewisser-
maßen in ihm leibhaftig gegenwärtig war, leuchtet noch eher ein als
die Richtigkeit und Notwendigkeit der Lehre von der Erbsünde. Zwar
hat es nicht an Bestreitern der Trinitätslehre gefehlt. Aber die Kritik
am Erbsündendogma ist doch offenbar noch verbreiteter. Selbst nam-
hafte Theologen haben behauptet, die Lehre von der Erbsünde sei dem
Evangelium Jesu Christi ganz fremd und sei erst von Paulus aufgebracht worden. Im Grunde sei es auch mit der Lehre von der Gnade
nicht viel anders. Zwar habe Jesus nicht selten schuldbeladenen Menschen das Heil zugesprochen, aber von einem »allein aus Gnaden«
begegne doch in den Evangelien nichts. Vielmehr habe Jesus oft einfach
an das Gute im Menschen appelliert.

Freilich, wenn man die ganz andersartige Situation der Verkündigung Jesu und der Theologie des Paulus berücksichtigt, dann fallen die
meisten Unterschiede, die eine oberflächliche Betrachtung zwischen beiden zu finden meint, dahin. Wer ernsthaft den Versuch macht, nach der
Bergpredigt zu leben, wird letztlich nichts anderes über sich und seine
Sündhaftigkeit sagen können, als was Paulus in Römer 7 geschrieben
hat. Ähnliches gilt auch vom Begriff der Gnade. Mag er auch in der
Verkündigung Jesu fehlen, so ist doch Jesu Gemeinschaft mit den
Sündern nichts anderes als das, was Paulus in seinen Aussagen über die
Gnade lehrhaft formuliert hat. Andererseits steht auch Paulus unter
den übrigen neutestamentlichen Schriftstellern keineswegs isoliert da.
Wenn auch die Ausdrucksweise des Johannesevangeliums oder der
katholischen Briefe in vielem recht anders ist als die des Paulus, so
besteht doch in der grundsätzlichen Auffassung über die Erlösung, die
Jesus Christus gebracht hat, eine sehr weitgehende Übereinstimmung.
Daß Jesus Christus den Menschen Erlösung und Heil schenkte, ist auch
trotz aller Unterschiede im einzelnen die durchgehende Überzeugung
aller Kirchenväter, ja der Kirche schlechthin zu allen Zeiten gewesen.
Selbst ein Pelagius wußte hohe Worte zu gebrauchen, wenn es galt, die
Erlösung zu beschreiben, die Jesus Christus gebracht hat.

Wie aber ist es dann überhaupt zu einer Auseinandersetzung über diese Fragen gekommen, wenn die meisten Kirchenväter die Notwendigkeit der Erlösung und der Gnade betonen? Antwort: weil es um die Frage ging und geht, ob die Lehre von der Gnade nur ein Glaubensartikel neben anderen ist oder ob in ihr zugleich noch einmal das Ganze, das wirkliche Zentrum des christlichen Glaubens, ausgesagt wird. Zwischen Augustin und Pelagius stand nicht das Problem zur Debatte, ob Jesus Christus uns erlöst, sondern ob er ausschließlich unser Erlöser ist oder ob unser Heil noch von anderen oder anderem abhängig ist. Gerade die Auseinandersetzung über die Lehre von Sünde und Gnade zeigt, daß es in keiner Epoche der Dogmengeschichte lediglich darauf ankam, dem vorhandenen Glaubensschatz nur noch eine neue Glaubensaussage hinzuzufügen, sondern daß jeweils noch einmal das Ganze des christlichen Glaubens zur Debatte stand.

Trotz der recht weitgehenden Übereinstimmung im Grundsätzlichen bestehen nämlich bei den Kirchenvätern doch nicht unerhebliche Verschiedenheiten, wenn man nach der wirklichen Bedeutung fragt, die die Gnade in ihrer Theologie einnimmt. Man konnte sehr wohl an die Erlösung durch Jesus Christus glauben und daneben einem äußerst handfesten Moralismus huldigen, der weiter nichts ist als reine Werkgerechtigkeit. Bereits im Neuen Testament selbst zeigen sich Ansätze dazu. Der Jakobusbrief weiß zwar manches über den Glauben zu sagen; aber wenn man danach fragt, was dieser Glaube bedeutet, so erfährt man sehr wenig und wird statt dessen immer wieder nur auf die Notwendigkeit der Werke verwiesen. Gegenüber einem selbstzufriedenen Glauben war es gewiß notwendig, die Werke zu betonen. Das konnte sogar Paulus tun. Aber er tat das doch in einer anderen Weise als der Verfasser des Jakobusbriefes. Diese Entwicklung zu einer stärkeren Betonung der Werke und zu einem christlichen Moralismus, der sich von der zeitgenössischen Philosophie im Grunde nicht nennenswert unterscheidet, hat sich im 2. und 3. Jahrhundert in verstärktem Maße fortgesetzt. Die frühen Väter der Kirche haben mehr Gewicht auf eine dem Neuen Testament entsprechende Entfaltung der Lehre von Gott, von Jesus Christus und vom Heiligen Geist gelegt als auf das tiefe Verständnis, das sich im Neuen Testament von der durch Jesus Christus bewirkten Erlösung findet.

Dabei fehlt es keineswegs an beachtlichen Gründen, welche diese Entwicklung zwar nicht entschuldigen, aber doch in manchem verständlich machen. Im 2. Jahrhundert ging es für die Kirche um die entscheidende Auseinandersetzung mit der Gnosis, und auch noch die ersten Jahrzehnte des 3. Jahrhunderts waren von diesem Kampf überschattet. Gegen die Gnosis mußte die Einheit des Schöpfer- und Erlösergottes betont werden. Das haben die damaligen Theologen mit Umsicht und Gründlichkeit getan, so daß seither die Auseinanderreißung von Schöpfung und Erlösung kaum je wieder zu einer so akuten Gefahr für die Christenheit geworden ist, wie es damals der Fall war. Dadurch wurden aber andere Probleme verständlicherweise weniger beachtet. Ja mehr noch: gegenüber der Gnosis mußte die Notwendigkeit der Werke durchaus hervorgehoben werden. Die Meinung der meisten Gnostiker ging dahin, daß die Erlösung, die Christus bringt, nur einen Teil im Menschen betrifft, nämlich die göttliche Geistsubstanz, die in die widergöttliche Materie eingefangen ist. Erlöst wird der Mensch, wenn er sein wahres Selbst erkennt und damit die Rückkehr seines göttlichen Geistfunkens zum Erlösergott in die Wege leitet. Hier kam es ausschließlich auf »Erkenntnis« an. Für das praktische Leben konnte man entweder jegliche Freiheit gewähren, wie es nicht wenige Gnostiker taten, oder zur Askese auffordern oder auch eine seltsame Mischung von Zügellosigkeit und Entsagung empfehlen. Gegenüber einer solchen Auffassung mußte die Verantwortlichkeit des Menschen hervorgehoben werden. In ähnlicher Weise wirkte auch der ständige, scharfe Kampf gegen heidnische Sitten und Bräuche. Manche Schrift eines Kirchenvaters ist, zumindest über weite Strecken, nichts anderes als eine ethische Mahnung, die gewiß sehr notwendig war, wobei man aber manchmal vergeblich nach dem spezifisch Christlichen sucht.

Aus diesen Gründen ist es verständlich, daß die Kirchenväter hinsichtlich der Lehre von Gott früher zu einer wirklichen Klarheit fanden als hinsichtlich der Auffassung von Sünde und Gnade. Bei den apostolischen Vätern und auch bei den Apologeten findet sich kaum ein Ansatz zur späteren Erbsündenlehre, geschweige denn, daß die wenigen Bemerkungen, die gemacht werden, irgendein besonderes Gewicht besäßen. Gewiß, es begegnen die klassischen Stellen des Neuen Testaments über Erlösung und Gnade. Aber es ist doch die allgemeine Überzeugung, daß der Mensch mit einem freien Willen ausgestattet ist und daß er durch keine Sünde ernstlich daran gehindert wird, sich für das Gute zu entscheiden und das Böse zu meiden. Für einen Mann wie Justin den Märtyrer besteht die Sünde wesentlich in falschem Glauben und Unkenntnis des Guten[59]. Zwar hat Justin sich Gedanken darüber gemacht, wie es zu dieser Unkenntnis des Guten gekommen ist. Aber dabei meint er doch, vor allem Dämonen dafür verantwortlich machen zu müssen, die sich durch ihre Ränke das Menschengeschlecht unterjocht haben.

Nicht viel anders steht es bei Tertullian, dem großen nordafrikanischen Theologen, der auf die weitere Entwicklung der Trinitätslehre wie der Christologie einen so positiven Einfluß ausübte. Zwar hat Tertullian stärkere Ansätze zu einer Erbsündenlehre als irgendein anderer Theologe seiner Zeit ausgebildet. Nach ihm hat sich das Böse in der Seele festgesetzt und ist beinahe ein Naturbestandteil des Menschen geworden. Darum sind nach Tertullian auch schon die kleinen Kinder als unrein zu betrachten. Aber trotz dieser Gedanken hat doch Tertullian nicht weniger stark als Justin und andere die Willensfreiheit des Menschen betonen können. Unbeschadet der verderbten Natur des Menschen gibt es doch auch ein Gutes, das der Seele natürlicherweise eignet. Ja Tertullian kann sogar sagen, daß die Seele von Natur aus Christin sei[60], womit er meint, daß die Seele von Natur aus ein freilich verdunkeltes Wissen vom christlichen Gott hat. Was die Erlösung betrifft, so hat ein Mann wie Tertullian selbstverständlich das Neue Testament gut gekannt und auch oft zitiert. Aber immer wieder fließen ihm doch Formulierungen in die Feder, daß Jesus Christus im Grunde ein neuer Gesetzgeber ist. In einem ausführlichen Abschnitt über die Glaubensregel gibt er u. a. als deren Inhalt an, »daß Jesus Christus ein neues Gesetz gepredigt und eine neue Verheißung des Himmelreiches gegeben hat«[61].

Wo im 2. und 3. Jahrhundert innerhalb der Theologie ausführlichere Erwägungen über die Erbsünde begegnen, da sind sie nicht selten von der Gnosis und ihrer Auffassung über die Leibfeindlichkeit der Materie bestimmt. Das trifft vor allem für Origenes zu, auf dessen Ansicht, daß die von Gott gefallenen präexistenten Seelen zur Strafe in die geschaffene Materie gefangen wurden, schon hingewiesen wurde. Gerade die extreme Einseitigkeit, mit der die Gnosis eine Art Erbsündenauffassung entwickelte, mußte es der Kirche schwermachen, Richtiges und Falsches zu scheiden und ihrerseits die Aussagen des Neuen Testaments in einer Weise zu interpretieren, die einerseits nicht dem Irrtum der Gnosis Vorschub leistete, andererseits aber der Radikalität der neutestamentlichen Auffassung von der Sünde Rechnung trug. Es ist kein Wunder, daß die Kirche hier einige Zeit hindurch suchte und tastete, zuzeiten mehr der Auffassung von der Freiheit des Willens, zuzeiten auch der Verurteilung der Materie den Vorzug gebend. Bei den kappadozischen

Theologen des 4. Jahrhunderts, besonders bei Gregor von Nyssa, läßt sich beobachten, wie man zwar der origenistischen Auffassung vom Bösen zu entrinnen trachtet, wie man aber doch beinahe widerwillig immer wieder in sie hineingerät[62].

Nicht zufällig hat Pelagius, als er mit seinen Lehren an die Öffentlichkeit trat, im Westen wie im Osten weithin Zustimmung gefunden. Im Osten waren es vor allem die Anhänger der antiochenischen Christologie, die seine Thesen begrüßten, die aber dann schließlich Pelagius in ihren eigenen Untergang mit hineinrissen. Ein Theodor von Mopsuestia lehnte die Behauptung einer Erbsünde rundweg ab. Er hat sogar eine eigene Schrift gegen diese Lehre verfaßt. Theodor verwarf die Ansicht, der Tod sei erst als Strafe für Adams Sünde von Gott über die Menschen verhängt worden. Vielmehr sei der Mensch seiner Natur nach sterblich, wie auch der menschliche Wille seiner Natur nach zur Sünde fähig sei. Was Christus gebracht hat, das ist nicht die Befreiung von der Erbsünde, sondern die Möglichkeit, die Unsterblichkeit, mit ihr allerdings auch zugleich die Sündlosigkeit zu erlangen.

Außer den schon genannten Gründen hat aber schließlich noch ein weiterer die Ausbildung einer Lehre von Sünde und Gnade erschwert und verzögert, nämlich der immer stärker werdende asketische Zug, der sich in der Kirche seit dem 2. und vor allem seit dem 3. Jahrhundert beobachten läßt. Eigentliche Askese war sowohl Jesus wie auch dem ganzen Neuen Testament fremd. Gewiß konnte Jesus gegebenenfalls »um des Himmelreiches willen« totalen Verzicht fordern. Aber dieser Verzicht besaß doch keinen Eigenwert, sondern diente nur dazu, den Menschen von seinen Bindungen an die Welt frei zu machen. Aber mit dem Zurücktreten der Naherwartung sowie vor allem durch den Einfluß der Umwelt zeigt sich schon bei den apostolischen Vätern ein stärkerer asketischer Zug, der schließlich in der Entstehung des Mönchtums gipfelt. Zugleich mit der Askese drang nun aber eine abgestufte Wertethik in die christliche Kirche ein. Der Asket befolgt die Anweisungen des Herrn in vollkommenerer Weise als der in der Welt lebende Christ, ja dieser ist im Grunde selbst noch »weltlich«. Der Asket wird aber für seine größeren Leistungen auch den größeren Lohn von Gott erhalten. Das ist seit dem späten 2. Jahrhundert die einhellige Meinung der meisten — nicht ausnahmslos aller! — Kirchenväter gewesen, die sich zur Askese geäußert haben. Die Ausbreitung des asketischen Ideals mußte aber den Glauben an die ungebrochenen Fähigkeiten des Menschen, ein vor Gott reines und sündloses Leben führen zu können, neu

verstärken. Tatsächlich äußern die Kirchenväter, vor allem die Mönchstheologen, immer wieder, daß die Asketen schon hier auf Erden das
engelgleiche Leben führen. Nur vereinzelt wagte sich eine Opposition
gegen eine derartige Überbewertung des asketischen Ideals hervor. Sie
konnte aber meistens schnell unterdrückt werden.

Pelagius

Pelagius ist etwa Mitte des 4. Jahrhunderts in Britannien als Sohn
christlicher Eltern geboren. Es ist umstritten, ob seine Heimat in Irland
oder in England anzusetzen ist. Nachdem er schon in seiner Heimat
höhere Schulbildung erhalten hatte, studierte er etwa seit 380 in Rom
Jura. Nach der damals verbreiteten Sitte war er nicht schon als Kind
getauft worden. In Rom entschied er sich nun bald dafür, sich taufen
zu lassen und zugleich auch mit ganzem Ernst die Verpflichtungen für
ein christliches Leben zu übernehmen. Er wurde nicht, wie man oft
irrtümlich behauptet hat, Mönch. Vielmehr blieb Pelagius Laie. Er
wollte nichts anderes als Christ sein und nach dem für alle Christen
gültigen göttlichen Gesetz leben. Wie er das verstand, zeigt sich daran,
daß er zum Kummer seiner Eltern seine weltliche Karriere aufgab und
ein Leben der Askese und steten Selbstprüfung begann. Seine Anschauungen scheinen sowohl unter gebildeten Heiden großen Eindruck gemacht als auch innerhalb der weithin laxen Kreise der Kirche viele
Anhänger gefunden zu haben, und zwar weit über die Grenzen der
Stadt Rom hinaus. In Rom schloß Pelagius mit einem vornehmen
Rechtsanwalt, Caelestius, eine Freundschaft, die für ihn später ver-
hängnisvoll werden sollte. In Wort und Schrift warb Pelagius für
seine Auffassung von dem Ernst der Nachfolge. Unter den zahlreichen
Werken des Pelagius ragt sein Kommentar zu sämtlichen Paulusbriefen
hervor, aber auch sein Brief an eine vornehme asketische Jungfrau
namens Demetrias, der er einen Abriß seiner Lehren widmete. Solange
Pelagius in Rom blieb, konnte er ungehindert wirken. Erst als die
Eroberung Roms durch Alarich im Jahre 410 ihn von dort vertrieb,
kam es zu dogmatischen Streitigkeiten, die mit der Verurteilung des
Pelagius endeten.

Wenn man Pelagius in seinem Wirken und Lehren recht verstehen
will, dann muß man sich zunächst vor Augen halten, daß er alles
andere als ein Ketzer sein wollte. Zwar hatten diesen Wunsch auch
Arius oder Apollinaris gehabt. Aber Pelagius konnte doch, wie es

scheint, mit mehr Recht den Verdacht der Häresie zurückweisen als die Irrlehrer während der früheren dogmatischen Streitigkeiten. Arius hatte immerhin wesentliche Punkte der christlichen Überlieferung geleugnet. Was Apollinaris betrifft, so hatte er zwar das Nicänum voll und ganz anerkannt, aber er hatte doch hinsichtlich der wirklichen Menschwerdung Christi ganz einseitige Gedanken geäußert. Das war bei Pelagius anders. Die dogmatischen Entscheidungen der großen Konzile akzeptierte er rückhaltlos. Er wollte ehrlichen Herzens orthodox sein. Das konnte er mit um so mehr Recht geltend machen, als sein Interesse sich, wie er meinte, nicht auf eigentlich dogmatische Fragen, sondern auf das praktische Leben der Christen erstreckte.

Im Zentrum seiner Theologie steht der Gedanke der Allgegenwart und der Gerechtigkeit Gottes. Freilich hat er seine Auffassung von der Allgegenwart und der Gerechtigkeit Gottes weniger an der Heiligen Schrift gewonnen als vielmehr an der Philosophie, oder allgemeiner gesagt, an der menschlichen Vernunft. Pelagius versteht die Gerechtigkeit Gottes zwar als fordernde und richtende. Aber gleich im Ansatz seiner Theologie begegnet der fast rationalistische Satz, daß Gott von dem Menschen unmöglich etwas verlangen könne, was dieser nicht leisten kann. Gott ist der gerechte Richter aller Menschen. Ihm entgeht kein Ungerechter. Der Mensch ist grundsätzlich in der Lage, nach Gottes Geboten zu leben. Wäre dem nicht so, könnte es keine Bestrafung der Ungerechten geben, und dann wären auch Gottes Forderungen an die Menschen nicht gerecht.

Es ging Pelagius dabei nur um das eine, den Christen seiner Zeit die Forderung nach einem geheiligten Leben und die Verantwortung jedes einzelnen für die Übertretungen des göttlichen Gebotes einzuschärfen. Jeder kann sich wahrhaft zu Gott bekehren. Auch ein sündloses Leben liegt nicht außerhalb des Bereichs des Möglichen, wenn es auch kaum jemals einen Menschen gegeben hat, der wirklich sündlos lebte. Den Reichen predigte Pelagius den Verzicht auf ihren Besitz. Zwar lehnte er nicht jeglichen weltlichen Reichtum ab. Aber er wies doch mit dem größten Nachdruck auf die Gefahren irdischen Besitzes hin. Jungfräulichen und Verheirateten hämmerte er in gleicher Weise die Verpflichtung ein, den Leib zu heiligen und ein keusches Leben zu führen. Keineswegs verwarf er die Ehe. Aber er verurteilte auf das schärfste jegliche Zuchtlosigkeit. Kompromißlos forderte Pelagius von allen Christen, daß sie das Gebot, nicht zu schwören, einhalten. Es war also im ganzen eine Ethik im Sinne der Bergpredigt, die Pelagius

einer verweltlichten Kirche predigte. Als geistliche Hilfe, um nach
dieser Ethik zu leben, dienten ihm Schriftmeditation und Gebet.

Nur um seine praktischen Reformforderungen mit dem nötigen
Nachdruck vertreten zu können, ließ Pelagius sich überhaupt auf
dogmatische Probleme ein. Die Reform, die er erstrebte, hatte an sich
nichts damit zu tun. Aber es war unumgänglich, zu der ja in dieser
oder jener Form in der Kirche schon vorhandenen Lehre von der Erbsünde Stellung zu nehmen. Dabei lehnte Pelagius die Auffassung ab,
als gäbe es eine Ursünde, die von Adam her auf dem Wege der Fort-
pflanzung allen Menschen vererbt sei. Nach Pelagius ist es unmöglich,
daß Gott dem Menschen fremde Sünden zurechnet, während er doch
die Sünden, die der Mensch selbst begeht, zu vergeben bereit ist. Die
Erbsündenvorstellung leistet nach Pelagius dem manichäischen Dualismus Vorschub, der den Leib wie auch die gesamte Materie als das gott-
feindliche Prinzip ansieht, das die Seele gefangenhält. Freilich schreibt
auch Pelagius Adam eine böse Wirkung auf alle folgenden menschlichen Geschlechter zu. Nur handelt es sich dabei nicht um eine Ver-
erbung der Sünde, sondern lediglich um ein schlechtes Beispiel, das
Adam gegeben hat und das nun von den meisten Menschen nachgeahmt
wird. Trotz Adams Sündenfall hat der Mensch jedoch noch immer
grundsätzlich die Möglichkeit zu einem sündlosen Leben. Jeder, der
das leugnet, hebt die Freiheit des Willens auf und damit zugleich auch
die Verantwortlichkeit des Menschen.

Wie aber läßt sich die Sünde vermeiden? Nur dadurch, daß die
Menschen mit dem größten Nachdruck über das göttliche Gesetz belehrt werden. Seit Adams Fall ist die Kenntnis des Gesetzes in Vergessenheit geraten. Auch Moses Gesetzgebung hat daran nichts Entscheidendes zu ändern vermocht. Jetzt aber hat Jesus Christus von
neuem die Menschen über das wahre göttliche Gesetz belehrt. Vor
allem in der Bergpredigt wird kein Zweifel mehr daran gelassen, was
Gott von uns fordert.

In diesem Zusammenhang hat Pelagius sogar hohe Worte von der
göttlichen Gnade gefunden. Man hat die Theologie des Pelagius oft so
dargestellt, als hätte er von der Gnade nichts gewußt. Das trifft aber
nicht zu. Freilich versteht Pelagius unter Gnade etwas ganz anderes
als Augustin. Die Gnade besteht für Pelagius einmal in der Vernunft-
begabtheit des Menschen, zum anderen in der Gabe des Gesetzes. Es
ist Gnade, daß der Mensch schöpfungsmäßig in der Lage ist, Gottes
Gesetz zu erfüllen. Pelagius betont also die Schöpfungsgnade, wäh-

rend Augustin die Erlösungsgnade hervorhebt. Darüber hinaus versteht aber Pelagius unter Gnade etwas anderes, nämlich die Sündenvergebung. In der Zeit von Adam bis Christus gab es sie nicht. Nun aber gibt es durch und in Christus Sündenvergebung. Christus schenkt den Glaubenden die Vergebung der Sünden und lehrt sie, daß sie schuldig sind, die Fehler des Fleisches zu vermeiden und klug zu werden. Hier entfaltet Pelagius nun sein eigentliches Pathos: »Christ ist nicht, wer es nur dem Namen nach ist, sondern wer es in seinen Werken ist, wer Christus in allem nachahmt und ihm folgt.«[63]

Es gibt kaum eine Ansicht bei Pelagius, für die sich nicht irgendein Beleg bei älteren Kirchenvätern finden läßt. Zwar hatte ein Tertullian in Ansätzen eine Erbsündenlehre entwickelt. Aber einmal war sie doch von ihm ohne Zusammenhang mit dem praktischen Leben des Christen entfaltet worden, so daß sie für die theologische Arbeit nicht wirkliche Bedeutung hatte. Zum anderen hatte Tertullians Erbsündenlehre keine Vertreter in späterer Zeit gefunden. Allgemein herrschte die Überzeugung, daß die Taufe die vorangegangenen Sünden tilge und daß der Christ verpflichtet sei, nicht neue Sünde auf sich zu laden. Pelagius konnte bei Tertullian viel lernen, aber auch bei Cyprian, Laktanz und nicht zuletzt bei dem sogenannten Ambrosiaster, einem anonymen Kommentator der Paulusbriefe in der zweiten Hälfte des 4. Jahrhunderts.

Freilich war die Form, in der Pelagius seine Anschauungen vortrug, und in gewisser Weise auch der Inhalt neu und ohne Vorgänger. Einmal gab nämlich für Pelagius die Vernünftigkeit den Maßstab für die Richtigkeit der Lehraussagen ab; zum anderen hat er die früher gelegentlich geäußerten Meinungen zu einer Art System zusammengefügt. Denn wenn Pelagius auch alles andere als ein systematischer Theologe sein wollte, so liefen seine Erörterungen doch auf einen dogmatischen Entwurf von großer Geschlossenheit hinaus.

Das unterscheidet Pelagius zugleich von den mancherlei asketischen Strömungen seiner Zeit. Für viele seiner Gedanken lassen sich ohne Schwierigkeit bei Hieronymus oder auch noch bei späteren Mönchstheologen wie Cassian Parallelen finden. Und doch sind diese Männer trotz pelagianischer Neigungen nicht eigentlich Pelagianer gewesen. Sie haben nämlich ihre Gedanken lediglich für einen kleineren Kreis asketisch Lebender entfaltet. Auch Hieronymus hat trotz aller Einseitigkeiten, die bei ihm begegnen, im ganzen diese Grenze zu wahren gewußt. Pelagius hingegen hat die harten asketischen Forderungen, die sich im Mönchtum damals durchsetzten, im wesentlichen für alle Christen zum Grundsatz erhoben. Trotz der starken asketischen Tendenzen, die sich damals allenthalben zeigten, hat die Kirche diese Gefahr erkannt und der Verfälschung des Evangeliums zu einem ethischen Reformprogramm auf der Grundlage des freien Willens gewehrt. Daß das geschehen konnte, ist fast ausschließlich Augustin zu verdanken.

Augustin

Als es nach 410 zu den heftigen Auseinandersetzungen über die Lehre von Sünde und Gnade kam, war Augustin schon über fünfzig Jahre alt. Er war im Jahre 354 geboren, hatte nach mancherlei Irrwegen im Jahre 386 endlich zum christlichen Glauben gefunden und war im Jahr darauf getauft worden. Seither hatte der einstige Professor der Rhetorik, der wie kaum ein anderer damals das geistige Erbe der Antike in sich aufgenommen hatte, zunächst einige Zeit mit manchen seiner Freunde in einem selbst eingerichteten Kloster gelebt. 391 vertauschte er auf das Drängen der Gemeinde von Hippo in Nordafrika, dem heutigen Bône, die Mönchskutte mit dem Priestergewand und wirkte seit 395 in dieser nicht unbedeutenden Hafenstadt als Bischof. Die Übernahme eines kirchlichen Amtes, insbesondere des Bischofsamtes, ist auch für Augustins theologische Entwicklung von großer Bedeutung geworden. Seit der Mitte der 90er Jahre des 4. Jahrhunderts läßt sich bei ihm in mehrfacher Hinsicht eine Wandlung beobachten. Sie ist allgemein dahin charakterisiert, daß an die Stelle des etwas schwärmerischen Humanismus in der ersten Zeit nach der Bekehrung die tatsächlich vorhandene Kirche mit ihren Aufgaben tritt. Intensives Schriftstudium, das Augustin im Blick auf seine kirchlichen Pflichten unternahm, brachte ihn auch in seiner Auffassung über Sünde und Gnade weiter.

Als Augustin Christ wurde, hatte er, wie nicht anders zu erwarten, die damals im Abendland verbreiteten Anschauungen über Sünde und Gnade kennengelernt und übernommen. So äußert Augustin in seiner Frühschrift »Über den freien Willen« ähnlich wie Ambrosius, sein geistlicher Vater, daß der Wille des Menschen im wesentlichen frei sei und daß die Sünde eine Bewegung des Willens sei. Anders wäre, wie Augustin damals meinte, die Bestrafung der Sünde durch Gott nicht verständlich. Lediglich insofern kann man von einem Zwang zum Sündigen reden, als Gott die Sünde im voraus weiß. Aber dadurch ist nach Augustin, wie er in dieser Frühschrift ausführt, die Freiheit des Willens nicht aufgehoben. Andererseits ist es kein eigentlicher Pelagianismus, dem Augustin damals anhing. Denn er sah doch nicht wie Pelagius in Adams Tat nur ein schlechtes Beispiel, sondern er hatte schon jetzt eine ausgeprägte Auffassung über die Erbsünde, wenn er eben auch noch an der Willensfreiheit festhielt.

Zu einer Vertiefung der Sünden- und Gnadenlehre kam es dann durch das erneute Studium des Römerbriefs, das Augustin unternahm, als er Bischof geworden war. Die Frucht dieser Studien liegt in der Schrift »Über verschiedene Fragen, an Simplicianus« vor (396). Augustin setzt sich in dieser Schrift ausführlich mit dem Problem der Erwählung Jakobs (Römer 9, 10 ff.) auseinander. Über den umfassenden Charakter der Sünde weiß er jetzt sehr viel mehr zu sagen. Die Sünde hat nicht nur die Sterblichkeit über alle Menschen gebracht, sondern geradezu eine Begierde nach neuer Sünde. Aus dem Teufelskreis von Sünde und Lust am Sündigen kann niemand von sich aus heraus. Rettung aus diesem sündhaften Zustand gibt es nur durch die Gnade, die Gnade aber ist allein in der Erwählung Gottes begründet. Diese Gnadenwahl geht jedem Verdienst auf seiten des Menschen voraus. Aber darum hat Augustin doch nicht jede Freiheit des Willens geleugnet. Zwar würde der Wille des Menschen von sich aus nicht zum Heil gelangen. Entscheidend kommt es auf die göttliche Berufung an. Aber der Wille muß dann doch auch wollen; denn ohne diesen Willensakt wäre das Angebot der Gnade vergeblich. Freilich sagt Augustin schon in dieser Schrift: »Es ist klar, daß, wenn sich Gott nicht erbarmt, unser Wollen vergeblich ist. Ich weiß jedoch nicht, wie man sagen kann, daß, wenn unser Wille nicht da ist, Gottes Erbarmen vergeblich ist.«[64] Hier kündigt sich bereits die von Augustin später entfaltete Anschauung von der Unwiderstehlichkeit des göttlichen Gnadenwirkens in den Erwählten an.

So hat Augustin bereits vor Beginn des pelagianischen Streites die Grundzüge seiner Sünden- und Gnadenlehre entwickelt. Er ist also nicht erst durch den Gegensatz zu Pelagius zu seiner besonderen und gegenüber der Tradition in gewisser Hinsicht neuen Anschauung gelangt, sondern durch die Lektüre der Heiligen Schrift. In seiner Zeit als Bischof hat Augustin nun seine Auffassung in einer Weise entfaltet, die zur Auseinandersetzung mit Pelagius führen mußte.

Was zunächst die Sünde betrifft, so stellt sich ihr Wesen für Augustin als ein doppeltes dar, einmal als Hochmut, zum anderen als Begierlichkeit. Im Urstand hätte der Mensch an sich die Sünde vermeiden können. Aber dazu bedurfte es nicht allein des steten guten Willens auf seiten des Menschen, sondern auch einer göttlichen Gnadenhilfe. Im Grunde konnte Adam nur dann sündlos bleiben, wenn er stets die göttliche Gnadenhilfe annahm, die ihm freilich zugesagt war. Aus Hochmut wollte Adam jedoch mehr sein, wollte nicht allein Gott anhangen, sondern suchte sich selbst. Dadurch kam es zum Sündenfall. Durch ihn verlor Adam die göttliche Gnadenhilfe. Das war nun freilich nicht ein gelegentlicher Akt des Ungehorsams, der, wie Pelagius meinte, durch einen neuen Akt des Gehorsams wieder hätte annulliert werden können. Vielmehr zerstörte der Mensch durch seinen Hochmut die natürliche und rechte Ordnung seines Willens. Diese Sünde trägt letztlich ihre Strafe in sich selbst. Hier zeigt sich eine sehr tiefe psychologische Erkenntnis Augustins: alle Unordnung des menschlichen Willens ist zugleich bewußte Tat wie Strafe.

Da Adam nicht nur ein einzelner Mensch, sondern auch der Ahnherr der aus ihm hervorgehenden Menschheit ist, ergibt sich, daß auch seine ganze Nachkommenschaft in dem gleichen sündigen Zustand verharren muß. Augustin kann geradezu sagen, daß die menschliche Natur durch die Sünde verderbt sei. Solche Äußerungen mußten den Pelagianern als kaum verhüllter Manichäismus erscheinen. Gleichwohl unterscheidet Augustin in der Regel zwischen Natur und Schuld: die Natur als solche ist nicht verderbt. Wie aber kommt es zu dieser Folge von Adams Tat? Augustin meint, darin eine besondere Strafe Gottes sehen zu müssen, daß er die zunächst nur Adam geltende Strafe dem ganzen in ihm beschlossenen Geschlecht anrechnet. Als exegetische Grundlage dient ihm dabei die Aussage Römer 5, 12: »Darum wie durch einen Menschen die Sünde in die Welt gekommen ist und durch die Sünde der Tod, und so zu allen Menschen der Tod kam, weil sie alle sündigten . . .« Das »weil« ist dabei in der alten lateinischen Bibelübersetzung durch »in dem« (= Adam) übersetzt. So verstand Augustin diese Bibelaussage dahin, daß alle Menschen »in Adam« gesündigt hätten, daß sie also virtuell in ihm mit enthalten gewesen seien.

Hier aber zeigt sich bereits, daß die Sünde für Augustin nicht nur im Hochmut besteht, sondern auch in der Begierlichkeit. Auch sie ist zugleich Strafe für Adams Sünde, wie sie ebenfalls schon Ausdruck des sündigen Wollens Adams war. Augustin versteht diese Begierlichkeit oder Begierde nicht allein als geschlechtliche. Er kann auch von Begierde sprechen, wenn er das falsche Streben der Seele meint. Treffend ist eine Definition, die Augustin gibt: »Ich nenne Liebe die Bewegung der Seele dahin, um Gott wegen seiner selbst, sich und den Nächsten aber wegen Gott zu lieben; Begierlichkeit aber heiße ich das Streben des Geistes, sich, den Nächsten und jeden Körper nicht wegen Gott zu genießen.«[65]

Aber es kann doch kein Zweifel bestehen, daß für Augustin die Begierlichkeit ganz überwiegend auf sexuellem Gebiet wirksam ist. Er hatte ihre große, offenbar auch durch Geisteskräfte unüberwindliche Macht in seinem eigenen Leben bis zum Ekel an sich selbst erfahren. Nun erscheint sie ihm als die den Menschen eigentlich knechtende Macht. Augustin sagt selbst einmal, daß die Begierlichkeit, die an sich die »Tochter der Sünde« war, zur »Mutter der Sünden« geworden ist. Tatsächlich ist es die Begierlichkeit, die nach Augustin die Erbsünde weitervererbt. Durch sie werden auch Kinder einer christlichen Ehe von neuem der Erbsünde unterworfen, und bei alledem ist die Erbsünde immer zugleich auch als Erbschuld zu verstehen.

Es ist deutlich, daß Augustin die ihm überkommene Sündenlehre ungemein vertieft hat. Sünde ist ihm nicht nur diese oder jene verkehrte Tat. Sünde ist daher auch nicht etwas, was durch einen bloßen Appell an das Bessere im Menschen, durch Belehrung, beseitigt werden könnte. Vielmehr ist Sünde seit Adams Fall die verkehrte Grundrichtung der gesamten menschlichen Existenz, aus der sich keiner befreien kann; sie ist die Existenzform, in der wir uns immer schon vorfinden. Damit hat Augustin den vor ihm herrschenden Moralismus im Sündenbegriff überwunden.

Aber zugleich ist doch Augustins Bestimmung der Sünde durch die Auffassung von der Begierlichkeit belastet und läßt das Moment des Hochmuts, das sich bei seiner Auffassung auch findet, nicht zur Geltung kommen. Die ganze Problematik von Augustins Auffassung zeigt sich in seiner Behauptung, daß die Zeugung an sich nicht sündig sei, wohl aber die mit Begierde verbundene Zeugung. Auch wußte Augustin nicht deutlich zu machen, warum christliche Eltern, denen die Begierde der Schuld nach in der Taufe vergeben ist, ihren Kindern doch die Erbsünde übertragen. In diesen Punkten ist Augustins Erbsündenauffassung von der Leibfeindlichkeit der Spätantike sowie von seinen eigenen Erfahrungen bestimmt. Es hat lange gedauert, bis die Theologie diese Einseitigkeiten erkannte und sie überwand, ohne in die entgegengesetzte Einseitigkeit des Pelagius zu verfallen. Im Grunde ist das erst durch Luther und die Reformation geschehen.

Entsprechend der radikalen Bestimmung der Sünde ist auch Augustins Auffassung von der Gnade gestaltet. Augustin hat wie keiner vor ihm und wie nur wenige nach ihm die Notwendigkeit und Wirksamkeit der Gnade betont.

Zuerst und vor allem hebt Augustin immer wieder hervor, daß Gott die Gnade umsonst, allein aus seiner Liebe heraus, schenkt. »Gnade, die nicht umsonst gegeben wird, ist keine Gnade.«[66] Der Mensch kann sich auf keine Weise diese Gnade verdienen. Er kann von sich aus den Teufelskreis des Bösen, in den er verstrickt ist, nicht durchbrechen oder verlassen. Nur Gott kann ihn daraus befreien; nur er kann den Menschen aus der Unruhe, in die er durch die verkehrte Ausrichtung seines Willens gekommen ist, zur Ruhe führen. Folgerichtig lehnt Augustin auch die Freiheit des Willens gegenüber der Gnade ab.

Näherhin ist die Gnade zunächst die vorlaufende: »Demjenigen, der nicht will, kommt die göttliche Barmherzigkeit zuvor, damit er will; demjenigen aber, der will, dem folgt sie nach, damit er nicht vergeblich will.«[67] Durch diese Gnade, die man mit der Berufung gleichsetzen kann, wird der Wille des Menschen bereitet. Sodann läßt sich die mitwirkende Gnade unterscheiden. Hier geht es um die Heiligung, den Fortschritt im Glauben, in der Erkenntnis und in der Liebe bis hin zur Neuschöpfung des Menschen. Dabei ist der menschliche Wille jetzt nicht mehr ausgeschaltet. Im Gegenteil, er ist ja schon befreiter Wille und kann nun zusammen mit der Gnade wirken, ja kann sich sogar Verdienste erwerben. Schließlich geht es bei dem Gnadenwirken um das Geschenk des Beharrens. Ohne diese Gabe würde das göttliche Gnadenhandeln nicht zum Ziele kommen. Wer nicht das Geschenk des Beharrens erhält, fällt der Verdammnis anheim, mag er auch scheinbar von der vorlaufenden Gnade berufen sein. Entscheidend kommt es eben auf das Beharren in der Gnade bis zum Ende an.

Demnach versteht Augustin das göttliche Gnadenhandeln nicht so sehr unter dem Gesichtspunkt der Sündenvergebung als vielmehr unter dem der Wiederherstellung des Menschen, also seiner Heilung. Die Rechtfertigung ist ein Prozeß, in dessen Verlauf der Mensch tatsächlich gerecht gemacht wird. Im Grunde läßt sich erst am Ende dieses Prozesses sagen, daß der Mensch gerechtfertigt ist, obwohl Augustin gelegentlich seine gesamte Gnadenlehre in seine Anschauung von der vorlaufenden Gnade hineinnehmen kann.

Die konsequente Betonung der Notwendigkeit des »Geschenks des Beharrens« sowie auch die Auffassung über die Unfreiheit des Willens zeigen, daß Augustins Gnadenlehre mit einer gewissen inneren Zwangsläufigkeit zur Prädestinationslehre weiterentwickelt werden mußte. Augustin hat tatsächlich auch bald diese Konsequenz aus seiner neuen Gnadenlehre gezogen. Dabei hat er, allerdings erst während des pelagianischen Streites, folgende Auffassung vertreten: Aus der Vollzahl des himmlischen Gottesstaates ist ein Teil der Engel von Gott abgefallen. Damit nun der Gottesstaat keine dauernde Einbuße erleide, hat Gott so viele Menschen zum Heil vorherbestimmt, wie Engel abgefallen waren; ja vielleicht wird am Ende dieses gewaltigen Dramas von Fall und Erlösung die Zahl der Einwohner des himmlischen Gottesstaates etwas größer sein als zu Beginn. Das göttliche Gnadenwirken ist dementsprechend dieser ewigen Vorherbestimmung untergeordnet und ganz an ihr orientiert[68].

Augustin hat freilich nicht eine doppelte Prädestination behauptet. Denkt man seine Auffassung logisch zu Ende, so mag man sich zu dieser Folgerung genötigt sehen. Aber Augustin hat doch stets betont, daß die Verdammten nur ihr verdientes Schicksal erleiden. Warum aber erwählt Gott nur einen Teil der Menschen zum Heil, während er die anderen in ihrer selbstverschuldeten Verdammnis beläßt? Auf diese Frage hat letztlich auch Augustin keine Antwort gewußt. Er meinte, daß Gottes Barmherzigkeit gegenüber den zum Heil Erwählten nur dann in ihrem wahren Wesen hervortrete, wenn sie begleitet sei von Gottes Gerechtigkeit gegenüber der Masse der Sünder. Ohne diese Gerechtigkeit könne die Barmherzigkeit mißverstanden werden und könnten die begnadeten Menschen von neuem in Hochmut fallen.

Wichtig ist aber schließlich noch, daß Augustin trotz seiner Betonung der Notwendigkeit des Gnadenwirkens und der Unfreiheit des Willens doch an der psychologischen Freiheit des menschlichen Willens festgehalten hat. In keinem Moment des Heilungsprozesses ersetzt die göttliche Gnade die menschliche Entscheidung. Vielmehr wirkt die Gnade so, daß sie den menschlichen Willen bewegt. Augustin hat damit seine Behauptung der Unfreiheit des Willens von der philosophischen Anschauung des Determinismus abgesetzt. In ähnlicher Weise hat Augustin auch seine Auffassung von den Verdiensten entwickelt. Es handelt sich letztlich bei den Verdiensten nicht um etwas, was der Mensch von sich aus tun kann. Keinesfalls darf der Mensch, wenn er anfängt, gute Verdienste zu haben, diese sich selbst zuschreiben. In einem Brief sagt Augustin: »Wenn Gott unsere Verdienste krönt, so krönt er nichts anderes als seine eigenen Gaben.«[69] Im Grunde redet

Augustin nur darum von Verdiensten, weil er die Verantwortlichkeit des Menschen betonen will.

Die Bedeutung von Augustins Gnadenlehre kann schwerlich überschätzt werden. Das gilt nicht nur rückblickend, wenn man an die umfassende Wirkung dieser Konzeption auf das Mittelalter, auf die Reformatoren und auch immer wieder auf manche Strömungen im Katholizismus denkt. In ihrer ganzen Größe tritt Augustins Leistung erst zutage, wenn man sie auf dem Hintergrund des altkirchlichen Moralismus und des latenten Pelagianismus sieht. Erst Augustin hat in den so wichtigen Fragen der Sünde, der Gnade und der Vergebung zu theologischer Klarheit geführt. Erst er hat gesehen, daß auch der Christ immer wieder in Sünde fällt, daß also ein sündloses Leben auf Erden nicht möglich ist. Aber vor allem hat er auch hinsichtlich der Vergebungsgewalt der Kirche die vorher weitverbreitete Unsicherheit überwunden. Die unvergebbare Sünde besteht nach Augustin nicht in einer bestimmten Tat, sondern in dem Unglauben gegenüber der Möglichkeit der Vergebung. Hier wie auch in der Gnaden- und Prädestinationslehre hat Augustin das Moment der Heilsgewißheit hervorgehoben. Freilich hat er die Heilsgewißheit nicht wie Luther lehren können. Ein Moment der Ungewißheit gibt es doch immer, da die Rechtfertigung von ihrem Ende her verstanden wird und letztlich alles auf das Geschenk des Beharrens ankommt. Aber solche Mängel wiegen gegenüber dem gewaltigen Fortschritt, den Augustins Lehre von Sünde und Gnade im Vergleich mit der früheren Kirche darstellt, gering.

Der pelagianische Streit

Freilich, Augustins Lehre mußte sich noch erst durchsetzen! Es ist die Frage, ob sie das ohne den pelagianischen Streit hätte tun können. Auch so ist sie von der Kirche nicht in allen Punkten übernommen worden.

Pelagius und Caelestius hatten in Rom Jahre hindurch ihre Lehren verkünden können, ohne je auf Widerstand von seiten der Hierarchie zu stoßen. Offenbar sahen die römischen Kirchenführer in ihrer Lehre nichts Häretisches. Erst als die beiden vor den Goten nach Nordafrika flohen, kam der Stein ins Rollen. Zwar reiste der in seinen Äußerungen etwas maßvollere Pelagius bald in den Osten weiter. Aber sein Freund Caelestius bewarb sich in Karthago um eine Stelle als Priester. Da wurde er bei dem nordafrikanischen Primas wegen Häresie verklagt.

Das Ergebnis war, daß man nicht nur seine Bewerbung abschlägig beschied, sondern ihn obendrein auch noch exkommunizierte (411). Die Sätze, die man ihm zuschrieb und die man verurteilte, lauteten: daß Adam sterblich erschaffen sei und auch dann, wenn er nicht gesündigt hätte, gestorben wäre; daß die Sünde nur Adam selbst geschadet habe, nicht aber dem menschlichen Geschlecht; daß die neugeborenen Kinder in demselben Stande seien, in welchem Adam vor dem Sündenfall war; daß durch den Tod Adams nicht das ganze Menschengeschlecht sterbe, weil ja auch nicht durch die Auferstehung Christi das ganze Menschengeschlecht auferstehe; daß die ungetauften Kinder doch auch das ewige Leben erhielten; daß der Mensch ohne Sünde sein und die Gebote Gottes leicht halten könne, da es vor Christus sündlose Menschen gegeben habe und da das Gesetz genauso für die Erlangung des Himmelreiches geeignet sei wie das Evangelium.

Offenbar spielte von vornherein das Problem der Kindertaufe eine wichtige Rolle. Gegen Caelestius hat man anscheinend von Anfang an geltend gemacht, daß seine Auffassung die Notwendigkeit der Kindertaufe in Frage stelle. Wir sehen auch hier wieder, ähnlich wie bei der Trinitätslehre, welche Bedeutung der überlieferte Glaube der Kirche für bestimmte Lehrentscheidungen besaß. Von der Taufformel her konnte man in gleicher Weise argumentieren wie von der Taufpraxis. Umgekehrt hat Caelestius versucht klarzumachen, daß er die Kindertaufe nicht angreife; sie gewähre nicht nur das ewige Leben, sondern auch die Erlösung. Aber er konnte den Unterschied zwischen diesen beiden nicht überzeugend darlegen.

In der Zwischenzeit warb Pelagius für seine Anschauungen in Palästina. Im Osten hatte man für die Fragen des pelagianischen Streites kein großes Verständnis. Das lag nicht nur an den Sprachschwierigkeiten. Immerhin waren auch sie schon groß genug. Im Osten hat man von Augustins Theologie keine nähere Kenntnis genommen. Wichtiger aber ist, daß die gesamte griechische Theologie eigentlich seit Irenäus und vor allem seit den drei großen Kappadoziern nicht sowohl in dem Schema von Leistung und Lohn dachte, wie es die abendländische Theologie seit Tertullian tat, als vielmehr in den Kategorien eines steten und hier auf Erden niemals endenden Fortschreitens, einer immer größeren Annäherung an Gott. Diese Vorstellungen waren zudem hineingespannt in den großen Rahmen der heilsgeschichtlichen Theologie, welche in der gesamten Menschheitsgeschichte die Verwirklichung eines göttlichen Planes sah, der zwar durch den

Sündenfall gestört, aber durch Christus wieder in Kraft gesetzt ist und erst in der Ewigkeit sein Ziel erreicht haben wird. Von da her konnten die auch im Osten vorhandenen Gedanken über Leistung und Lohn nicht zu den verhängnisvollen Konsequenzen führen, wie das im Abendland der Fall war.

Fürs erste freilich bedeutete dieser Unterschied zwischen der westlichen und der östlichen Theologie, daß Pelagius im Orient auf keinen Widerstand stieß. Auf zwei palästinensischen Synoden des Jahres 415 vermochte er sich zu rechtfertigen. Dabei mußte er allerdings seinen früheren Freund Caelestius fallen lassen und sich von dessen zu Karthago 411 verurteilten Sätzen distanzieren. Auf den Vorwurf, auch er habe die Erlangung der Sündlosigkeit für möglich erklärt, entgegnete Pelagius, daß diese Möglichkeit von der göttlichen Gnadenhilfe abhängig sei. Freilich blieb der Begriff der göttlichen Gnadenhilfe bei Pelagius doch stets eigentümlich in der Schwebe. Überhaupt hat Pelagius auch sonst manchmal Begriffe aufgenommen, die man im Sinne seiner theologischen Gegner verstehen konnte, deren Bedeutungsgehalt aber bei ihm stets unklar geblieben ist.

In Nordafrika beruhigte man sich jedoch nicht bei dieser Entscheidung des Orients. Noch 416 fanden zwei Synoden statt, auf denen zwar Pelagius und Caelestius selbst nicht verurteilt, beide aber doch als Urheber schwerer Ketzereien hingestellt wurden. Zudem tat man in Nordafrika einen sehr folgenschweren Schritt, der dem ganzen Streit eine neue Wendung geben mußte: man bat den Bischof von Rom, Innozenz I., der afrikanischen Entscheidung die Autorität des apostolischen Stuhles hinzuzufügen. Leicht wird dieser Schritt den Afrikanern nicht geworden sein. Denn in älterer Zeit hatten gerade die Bischöfe von Karthago bei allem Respekt vor dem römischen Bischof doch immer auf ihre Eigenständigkeit Wert gelegt und jede Unterwerfung unter ein römisches Urteil abgelehnt. Man wird in Afrika begründete Sorge gehabt haben, daß die in Rom noch immer zahlreich vorhandene Anhängerschaft des Pelagius womöglich den römischen Bischof werde für sich gewinnen können. Durch die Unterwerfung unter den römischen Stuhl wollte man in Rom eine günstige Entscheidung herbeiführen.

Dieser Schritt der Afrikaner verfehlte seine Wirkung nicht. In seiner Antwort rühmte Innozenz I. zunächst den Gehorsam der Nordafrikaner gegenüber dem apostolischen Stuhl. Weiter lobte er ihren Eifer gegen die Häretiker. Schließlich erklärte er es für Frevel, die göttliche

Gnade zu leugnen oder den Kindern ohne die Taufe das ewige Leben zu verheißen. Caelestius und Pelagius wurden exkommuniziert.

Bald nach dieser Antwort starb Innozenz I. (März 417), und dadurch nahmen die Dinge einen unerwarteten Verlauf. Pelagius hatte inzwischen ein Glaubensbekenntnis verfaßt und nach Rom geschickt, das seine Orthodoxie unter Beweis stellen sollte. Hierin waren die strittigen Fragen kaum berührt, dafür die Kindertaufe wie auch die Willensfreiheit anerkannt und vor allem betont, daß »wir immer der Hilfe Gottes bedürfen«. Zudem befleißigte sich jetzt auch Pelagius großer Unterwürfigkeit gegenüber dem Papst. Über dieses Schreiben konnte nun nicht mehr Innozenz entscheiden. Sein Nachfolger Zosimus hielt dieses Bekenntnis für befriedigend. Caelestius hatte schon vorher unter Preisgabe seiner früheren schroffsten Äußerungen für gut Wetter in Rom gesorgt. So bestätigte noch im Jahre 417 eine römische Synode die Rechtgläubigkeit sowohl des Pelagius als auch des Caelestius. Zosimus teilte diese Entscheidung den Afrikanern mit, nicht ohne ihnen ihre Leichtfertigkeit in dem ganzen Streit vorzuwerfen.

Es ist von katholischer Seite oft behauptet worden, daß es zu dieser Entscheidung nur gekommen sei, weil Caelestius und Pelagius den Papst getäuscht hätten. Daran ist so viel richtig, daß Caelestius und Pelagius sich nach Möglichkeit in einer unverdächtigen Weise ausgedrückt haben. Aber von ihren wesentlichen Anschauungen haben sie in ihren Rechtfertigungsschriften nichts preisgegeben. Insbesondere haben sie die Auffassung abgelehnt, daß der Mensch von Geburt an sündig sei. Daß die beiden von Zosimus für rechtgläubig erklärt wurden, läßt sich vielmehr nur so erklären, daß sie nach wie vor in Rom angesehen waren und daß man in Rom damals der Auffassung des Pelagius im Grunde näher stand als derjenigen Augustins. Wenn Rom auch während der trinitarischen und der christologischen Streitigkeiten zumeist auf seiten der Orthodoxie stand, so läßt sich ein Gleiches von seiner Haltung im pelagianischen Streit nicht behaupten.

In Karthago gab man sich jedoch mit dieser Entscheidung Roms nicht zufrieden. Man teilte dem neuen Papst mit, daß man bei der Entscheidung seines Vorgängers zu bleiben gedenke. Daraufhin ließ sich Zosimus, durch den harten Widerstand der Afrikaner eingeschüchtert, zu erneuten Beratungen herbei. So kam es im Jahre 418 zu der den pelagianischen Streit fürs erste abschließenden Synode von Karthago. Hier wurden unter anderem folgende Urteile gefällt: die Ansicht, Adam sei sterblich geschaffen worden, wurde erneut, wie

schon 411, verdammt. Sodann wurde die Anschauung abgewiesen, daß
die kleinen Kinder »nichts von Adams Ursünde auf sich ziehen« und
daß ihre Taufe deshalb nicht wirklich zur Sündenvergebung geschehe;
vielmehr sei durch einen Menschen die Sünde in die Welt gekommen
und von ihm auf alle anderen übergegangen. Weiter: »Wer sagt, die
Gnade Gottes, durch welche der Mensch durch Jesus Christus, unseren
Herrn, gerechtfertigt wird, gelte nur für die Vergebung der schon be-
gangenen Sünden, nicht aber auch als Hilfe dazu, daß keine Sünden
begangen werden, der sei verdammt.«[70] Dabei wird ausdrücklich betont, daß diese Gnade Gottes nicht nur in der Belehrung über den Inhalt der Gebote bestehe, sondern vor allem auch die Kraft zu ihrer
Erfüllung gebe. Ferner wird die Meinung abgewiesen, daß die Gnade
uns das, was wir an sich durch den freien Willen tun könnten, nur
erleichtere. Über die Frage der Sündlosigkeit heißt es, daß die Heiligen die Bitte um Vergebung ihrer Schuld nicht nur aus Demut, sondern auch wirklich für sich selbst zu sprechen haben.

Um in Zukunft irgendwelche Schwierigkeiten mit römischen
Bischöfen zu vermeiden, wurde außerdem in einem eigenen Kanon[71]
jegliche Appellation von Afrika nach Rom mit der Strafe der Ex-
kommunikation bedroht. Um ganz sicher zu gehen, hatte man bereits
vor dem Konzil bei dem kaiserlichen Hof interveniert und erreicht,
daß ein kaiserliches Reskript die Verbannung der beiden Irrlehrer
und ihrer Anhänger aus Rom verfügte. Diesem vielfältigen Druck
konnte Zosimus sich nicht widersetzen. Er stimmte der Verurteilung
des Pelagius und des Caelestius zu.

Die Bedeutung der Entscheidung von Karthago läßt sich durch einen
Vergleich einmal mit der früheren karthagischen Synode von 411,
zum anderen mit der Lehre Augustins recht ermessen. Gegenüber der
früheren Synode sind manche Sätze näher ausgeführt. Vor allem aber
ist neu die Ansicht über die göttliche Gnadenhilfe geäußert worden,
welche sich nicht nur auf die Vergebung früher begangener Sünden,
sondern auch auf das ganze christliche Leben erstreckt. Demnach ist
der Christ stets auf die göttliche Gnadenhilfe angewiesen, und diese
ist sehr viel mehr als nur Belehrung über das jeweils Geforderte.
Andererseits kann aber kein Zweifel bestehen, daß Augustin mit seiner
gesamten Lehre von Sünde und Gnade damals keineswegs durch-
gedrungen ist. Es fehlt nicht nur eine nähere Bestimmung des Wesens
der Sünde. Vor allem lassen die Ausführungen über die Gnade sehr
verschiedenen Interpretationen Raum. Wohl steht fest, daß der freie

Wille allein für die Erlangung des Heils nicht ausreicht. Aber es findet sich nichts über die vorlaufende Gnade, über das Geschenk des Beharrens, über das Verhältnis von Gnadenwirken und Willensbetätigung des Menschen sowie schließlich über die göttliche Vorherbestimmung. In Karthago ist keineswegs die augustinische Sünden- und Gnadenlehre dogmatisiert worden, sondern lediglich einige grundlegende Sätze über die Allgemeinheit der Sünde und die Heilsnotwendigkeit der Gnade. Immerhin ist diese Entscheidung bedeutsam genug. Das dritte ökumenische Konzil zu Ephesus 431 hat sich dieses Urteil gegen Pelagius und Caelestius zu eigen gemacht. Dadurch sind die wichtigsten Ergebnisse des pelagianischen Streites Gemeingut sowohl der griechischen als auch der lateinischen Kirche geworden.

Der semipelagianische Streit

Freilich war mit der Entscheidung von 418 noch nicht der Streit über die Lehre von Sünde und Gnade endgültig abgeschlossen. Gerade die Tatsache, daß man in Karthago manche Gedanken Augustins, von dem man doch so viel gelernt hatte, nicht für verbindlich erklärte, enthielt neuen Zündstoff. Denn die Entscheidung von Karthago ließ sich in verschiedenem Sinne auslegen. Nicht alle, die die Verurteilung des Caelestius und Pelagius beschlossen hatten, waren bereit, Augustins kühnen Gedanken in allem zu folgen. So kam es bald zur Bildung einer Gruppe, die zwar Pelagius ablehnte, aber die Schärfen der augustinischen Auffassung ebenfalls verwarf. Man hat sie in der Neuzeit »Semipelagianer« genannt, weil sie »halbe Pelagianer« seien. Dieser Begriff, der erstmals in der lutherischen Konkordienformel von 1577 begegnet und sich bald allenthalben eingebürgert hat, ist wenig glücklich gewählt worden. Die sogenannten Semipelagianer wollten alles andere als halbe Pelagianer sein. Eher könnte man sie als Semiaugustiner bezeichnen.

Schon um 420 war es zu einer Opposition in Karthago gegen Augustins Gnadenlehre gekommen. Aber sie wurde doch erst im Jahre 426 aktiver, als sich die Mönche eines Klosters zu Hadrumetum an der Ostküste des heutigen Tunesien gegen Augustins Anschauungen empörten. Noch schärfer wurde der Streit, als einige südgallische Mönche eingriffen. Unter ihnen sind vor allem Johannes Cassian (gest. 430/35) und Vinzens von Lerinum (gest. vor 450) zu nennen. Sie haben die sogenannte semipelagianische Auffassung mit wesentlich mehr Umsicht und Geschick verfochten als die nordafrikanischen Gegner Augustins. Der Streit, den sie entfachten, sollte noch ein Jahrhundert dauern, ja in anderen Formen ist er auch in späteren Jahrhunderten immer wieder von neuem einmal aufgeflackert.

Was lehrten diese Männer? An sich waren sie zumeist an theologischen Problemen nicht im Übermaß interessiert. Sie haben nicht wie Pelagius aus einem eigenen Impetus heraus ihre Ansicht vertreten, sondern sind erst durch Augustin zum Widerspruch gereizt worden. Sie stießen sich an einer Reihe von Punkten der augustinischen Sünden- und Gnadenlehre. Besonders ärgerlich war ihnen die Behauptung der völligen Unfreiheit des Willens, der unwiderstehlich wirkenden Kraft der Gnade und der Prädestination. Durch diese Anschauungen, so fürchteten sie, würde jede eigene Initiative der Menschen im Keim erstickt. Über den Ernst der Sünde waren diese Männer dagegen mit Augustin ganz einig. Als Mönche waren sie gewohnt, sich selbst kritisch zu prüfen, und wußten etwas von den geheimen, sündhaften Regungen des Herzens. Auch hinsichtlich der Erbsünde bestand keine Meinungsverschiedenheit. Aber sie wehrten sich gegen die Prädestinationslehre, weil diese jede Bemühung des Menschen überflüssig zu machen schien.

Hinzu kam ein anderes. Die Männer, die sich nun gegen Augustin wandten, waren in der Regel traditionsbewußt. Sie hatten nicht zu Unrecht das Empfinden, daß die augustinische Lehre, jedenfalls in ihren Spitzen, eine Neuerung darstelle, die der überlieferten Lehre der Kirche fremd war. Schon deswegen waren sie Augustins Lehre gegenüber skeptisch.

Dagegen lehrte Cassian, daß der freie Wille nicht völlig ausgelöscht sei. Zwar vererbt sich die Sünde Adams wie eine Krankheit auf alle folgenden Geschlechter. Dadurch ist der freie Wille geschwächt. Ja Cassian kann sogar in Übereinstimmung mit Augustin sagen, daß Gott uns auch die Anfänge des guten Willens eingibt. Selbst für Augustins Auffassung von der vorlaufenden Gnade war Cassian durchaus nicht ohne Blick. Aber, so hebt er hervor, es braucht nicht so zu sein, daß die Gnade dem freien Willen voraufgeht. Da der freie Wille, wenn auch geschwächt, noch da ist, so kann auch der Fall eintreten, daß der freie Wille Gott gegenüber den Anfang macht. Es ist nicht so, wie Augustin meint, daß der sündige Wille in der von ihm selbst gewollten Grundrichtung gefangen ist, vielmehr kann der freie Wille von sich aus den ersten Schritt auf Gott hin tun. Ebenfalls hat der Mensch die Freiheit, Gottes Gnade zurückzuweisen. Der Wille bleibt im Menschen immer frei, er kann die Gnade Gottes vernachlässigen oder lieben. Daher hält Cassian in gleicher Weise an der Notwendigkeit der Gnade wie an der natürlichen Freiheit des Willens fest. Anders ausgedrückt, Gnade und freier Wille müssen zusammenwirken. Unter der Gnade versteht Cassian dabei keineswegs nur eine Belehrung, wie Pelagius es tat, sondern auch die Eingießung der Gnade, also die wirkliche Gnadenhilfe. Gegen die schroffe Prädestinationslehre Augustins hielten die südgallischen Mönche ausdrücklich an dem universalen Heilswillen Gottes fest. In der Prädestination sahen sie nichts anderes als die Vorherbestimmung auf Grund der von Gott vorausgesehenen Verdienste, also nur ein Vorherwissen.

Augustin hat in seinen letzten Schriften, in denen er sich mit den Anschauungen der Südgallier auseinandersetzte, einen ganz anderen Ton angeschlagen als in seinen antipelagianischen Büchern. Er wußte durchaus zwischen Pelagianern und Semipelagianern zu unterscheiden. Die Südgallier waren für ihn keine Häretiker, vielmehr irrende Brüder. Ja Augustin sagt ausdrücklich: »Ich selbst befand mich in einem ähnlichen Irrtum und wähnte früher, der Glaube an Gott sei kein Geschenk Gottes, sondern er sei in uns aus eigenem Vermögen, und durch ihn erhielten wir die Gaben Gottes, wie sie zu einem besonnenen, gerechten und frommen Leben in dieser Welt nötig sind.«[72] Trotz dieser gewinnenden Form, in die Augustin seine Antwort kleidete, gab er in der Sache nichts nach: im Gegenteil, diese wurde von ihm schärfer denn je zuvor vertreten.

Die Auseinandersetzung mit den gallischen Mönchen war noch nicht lange im Gang, als Augustin starb (430). Nach seinem Tod wurde der Streit heftiger. Die Schüler Augustins, die den Kampf fortführten, hatten nicht die geistige Weite ihres toten Meisters und erregten manchmal unnötiges Ärgernis. Unter ihnen ist vor allem Prosper von Aquitanien zu nennen. Auf seine Bitten hin richtete der römische Bischof Cölestin ein Schreiben an die südgallischen Bischöfe, in welchem er zur Eintracht mahnte. Unnötige Fragen sollten nicht erörtert werden. Bezüglich Augustins fand Cölestin den vieldeutigen Satz: »Augustin ist bei uns wegen seines Lebens und seiner Verdienste in bester Erinnerung, wir haben immer Gemeinschaft mit ihm gehabt, und niemals ist ein Verdacht gegen ihn aufgekommen.« Schließlich forderte Cölestin nicht minder vieldeutig, die »Neuheit« solle aufhören, die alte Überlieferung anzugreifen.

In dieser Zeit, und zwar im Jahre 434, verfaßte Vinzens von Lerinum sein berühmt gewordenes »Commonitorium (Mahnschreiben) für das Alter und die Allgemeinheit des katholischen Glaubens gegen die gottlosen Neuerungen aller Häretiker«. Hier findet sich die schärfste Formulierung des katholischen Traditionsprinzips, die es in der ganzen alten Kirche gibt. Das Bedeutsame ist dabei, daß Vinzens sich durch den Gegensatz zu Augustin hat leiten lassen. Er führt seine Polemik gegen dessen Gnadenlehre wesentlich geschickter als die anderen südgallischen Theologen. Der Name Augustins begegnet in seiner Schrift nicht ein einziges Mal. Vinzens mißt die augustinische Gnadenlehre am Traditionsbegriff. Diesen bestimmt er folgendermaßen: »In der katholischen Kirche ist vor allem dafür Sorge zu tragen, daß wir das festhalten, was überall, was immer und was von allen geglaubt wurde; denn das ist im wahren und eigentlichen Sinne katholisch.«[73] An dem Beispiel bedeutender Kirchenlehrer, wie an demjenigen des Origenes, legt er dar, daß auch die Klügsten in gefährliche Irrtümer verfallen können und dann von der Kirche zu meiden sind. Unmißverständlich sind die folgenden Sätze, die jeder als gegen Augustin gerichtet verstehen mußte: »Die Häretiker pflegen auf wunderliche Weise unvorsichtige Menschen durch Versprechungen folgender Art zu täuschen. Sie wagen nämlich zu versprechen und zu lehren, daß es in ihrer Kirche, das heißt im Kreise ihrer Gemeinschaft, eine große, besondere und ganz persönliche Gnade Gottes gebe derart, daß alle jene, die zu ihrer Zahl gehören, ohne irgendwelche Anstrengungen, ohne irgendeine Mühe und Selbsttätigkeit, auch wenn sie nicht bitten, nicht suchen, nicht anklopfen, doch von Gott so geleitet werden, daß sie von Engelshänden getragen, das heißt durch Engelsschutz bewahrt, niemals mit ihrem Fuß an einen Stein stoßen, das heißt niemals zum Bösen verführt werden können.«[74]

Vinzens hat ganz offenbar Augustins Lehre vom Geschenk des Beharrens und von der Prädestination nur dahin verstehen können, daß der von Gott Erwählte nicht sündigen kann. Das aber erschien ihm als teuflische Versuchung. Die Anspielung auf die Versuchungsgeschichte, in der Jesus vom Teufel aufgefordert wurde, sich von der Zinne des Tempels zu stürzen, da er dann von Engelshänden getragen würde, ist unverkennbar. Daß Augustins Prädestinationslehre hiermit nicht richtig wiedergegeben ist, daß zumindest ihre Intention von Vinzens nicht verstanden worden ist, duldet keinen Zweifel. Und doch haben die Südgallier nicht nur unrecht gehabt. Sie haben manche Gefahren erkannt, die der augustinischen Lehre anhaften und denen von Augustin selbst nicht genügend gewehrt worden ist. Jedenfalls ist den südgallischen Theologen ihre große pastorale Sorge um die Auswirkungen der augustinischen Theologie nicht zu bestreiten.

Die Auseinandersetzungen um den Semipelagianismus haben noch ein Jahrhundert angedauert. Zu einem Abschluß ist es erst durch die Synode zu Orange im Jahre 529 gekommen, auf der Caesarius von Arles (gest. 542) einige Sätze gegen die Semipelagianer dogmatisieren lassen konnte, ohne daß freilich darum die ganze Gnadenlehre Augustins übernommen worden wäre. Die wichtigsten Entscheidungen dieser Synode sind die folgenden: Durch Adams Sünde ist er selbst wie auch seine Nachkommenschaft nach Leib und Seele verderbt. Sünde und Tod gehen auf Adams Übertretung des göttlichen Gebotes zurück. Der freie Wille ist dadurch dermaßen geschwächt, daß niemand von sich aus so, wie es nötig wäre, Gott lieben oder an ihn glauben kann. Der Mensch kann nicht von sich aus die Gnade Gottes erlangen. Vielmehr ist schon die Anrufung der göttlichen Gnade von der Gnade selbst bewirkt. In gleicher Weise bewirkt die Gnade auch das Verlangen nach Reinigung und den Glauben. Unter Gnade wird dabei die Eingießung des Heiligen Geistes sowie dessen Wirksamkeit verstanden: »Der Wille wird von dem Herrn bereitet.« Und Glauben heißt, der evangelischen Predigt zustimmen. Der auf diese Weise von Gott inspirierte Glaube treibt uns zur Taufe, welche dann die Freiheit des Willens wiederherstellt. Aber auch den Getauften ist die stete göttliche Gnadenhilfe vonnöten; sonst können sie nicht zum guten Ende gelangen und auch nicht in guten Werken ausharren. Von der Prädestination wird lediglich ausgesagt, daß es keine Vorherbestimmung zur Verdammnis gibt.

Damit hat man im ganzen die Entscheidung des karthagischen Konzils von 418 noch einmal bekräftigt. Freilich ist doch die völlige Unfreiheit des Menschen Gott gegenüber hier zu etwas klarerem Ausdruck gelangt, außerdem die Notwendigkeit der göttlichen Gnade stärker betont. Aber die volle augustinische Gnadenlehre ist nicht übernommen worden, insbesondere nicht Augustins Auffassung über die in den Prädestinierten unwiderstehlich wirkende Gnade. Doch war nun immerhin auch der Semipelagianismus im ganzen abgewehrt. Da Papst Bonifatius II. diese Beschlüsse bestätigte, hat diese Entscheidung von Orange allgemeine Geltung gewonnen. Auf diese Weise ist der Semipelagianismus, der an sich über die größere Zahl von Anhängern verfügte, zurückgedrängt worden.

Das Ergebnis

Die Bedeutung des pelagianischen und des semipelagianischen Streites kann schwerlich überschätzt werden. Sie reicht viel weiter, als die
dogmatischen Entscheidungen, die damals gefällt wurden, unmittelbar
verraten.

Zunächst sind freilich die Beschlüsse der Konzile von 418, 431 und
529 wichtig genug. Neben der Gotteslehre und der Christologie wurde
ein neuer Bereich christlicher Glaubensaussagen dogmatisch geklärt,
und zwar gerade derjenige, der seit langem in besonderem Maße voll
von Unklarheiten gewesen war. Eine radikale Auffassung von der
Sünde im Sinne der Unfreiheit des Menschen gegenüber Gott und der
Notwendigkeit des göttlichen Gnadenwirkens sowie die Anschauung,
daß die Gnade in jedem Fall das erste ist, nicht dagegen das Verdienst
des Menschen, gehörten von nun an auch ausdrücklich zu den Grund-
bekenntnissen des christlichen Glaubens. Hinter allen Appellen an den
Willen des Menschen und hinter der pastoralen Sorge, daß die menschliche Verantwortung nicht gemindert werden möge, stand doch von
jetzt ab die Aussage über die radikale Verfallenheit des Menschen und
die Wirksamkeit der Gnade. Diese Aussage ist dabei als eine im eigentlichen Sinne theologische zu verstehen; sie darf nicht mit Erwägungen
über den psychologischen Vorgang bei der Berufung und Bekehrung
des Menschen verwechselt werden. Gewiß sind der Semipelagianismus
und auch der Pelagianismus, wie sie im 5. Jahrhundert vertreten wurden, durch die Konzilsentscheidungen nicht einfach aus der Welt ge-
schafft worden. Beide sind immer wieder einmal vertreten worden.
Aber durch die Entscheidungen jener Konzile ist doch eine Schranke
errichtet worden, hinter welche die Kirche als solche nicht mehr zurück
kann.

Allein, die Bedeutung des pelagianischen Streites betrifft auch noch
ganz andere Probleme. Durch ihn ist vor allem auch die Autorität des
römischen Bischofs in erheblichem Maße gestärkt worden. Das zeigt
sich nirgends deutlicher als in jenem Schreiben der afrikanischen
Bischöfe, in dem sie sich der Autorität des Papstes Innozenz I. unter-
warfen. Zwar hatte später das karthagische Konzil von 418 jegliche
Appellation nach Rom verboten. Aber dadurch ließ sich doch nicht wieder annullieren, daß man kurz zuvor die Autorität des Bischofs von
Rom in einer Weise anerkannt hatte, wie das niemals vorher geschehen
war. Der pelagianische Streit ist daher auch für die Entwicklung des
Vorranges Roms gegenüber den anderen Kirchen von Einfluß gewesen.

Schließlich aber hat der pelagianische Streit zur weiteren Ausbildung des Traditionsbegriffes geführt. War der Vorrang Roms von den Anhängern Augustins, wenigstens zeitweilig, zugunsten der Durchsetzung ihrer Gnadenlehre propagiert, so ist die Formulierung des Traditionsprinzips gerade im Interesse der semipelagianischen Gegner Augustins vorgenommen worden. Trotz dieser verschiedenen Ursachen haben doch beide, der Vorrang Roms und das neu formulierte Traditionsprinzip, sich bald miteinander verbunden. Dazu waren sie einander von Anfang an viel zu verwandt. Obendrein war die ganze, unverkürzte Sünden- und Gnadenlehre Augustins für die Kirche nicht akzeptabel; und auch der Gegensatz gegen den extremen Augustin einigte sie.

Man kann an dem Beispiel des semipelagianischen Streites sehr gut sehen, in wie hohem Maße eine bestimmte Epoche auch Ergebnisse zeitigt, die an sich mit der ihr eigenen Thematik nichts zu tun haben, und wie diese nebenbei hervorgebrachten Ergebnisse in sich die Thematik späterer Epochen enthalten oder doch zumindest auf sie hinweisen.

Freilich, so sehr die Ergebnisse des pelagianischen Streites in der Sünden- und Gnadenlehre einen großen Fortschritt darstellen, so ist doch manches ungeklärt geblieben oder auch noch nicht zureichend erläutert worden. Das gilt einmal für die Auffassung von der Sünde. Zwar hat Augustins Anschauung von der Sünde als Begierlichkeit keinen Eingang in die Konzilsentscheidungen gefunden. Aber das hindert doch nicht, daß faktisch die Gleichsetzung von Sünde und Begierlichkeit sich weithin durchsetzte. Das gilt fast für das gesamte Mittelalter. Gewiß hat sich für keinen der großen mittelalterlichen Theologen die Sünde in der Begierlichkeit erschöpft. Aber die Leibfeindlichkeit sowie die asketische Grundrichtung des gesamten Mittelalters sind doch ohne jenen augustinischen Gedanken nicht verständlich. Hier bedurfte es einer Vertiefung, ja eines Neuansatzes im Verständnis der Sünde.

Dazu ist es im Mittelalter nicht mehr gekommen. Erst Luther hat hier die Schwächen der augustinischen Auffassung von der Sünde überwunden und die Lehre von der Sünde wirklich weitergeführt. Zwar kann Luther gelegentlich wie Augustin sagen, daß der Zeugungsakt durch das Lust-Begehren sündig geworden ist und daß sich die Sünde durch die Zeugung fortpflanzt. Aber Luther hat doch in der Regel unter der Begierlichkeit sehr viel mehr verstanden als nur die geschlechtliche Begierde, nämlich den Ichwillen des Menschen, der sich gegen Gott durchsetzen will, der Gott nicht Gott sein lassen will. Luther ist sich an diesem wichtigen Punkt des Unterschieds von Augustin durchaus bewußt gewesen. Er hat klar gesehen, daß bei Augustin wie auch bei Hieronymus und manchen anderen die Sünde in starkem Maße mit der Leiblichkeit des Menschen gleichgesetzt wird; darum habe man Sünde und Gnade im Sinne der antiken Unterscheidung von Leib und Geist verstanden. Paulus dagegen verstehe den ganzen Menschen als »Fleisch«, und wiederum könne auch der ganze Mensch »geistlich« sein, sofern er nämlich durch den Glauben an Gott erneuert wird. Luther hat einmal über den Unterschied in der Fassung dieser wichtigen Begriffe gesagt: »Ohne rechten Verstand dieser Wörter (nämlich Geist und Fleisch) wirst du weder diese Epistel Sanct Pauli (den Römerbrief) noch kein Buch der Heiligen Schrift nimmer verstehen. Drum hüt dich vor allen Lehrern, die anders dieser Wort brauchen, sie seien auch, wer sie wollen, ob gleich Hieronymus, Augustin, Ambrosius, Origenes und ihresgleichen und noch höher wären.«[75] Erst durch Luther ist der asketische Akzent, den die Bekämpfung der Sünde bis dahin hatte, überwunden zugunsten eines totaleren Sündenverständnisses.

Daß das möglich war, liegt aber nicht nur an der Neufassung des Begriffes der Begierlichkeit, sondern an der neuen Theologie Luthers überhaupt. Luther hat die Sünde als Personsünde verstanden, die der Mensch in seinem ganzen Wesen vollzieht und die letztlich gleichbedeutend mit dem Unglauben und dem mangelnden Vertrauen gegen Gott ist. »Sünde heißt in der Schrift nicht allein das äußerliche Werk am Leibe, sondern alles das Geschäfte, das sich mit reget und weget zu dem äußerlichen Werk, nämlich des Herzens Grund mit allen Kräften.«[76] Luther wußte, daß der sündige Trieb so tief im Menschen wurzelt, daß er sich sogar die äußere Demut zunutze machen kann: »Rechte Demut weiß nimmer, daß sie demütig ist; denn wo sie es wüßte, so würde sie hochmütig von dem Ansehen derselben schönen Tugend.«[77] Von da aus kann für Luther nicht mehr das Ende des gesamten Heilungsprozesses des Menschen als Höhepunkt der Rechtfertigung gelten — dabei wäre der Ichwille in der sublimen Form der asketischen Selbstbeobachtung noch nicht überwunden —, sondern der Anfang gewinnt die entscheidende Bedeutung.

Dieses neue reformatorische Sündenverständnis, das in gleicher Weise von einer bloßen Historisierung der Sünde wie von ihrer Einengung auf das Gebiet des Sexuellen entfernt ist, hat in der Augsburgischen Konfession von 1530 treffenden Ausdruck gefunden: Wir lehren, »daß nach dem Fall Adams alle Menschen, die auf natürliche Weise geboren werden, mit der Sünde geboren werden, das heißt ohne Furcht Gottes, ohne Glauben gegen Gott und mit der Begierlichkeit, und daß diese Urkrankheit oder dieser Urfehler wahrhaft Sünde sei, indem sie heute Verdammnis und ewigen Tod über diejenigen bringt, die nicht durch das Wasser und den Heiligen Geist wiedergeboren werden«[78].

Aber auch für die katholische Kirche sind die Entscheidungen des pelagianischen und des semipelagianischen Streites von großer Bedeutung gewesen und allezeit geblieben. Dabei kam es in der Scholastik zu einer stärkeren Berücksichtigung der augustinischen Theologie, vor allem bei Petrus Lombardus (gest. 1160) und bei Thomas von Aquin (gest. 1274). Thomas hat sich in seiner Auffassung von der Prädestination sogar weitgehend Augustin angenähert. Andererseits hat aber zu allen Zeiten der Semipelagianismus, ja auch der Pelagianismus in der römischen Kirche sein Haupt erhoben. Das gilt einmal fast für das gesamte Spätmittelalter; sodann für Erasmus, der in seinem Alter ganz wie Pelagius der Meinung war, daß der Mensch ohne die Gnade von sich aus das Heil erlangen könne[79]. Aber auch in späterer Zeit sind immer wieder semipelagianische Tendenzen hervorgetreten, so etwa bei dem spanischen Jesuiten Molina (gest. 1600); die Kurie hat in dem Streit, der sich daraufhin über den Molinismus erhob, eine Entscheidung vermieden. Aber auf Grund der Konzilsbeschlüsse im pelagianischen und semipelagianischen Streit besitzt doch ein gemäßigter Augustinismus auch in der römischen Kirche die offizielle Anerkennung.

V. KAPITEL

Wort und Sakrament

Die alte Kirche

Die bisher geschilderten Entscheidungen in den großen Auseinandersetzungen über die Trinitätslehre, die Christologie und die Lehre von Sünde und Gnade bilden insofern eine Einheit, als sie sowohl für den Osten wie auch für den Westen verbindlich wurden. Sie stellen damit ein Erbe dar, das die griechische, die römische und auch die evangelische Kirche gemeinsam haben. Wenn auch bei dem Verständnis dieser Entscheidungen gewisse Unterschiede bestehen — das gilt für den pelagianischen Streit, der in anderer Form im Reformationsjahrhundert noch einmal wieder aufgenommen wurde —, so sollte die Bedeutung dieser Gemeinsamkeit nicht unterschätzt werden.

Die in diesem und den folgenden Kapiteln zu erörternden Lehrentwicklungen sind nicht mehr in gleicher Weise den großen Konfessionen gemeinsam. Dabei ist das Maß des Gemeinsamen und des Trennenden jeweils verschieden. Die neuen katholischen Dogmen sind in keiner Weise von der Orthodoxie oder von dem Protestantismus übernommen worden. Hingegen gibt es in der Lehre von den Sakramenten manches Gemeinsame. Auch ist eine Reihe von Entscheidungen, wenn freilich eben nicht alle, zumindest für die beiden großen Kirchen des Westens, die römische und die evangelische, verbindlich.

Es ist nicht zufällig, daß die nächste große dogmatische Aufgabe, die der Kirche gestellt wurde, die Lehre von den Sakramenten war. Zwar fehlte es in der Zeit der alten Kirche nicht an anderen Problemen, die wohl ebenfalls der Klärung bedurft hätten. Teilweise ist es auch zu manchen Entscheidungen gekommen, die bei dem einen oder anderen Stück des christlichen Glaubens zu neuen, verbindlichen Bekenntnisaussagen der Kirche führten. Das gilt vor allem für den Streit der nordafrikanischen Kirche mit dem Donatismus. Die Donatisten, nach ihrem Führer Donatus genannt, hatten sich zu Beginn der Herrschaft Konstantins des Großen von der restlichen Kirche getrennt. Neben persönlichen Differenzen, die dabei eine erhebliche Rolle spielten, standen sachliche, daß sie nämlich meinten, die Kirche sei wesensmäßig eine von Todsündern reine Gemeinschaft, und deshalb könne nur ein von Todsünden freier Priester die Sakramente gültig austeilen. Gegenüber dieser Auffassung vertrat die übrige Kirche die Ansicht, daß die persönliche Heiligkeit der Priester, so wünschenswert sie ist, nicht die Voraussetzung für die Gültigkeit der Sakramente ist; denn in den Sakramenten geht es um Christi Stiftung und seine Gabe, nicht um diejenige des Priesters. Die Entscheidungen, die zu Beginn des 5. Jahrhunderts, vor allem dank Augustins tiefschürfenden Erörterungen dieser Frage, gegen die Donatisten getroffen wurden, bilden in der Entwicklung der Lehre von der Kirche einen wichtigen Einschnitt. Die reformatorischen Bekenntnisschriften haben sie weithin ausdrücklich übernommen.

Allein, die Lehre von der Kirche hat doch in den auf den Donatistenstreit folgenden Jahrhunderten nicht die gleiche Aufmerksamkeit gefunden wie diejenige von den Sakramenten. Die Arbeit an der Lehre von den Sakramenten ist sogar in ihren Ansätzen und weithin auch in ihrer späteren Durchführung ohne akute Veranlassung durch große Lehrstreitigkeiten aufgenommen worden. Zwar fehlte es nicht an Auseinandersetzungen über bestimmte Fragen der Sakramentstheologie. Aber diese sind doch eigentlich erst Folge, nicht Ursache der intensiven Beschäftigung mit der Lehre von den Sakramenten.

Wie ist es zu diesem großen Interesse an der Lehre von den Sakramenten gekommen? Verschiedene Gründe haben dabei zusammengewirkt. Zunächst hatten die Sakramente gerade für den antiken Menschen etwas besonders Ansprechendes. Allenthalben gab es in den Religionen geheimnisvolle Weihehandlungen. Die heiligen Handlungen der Kirche schienen dem nichts nachzugeben. Der griechische Ausdruck für Sakramente, »Mysterien« (Geheimnisse), vermochte diese Auffassung zu bestärken. Zudem war die Zahl der Sakramente noch auf Jahrhunderte hinaus nicht genau abgegrenzt. Gewiß ragten Taufe und Abendmahl hervor, so daß man, wenn von den Sakramenten die Rede war, immer zuerst an sie dachte. Aber daneben gab es eine Fülle anderer heiliger Handlungen, die heute auch in der katholischen Kirche nicht mehr als Sakramente gelten.

Sodann aber dürfte gerade der lateinische Ausdruck »sacramentum« für die Entwicklung des späteren Interesses an der Theologie der Sakramente von besonderer Bedeutung gewesen sein. Das Neue Testament hat selbst für Taufe und Abendmahl keinen Oberbegriff »Sakrament« gebraucht. Es hat vielmehr diese beiden Zeichen- oder Gleichnishandlungen je in ihrer besonderen Art stehenlassen, ohne sie im einzelnen zu vergleichen oder gar zu parallelisieren. Von daher ist die Frage an die gesamte spätere Entwicklung der Sakramentslehre zu stellen, ob diese nicht zu stark von einem Oberbegriff »Sakrament« ausgegangen ist und von diesem her die einzelnen Sakramente gesehen hat, anstatt die Sakramente stärker je in ihrer Besonderheit zu verstehen. Luther und die lutherischen Bekenntnisschriften haben gegenüber dem Begriff »Sakrament« eine gewisse Zurückhaltung geübt, die von der Schrift her gut begründet ist. Aber wie dem auch sein mag, während der griechische Begriff »Mysterien« die Sakramente noch mit anderen »Geheimnissen« auf eine Stufe stellte, hob der Ausdruck »sacramentum«, der an sich auch viele Bedeutungen enthielt, den besonderen Charakter der Sakramente hervor und mußte auch dazu führen, daß man hierüber nachdachte. Das Wort »sacramentum« ist schon sehr früh für die Sakramente gewählt worden. Tertullian, der erste lateinisch schreibende Kirchenvater, setzt es als bekannt voraus, so daß man daraus gefolgert hat, daß dieser Begriff vor ihm aufgekommen sein muß. Die Wahl dieses Ausdrucks muß mit Überlegung getroffen sein, da es im Lateinischen auch das Fremdwort »mysterion« gab.

Schließlich ist jedoch auch die inhaltliche Entwicklung des Sakramentsverständnisses für das spätere theologische Interesse an der Lehre von den Sakramenten von großer Bedeutung gewesen. Obwohl sich diese Entwicklung im Grunde bei allen Sakramenten beobachten läßt, ist sie doch beim Abendmahl am augenfälligsten. Sie besteht, kurz gesagt, darin, daß das Abendmahl schon bald nach dem Neuen Testament als Opfer bezeichnet und daß diese zunächst noch bildlich gemeinte Redeweise im Laufe der Zeit immer mehr in buchstäblichem Sinne verstanden wurde. Schon nach Irenäus bringen die Christen Brot und Wein als Opfer dar. Dabei denkt Irenäus nicht daran, daß Christus selbst als Opfer dargebracht wird. Vielmehr meint er, daß Brot und Wein kraft der Einsetzungsworte als Leib und Blut Christi gelten. Der Opferbegriff ist also hier noch ein übertragener: an sich sind es Brot und Wein, die geopfert werden; nur sind sie eben zugleich in gewisser Weise Leib und Blut Christi. Immerhin konnte schon Irenäus sagen, daß Christus ein Opfer des neuen Testamentes angeordnet habe, das die Kirche von den Aposteln empfangen hat und das sie nun in aller Welt darbringt[80].

Cyprian (gest. 258 als Bischof von Karthago) ist wesentlich weiter gegangen. Er hat als erster die schon hier und da vorhandene Auffassung ausgesprochen, daß Leib und Blut Christi Opfergaben sind, die der Priester darbringt. Das Kreuzesopfer wird in der Eucharistie wiederholt: »Derjenige Priester waltet anstelle Christi seines Amtes, der das, was Christus getan hat, nachahmt; und er bringt in der Kirche Gott dem Vater dann ein wahrhaftes und vollkommenes Opfer dar, wenn er dieses Opfer genau so vornimmt, wie er sieht, daß Christus es dargebracht hat.«[81] Man wird hier gewiß nicht jedes Wort auf die Goldwaage legen dürfen. Cyprians Worte sind nicht derart durchdacht wie die Meßopfertheorien seit dem hohen Mittelalter. Und doch liegt der Unterschied dieser Opfervorstellung gegenüber dem Neuen Testament klar am Tage.

Einen gewissen Abschluß haben die altkirchlichen Gedanken über das Altarsakrament bei Ambrosius erreicht. Bei ihm begegnen in Anknüpfung an manche Aussagen der griechischen Theologie Äußerungen über die Verwandlung der »Elemente« Brot und Wein. Die ältere abendländische Theologie hatte diesen Fragen keine weitere Aufmerksamkeit gewidmet. Am deutlichsten zeigen sich die Gedanken des Ambrosius in seinen beiden Schriften »Über die Mysterien« und »Über die Sakramente«. Lange Zeit war die Echtheit dieser Schriften, vor allem der zweiten, heftig umstritten; doch kann sie heute als erwiesen gelten. Wenn Ambrosius auch noch nicht den späteren Ausdruck »Transsubstantiation« gekannt hat, so kommt seine Auffassung der Sache nach doch dem Wandlungsdogma des Mittelalters sehr nahe. Nach Ambrosius werden Brot und Wein durch die Konsekrationsworte des Priesters in Fleisch (oder Leib) und Blut Christi verändert oder verwandelt. »Wenn schon ein menschlicher Segensspruch (nämlich derjenige Elisas, 2. Könige 6, 5 f.) soviel vermochte, daß er eine Natur verwandelte (convertere): was sollen wir erst von der göttlichen Konsekration sagen, wo die Worte des Herrn und Heilands selbst wirksam sind? Denn dieses Sakrament, das du empfängst, wird durch Christi Wort vollzogen.«[82] Gewiß, auch hier fehlen noch viele Gedanken, die später in der Scholastik über den Wandlungsvorgang gedacht wurden. Aber die Wandlungstatsache als solche ist doch von Ambrosius zum Ausdruck gebracht.

Die Sakramentslehre des Mittelalters ist einmal von diesem Realismus des Ambrosius bestimmt worden. Daneben hat aber auch Augustin großen Einfluß auf die Lehre von den Sakramenten ausgeübt, und zwar sogar über das Mittelalter hinaus auf die Sakramentslehre der Reformation. Augustin unterscheidet sich von Ambrosius nicht nur darin, daß er in seiner Abendmahlsauffassung die Akzente anders gesetzt hat als dieser. Augustin hat vor allem auch als erster Theologe grundsätzliche Erwägungen über das Wesen des Sakraments angestellt, ohne welche die gesamte mittelalterliche Lehre von den Sakramenten überhaupt nicht verständlich ist. Auch in dieser Hinsicht verdankt das Mittelalter, ja die Kirche überhaupt, Augustin die wesentlichen Anstöße.

Wort und Sakrament bei Augustin

Auch Augustin hat noch den weiten Begriff von Sakrament vertreten, wie er der ganzen alten Kirche eigen war. Er konnte nicht nur manche Riten wie etwa die verschiedenen Exorzismen, die der Taufe vorangingen, als Sakramente bezeichnen; selbst die großen Feste des Kirchenjahres hat er gelegentlich Sakramente genannt.

Aber trotz dieses weiten Sprachgebrauchs hat Augustin doch als erster eine genaue Bestimmung dessen gegeben, was ein Sakrament ist. Seine Definition lautet: »Dadurch, daß das Wort zum Element hinzukommt, entsteht ein Sakrament, nämlich das sichtbare Wort.«[83] Zum Sakrament gehören also notwendig Wort und Element. Auf dem Wort liegt dabei der eigentliche Ton. Das zeigt sich schon daran, daß ihm das Sakrament »sichtbares Wort« ist, ergibt sich aber besonders aus folgender Feststellung: »Nimm das Wort weg (scil. von der Taufe), und was ist das Wasser anderes als bloßes Wasser?«[84]

Sodann unterscheidet Augustin beim Sakrament Zeichen und Sache. Gegenüber dem Realismus älterer Theologen sieht Augustin eine gewisse Distanz zwischen dem Sakrament als solchem und der Gabe, die es vermitteln soll. Die Sakramente weisen im Grunde auf die unsichtbare Gnade hin, sie sind Zeichen für sie und sind um der in ihnen unsichtbar gegenwärtigen Gnade willen zu ehren. Zwar hat Augustin sich gelegentlich auch mehr im Sinne des Ambrosius aussprechen können. Aber seine eigentliche Meinung war doch, daß die Sakramente Zeichen sind.

Ein dritter Grundzug der augustinischen Sakramentslehre ist zugleich auch für den Kirchenbegriff von wesentlicher Bedeutung: Augustin unterscheidet deutlich zwischen dem bloßen Gebrauch und der Wirkung der Sakramente. Angesichts der mancherlei häretischen und schismatischen Gruppen war es für die Kirche eine brennende Frage, wie man die dort erteilten Sakramente zu beurteilen habe. Akut wurde dieses Problem, wenn ein in einer anderen »Konfession« Getaufter zur katholischen Kirche übertrat: war seine Taufe, wenn sie auf den dreieinigen Gott erfolgt war, anzuerkennen, oder mußte er, da seine Taufe nicht gültig war, erneut getauft werden? Augustin bestritt den Häretikern und Schismatikern — er hatte dabei vor allem die Donatisten im Auge — nicht, daß sie wirklich die Sakramente haben und sie auch gültig austeilen. Nur kommt es bei den von Schismatikern und Häretikern ausgeteilten Sakramenten nicht zur »Wirkung des Sakramentes«, da ihre Kirchen von der Gemeinschaft des Heiligen Geistes und der Liebe getrennt sind. Erst wenn ein Häretiker oder Schismatiker Glied der katholischen Kirche wird, tritt die Wirkung des Sakramentes ein.

Mit seinen sorgfältigen Unterscheidungen hat Augustin nicht nur eine präzise Definition der Sakramente gegeben, auf der fast die gesamte spätere Theologie fußt. Vielmehr konnte Augustin, vor allem von der dritten Unterscheidung her, das magische Moment, das der Sakramentsbegriff in der Zeit vorher in nicht unerheblichem Maße besessen hatte, weitgehend einschränken. Jetzt kam es nicht nur auf den vorschriftsmäßigen Vollzug des Sakramentes, sondern auch auf das innere Ergreifen der im Sakrament angebotenen Gnade an. Das vermochte Augustin deutlicher zum Ausdruck zu bringen als die ältere Theologie. In dieser Hinsicht hat Augustin vor allem in der Lehre von der Taufe weitergeführt. Freilich ist Augustin darum doch noch nicht zu einem reformatorischen Taufverständnis gelangt: nicht der Glaube, sondern die Heiligung bedeutet den rechten Gebrauch der Taufe; die Heiligung kann aber weithin wieder unabhängig von dem Taufgeschehen stattfinden, so daß die im Ansatz bei Augustin gegebene Verbindung von Taufsakrament und christlichem Leben doch wieder gelockert wird.

Deutlich zeigt sich die Bedeutung der grundsätzlichen Sakramentstheologie Augustins bei seiner Auffassung vom Abendmahl. Hier boten sich für die spätere Theologie zugleich die wichtigsten Anknüpfungspunkte.

Zunächst ist es selbstverständlich, daß für Augustin die Einsetzungsworte im Sinne seiner Definition »Wort«, Brot und Wein dagegen »Element« sind. Vor allem aber tritt in Augustins Abendmahlslehre sein symbolisches Sakramentsverständnis zutage. Häufig sagt er, daß das Brot nur ein »Zeichen« für den Leib Christi darstellt. »Der Herr hat nicht gezögert zu sagen: das ist mein Leib, als er ein Zeichen seines Leibes gab.«[85] Oder er betont, daß Brot und Wein »figura« (Bild) für Christi Leib und Blut sind[86].

Augustin unterscheidet beim Abendmahl zwischen dem bloßen Sakrament und seiner Wirkung. »Eines ist das Sakrament, ein anderes die Kraft des Sakramentes.«[87] Die Kraft des Sakramentes ist hier eine zweifache, einmal das Bleiben in Christus, zum anderen die Verbundenheit mit der Kirche. Von da aus ergibt sich eine fast rein symbolische Auffassung vom Abendmahl: »Dies alles, was der Herr von seinem Fleisch und Blut sagte, und daß er in der Gnade dieser Spendung uns das ewige Leben verhieß, und daß er so verstanden werden wollte, es sollten die, welche sein Fleisch und Blut essen und trinken, in ihm bleiben und er in ihnen . . . , dies alles soll uns dazu vermögen, Geliebteste, daß wir das Fleisch Christi und das Blut Christi nicht nur im Sakrament essen, wie es auch viele Böse tun, sondern daß wir bis zur Teilnahme am Geiste essen und trinken, damit wir im Leibe des Herrn als Glieder bleiben, damit wir mit seinem Geiste genährt werden und kein Ärgernis nehmen, auch wenn jetzt viele mit uns zeitlich die Sakramente essen und trinken, die am Ende ewige Qual erdulden werden.«[88] Bei manchen Äußerungen Augustins hat man den Eindruck, daß das geistliche Essen des Sakramentes im Grunde unabhängig vom leiblichen Empfang des Abendmahls stattfinden kann. Das Abendmahl ist geradezu Symbol des einen Leibes Christi, und wer zum Leibe Christi gehört, der ißt Christi Leib und Blut.

An dieser Stelle gibt es nach Augustin — auch hier ist ihm die spätere Theologie gefolgt — einen wichtigen Unterschied zwischen Taufe und Abendmahl. Auf Grund der oben genannten Unterscheidung zwischen dem bloßen Gebrauch und der Wirkung des Sakraments konnte Augustin sagen, daß die Wirkung bei der Taufe eines Häretikers ruht, bis er sich der katholischen Kirche anschließt. Augustin hat für die bleibende Beschaffenheit, die die Taufe dem Menschen verleiht, den Ausdruck »character« geprägt. Die Taufe ist ein unauslöschliches Siegel, durch das ein Mensch als Christus zugehörig bezeichnet wird. In gleicher Weise verleiht nach Augustin auch die Ordination einen Charakter. Bei Taufe und Ordination kann daher eine Wiederholung der Sakramentsspendung nicht in Frage kommen. Die spätere Theologie hat diese Bestimmung von Augustin übernommen und nur noch präziser von einem »unzerstörbaren Charakter« (character indelebilis) gesprochen, den die Taufe verleiht. Das Abendmahl hingegen verleiht nach Augustin nicht einen solchen Charakter, der für einige Zeit ruhen könnte. Gültig empfangen kann man das Abendmahl nur innerhalb der katholischen Kirche. Der Häretiker oder Schismatiker ißt sich selbst zum Gericht. Diese Konsequenz ergibt sich für Augustin notwendig daraus, daß die Gabe des Abendmahls eben das Bleiben in der Verbundenheit mit der Kirche ist. Man muß also schon Glied am Leibe Christi sein, wenn man im Abendmahl die Gabe der Gemeinschaft mit Christus und mit der Kirche empfangen will.

Neben diesen Gedanken hat Augustin aber auch nicht selten andere äußern können, die sich mehr im Rahmen des sakramentalen Realismus halten. So kann er etwa sagen, daß die bekehrten Juden dasselbe Blut trinken, das sie einst vergossen hatten, oder er kann überhaupt einfach von einem Essen und Trinken des Leibes und Blutes Christi reden. Aber an den meisten solcher Stellen handelt es sich entweder um Einfluß der liturgischen Sprache oder um Anklänge an die Aussagen von Johannes 6, 51—58. Im Grunde hat Augustin niemals sein symbolisches Abendmahlsverständnis aufgegeben. Realismus und Symbolismus zeigen sich besonders deutlich in einer brieflichen Äußerung, wobei der Symbolismus wieder das Übergewicht hat: »Wenn die Sakramente nicht eine Ähnlichkeit mit jenen Dingen hätten, deren Sakramente (das heißt: Zeichen!) sie sind, so wären sie überhaupt keine Sakramente. Um dieser Ähnlichkeit willen erhalten sie meistens den Namen jener Dinge selbst.« Interessant ist dann die Anwendung: »Denn wie in gewisser Weise das Sakrament des Leibes Christi der Leib Christi, das Sakrament des Blutes Christi das Blut Christi ist, so ist auch das Sakrament des Glaubens der Glaube.«[89]

Daß Augustin sich einerseits der traditionellen Redeweise anschließen konnte, dabei aber doch immer seine eigene Auffassung aufrechtzuerhalten vermochte, zeigt sich schließlich bei seiner Stellung zu der Anschauung, das Abendmahl sei ein Opfer. Dieser Gedanke war Augustin nicht unbekannt. Er hat ihn selbst öfter aufgenommen, ihm aber doch eine eigene Wendung gegeben. Dabei vermeidet Augustin zunächst von vornherein den Anschein, als könnte es sich beim Abendmahl um eine Wiederholung des einmaligen Kreuzesopfers Jesu Christi handeln. Wohl opfert die Kirche; aber ihr Opfer dient dazu, das Gedächtnis an Christi einmaliges Opfer aufrechtzuerhalten: es geht um das Gedächtnis des schon vollzogenen Opfers. Sodann findet sich auch hier wieder eine Ausweitung dieses Gedankens. Augustin betont gern, daß die Kirche sich Gott als Opfer darbringt, und zwar durch den Hohenpriester Christus. Dieses Selbstopfer der Kirche vollzieht sich in der Hingabe im tätigen Leben, in der Vollendung der Liebesgemeinschaft der Kirche. Auch hier ist also der Opfergedanke, ähnlich wie die Sakramentsanschauung im ganzen, in einen weiten Rahmen hineingestellt, der über den Vollzug des Sakraments hinausreicht und das ganze christliche Leben umfaßt.

Demnach ist Augustins Theologie des Sakraments voller Spannungen, die jedoch bei ihm niemals zu Gegensätzen werden, sondern eine lebendige Einheit darstellen. Aber geschichtlich wirksam geworden ist von Augustins Sakramentsanschauung vor allem der Symbolismus, und zwar als Gegengewicht gegen den Realismus des Ambrosius.

Die Abendmahlsstreitigkeiten im Mittelalter

Die verschiedene Auffassung vom Abendmahl, die sich bei Ambrosius und bei Augustin zeigt, wirkte sich auch auf die Liturgie aus. Die älteren gallischen und spanischen Liturgien weisen ambrosianischen Einfluß auf. In ihnen begegnen Begriffe, die deutlich eine »Wandlung« oder »Veränderung« der Elemente durch die Konsekration des Priesters zum Ausdruck bringen. Dagegen läßt sich in der römischen Liturgie augustinischer Einfluß beobachten. Das tritt vor allem in der Verwendung von Worten wie »heiligen« oder »weihen« oder »segnen« zutage, die zurückhaltender sind als die realistischen des Ambrosius. Ende des 8. Jahrhunderts drang die römische Liturgie in das Frankenreich ein. Dadurch mußten die Spannungen, die zwischen der Auffassung des Ambrosius und derjenigen Augustins bestanden, stärker ins Bewußtsein gelangen. Zugleich wurde damit die Aufgabe gestellt, die Abendmahlslehre in der einen oder anderen Richtung weiterzuentwickeln.

Fürs erste lagen die Dinge so, daß man sich in der Theologie stärker an die symbolische Auffassung Augustins hielt, während in der kirchlichen Praxis der Realismus des Ambrosius das Übergewicht besaß. Vor allem mußte der Opfergedanke den Realismus verstärken. Er gehörte ja schon seit langem zur Abendmahlsauffassung hinzu. Selbst Augustin hatte ihn aufgenommen und bei aller symbolischen Deutung gelegentlich auch kräftig vertreten können. Am stärksten zeigt sich das bei Augustin darin, daß er die schon vor ihm verbreitete Anschauung, daß das Opfer des Altars auch für Verstorbene dargebracht werden kann und soll, teilt. Durch dieses Opfer wird für die verstorbenen sehr guten Christen ein Dankopfer dargebracht; den nicht sehr schlechten ist es ein Sühneopfer, durch das ihnen Erleichterung verschafft wird; für die sehr schlechten bedeutet es allerdings keine Hilfe, nur ihre Angehörigen mögen daraus Trost schöpfen[90]. So konnte die Opferanschauung auch an Augustin anknüpfen. Vor allem führte die Volksfrömmigkeit mit ihrem oft sehr massiven Wunderglauben zu einer Verstärkung des Realismus. Es kann in der Zeit der Karolinger bereits als allgemeiner Glaube gelten, daß Brot und Wein durch die priesterliche Konsekration irgendwie in Leib und Blut Christi verwandelt werden.

Zu dem ersten Abendmahlsstreit kam es durch die Schrift eines Mönches in dem Kloster Corbie, Paschasius Radbertus (ca. 790 bis 856/59). Radbertus ist etwa 843 Abt seines Klosters geworden; er ist durch eine ganze Reihe theologischer Werke hervorgetreten. Seine Abendmahlsschrift verfaßte er ca. 831—833 auf Wunsch seines damaligen Abtes unter dem Titel „Von dem Leib und Blut des Herrn«. Es war die erste größere Abhandlung über das Abendmahl, die überhaupt erschienen ist. An sich finden sich in diesem Buch keine originellen Gedanken. Das meiste, was Radbertus äußert, hätte genauso oder ähnlich auch schon früher gesagt werden können. Neu ist bei ihm lediglich, daß er den Versuch unternahm, Augustins symbolische Abendmahlsauffassung mit der verbreiteten Anschauung über die Wandlung zu kombinieren. Immerhin bedeutete es schon sehr viel, daß Radbertus sich überhaupt die Aufgabe stellte, die überkommene Abendmahlslehre einmal gründlich aufzuarbeiten.

Was zunächst die symbolische Auffassung Augustins betrifft, so begegnet sie bei Radbertus etwa in der Meinung, daß Christus und sein Fleisch keine körperliche, sondern eine geistige und göttliche Speise sind. Ganz wie Augustin konnte Radbertus sagen, daß das Essen des Fleisches des Herrn und das Trinken seines Blutes nichts anderes bedeute, als in Christus zu bleiben und Christus in sich zu haben; andererseits kann auch nur der in dem Herrn bleiben, der auch sein Fleisch ißt und sein Blut trinkt. Ähnlich wie bei Augustin findet sich auch bei Radbertus die Unterscheidung zwischen Sichtbarem und Unsichtbarem.

Allein, neben diesem symbolischen Verständnis des Abendmahls zeigt sich bei Radbertus doch auch ein realistisches. Im Abendmahl empfängt der Gläubige wirklich Christi Leib, den Maria geboren hat, der am Kreuz gelitten hat und von den Toten wieder auferstanden ist. Dabei handelt es sich, wie Radbertus ausdrücklich hervorhebt, nicht nur um die »Kraft des Fleisches und Blutes« Christi, sondern wirklich um Leib und Blut des Herrn. Hier bedient sich Radbertus der Vorstellung der Wandlung: Brot und Wein werden in Leib und Blut Christi verwandelt. Dabei bleiben die Gestalt, die Farbe und der Geschmack der Elemente erhalten; aber die Substanz ist doch »innerlich« verwandelt. Radbertus hebt hervor, daß es sich um ein gegen die Ordnung der Natur vollzogenes Wunder handelt. Die Verwandlung ist ein Schöpferakt, der durch die Einsetzungsworte Christi vollbracht wird. Der Priester kann diese Worte nicht aus eigener Kraft sprechen, sondern bittet durch den Sohn den Vater, das Wunder zu vollziehen.

Wie aber lassen sich nun beide Linien vereinigen? Zunächst, Radbertus betont, daß der Leib Christi nicht sinnlich wahrnehmbar ist. Es ist auch gar nicht nötig, daß Christi Leib sichtbar gegenwärtig ist. Die Realität seiner Gegenwart wäre darum keine größere; zudem wäre es ein unnötiges Ärgernis, sollte man Christi Fleisch in buchstäblichem Sinne genießen. Sodann, ein sichtbares Wunder würde dem Wesen des Sakraments, das ja den eigentlichen Inhalt verhüllt, widersprechen. Schließlich betont Radbertus, daß nur die Gläubigen wirklich Leib und Blut Christi genießen. Sie erhalten durch den Abendmahlsgenuß die Befreiung von den täglichen Verfehlungen, ferner eine Stärkung des Glaubens und geradezu eine körperliche Einigung mit Christus. Für die Ungläubigen hingegen zieht sich die Kraft des Sakramentes zurück.

Paschasius Radbertus fand bald einige Gegner, und zwar in Hrabanus Maurus und Ratramnus. Hrabanus (780—856), lange Zeit Abt von Fulda und seit 847 Erzbischof von Mainz, der fruchtbarste Schriftsteller der Karolingerzeit, argumentierte im wesentlichen von dem Standpunkt Augustins her. Deshalb betonte er stärker, daß Brot und Wein Symbole sind. Besonderen Anstoß erregte ihm die Behauptung des Radbertus, daß das in Christi Fleisch verwandelte Brot mit dem Fleisch identisch sein soll, das Christus in seinen Erdentagen hatte. Hrabanus bestritt jedoch nicht, daß durch die Konsekration eine Wandlung geschieht. Aber diese bedeutet, daß Brot und Wein »mystisch« und »sakramental« Christi Leib und Blut geworden sind.

In ähnlicher Weise wandte sich auch Ratramnus gegen Radbertus. Ratramnus (gest. nach 868), der ebenfalls Mönch in Corbie war und der auch in anderen Fragen wie etwa der Prädestinationslehre für die augustinische Theologie eintrat, verfaßte eine Schrift unter dem gleichen Titel wie Radbertus, »Von dem Leib und Blut des Herrn«. Hier will er zwei Fragen beantworten: ob das Abendmahl ein nur dem

Auge des Glaubens wahrnehmbares Mysterium enthält; sodann, ob die Elemente durch die Wandlung mit dem Leib des irdischen Jesus identisch sind. Schon diese Fragestellung zeigt, daß für ihn der Akzent jedenfalls nicht auf dem Meßopfer liegen kann. Ähnlich wie Hrabanus bestreitet auch Ratramnus die Identität der Elemente mit dem Leib des irdischen Herrn. Seinerseits betont er, daß Brot und Wein im Abendmahl bleiben, was sie sind. Zwar lehnt er Begriffe wie den der Wandlung nicht ab. Aber es handelt sich doch um eine Wandlung, die geistlich oder bildlich zu verstehen ist. Unter der Hülle von Brot und Wein sind nicht, wie Radbertus meinte, Leib und Blut Christi verborgen, sondern nur »Christi geistlicher Leib und geistliches Blut«. Das Meßopfer dient lediglich dem Gedächtnis des Kreuzesopfers Christi. Brot und Wein sind »Bilder«, das heißt Erinnerungszeichen. Dementsprechend ist es nicht einfach Christi wahrer Leib und Blut, was der Gläubige empfängt, freilich auch nicht nur Brot und Wein. Vielmehr wird im Abendmahl etwas Höheres, Himmlisches und Göttliches empfangen, das nur von der gläubigen Seele geschaut und gegessen wird. Von diesen Erwägungen her konnte Ratramnus seine Frage, ob das Abendmahl ein nur dem Auge des Glaubens wahrnehmbares Mysterium enthalte, bejahen.

Damit waren zum ersten Mal in der Kirchengeschichte die verschiedenen Standpunkte in der Abendmahlsauffassung scharf formuliert: dort die realistische Wandlungslehre, freilich unter Aufnahme mancher augustinischer Gedanken; hier die symbolische Deutung, für welche der Zeichencharakter der Elemente und die geistliche Gemeinschaft mit Christus zentral sind. Der Streit zwischen Radbertus auf der einen und Hrabanus und Ratramnus auf der anderen Seite ist damals nicht zu einem Ende geführt worden. Aber es war schon viel, daß die verschiedenen Ansichten so präzise zum Ausdruck gebracht wurden. Damals sind bereits die beiden grundlegenden Abendmahlsanschauungen, die es wohl überhaupt geben kann, klar durchdacht worden. Auch die Reformationszeit hat über diese beiden Leitmotive, Realismus und Symbolismus, nicht hinausgeführt. Das heißt freilich nicht, daß die Abendmahlslehre nicht weiter entfaltet werden konnte und mußte. Dabei war es fürs erste klar, daß die Zukunft der realistischen Auffassung des Paschasius Radbertus gehören würde: er hatte die Frömmigkeit der breiten Kreise auf seiner Seite.

Zu einer Weiterentwicklung der Abendmahlslehre kam es im Mittelalter vor allem durch den zweiten Abendmahlsstreit, der sich über der

Lehre von Berengar erhob. Berengar (gest. 1088), einer der bedeutendsten Theologen und Gelehrten des 11. Jahrhunderts, seit ca. 1040
Leiter der Schule von Tours, wandte die in der Theologie damals neu
aufgekommene dialektische Methode konsequent auch auf die Lehre
vom Abendmahl an. Hiergegen richtete sich vor allem die Kritik an
Berengar. Sie betraf nicht sowohl diese oder jene Meinung, die er vertrat, als vielmehr die Art und Weise, wie er Theologie betrieb: man
hatte den Eindruck, er wolle auch das, was sich menschlichem Begreifen entzieht, mit seinem forschenden Verstand durchdringen.

Berengars Abendmahlslehre läßt sich als antirealistischer Symbolismus bezeichnen. Zwar hielt auch er daran fest, daß Brot und Wein
durch die Konsekration des Priesters zu Leib und Blut Christi werden.
Allein, dabei handelt es sich nicht um eine Verwandlung der Substanz.
Denn es ist unmöglich, daß eine Materie ihre Form oder ihr »Eigentliches« verliert. Wenn nach der Konsekration das Erscheinungsbild der
Elemente unverändert ist, dann muß auch die Substanz noch dieselbe
sein. Wie aber reimt sich die Behauptung, daß durch die Konsekration
Brot und Wein in Leib und Blut Christi verwandelt werden, mit der
Feststellung, daß die Substanz der Elemente erhalten bleibt? Berengar
hilft sich mit folgender Überlegung: Durch die Konsekration geht zwar
mit den Elementen keine Verwandlung vor sich. Wohl aber tritt durch
sie etwas Neues, Unsichtbares, aber nichtsdestoweniger Reales zu den
Elementen hinzu, nämlich der ganze himmlische Christus. Zwar bleibt
Christi Leib im Himmel. Es wäre nach Berengar unwürdig, wollte man
versuchen, den in den Himmel erhöhten Leib Christi durch die Konsekration auf die Erde herabzuholen. Vielmehr tritt zu den Elementen
durch die Konsekration gleichsam die Heilskraft des Todes Christi
sowie seine geistliche Gegenwart hinzu.

Mindestens ebenso wichtig wie seine eigenen Gedanken war die
Kritik, die Berengar gegenüber der Auffassung des Radbertus vor-
brachte. Die gegnerische Meinung schien ihm nicht nur gegen die Vernunft gerichtet zu sein. Vielmehr führe sie auch zu der Konsequenz,
daß der Leib Christi zerstückelt wird: sie haben nur »Teilchen« von
Christus auf dem Altar. Dagegen betont Berengar, daß es sich um den
ganzen Leib Christi handelt. Schließlich sah Berengar in der Anschauung seiner Gegner eine Verdoppelung des Fleisches Christi, sofern sie
zwischen dem himmlischen und dem sakramentalen Leib des Herrn
unterschieden.

Andererseits führte nun freilich Berengars Lehre zu der Folgerung, daß Leib und Blut Christi nur den Gläubigen gegeben werden, weil nur sie an die Gegenwart Christi glauben und die Aneignung von Christi Leiden und Sterben nicht anders als durch den Glauben erfolgen kann. In eigentlichem Sinne sind daher Brot und Wein nur Zeichen; nur uneigentlich können sie Leib und Blut Christi genannt werden, sofern ihr Genuß eben Unterpfand des Heiles ist. Aber selbst in diesem uneigentlichen Sinne sind sie nur für die Gläubigen Leib und Blut Christi.

Berengar stieß mit seiner Abendmahlslehre auf vielfachen Widerspruch. Trotz gutgemeinter Warnungen, seine Ansichten lieber nicht öffentlich zu vertreten, ging Berengar sogar zum Angriff über. Er schrieb wohl im Frühjahr 1050 einen Brief an Lanfrank, der in dem durch seine Gelehrsamkeit berühmten Kloster Bec in der Normandie als Mönch lebte und im Jahre 1070 Erzbischof von Canterbury werden sollte. Lanfrank hatte sich bislang nicht gegen Berengars Abendmahlslehre ausgesprochen, und dieser mochte hoffen, den bekannten Theologen, der allerdings konservativer war, für seine Sache zu gewinnen. In diesem Brief verwarf Berengar die Abendmahlslehre des Paschasius Radbertus. Dieser Brief brachte den Stein gegen Berengar ins Rollen. Lanfrank befand sich, als der Brief in Bec eintraf, gerade in Rom. Der Brief wurde nachgeschickt und erreichte seinen Adressaten erst in Rom, nachdem ihn manche anderen zuvor gelesen hatten. Dadurch wurde ein größerer Kreis mit Berengars Lehren bekannt. Eine Synode, die noch im Jahre 1050 in Rom zusammentrat, verurteilte Berengars Abendmahlslehre und exkommunizierte ihn selbst.

In den nächsten Jahren wurde verschiedentlich von neuem über die Abendmahlslehre Berengars verhandelt. Dabei wurde Berengar erneut verurteilt. Besonders wichtig ist, daß Berengar im Jahre 1059 auf einer in Rom tagenden Synode eine Formel unterzeichnete, die ihm vorgelegt wurde und die zu seiner eigenen früheren Anschauung in schroffem Gegensatz stand. In ihr wurde gesagt, »daß Brot und Wein, welche auf den Altar gelegt werden, nach der Konsekration nicht nur ein Sakrament, sondern auch der wahre Leib und Blut unseres Herrn Jesus Christus sind und in sinnlicher Weise, nicht nur sakramental, sondern in Wahrheit von den Händen der Priester gefaßt, gebrochen und von den Gläubigen mit den Zähnen zermalmt werden«.

Die Unterzeichnung dieser Formel bedeutete für Berengar selbstverständlich eine tiefe Demütigung. Er ist innerlich damit nicht fertiggeworden und hat später von neuem opponiert. Aber es genügt nicht, wenn man in dieser Formel nur den Triumph seiner Gegner sieht, so herausfordernd scharf sie auch ist. Ebenfalls reicht es nicht aus, wenn man feststellt, daß nun die Anschauung von der Wandlung der Elemente in Christi Leib und Blut sich durchgesetzt hat. Vielmehr gilt es, auch auf die Hintergründe und den eigentlichen Sinn dieser Formel zu achten. Sie stammt aus der Feder von Kardinal Humbert. Humbert (gest. 1061) hat wie kaum ein anderer die damals in Gang gekommene Reform der katholischen Kirche bestimmt und für sie gewirkt. Er war nicht nur ein scharfsinniger Theologe, sondern lange Zeit gleichsam die graue Eminenz der Kurie. Er war es, der im Jahre 1054 als Gesandter des Papstes in Konstantinopel den Bannfluch über die griechische Kirche aussprach. Vielleicht ist er auch der Verfasser des Papstwahldekretes von 1059, das die Wahl der Päpste unabhängig von dem Einfluß der deutschen Könige und auch von dem der römischen Adelsparteien machte.

Humbert ist in seiner Lehre vom Abendmahl, wie aus der Formel von 1059 hervorgeht, mit allem Nachdruck für den Gedanken der Wandlung eingetreten. Sodann aber hat er, wie die neuere Forschung gezeigt hat[91], insofern über die ältere Theologie hinausgeführt, als er das Abendmahl streng christozentrisch betrachtete. Die frühere Theologie hatte sowohl im griechischen Osten als auch im lateinischen Westen gelehrt, daß erst durch die Heilswirkung des Heiligen Geistes die Abendmahlselemente mit Gnaden für den Empfänger erfüllt werden. Humbert hat dagegen gerade bei der Auseinandersetzung mit den östlichen Theologen erklärt, daß das Abendmahl nur der einzigartige Leib des menschgewordenen Sohnes Gottes sei und daß die Heilige Trinität keinen anderen Teil an dem Sakrament habe als die Vergegenwärtigung auf Grund der Anrufung der gesamten Trinität. Der Grund für diese Anschauung besteht für Humbert darin, daß es nur der menschgewordene Sohn Gottes war, der für uns gestorben ist, und daß nichts anderes als sein stellvertretendes Sterben Gegenstand der Abendmahlsfeier ist.

Humberts stärker christozentrische Betrachtung des Abendmahls hat eine Wende in der Theologie des Abendmahls herbeigeführt. Ihm ist zunächst Friedrich von Lothringen, der spätere Papst Stephan IX., gefolgt, darüber hinaus auch zahlreiche andere Theologen, die sich an der Abendmahlskontroverse sowohl mit den Griechen als auch mit Berengar beteiligten. Die Folgen dieser Veränderung reichen aber noch weiter. Einmal hat Humbert mit seiner Anschauung die theologische Grundlage geschaffen für die Anbetung der Hostie außerhalb der Kommunion, die sich von nun ab allenthalben ausbreitete, wenn auch ihre Anfänge in ältere Zeit zurückreichen. Sodann aber ist die Christozentrik selbstverständlich für die gesamte spätere theologische Behandlung der Lehre vom Abendmahl von weittragender Bedeutung gewesen. So stark die Unterschiede zwischen den Reformatoren und den Theologen des 11. Jahrhunderts sind, so haben Luther, Zwingli und Calvin bei aller Ablehnung der Lehre von der Wandlung doch die christozentrische Betrachtung des Abendmahls übernommen.

Diese Zusammenhänge müssen berücksichtigt werden, wenn man die Formel von 1059 recht würdigen will, wie man sich auch vergegenwärtigen muß, daß Berengar sich aalglatt verhielt und Humbert auch dadurch zu seiner schroffen Formulierung veranlaßt wurde.

Berengar hat, wie erwähnt, die Formel innerlich nicht akzeptiert. Ende der 60er Jahre des 11. Jahrhunderts griff er die gegnerische Abendmahlslehre erneut an. Lanfrank erwiderte, und darauf entgegnete Berengar noch einmal in einer Schrift, die lange Zeit verschollen war, bis Lessing sie in Wolfenbüttel wieder auffand und für ihre Drucklegung sorgte. Im Jahre 1079 fand eine weitere Synode in Rom statt, auf der Berengar wieder eine Formel unterzeichnen mußte. Sie besagt, daß »Brot und Wein durch das Geheimnis des heiligen Gebetes und die Worte unseres Erlösers der Substanz nach in das wahre, eigene und lebendigmachende Fleisch und Blut Jesu Christi verwandelt werden«. Der Sache nach war diese Formel derjenigen von 1059 sehr ähnlich, im Ausdruck jedoch etwas milder. Berengar dürfte trotz dieser erneuten Unterschrift unter eine als rechtgläubig geltende Formel seine Meinung schwerlich geändert haben. Für ihn stand nach wie vor fest, daß Christi Leib zum Himmel erhöht sei und daß man ihn nicht bei jeder Konsekration herabholen dürfe. Aber Berengar starb 1088 im Frieden mit der katholischen Kirche.

Faßt man das Ergebnis dieses zweiten Abendmahlsstreites zusammen, so ist zu sagen, daß einmal die Auffassung von der Wandlung der Elemente in Leib und Blut Christi nunmehr feststeht, wenn auch noch der Begriff »Transsubstantiation« fehlt. Sodann hat sich der Gedanke durchgesetzt, daß Christus in jeder Hostie gegenwärtig ist. Das schließt weitere wichtige Konsequenzen ein, nämlich den Gedanken der Ubiquität, daß also Christus auf Grund der ihm eigenen Allmacht auch nach seiner erhöhten menschlichen Natur allgegenwärtig sein kann, wann und wo er will; sowie daß auch die Unwürdigen wirklich den Leib Christi empfangen, nur natürlich eben nicht zum Heil. Ferner stand der Theologie schon seit Radbertus fest, daß das Erscheinungsbild der Abendmahlselemente durch die Konsekration nicht verändert wird, wohl aber ihre Substanz. Darüber hinaus ist der Opfercharakter des Abendmahls in verstärktem Maße behauptet worden. Die realistische Richtung hatte über die symbolische den Sieg davongetragen. So begrüßenswert die Christozentrik ist, die seit Humbert die Abendmahlslehre beherrscht, so ist doch zugleich mit dem Opfergedanken und der Wandlungstheorie eine Lehre dogmatisiert worden, die dem Neuen Testament fremd ist und die keineswegs in der Konsequenz der neutestamentlichen Aussagen liegt, wie das für die Trinitätslehre oder die Christologie gilt.

Fortbildung der Sakramentslehre

Mit den Entscheidungen des zweiten Abendmahlsstreites standen erst einige Grundgedanken der Sakramentslehre im allgemeinen und der Abendmahlslehre im besonderen fest. Es gab noch genug Punkte, an denen die Theologie weiterzuarbeiten hatte und die noch dogmatisch geklärt werden sollten.

Das Wichtigste schien dabei zunächst die Frage nach der Zahl der Sakramente zu sein. Noch bis ins 12. Jahrhundert hinein schwankte man hier beträchtlich. Ein so bedeutender Reformtheologe und Asket wie Petrus Damiani (gest. 1072) unterschied nicht weniger als zwölf Sakramente: Taufe, Konfirmation, Krankensalbung, Bischofsweihe, Königssalbung, Kirchweihe, Beichte, Einweihung der Kanoniker, der Mönche, der Einsiedler, der Nonnen, der Ehe. In dieser Aufzählung fehlt sogar die Eucharistie, auch die Buße und manche anderen Sakramente der katholischen Kirche. Freilich ist diese Zusammenstellung weniger im Sinne einer festen Abgrenzung als in dem einer mystischen Betrachtung zu verstehen. Gleichwohl ist es bezeichnend, daß das Mönchtum hier unter die Sakramente gerechnet wird. Das wirft ein Schlaglicht auf das asketische Ideal des Mittelalters und die Höherbewertung der Ehelosigkeit gegenüber der Ehe.

Mit dem Aufkommen einer wissenschaftlich arbeitenden Theologie wurde jedoch auch die Frage nach der Zahl der Sakramente in zunehmendem Maße einer Klärung zugeführt. Schon bei Theologen wie Hugo von St. Viktor (gest. 1141) und Peter Abälard (gest. 1142) begegnet eine eigentlich systematische Behandlung der Sakramentslehre, wenn auch noch hinsichtlich der Zahl der Sakramente Unsicherheit herrscht. Erstmalig findet sich dann die für die römische Kirche noch heute gültige Festsetzung der Siebenzahl der Sakramente bei Petrus Lombardus, der lange Zeit an der Kathedralschule von Notre-Dame zu Paris als theologischer Lehrer wirkte, bis er 1159 zum Bischof von Paris erhoben wurde (gest. bereits 1160). Petrus Lombardus hat das für die gesamte spätere Dogmatik des Mittelalters grundlegende theologische Lehrbuch verfaßt, nämlich die vier »Sentenzenbücher«. Nacheinander hat er hier die Lehre von Gott, von den Kreaturen, von der Erlösung sowie schließlich von den Sakramenten und von den letzten Dingen behandelt. Hier finden sich nun in klarer Abgrenzung die sieben Sakramente der Taufe, der Konfirmation, des Abendmahls, der Buße, der letzten Ölung, der Priesterweihe sowie der Ehe. Es ist umstritten, wann und wo die Siebenzahl der Sakramente zuerst behauptet worden ist. Petrus Lombardus setzt sie ohne weitere Erörterung voraus, so daß es gut möglich ist, daß er sie von jemandem anders übernommen hat. Aber bisher ist die Frage nach dem Ursprung der Siebenzahl der Sakramente noch nicht befriedigend beantwortet worden. Auf jeden Fall hat sich die Siebenzahl der Sakramente bald durchgesetzt; nur gelegentlich und auch nur während verhältnismäßig kurzer Zeit begegnen im späteren 12. Jahrhundert ältere Zählungen.

Nicht nur hinsichtlich der Zahl der Sakramente, sondern auch hinsichtlich der Bestimmung des Wesens der Sakramente führte das 12. Jahrhundert weiter. Hier haben vor allem Hugo von St. Viktor und Petrus Lombardus ältere Anschauungen, hauptsächlich Augustins, aufgenommen und sie neu formuliert. Nach Hugo ist das Sakrament »ein leibliches oder dingliches Element, äußerlich und mit den Sinnen wahrnehmbar vorgelegt, das eine unsichtbare und geistliche Gnade auf Grund der Ähnlichkeit vergegenwärtigt, auf Grund der Einsetzung bezeichnet und auf Grund der Heiligung enthält«[92]. Hier kommt also stärker als bei Augustin zum Ausdruck, daß das Sakrament die Gnade »enthält«, die Gnade also an das Sakrament gebunden ist. Petrus Lombardus hat die kürzere, aber in der Sache ganz ähnliche Bestimmung gegeben, daß das Sakrament Zeichen der Gnade Gottes und Gestalt der unsichtbaren Gnade ist[93]. Indem Petrus das Element nicht in die Wesensbestimmung des Sakraments aufnahm, konnte er ohne Schwierigkeit auch solche Handlungen als Sakramente bezeichnen, die wie die Buße oder die Ehe kein »Element« haben. Die Hochscholastik, vor allem Thomas von Aquin (1225—1274), hat dabei die ältere Unterscheidung zwischen »Element« und »Wort« durch die von Aristoteles übernommene zwischen »Materie« und »Form« ersetzt: die Materie erhält erst durch die Form ihre Bestimmtheit; zudem ist zu unterscheiden zwischen dem, was eigentlich die Gnade bringt, nämlich dem Wort, und dem, was nur Mittel ist, der Materie.

Was die Ansicht über die Wirkung der Sakramente betrifft, so führte die Entwicklung in der Hochscholastik immer stärker dazu, das Wirken der Gnade ausschließlich an die Sakramente zu binden. Der Gedanke, daß die Sakramente die Gnade enthalten, wird dahin erweitert, daß nur sie die Gnade bringen. Die symbolische Deutung Augustins, nach welcher das Gnadenwirken auch unabhängig von der Sakramentsspendung stattfinden kann, wird aufgegeben zugunsten der realistischen Auffassung nicht nur über die »Wandlung«, sondern auch über die Wirkung. Die Sakramente sind schon für Petrus Lombardus nicht nur Zeichen, die auf die unsichtbare Gnade hinweisen, sondern sie sind zugleich wirksame Zeichen der Gnade: »Jedes Sakrament des Neuen Bundes bewirkt das, was es darstellt.«[94] Trotz mancher Unterschiede, die sich in der Sakramentsauffassung zwischen den Theologen der verschiedenen Schulen, vornehmlich zwischen Dominikanern und Franziskanern, beobachten lassen, steht doch für sie alle fest, daß die Sakramente heilsnotwendig sind und daß sie durch ihren bloßen Vollzug wirkkräftig sind (ex opere operato). Vorbedingung ist dabei nur einmal, daß der Spender des Sakraments die Intention hat, das zu tun, was Christus und die Kirche wollen, also das Sakrament einsetzungsgemäß auszuteilen; sodann, daß der Empfänger nicht das Bewußtsein hat, sich einer Todsünde schuldig gemacht zu haben, und daß er der Sakramentshandlung keinen inneren Widerstand entgegensetzt oder, wie es in der Fachsprache heißt, innerlich »keinen Riegel vorschiebt«. Der volle Heilsglaube wird nicht als Voraussetzung für den rechten Sakramentsempfang angesehen.

Während so die Theologie die Lehre von den Sakramenten in der Richtung weiter entwickelte, die durch die beiden Abendmahlsstreitigkeiten angezeigt war, ist es auch zu weiteren Lehrentscheidungen von Konzilen gekommen. Hier seien nur die wichtigsten herausgehoben. Die Abendmahlslehre, der schon seit langem besondere Aufmerksamkeit gewidmet worden war, wurde auf dem 4. Laterankonzil von 1215 im Sinne der Wandlung dogmatisiert. Nach der Entscheidung dieses Konzils sind »Leib und Blut Christi in dem Sakrament des Altars unter den Gestalten von Brot und Wein wahrhaft enthalten, nachdem durch die göttliche Kraft (scil. bei den Konsekrationsworten) die Substanz des Brotes in den Leib und die des Weines in das Blut verwandelt worden ist«. Hier ist für »verwandeln« der Begriff der Transsubstantiation gebraucht, der in der Theologie schon in der ersten Hälfte des 12. Jahrhunderts begegnete. Er gibt das, was seit Ambrosius Überzeugung der meisten Theologen war, tatsächlich treffender wieder als andere Ausdrücke, die man hier früher verwendet hatte.

Die nächste, sehr wichtige Entscheidung in der Sakramentslehre wurde auf dem Konzil zu Florenz 1439 getroffen. Dieses Konzil sollte der Wiederherstellung der Kircheneinheit von Ost und West dienen. Die Griechen, die von den Türken auf das äußerste bedroht waren — im Jahre 1453 fiel Konstantinopel —, waren zu weiterreichenden Zugeständnissen bereit als in früheren Zeiten. So schienen die Voraussetzungen für die Überwindung des Schismas, das nun schon vier Jahrhunderte gedauert hatte, günstiger als zuvor. Allein, es gelang zwar, ein Unionsdekret zu schaffen, das beide Seiten akzeptierten; aber die Römer hatten die Notlage der Griechen ausgenutzt und ihnen vor allem die Anerkennung des päpstlichen Primats aufgezwungen. Gegen diese Bedingung erhob sich das griechische Volk, so daß die Union doch nicht verwirklicht werden konnte. Gleichwohl kommt diesem Konzil vor allem für die Definierung der katholischen Sakramentslehre große Bedeutung zu. Hier wurde in dem »Dekret für die Armenier« die Siebenzahl der Sakramente, die für die Theologie schon seit langem feststand, lehramtlich bestätigt und außerdem in Einzelausführungen Wesen und Eigenart der sieben Sakramente näher umschrieben. Dabei wird jeweils sorgfältig zwischen »Materie«, »Form« und »Wirkung« unterschieden, außerdem angegeben, wer die Sakramente spenden darf. Die meisten Sakramente werden vom Priester ausgeteilt; Konfirmation und Priesterweihe stehen dem Bischof zu; die Taufe darf im Notfall auch von Laien erteilt werden.

Schließlich hat das Konzil von Trient (1545—1563) umfangreiche Ausführungen über die Sakramente gegeben, wobei zugleich die Abgrenzung gegenüber der Sakramentslehre der Reformatoren vollzogen wird. Im Sachlichen führen jedoch die Trienter Bestimmungen im ganzen nicht über die früheren Entscheidungen hinaus, wenn auch an einer Reihe von Punkten angesichts der inzwischen aufgetretenen Streitfragen nähere Erklärungen gegeben wurden.

Die Reformation hat sich nicht alle Ergebnisse der Entwicklung der Sakramentslehre zu eigen zu machen vermocht. Manches, was im Mittelalter an Klärung der Sakramentslehre geleistet wurde, gehört auch für die großen protestantischen Konfessionen zum Unaufgebbaren. Dazu ist einmal zu rechnen, daß die Gültigkeit der Sakramentsspendungen nicht von der persönlichen Heiligkeit oder Sündhaftigkeit des Pfarrers abhängig ist, sondern aus der Stiftung Christi resultiert. Sodann ist die christozentrische Wendung, die sich in der Lehre vom Abendmahl im 11. Jahrhundert beobachten läßt, für alle Reformatoren Voraussetzung gewesen, auch wenn sie sich nicht darüber ausdrücklich Rechenschaft abgelegt haben. Von der neu verstandenen Christozentrik aus ist es freilich zu einer neuen theologischen Durchdringung der gesamten Sakramentslehre gekommen, die unbeschadet der Differenzen zwischen Lutheranern und Reformierten der gesamten Reformation gemeinsam ist. Ferner ist die Unterscheidung zwischen Materie und Form von der Reformation übernommen, wenn man auch statt von der Form lieber vom Wort sprach.

Aber daneben stehen zahlreiche Anschauungen, die die Reformation nicht übernahm. Zunächst hat sie die Siebenzahl der Sakramente aufgegeben. Dazu führte einmal die Erwägung, daß nach dem Bericht der Evangelien nur Taufe und Abendmahl von Jesus selbst eingesetzt worden sind, sodann ein erneutes Durchdenken der Bedeutung von Wort und Element, wobei sich zeigte, daß die Sakramente mit Ausnahme von Taufe und Abendmahl keine »Materie« haben. Weiter, der Gedanke, daß die Sakramente die Gnade »enthalten«, wurde auf Grund einer biblischen Neubesinnung durch den anderen ersetzt, daß ihnen eine Verheißung gegeben ist, die in dem Stiftungswort besteht. Diese Verheißung, um die es beim Sakramentsempfang vor allem geht, kann nicht schon dadurch ergriffen werden, daß man lediglich »keinen Riegel vorschiebt«, sondern nur durch den wirklichen Glauben, daß diese Verheißung auch uns gilt. Die dinglichen Kategorien der katholischen Sakramentslehre sind von der Reformation durch personale ersetzt worden[95].

Schließlich hat die Reformation mit allem Nachdruck den Gedanken abgelehnt, daß es sich beim Abendmahl um ein Opfer handelt, das die Kirche darbringt. Gewiß haben sich an diesem Punkt manche spätmittelalterlichen Theologen einseitiger und extremer ausgedrückt als Thomas von Aquin oder auch die neuere katholische Theologie und den Eindruck erweckt, als würde das Opfer Jesu Christi tatsächlich von der Kirche noch einmal vollzogen. Hier hat das Trienter Konzil im ganzen zurückhaltender formuliert und manche der reformatorischen Vorwürfe entkräftet. Aber man hat doch nicht die Auffassung aufgegeben, daß es sich beim Abendmahl um ein wirkliches Sühneopfer handelt. In den Bestimmungen des Konzils von Trient heißt es, daß das allerheiligste Meßopfer nicht nur ein Lob- und Dankopfer, auch nicht nur eine Erinnerung an das Opfer, das am Kreuz geschehen ist, sondern in Wahrheit auch ein Sühnopfer sei, durch welches uns Gott versöhnt und gnädig werde[96]. Eine solche Aussage gefährdet die Einmaligkeit und die umfassende Heilsbedeutung des Kreuzesopfers Jesu Christi.

VI. KAPITEL:

Die Rechtfertigung

Die Eigenart der Reformationszeit

Zu Beginn des vorigen Kapitels wiesen wir darauf hin, daß nur die grundlegenden dogmatischen Entscheidungen der alten Kirche dem Osten wie dem Westen gemeinsam sind, daß aber schon hinsichtlich der Lehre von den Sakramenten die Entwicklung verschieden war und nicht mehr von der gesamten Christenheit mitgemacht wurde. Diese Spaltung und Differenzierung der Dogmengeschichte hat sich in der Reformationszeit in wesentlich verstärktem Maße fortgesetzt. Von nun ab ist es nicht mehr möglich, die Lehrentwicklung der gesamten Kirche als eine einheitliche zu behandeln; vielmehr muß sie für die großen Konfessionen gesondert geschildert werden. Trotzdem gibt es auch in der Neuzeit eine gewisse Gemeinsamkeit der dogmengeschichtlichen Lehrentwicklung, nämlich insofern, als zumindest die Fragen und Probleme, vor die sich die Konfessionen gestellt sehen, nicht selten die gleichen sind, wie sich bei näherer Betrachtung zeigt. Das liegt daran, daß die verschiedenen Konfessionen trotz aller Unterschiede und Gegensätzlichkeiten doch von dem gemeinsamen Erbe der ersten Jahrhunderte der Kirche herkommen und von ihm wesentlich geprägt sind.

Allerdings ist dieses Erbe in der Zeit der Reformation in einer Weise umstritten gewesen, wie das bis dahin in der christlichen Kirche noch nicht annähernd der Fall gewesen war. Es gibt kaum ein wichtiges Stück der christlichen Dogmatik, um das nicht zwischen Luther und Rom, aber auch zwischen Luther und Zwingli und später zwischen den Lutheranern und Calvin gerungen worden ist. So sehr Luther die Entscheidungen des trinitarischen und christologischen Streites anerkannt und auch übernommen hat, so hat er doch an nicht wenigen Punkten die Akzente anders gesetzt und auch durch eigene Überlegungen ganz neue Gesichtspunkte hinzugefügt. Das gilt vor allem für seine Christologie, die er in der Auseinandersetzung mit Zwingli

durch die sogenannte Ubiquitätslehre auf das schärfste zuspitzte. Daß
darüber hinaus auch die Sakramentslehre der alten Kirche nicht einfach von Luther fraglos akzeptiert wurde, ist oben schon erwähnt
worden. Hier zeigt bereits die Reduktion der Siebenzahl der Sakramente auf die Zweizahl, in wie hohem Maße das Erbe strittig war.
Aber selbst in der Lehre von Sünde und Gnade hat Luther nicht einfach dort weitergearbeitet, wo die alte Kirche aufgehört hatte. Selbstverständlich stand Luther hinter den Entscheidungen des pelagianischen Streites. Aber seine eigene Auffassung von Sünde und Gnade
weicht doch an manchen Stellen sowohl von derjenigen Augustins als
auch von den Bestimmungen der Konzile ab: sie ist auf der einen Seite
radikaler, auf der anderen Seite aber durch die neue Beleuchtung des
Wesens der Sünde und der Gnade von Paulus her ganz anders ge-
artet.

Wo aber liegt dann der Schwerpunkt der Reformationszeit in dogmengeschichtlicher Hinsicht? Man hat auf diese Frage sehr verschiedene
Antworten gegeben. Von katholischer Seite ist die Reformation nicht
selten lediglich als Abfall von der wahren Kirche und damit auch
vom überkommenen Dogma geschildert worden. Luther erscheint
dann als derjenige, der die Kircheneinheit zerstört und damit über die
gesamte Christenheit, aber auch über das ganze Abendland schweres
Unglück heraufbeschworen hat. Nun ist eine solche Antwort aber
nicht frei von Geschichtsklitterei. Das Ideal der einen, ungeteilten
Kirche ist kaum jemals Wirklichkeit gewesen. Schon im Urchristen-
tum hat es Spaltungen gegeben. Bewegungen wie die Donatisten würden wir heute eine Konfession oder eine Denomination nennen. Und
schließlich darf die Spaltung zwischen der griechischen und der lateinischen Kirche nicht vergessen werden, zu der es Jahrhunderte vor dem
Auftreten Luthers gekommen war.

Adolf von Harnack hat, wie oben erwähnt, dagegen in seiner Dogmengeschichte die Antwort gegeben, daß mit der Reformation im
Grunde das Dogma an sein Ende gekommen sei. Versteht man das
Dogma wie Harnack als unfehlbaren Lehrsatz, so ist schwer etwas
gegen seine Argumentation einzuwenden. Wenn man in den Dogmen
jedoch Bekenntnisse sieht, dann läßt sich Harnacks Urteil nicht auf-
rechterhalten. Leicht wird freilich die dogmengeschichtliche Einordnung
der Reformation auch dann nicht.

E. Troeltsch hat die Ansicht vertreten, daß die Reformation in manchem noch dem Mittelalter zuzurechnen sei, nämlich insofern, als sie

daran festgehalten habe, daß dem Menschen in der Religion stets eine objektive Größe gegenüberstehe. Zwar sei diese Größe nicht mehr dieselbe wie im Mittelalter. Immerhin, wenn das Mittelalter in den Dogmen und den Sakramenten ein objektives Gegenüber besessen habe, so die Reformation in dem Worte Gottes und der Bibel. Aber die Neuzeit beginne doch noch nicht mit der Reformation. Eher könne man sagen, daß die Reformation den Anbruch der Neuzeit für längere Zeit aufgehalten habe.

Auch diese Antwort, die Troeltsch gibt, vermag die Reformation nicht in befriedigender Weise in die Dogmengeschichte einzuordnen. So richtig es ist, daß Luther die Zahl der dem Menschen objektiv gegenüberstehenden Größen reduziert hat, so läßt sich das nur verstehen von den Voraussetzungen her, die dazu geführt haben. Diese Voraussetzungen sind nichts anderes als die neue Erfahrung der Rechtfertigung und die damit auf das engste zusammenhängende Lehre von Gesetz und Evangelium. Sie stellen das zentrale Thema der Reformationszeit in dogmengeschichtlicher Hinsicht dar. Von ihr aus müssen auch die zahlreichen anderen Probleme gesehen werden, die in der Reformationszeit aufs neue erörtert wurden. Von ihr aus muß auch die Frage beantwortet werden, ob und in welchem Sinne die Reformation den Beginn der Neuzeit darstellt. Diese Antwort wird sicher verschieden ausfallen, je nachdem, welches Verhältnis man zu dem zentralen Thema der Reformation hat, ob man in ihm nur eine andere Form von Verobjektivierung sieht, wie sie im Mittelalter häufig vorgenommen wurde, oder ob man in ihm das Ganze des christlichen Glaubens beschlossen sieht.

Wenn die Lehre von der Rechtfertigung das zentrale Thema der Reformationszeit ist, dann zeigt sich hier aufs neue, was wir schon verschiedentlich beobachteten, daß sich nämlich in der Dogmengeschichte einerseits der Schwerpunkt der Entwicklung ständig verlagert, daß aber andererseits jeweils noch einmal das Ganze des christlichen Glaubens zur Debatte steht. Offenbar kommt es im Verlauf der Geschichte immer wieder dazu, daß die Kirche oder doch zumindest viele Christen zwar hinsichtlich der früher gefällten Lehrentscheidungen orthodox sind, daß sie aber doch angesichts der neu aufbrechenden Probleme versagen. Wenn irgendwo, so wird in der Reformationsgeschichte deutlich, daß die Aussagen des christlichen Glaubens nicht ein depositum fidei sind, das der Kirche anvertraut ist, sondern daß jeweils neu der ganze Einsatz gefordert ist.

Demnach genügt es nicht, in der Reformation nur die Reaktion auf bestimmte Mißstände und Verfallserscheinungen in der spätmittelalterlichen Kirche zu sehen. So schlimm etwa die Unsitten am Hof der Renaissancepäpste waren und so grauenvoll die Irreführung der Menschen durch die Häufung der Ablässe, der Reliquien usw. war, so wäre es allein darum doch noch lange nicht zur Reformation gekommen. Was den allgemeinen Verfall betrifft, so hatte er mannigfache Ursachen, die hier auf sich beruhen können. Wichtig ist dabei jedoch in unserem Zusammenhang, daß der Aberglaube, das Ablaßwesen, die Wallfahrten und dergleichen letztlich auf einen Mangel der theologischen Arbeit der Scholastik und der gesamten mittelalterlichen Kirche zurückgehen. Die Kirche vermochte das Verlangen der Menschen nach wirklicher Heilsgewißheit nicht zu befriedigen. Man lehrte, daß es Heilsgewißheit nur durch eine besondere Offenbarung gibt, die Gott einem einzelnen zuteil werden läßt. Eine solche besondere Offenbarung durfte man aber von Gott nicht einmal erbitten. Der durchschnittliche Christ konnte hoffen, von Gott in Gnaden angenommen zu sein, wenn er nur regelmäßig die Sakramente der katholischen Kirche empfing und keine Todsünde beging. Aber der Fall, daß jemand sich nicht mit einem kirchlich approbierten Durchschnittschristentum begnügte, sondern Gottes Forderung in ihrer ganzen Radikalität ernst nahm, war weder in der Dogmatik noch in der Praxis vorgesehen. Wie die katholische Kirche damals lehrte und auch heute lehrt, kommt es bei der Rechtfertigung des Menschen auch auf die vorfindliche Gerechtigkeit der Menschen an, und für diese sind die Werke von wesentlicher Bedeutung. Es ist kein Zweifel, daß Thomas von Aquin zur Frage der Heilsgewißheit sehr viel mehr zu sagen wußte, als was im spätmittelalterlichen und tridentinischen Katholizismus wirksam geworden ist; darauf ist unten noch einzugehen. Aber zu Luthers Zeiten wurde einem Menschen, der wegen seiner Sündhaftigkeit angefochten war, lediglich gesagt, daß er auf Gott hoffen solle. Heilsgewißheit gab es nicht. Man hätte sie für Anmaßung gehalten und suchte daher zwischen Furcht und Hoffnung ein Gleichgewicht herzustellen.

Der Mensch vor Gott

So sehr die Menschen im 15. und 16. Jahrhundert ein tiefes Verlangen nach Heilsgewißheit hatten, so hat doch kein anderer so ernst nach der Gnade Gottes gefragt wie Luther. Er nahm die kirchliche

Forderung, vor der Beichte sein Gewissen zu erforschen und einen der Sünde entsprechenden Akt der Reue in sich hervorzubringen, buchstäblich. Anders ausgedrückt, Luther sah schon in seiner Frühzeit den Menschen nicht so, wie er vor den Augen eines durchschnittlichen Priesters bestehen kann, sondern so, wie er vor Gott steht. Darüber ist er selbst in die schwersten Anfechtungen geraten. Wenn Luther versuchte, wirkliche Reue zu empfinden, so kam er immer wieder zu dem Ergebnis, daß er die Sünde nicht als solche, allein um Gottes willen, sondern nur um ihrer Folgen willen oder aus Ichsucht verabscheute. Echte Reue, so wurde Luther belehrt, schließt die Liebe zu Gott ein; diese ist sogar die Voraussetzung für jene. Wie aber kann der Mensch Liebe zu Gott in sich hervorbringen? Läßt sich Liebe willentlich erzwingen? Luther spürte, daß er Gott wohl fürchten konnte, daß es ihm aber nicht gelang, Gott um seiner selbst willen zu lieben. Immer wieder schlich sich die Selbstsucht in die geheimsten Regungen des Herzens ein. Jede Tat des Menschen, aber auch jede seelische Regung ist von dem Ichwillen begleitet und damit zugleich vor Gott entwertet. Das aber bedeutete, daß Luther die Voraussetzungen, die nach katholischer Lehre für die Erlangung der Absolution erforderlich sind, nicht erfüllen konnte. So geriet er in immer tiefere Anfechtungen, die in der Frage gipfelten: »Wie kriege ich einen gnädigen Gott?«

Luthers Anfechtungen wurden noch erheblich verschärft, als er sich, veranlaßt durch sein theologisches Studium, mit der Prädestinationslehre beschäftigte. Da er bei seiner radikalen Selbstprüfung meinte, bei Gott nicht in Gnaden zu stehen, konnte er zu keinem anderen Schluß gelangen, als daß er verdammt sein müsse. Seine Klosterbrüder hatten nicht die gleichen Anfechtungen wie er; seine Beichtväter verstanden ihn nicht, sondern hielten ihn für übertrieben skrupulös. Bei Luther aber führte die Furcht, verdammt zu sein, zu dem Wunsch, Gott möge nicht existieren. In Luther wuchs geradezu ein Haß gegen diesen Gott, der von dem Menschen Unmögliches verlangt und die Gnade an die Bedingung, das Unmögliche zu leisten, knüpft. Die occamistische Theologie, in der Luther auf der Universität zu Erfurt unterrichtet worden war, lehrte, daß der Mensch tun müsse, was an ihm ist, dann werde Gott ihm seine Gnade nicht versagen. Aber dieser Satz konnte Luther weder theologisch noch praktisch genügen. Theologisch tat er der heiligen Majestät Gottes Abbruch, liegt doch der Maßstab nicht beim Menschen, sondern bei Gott. Praktisch aber erwies es sich für Luther als unmöglich, »zu tun, was an ihm ist«.

Auch die Bibel, die Luther wie wenige andere Männer in der Kirchengeschichte kannte, vermochte ihm zunächst nicht zu helfen. Wo ihm im Neuen Testament das Wort »Gerechtigkeit« begegnete, da verstand Luther es von der richtenden Gerechtigkeit. So hat Luther anfangs auch Römer 1, 17 gedeutet: »Die Gerechtigkeit Gottes wird im Evangelium geoffenbart aus Glauben zu Glauben.« Da machte Luther — wahrscheinlich im Herbst 1514, als er sich mit der Auslegung von Psalm 71, 2 »In deiner Gerechtigkeit errette mich« befaßte — die exegetische Entdeckung, daß hier nicht die Gerechtigkeit gemeint sei, die Gott zu eigen ist, sondern diejenige, die er anderen verleiht. Luther hat selbst später über diese Entdeckung gesagt: »Ich begann, die Gerechtigkeit Gottes als die zu verstehen, in der der Gerechte durch das Geschenk der Gnade Gottes lebt, nämlich aus Glauben, und daß die Meinung diese sei: durch das Evangelium wird die Gerechtigkeit Gottes geoffenbart, nämlich die ›passive‹ Gerechtigkeit, durch welche uns der barmherzige Gott durch den Glauben rechtfertigt, wie geschrieben steht: der Gerechte lebt aus Glauben. Hier fühlte ich, daß ich geradezu von neuem geboren sei, daß sich mir die Tore geöffnet hätten und ich ins Paradies eingetreten sei. Da zeigte mir alsbald die ganze Schrift ein anderes Gesicht. Ich durchlief die ganze Schrift, wie ich sie im Gedächtnis hatte, und stellte Ähnliches auch bei anderen Begriffen fest: nämlich ›Werk Gottes‹ meint das Werk, das Gott in uns wirkt, ›Kraft Gottes‹ meint die Kraft, durch die er uns stark macht, ›Weisheit Gottes‹ meint die Weisheit, durch die er uns weise macht; ein Gleiches gilt auch von ›Stärke Gottes‹, ›Heil Gottes‹, ›Herrlichkeit Gottes‹.«[97]

Die Gerechtigkeit ist also reines Geschenk, an keine Vorbedingung auf seiten des Menschen gebunden. Nach dem Wort des Apostels Paulus (Römer 4, 5) rechtfertigt Gott den Gottlosen. Nicht der Mensch ist es, der sich zu Gott aufmacht; sondern Gott ist es, der aus freier Gnade zu den Menschen kommt. Gott gegenüber kann sich der Mensch nur passiv verhalten. Vor ihm kann der Mensch keine Verdienste aufweisen, er kann weiter nichts tun, als sich beschenken lassen. In Christus ist Gott nicht der Richter, sondern der Vater. Der Mensch hat weiter nichts zu tun, als das Geschenk Gottes dankbar anzunehmen. Eben das ist der Glaube. Glaube heißt, nicht auf seine eigenen Werke bauen, sondern demütig und dankbar die göttliche Hand ergreifen, die sich nach uns ausstreckt, heißt, wie ein Kind zu seinem Vater Vertrauen und Liebe haben. Dieses Vertrauen kann der Mensch nur auf Grund von Gottes gnädiger Zuwendung in Christus fassen.

Es ist ein verbreitetes Mißverständnis, als habe Luther zwar die Werke als Vorbedingung für die Erlangung der Sündenvergebung überwunden, aber nur, um den Glauben an diejenige Stelle zu setzen, die für die katholische Lehre die Verdienste einnehmen. Der Glaube wäre dann die Vorbedingung, auf welche die Rechtfertigung folgt; er wäre noch immer ein vom Menschen zu leistendes Werk. Hätte Luther diese Meinung vertreten, so hätte er die teure katholische Gnade durch eine billige, vermeintlich evangelische Gnade ersetzt. Aber für ihn ist doch der Glaube nicht die Bedingung der Rechtfertigung, sondern ihre Verwirklichung; und auch diese Verwirklichung, eben der Glaube, ist Geschenk Gottes. Hierbei handelt es sich nicht um ein psychologisches, sondern um ein theologisches Urteil. Psychologisch gesehen, ist der Glaube zweifellos dem menschlichen Seelenleben zuzuweisen und besteht in gewissen, auch psychologisch zu umschreibenden Akten. Aber theologisch gesehen, ist doch der Glaube Gottes Werk, so wie Luther im Kleinen Katechismus in der Erklärung zum dritten Artikel gesagt hat: »Ich glaube, daß ich nicht aus eigener Vernunft noch Kraft an Jesum Christum, meinen Herrn, glauben oder zu ihm kommen kann, sondern der Heilige Geist hat mich durchs Evangelium berufen, mit seinen Gaben erleuchtet, im rechten Glauben geheiligt und erhalten.« Luther hatte es an sich selbst erfahren, daß ein solcher Glaube nicht durch eigene Entschlüsse zu erlangen ist, sondern daß einem dazu die Augen aufgetan werden müssen.

Aber entläßt Luther mit seiner Auffassung über die Rechtfertigung den Menschen nicht in die Passivität? Wie läßt sich aus Luthers Verständnis der Rechtfertigung eine christliche Ethik begründen? Diese Frage ist schon im 16. Jahrhundert von katholischer Seite immer wieder an Luthers Rechtfertigungslehre gestellt worden und begegnet auch heute noch oft in der Kontroversliteratur. Tatsächlich beruht dieser Einwand auf einem Mißverständnis der lutherischen Rechtfertigungslehre. Luther hat seine Auffassung von der Ethik wohl nirgends so knapp und treffend entfaltet wie in dem Traktat »Von der Freiheit eines Christenmenschen« (1520). Scharf hat er hier zwei Thesen aufgestellt: »Ein Christenmensch ist ein freier Herr über alle Ding und niemandem untertan. Ein Christenmensch ist ein dienstbarer Knecht aller Ding und jedermann untertan.«[98] Luther erklärt diese Paradoxe dahin, daß jeder Mensch zweifacher Natur ist, einmal geistlicher, nämlich nach seiner Seele oder seinem innerlichen Menschen, sodann leiblicher, nämlich nach seinem alten und äußerlichen Menschen. Beide sind nach der Heiligen Schrift ebenso im Gegensatz zueinander wie Freiheit und Dienstbarkeit.

Was den geistlichen Menschen betrifft, so gilt, daß nicht die Werke, sondern allein der Glaube fromm, frei und selig macht. »Die Seele hat kein ander Ding, weder im Himmel noch auf Erden, darinnen sie lebe, fromm, frei und Christin sei, denn das heilige Evangelium, das Wort Gottes, von Christo gepredigt.« »So müssen wir nun gewiß sein, daß die Seele kann alles Dinges entbehren außer dem Worte Gottes, und ohne das Wort Gottes ist ihr mit keinem Ding geholfen. Wo sie aber das Wort hat, bedarf sie auch keines andern Dinges mehr, sondern sie hat in dem Wort genug Speise, Freude, Friede, Licht, Kunst, Gerechtigkeit, Wahrheit, Weisheit, Freiheit und alles Gut überschwenglich.«[99] Wo der Mensch vor Gott steht, da ist kein Platz für Leistung und Anspruch, sondern allein für Glauben und Vertrauen.

Aber nun ist der Mensch nicht nur geistlich, sondern auch leiblich. Gewiß, wäre er schon ganz geistlich, dann bedürfte es keiner Bemühungen mehr. Doch solange der Mensch auf Erden bleibt, ist die neue Gerechtigkeit, die ihm geistlich bereits ganz zugeeignet ist, immer nur im »Anheben und Zunehmen« da, nicht aber schon in fertiger Weise. »Da heben nun die Werke an. Hier muß er nicht müßig gehn, da muß fürwahr der Leib mit Fasten, Wachen, Arbeiten und mit aller mäßigen Zucht getrieben und geübt sein, daß er dem innerlichen Menschen und dem Glauben gehorsam und gleichförmig werde, nicht hindere noch widerstrebe, wie seine Art ist, wo er nicht gezwungen wird.«[100] Diese Werke sollen nicht in der Meinung geschehen, daß man durch sie vor Gott gerecht und fromm werde. Vielmehr sollen sie aus freier Liebe umsonst getan werden. Gute, fromme Werke machen niemals einen guten, frommen Mann, sondern ein guter, frommer Mann macht gute, fromme Werke. Für das Verhältnis zu den Mitmenschen bedeutet das aber, daß sich der Christ, gerade auf Grund seiner Freiheit, allen zum Knecht machen soll.

So gründet Luthers Ethik nicht nur in einem Appell an den Menschen, sondern ist auf das engste mit seiner Auffassung über die Rechtfertigung und ihren geistlichen Sinn verknüpft. Von da aus hat Luther eine völlig neue Berufsauffassung entwickelt. »Beruf« ist jetzt nicht mehr die Berufung in den gegenüber dem Weltleben höherstehenden Mönchsstand, sondern ist die Tätigkeit zu Nutz und Frommen der Mitmenschen. Die moderne Auffassung vom Beruf geht auf Luther zurück.

Luthers reformatorische Entdeckung betraf an sich nur die Frage nach der Gerechtigkeit Gottes und nach der Rechtfertigung des Menschen. Aber sie enthielt doch tatsächlich im Ansatz eine umfassende neue Theologie. Schritt für Schritt hat Luther in den Jahren nach 1514 Folgerungen aus seiner Erkenntnis gezogen, die sich auf beinahe sämtliche Bereiche der Theologie und der Kirchenlehre erstreckten. Die Lehre von der Kirche wurde umgeformt, wobei der Ton auf die Predigt des Evangeliums und das rechte Hören gelegt wurde. In den Sakramenten konnte Luther nicht mehr eine dem Menschen seinshaft eingegossene neue Qualität sehen, die jeder erlangt, der »keinen Riegel vorschiebt«, und die den Menschen befähigen soll, ein besseres und Gott wohlgefälligeres Leben zu führen sowie zu seiner eigenen Rechtfertigung im Sinne der Gerechtmachung beizutragen. Vielmehr kam es für Luther nun auch bei den Sakramenten vor allem auf die göttliche Verheißung an, die im Glauben ergriffen sein will. Auch hier traten an die Stelle von dinglichen Kategorien personale. Auch das ganze hierarchische System des Katholizismus und die Auffassung vom Kirchenrecht mußten hinfallen, obwohl Luther anfangs in der Praxis möglichst schonend vorgehen wollte.

In dogmengeschichtlicher Hinsicht sollte aber besonders eines bedeutsam werden, nämlich das neue Verständnis, die neue Auffassung vom Bekennen.

Das zweifache Bekennen

Selbstverständlich hatte die Kirche seit eh und je von der Aufgabe des Bekennens gewußt. Augustin hat darüber in seinen »Bekenntnissen« tiefe Worte gefunden. Und doch hat das Bekennen bei Luther einen neuen Charakter gewonnen. Das liegt daran, daß auch das Bekennen bei Luther auf das engste mit seiner neuen reformatorischen Erkenntnis zusammenhängt. Augustins »Bekenntnisse« haben den doppelten Zweck gehabt, sowohl die Sünden als auch das Lob Gottes zu bekennen. Wie er sagt, berichtet er von seinem Leben, »damit ich und jeder, der es liest, bedenke, daß man aus jeder Tiefe, sei sie auch noch so groß, zu Dir, Gott, rufen soll. Denn was ist näher Deinem Ohr als ein bekennendes Herz und ein Leben aus dem Glauben?«[101] Diese Auffassung vom Bekennen ist von Luther auf Grund seiner Anfechtungserfahrung und seiner reformatorischen Entdeckung wesentlich vertieft worden.

Schon in seiner ersten Psalmenvorlesung hat Luther einmal gesagt: Frommsein heißt nicht die eigene Gerechtigkeit behaupten, nicht sich selbst rechtfertigen, sondern vielmehr sich Gottes Gerechtigkeit unterwerfen, das Bekenntnis auf sich nehmen, grundsätzlich sich selbst anklagen, sich selbst richten und Gott recht geben[102]. Das Bekenntnis der eigenen Sündhaftigkeit ist so radikal wie nur möglich. Nur wer seine eigene Nichtigkeit und Unwürdigkeit vor Gott erkennt und bekennt, wird gerechtfertigt. Das Bekenntnis der eigenen Sündhaftigkeit gehört daher unlöslich mit der Rechtfertigung zusammen. Indem der Mensch sich ganz als Gottes Schuldner bekennt, gibt er Gott recht. Dieses Bekenntnis ist aber zugleich der rechte Lobpreis Gottes: »Wir können Gott nicht besser loben als durch das Bekenntnis unserer Sünden.«[103] Sündenbekenntnis und Lobbekenntnis sind also nur zwei Seiten derselben Sache. In seiner Römerbriefvorlesung sagt Luther: »Das Bekenntnis ist das vornehmste Werk des Glaubens; denn da verneint der Mensch sich selbst und bekennt Gott. Und so verneint er und bekennt, daß er auch das Leben und alles verneint, bevor er sich bejaht. Er stirbt nämlich in dem Bekenntnis zu Gott und in der Verleugnung seiner selbst. Denn wie kann er sich kräftiger verleugnen als damit, daß er stirbt, um Gott zu bekennen? Denn dann gibt er sich selbst auf, damit Gott feststeht und das Bekenntnis zu ihm.«[104]

Dieses Bekenntnis wird aber nicht nur vor Gott abgelegt. Vielmehr wendet sich der Christ mit seinem Bekenntnis zugleich an seine Mitmenschen. In der Vorrede zur Ausgabe des Neuen Testament von 1522 stehen die herrlichen Worte: »Ja, wo der Glaube ist, kann er sich nicht halten, er beweiset sich, bricht heraus und bekennet und lehret solch Evangelium vor den Leuten und waget sein Leben dran. Und alles, was er lebet und tut, das richtet er zu des Nächsten Nutz, ihm zu helfen, nicht allein auch zu solcher Gnade zu kommen, sondern auch mit Leib, Gut und Ehre, wie er siehet, daß ihm Christus getan hat, und folget also dem Exempel Christi nach ... Denn wo die Werk und Liebe nicht herausbricht, da ist der Glaube nicht recht, da haftet das Evangelium noch nicht und ist Christus nicht recht erkannt.«[105]

Von daher ist es eigentlich nur selbstverständlich, daß Luther und die anderen Reformatoren den Mut und die Kraft zu neuen Bekenntnisformulierungen gefunden haben. Diese neuen Bekenntnisse sind nicht erst durch bestimmte äußere Anlässe hervorgerufen worden, wie das vom Augsburger Bekenntnis gesagt werden kann, sondern einfach aus dem inneren Drang heraus entstanden, den Glauben in neuer

Weise auszusagen. Das erste, von Luther neu formulierte Bekenntnis findet sich am Schluß seiner Schrift »Vom Abendmahl Christi, Bekenntnis« (1528). Diese Schrift war von Luther als seine abschließende Äußerung in dem Abendmahlsstreit mit Zwingli gedacht. An ihrem Ende formuliert Luther seinen Glauben, auf dem er bis in den Tod zu bleiben gedenkt, damit jedermann Klarheit darüber habe. Nacheinander behandelt er hier den Glauben an Gott-Vater und die Trinität, an Jesus Christus, den Heiligen Geist, die christliche Kirche, um dann eine Reihe einzelner Fragen wie den Ablaß, das Gebet für die Toten, Anrufung der Heiligen, die Messe usw. zu erörtern. Zum Schluß folgt sein Bekenntnis zur Auferstehung der Toten. Äußerlich fällt bei dieser Gliederung auf, daß auf die Erörterung der grundlegenden Glaubensartikel die Auseinandersetzung mit Rom über die verschiedenen Mißbräuche in Lehre und Praxis der römischen Kirche und zum Schluß die Eschatologie folgt. Allein, es ist doch nicht so, daß diese Auseinandersetzung mit Rom nur im mittleren Teil von Luthers Bekenntnis stattfindet. Vielmehr hat Luther verschiedene Streitfragen schon in den ersten Artikeln behandelt. Das zeigt sich am deutlichsten in dem zweiten Abschnitt, der von Jesus Christus handelt.

In diesem Abschnitt nimmt Luther zunächst in eigenen Formulierungen die altkirchliche Zwei-Naturen-Lehre auf. Aber er begnügt sich nicht damit, das christologische Dogma von Chalkedon zu entfalten. Vielmehr macht es das Besondere dieses Abschnittes aus, daß die ganze Erlösunglehre in die Christologie hineingenommen ist: »Auch glaub ich, daß solcher Gottes und Marien Sohn, unser Herr Jesus Christus, hat für uns arme Sünder gelitten, sei gekreuzigt, gestorben und begraben, damit er uns von der Sünde, Tod und ewigem Zorn Gottes durch sein unschuldig Blut erlöse.«[106] Weiter verwirft Luther in demselben Abschnitt die Lehre des Pelagius vom freien Willen, auch die neuen Pelagianer, die in der Sünde nur ein »Gebrechen« oder »Fehl« sehen. Nicht genug damit, Luther schließt eine Verwerfung der Orden und Klöster an, weil die Mönche meinten, durch die Befolgung der evangelischen Räte vor Gott gerecht werden zu können, obwohl Luther durchaus zugibt, daß es auch in den Klöstern Heilige gegeben hat, die nicht auf ihre Werke, sondern auf Gottes Gnade vertraut haben. Dagegen sagt Luther, daß die einzigen heiligen Orden und rechten Stifte, die Gott selbst eingesetzt hat, das Priesteramt, der Ehestand sowie die weltliche Obrigkeit bzw. die weltlichen Berufe seien. Wer in diesen Ständen lebt, tut eitel heilige Werke.

In ähnlicher Weise hat Luther auch in seinen anderen Bekenntnissen Christologie und Soteriologie miteinander verbunden. Das gilt etwa für die beiden Katechismen, aber vor allem auch für seine »Schmalkaldischen Artikel« von 1537. Dort heißt es: »Daß Jesus Christus, unser Gott und Herr, sei um unserer Sünde willen gestorben und um unserer Gerechtigkeit willen auferstanden (Römer 4, 25) ... Dieweil nun solches muß gegläubt werden und sonst mit keinem Werk, Gesetz noch Verdienst mag erlanget oder gefasset werden, so ist es klar und gewiß, daß allein solcher Glaube uns gerecht mache .. Von diesem Artikel kann man nichts weichen oder nachgeben, es falle Himmel und Erden oder was nicht bleiben will ... Und auf diesem Artikel stehet alles, das wir wider den Papst, Teufel und Welt lehren und leben. Darum müssen wir des gar gewiß sein und nicht zweifeln. Sonst ist's alles verlorn, und behält Papst und Teufel und alles wider uns den Sieg und Recht.«[107]

Wie aus diesen Zitaten hervorgeht, hat Luther die altkirchlichen Dogmen durchaus anerkannt und übernommen. Eine grundsätzliche Kritik an den Lehrentscheidungen der früheren Kirche lag ihm völlig fern. Nur dort griff er Lehren an, wo er von seinem Schriftstudium her zu anderen Ergebnissen kam. Das betraf aber damals kaum die definierten Dogmen. Die Beschlüsse der Konzile im trinitarischen und christologischen Streit akzeptierte Luther, ebenfalls diejenigen des pelagianischen Streites, auch wenn er an dieser oder jener Stelle die Akzente schärfer setzte. Zwar lehnte Luther die auf dem vierten Laterankonzil dogmatisierte Transsubstantiationslehre ab. Aber seine Kritik richtete sich nicht so sehr gegen die Vorstellung einer Wandlung als solche, als vielmehr gegen den gewissen Rationalismus, den dieses Dogma durch seine bindende Erklärung des Geheimnisses der Gegenwart des Herrn darstellt. Zudem war dies im Grunde das einzige Dogma, das Luther angriff. Man mag darüber streiten, welches lehramtliche Gewicht bestimmten Bullen und Entscheidungen der Päpste etwa hinsichtlich des Ablasses zukommt. Aber Luther war doch nicht einfach im Unrecht, wenn er sich 1517 darauf berief, daß in der Lehre vom Ablaß noch nichts entschieden sei und er daher offen über sie disputieren dürfe. Ein Papstdogma gab es noch nicht, und auch in der Mariologie war noch nichts definiert worden. Luther konnte daher mit wirklichem Recht den Anspruch erheben, daß er und die Seinen die wahre alte Kirche repräsentieren und an der Lehre der alten Kirche festhalten.

Gewiß, Luther hat zahlreiche Entscheidungen der alten Kirche kritisiert. Auch vor Konzilsbeschlüssen machte seine Kritik nicht halt. Auf der Leipziger Disputation von 1519 griff er öffentlich die Entscheidung des Konstanzer Konzils in der Angelegenheit von Johannes Huß an. Aber es verdient doch Beachtung, daß Luther im ganzen die dogmatischen Entscheidungen der alten Kirche übernommen hat. Zudem muß man berücksichtigen, daß die Theorie über die Unfehlbarkeit der Konzile noch ziemlich jung war. Sie war in der Form, wie sie von katholischen Theologen gegen Luther vertreten wurde, der gesamten alten Kirche fremd gewesen und eigentlich erst in der Hochscholastik aufgekommen. Augustin hatte zwar schon an die Unfehlbarkeit der Kirche geglaubt. Aber er hatte daraus doch noch keine kirchenrechtlichen Konsequenzen gezogen. Und auch bei Vinzens von Lerinum, der als erster den Gedanken der Tradition nach allen Seiten durchdachte, findet sich noch nichts, was der spätmittelalterlichen Theorie über die Autorität der Konzile an die Seite gestellt werden könnte. Luther konnte daher die Kontinuität der Kirche bei den Evangelischen mit allem Nachdruck betonen.

Freilich müssen hier zwei Einschränkungen gemacht werden. So sehr Luther die Autorität der altkirchlichen Konzilsentscheidungen anerkannte, so ist er doch auch nicht ohne Kritik ihnen gegenüber gewesen. Luther findet die Trinitätslehre in der Heiligen Schrift deutlich zum Ausdruck gebracht. Aber er hat eine Abneigung gegen den Begriff »Dreifaltigkeit«, weil in der Gottheit höchste Einigkeit ist. Trotzdem hält Luther daran fest, daß diese Einheit zugleich die Dreiheit unterschiedener Personen ist. Luther prägt hier sogar ein neues Wort, wenn er sagt: »Nenne es ein Gedritts; ich kann ihm keinen Namen geben.«[108] Auch der Begriff »Person« ist ihm fragwürdig. Und schließlich empfindet Luther selbst gegenüber Augustins Deutung der Person als Relation Zurückhaltung, obwohl er das berechtigte Anliegen dieser Interpretation durchaus zu würdigen weiß.

Wichtiger noch ist die andere Einschränkung. Es ist nicht so, daß Luther die Autorität der altkirchlichen Konzilsentscheidungen akzeptierte, um ihnen seine neue Rechtfertigungslehre einfach hinzuzufügen. Vielmehr hat er umgekehrt die alten Entscheidungen im Lichte seiner reformatorischen Entdeckung gesehen und sie sich von ihr her angeeignet. So fand Luther in der altkirchlichen Christologie sein eigenes Heilsverständnis ausgesprochen, bzw. er konnte dieses in das alte Dogma leicht und auch mit wirklichem Recht hineinlesen. Christologie und Soteriologie sind bei Luther ähnlich wie bei Athanasius oder Kyrill von Alexandrien auf das engste miteinander verbunden, nur daß diese Verbindung jetzt in viel stärkerem Maße bewußt vollzogen wird. Die Christologie hat ihr Ziel in der Lehre von der Rechtfertigung, und die Lehre von der Rechtfertigung ist nichts anderes als die Zusammenfassung der Christologie unter soteriologischem Gesichtspunkt.

Der Streit um das Abendmahl

Das Bekennen, das bei Luther neu eine so zentrale Bedeutung gewonnen hatte, führte nicht nur bei ihm selbst zu neuen Bekenntnisformulierungen, sondern auch zu bestimmten Lehrabgrenzungen gegenüber anderen Anschauungen. Dabei kam es auch innerhalb der verschiedenen Strömungen der reformatorischen Bewegung zu Entscheidungen und Trennungen. Eine erste derartige Abgrenzung hatte Luther schon seit den frühen 20er Jahren gegenüber den sogenannten Schwärmern vorgenommen. Besonders wichtig wurde jedoch in dogmengeschichtlicher Hinsicht der Streit um das Abendmahl, weil hier zugleich verschiedene Stücke der älteren Lehrbildung sowohl in der Christologie als auch in der Auffassung von den Sakramenten von neuem erörtert wurden. Dieser Abendmahlsstreit wurde in der Hauptsache zwischen Luther und Zwingli geführt. Um ihn zu schildern, müssen zunächst die Ausgangspositionen der beiden Hauptkontrahenten skizziert werden.

Luthers Abendmahlslehre hat mehrere Wandlungen durchgemacht. Die Bedeutung dieser Wandlungen wird in der Forschung verschieden beurteilt. Ja die Differenzen bei der Abendmahlsauffassung innerhalb der lutherischen Kirche gehen bis heute zu einem nicht geringen Teil auf die verschiedenen Stufen zurück, die Luthers Abendmahlslehre durchlaufen hat. Nicht zuletzt lassen sich von hier aus, zumindest teilweise, die verschiedenen Stellungnahmen erklären, die von lutherischer Seite zu dem Abendmahlsgespräch innerhalb der Evangelischen Kirche in Deutschland und den sogenannten Arnoldshainer Abendmahlsthesen von 1957 vorliegen.

Luther hat in den frühen Sermonen von 1519 in seiner Sakramentslehre ein Dreifaches unterschieden, nämlich das Sakrament oder Zeichen, die Bedeutung des Sakramentes und den Glauben. Hier liegt noch die scholastische Unterscheidung zwischen dem Sakrament als solchem und der »Sache« des Sakramentes zugrunde, obwohl es bezeichnend ist, daß Luther den Glauben gleichsam in die Definition des Sakramentes mit aufnimmt, weil er die innere Bedeutung der äußeren Gabe zur Geltung bringt und insofern das vermittelnde Glied zwischen dem Sakrament und seiner Bedeutung darstellt. Im Jahre 1520 hat Luther dann beim Abendmahl erstmalig mit Nachdruck die Einsetzungsworte in den Mittelpunkt seiner Erwägungen gerückt. Das ist am deutlichsten in seiner Schrift »Von der babylonischen Gefangenschaft der Kirche« (1520) geschehen. Hier versteht er das Abendmahl vor allem als die göttliche Verheißung, die der Christ gläubig zu ergreifen hat. Gott handelt mit dem Menschen niemals anders als durch das Wort der Verheißung, und darum ist auf seiten des Menschen nicht mehr und nicht weniger als der Glaube notwendig. Zwar unterscheidet Luther innerhalb der göttlichen Verheißung ein Zweifaches, nämlich verbum und signum, das zusagende Wort und das begleitende Zeichen. Aber sein Interesse lag doch ganz bei dem Wort, so daß Luther zugespitzt sagen konnte, daß der Mensch gegebenenfalls auch das Wort ohne das Zeichen haben könne. Wie Luther später zugab, hat er damals eine Zeitlang mit der symbolischen Auffassung der Abendmahlsworte geliebäugelt.

Die dritte Stufe in der Entwicklung von Luthers Abendmahlslehre setzt etwa 1524 ein. Schon 1523 hatte Luther einmal gesagt: »(Das Wort) bringt mit sich alles, was es deutet, nämlich Christum mit seinem Fleisch und Blut und alles, was er ist und hat.«[109] Der Gedanke der Realpräsenz gewinnt nunmehr für ihn an Gewicht. Dieser Gedanke hatte vorher nicht gefehlt, aber er war doch ganz zurückgetreten. Die zentrale Stellung des Gedankens der Sündenvergebung blieb unangefochten. Aber Luther legte doch den Finger manchmal fast ausschließlich auf das »ist«: »Dies ist mein Leib.« Daß es zu dieser verstärkten Betonung des »ist« kam, liegt daran, daß die leibliche Gegenwart Christi von manchen Theologen bestritten wurde. In seinem »Sermon von dem Sakrament des Leibes und Blutes Christi wider die Schwarmgeister« (1526) unterscheidet Luther zwischen dem »objectum fidei, das ist das Werk oder Ding, das man glaubt oder daran man hangen soll«, und dem Glauben oder dem rechten Brauch des Sakraments, und sagt dann selbst: »Nun habe ich bisher von dem ersten Stück nicht viel gepredigt, sondern allein das andere, welches auch das beste ist, gehandelt. Weil aber jetzt dasselbe von vielen angefochten wird, ... will es die Zeit fordern, davon auch etwas zu sagen.«[110] Zu der Bestreitung der leiblichen Gegenwart Christi kam hinzu, daß manche Schwärmer den Zusammenhang zwischen dem Wirken des Geistes und dem Wort der Schrift lösten, an dem Luther gerade Entscheidendes lag.

Auch Zwingli hat in seiner Abendmahlslehre eine bedeutsame Entwicklung durchgemacht, nur daß diese in der entgegengesetzten Richtung verlief wie bei Luther. Zwingli hat bis etwa 1524 eine Abendmahlslehre vertreten, die derjenigen Luthers weithin ähnlich ist. In dieser Frühzeit findet sich noch nichts von seiner späteren symbolischen Deutung. Im Gegenteil, Zwingli lehrte, daß der Glaubende unter dem Brot den sonst im Himmel zur Rechten Gottes sitzenden Christus wirklich genieße: Christus steige im Abendmahl eigens auf die Erde herab. Mit der Frage, wie sich Christus mit den Elementen vereinige, hat Zwingli sich damals nicht weiter befaßt. Er sah in dieser Vereinigung ein Wunder, das man nicht enträtseln solle und das auch den Gläubigen nicht zu bekümmern brauche, da er ja seines Glaubens gewiß sei.

Zu seiner symbolischen Abendmahlsauffassung kam Zwingli erst, als ihm ein Brief des niederländischen Humanisten Cornelius Hoen (Honius), der schon aus dem Frühjahr 1521 stammte, bekannt wurde. Zwingli lernte diesen Brief 1524 kennen. Hoen hatte hier das »ist« der Einsetzungsworte im Sinne von »bedeutet« (significat) interpretiert. Diese Auslegung leuchtete Zwingli ein. Zudem veranlaßte Luthers entschiedene Hinwendung zur Betonung der Realpräsenz Zwingli, die Probleme erneut zu durchdenken, wobei er zu einem ganz anderen Ergebnis als Luther gelangte. Das Abendmahl war für ihn nur ein Gedächtnismahl zur Erinnerung an Jesu Leiden und Sterben. Gleichzeitig ist es aber auch Bekenntnismahl, sofern es nämlich ein Zeichen ist, durch das sich diejenigen, welche sich auf Christi Tod und Blut verlassen, den Brüdern gegenüber zu diesem Glauben bekennen. Diese Auffassung mußte Zwingli notwendig in Gegensatz zu Luther treiben. Ja Zwingli war sogar derjenige, der mit der Polemik gegen den anderen anfing.

Wäre es in dem Abendmahlsstreit allein um die rechte Exegese der Einsetzungsworte gegangen, so wäre der Streit sicherlich nicht so scharf geführt worden und hätte vielleicht sogar beigelegt werden können. Tatsächlich waren aber mit der verschiedenen Interpretation der Abendmahlsworte zahlreiche andere theologische Probleme verbunden, die die Christologie und auch das Verständnis der Fleischwerdung des göttlichen Wortes betrafen, aber nicht zuletzt auch die Gabe des Abendmahls zum Gegenstand hatten. Insofern ging es in dem Abendmahlsstreit letztlich um das Kernproblem der Reformationszeit.

Worauf es Luther vor allem ankam, das war der einfache Sinn der Einsetzungsworte. Sie verheißen und geben dem Menschen die Sündenvergebung. Das fand Luther in dem »für euch« ausgedrückt, und davon ließ er sich nichts abmarkten. Die Vergebung der Sünden aber hängt daran, daß im Sakrament des Abendmahls nicht nur Brot und Wein enthalten sind, sondern daß Christus selbst mit seinem Leib und Blut gegenwärtig ist. Luther sagt einmal: »So fassen die Worte erstlich das Brot und den Becher zum Sakrament, Brot und Becher fassen den Leib und Blut Christi, Leib und Blut Christi fassen das Neue Testament, das Neue Testament fasset Vergebung der Sünden, Vergebung der Sünden fasset das ewige Leben und Seligkeit.«[111] Das ist in der Tat eine geschlossene Argumentation, aus der man nichts herausbrechen darf, wenn die eigentliche Gabe die Vergebung der Sünden bleiben soll.

Allerdings konnte Luther bei der einfachen Behauptung dieser seiner Ansicht nicht stehenbleiben. Die Gegner drängten ihn durch ihre Einwürfe dazu, sich des näheren darüber zu äußern, wie denn Christi Gegenwart im Abendmahl möglich sei. Zwingli fand, daß die Vorstellung eines leiblichen Essens Christi im Widerspruch stehe zu der Aussage Johannes 6, 63: »Das Fleisch ist nichts nütze.« Diese Stelle bildete einen der Hauptstreitpunkte zwischen Luther und Zwingli. Dabei zielte Zwingli darauf ab, daß eben das Fleisch nichts nütze sei, sondern lediglich der Geist. Es geht im Abendmahl um geistige Dinge, und diese geistigen Dinge wirken auf den Geist des Menschen. Was soll ein leibliches Essen Christi auf den Geist des Menschen wirken? Demnach ergab sich für Zwingli von Johannes 6 her zwangsläufig seine symbolische Auffassung des Abendmahls. Luther hielt dem entgegen, daß Zwingli unter Fleisch etwas anderes verstehe als die Bibel, nämlich die Leiblichkeit im Sinne der Antike. Für Luther ging es bei dem Gegensatz zwischen Geist und Fleisch nicht um den Gegensatz zwischen Spiritualismus und Realismus, sondern zwischen göttlichem Geist und menschlicher Sündhaftigkeit. Das leibliche Essen kann, wenn es im Glauben geschieht, durchaus ein geistliches Essen sein. Dementsprechend ist auch Christi Fleisch nicht »fleischlich«, sondern geistlich, weil es aus dem Geiste kommt. Geistlich essen heißt eben nicht, etwas Geistiges genießen, sondern etwas empfangen, was von dem Heiligen Geist kommt. Obendrein stellte Luther in Abrede, daß Johannes 6 überhaupt vom Abendmahl handle.

Schließlich hat Luther unter dem Zwang der Auseinandersetzung seine Christologie weiterentwickelt. Luther hatte in seiner Christologie schon immer den Gedanken in den Mittelpunkt gerückt, daß Gott nur und ausschließlich in Jesus Christus begegne, in ihm aber auch der ganze Gott sich offenbare. Demnach muß man wohl zwischen Menschlichem und Göttlichem in der Person Jesu Christi unterscheiden, aber beides bildet doch eine untrennbare Einheit. Man kann also unmöglich bei Christus Leib und Geist trennen. Das gilt auch für die Zeit nach der Himmelfahrt. Christus ist nirgends nur geistlich gegenwärtig, sondern wenn er gegenwärtig ist, so ist er auch leiblich zugegen — anders wäre seine Gegenwart nicht zum Heile. Der erhöhte Leib ist eben zugleich immer der gekreuzigte, und es ist der gekreuzigte Leib, der erhöht ist und auf Grund der sogenannten communicatio idiomatum, das heißt der wechselseitigen Mitteilung der Eigenschaften der einen Natur Christi an die andere, im Sakrament gegenwärtig ist. Das ist die sogenannte Ubiquitätslehre. Sie hat ihre Spitze in der behaupteten Allgegenwart auch der menschlichen Natur Christi. Luther lehnte es ab, Christi Sitzen zur Rechten Gottes irgendwie lokal zu denken und so eine himmlische Geographie zu entfalten. Gott ist der alles bewegende und durchdringende Wille, und so ist auch seine »Rechte« überall. Mit dieser Auffassung hielt sich Luther im Rahmen der alexandrinischen Christologie, spitzte sie aber scharf zu.

Freilich hatte auch Zwingli seine Gründe. Wenn er auch den Gegensatz zwischen Fleisch und Geist nicht im biblischen, sondern im antiken Sinne verstand, so kann man ihm deshalb doch nicht einfach Rationalismus vorwerfen. Auch ihm ging es letztlich um ein zutiefst theologisches Interesse, nämlich darum, die reine Geistigkeit des Glaubens zu bewahren. Er wollte vor allem daran festhalten, daß der Glaube reines Vertrauen ist. Der Glaube darf und kann sich nicht auf etwas Kreatürliches verlassen; sonst wäre er kein Glaube mehr. Zwingli sagt einmal: »Unser substanzlicher Glaube steht in dem einigen leiblich gekreuzigten, nicht leiblich gegessenen Gott.«[112] Christus ist gewiß auch nach Zwingli im Abendmahl gegenwärtig, aber es ist eine Gegenwart nur »für die Betrachtung des Glaubens«, keine wahre, leibhafte Gegenwart. Die geistliche Gegenwart gilt stets nur für den Glauben. Und was der Glaube empfängt, das genießt er geistlich. Christus ist insofern im Abendmahl gegenwärtig, als man ihm gläubig vertraut.

In der Christologie folgte Zwingli nicht den Alexandrinern, sondern den Antiochenern und unterschied streng zwischen Christi Gottheit und Menschheit. Zwingli dachte sich den erhöhten Leib Christi an einen bestimmten Raum des Himmels gebunden. Als Kreatur ist

Christi leibliche Natur auch nach der Himmelfahrt nicht unendlich und kann daher nicht allgegenwärtig sein. Wenn die Schrift trotzdem von der einen Natur aussagt, was an sich der anderen zukommt, so handelt es sich um eine Allöosis (»Gegenwechsel«), das heißt um eine uneigentliche Redeweise, die an der je besonderen Eigenart und Wirkungsweise der beiden Naturen Christi nichts ändert. Wird also von Christus gesagt, er sei zur Rechten Gottes, so gilt das eigentlich nur von seiner göttlichen Natur. Gleichwohl hielt sich Zwingli durchaus an die Lehrentscheidungen der alten Kirche über die Einheit der Person Christi. Aber er vermochte diese Einheit doch nicht annähernd so überzeugend darzulegen wie Luther. Andererseits muß man freilich zugeben, daß bei Luther manchmal die Gefahr besteht, daß die menschliche Natur Christi zugunsten seiner göttlichen verkürzt wird.

Nachdem Luther und Zwingli, unterstützt von einer Reihe anderer Theologen, Jahre hindurch miteinander literarisch gerungen hatten, kam es schließlich im Oktober 1529 zu dem Marburger Religionsgespräch. Dieses Gespräch war von dem Landgrafen von Hessen, Philipp, in die Wege geleitet worden, um durch eine theologische Annäherung zwischen der deutsch-schweizerischen und der deutschen Reformation die Voraussetzungen für ein umfassendes Bündnis der Protestanten gegen die ständige Bedrohung von seiten des katholischen Kaisers und der katholischen Reichsstände zu schaffen. Leider muß man sagen, daß dieser Plan gescheitert war, bevor er überhaupt entworfen war. Die Unterschiede zwischen Luther und Zwingli waren zu schwerwiegend, als daß sie durch ein kurzes Gespräch hätten aus der Welt geräumt werden können. Keine Seite wollte etwas von ihren wesentlichen Überzeugungen aufgeben. So war die volle Kirchengemeinschaft zwischen Zwingli und Luther nicht zu erreichen, und damit war zugleich auch der kühne Bündnisplan hinfällig.

Trotzdem ist es erstaunlich, wie weitgehend Luther und Zwingli sich in Marburg geeinigt haben. Es wurden 15 Artikel aufgesetzt. In den ersten 14 Artikeln, in denen von der Trinität, von Jesus Christus, von der Erbsünde, vom Worte Gottes, von der Taufe usw. die Rede ist, war man völlig einig. Der 15. Artikel behandelt die umstrittene Abendmahlslehre. Er lautet: »Zum 15. glauben und halten wir alle von dem Nachtmahl unsers lieben Herrn Jesu Christi, daß man beide Gestalt nach der Einsetzung Christi brauchen solle, daß auch die Messe nicht ein Werk ist, damit einer dem andern tot oder lebendig Gnad erlange, daß auch das Sakrament des Altars sei ein Sakrament des

wahren Leibs und Bluts Jesu Christi, und die geistliche Nießung des-
selbigen Leibs und Bluts einem jeden Christen vornehmlich vonnöten.
Desgleichen, der Brauch des Sakraments, wie das Wort von Gott, dem
Allmächtigen, gegeben und geordnet sei, damit die schwachen Gewissen zum Glauben zu bewegen durch den Heiligen Geist, und wie-
wohl aber wir uns, ob der wahre Leib und Blut Christi leiblich im
Brot und Wein sei, dieser Zeit nit vergleicht haben, so soll doch ein
Teil gegen den andern christliche Liebe, so weit jedes Gewissen immer
leiden kann, erzeigen, und beide Teile Gott, den Allmächtigen, fleißig
bitten, daß er uns durch seinen Geist den rechten Verstand bestätigen
wolle.«[113]
Selbst in diesem Artikel hat man doch an verschiedenen Punkten
eine Übereinstimmung konstatiert. Sieht man von der antirömischen
Polemik ab, in der man sich einig war, so hat Zwingli hier zugestanden, daß das Abendmahl ein Sakrament des wahren Leibes und Blutes
Jesu Christi ist, und obendrein einen besonderen Nutzen dieses Sakramentes eingeräumt. Aber auch Luther hat durch die Formulierung über
die »geistliche Nießung« eine gewisse Kompromißbereitschaft gezeigt.
Insofern hat das Marburger Religionsgespräch eine Annäherung zwischen Luther und Zwingli gebracht.
Bedauerlicherweise ist dem in den späteren lutherischen Bekenntnisschriften nicht Rechnung getragen worden. Melanchthon, der an dem
Marburger Gespräch teilgenommen und die Artikel mit unterzeichnet
hatte, hat schon im Jahr darauf in der Augsburgischen Konfession
Formulierungen gebraucht, die die Kluft zwischen Wittenberg und
Zürich aufs neue vertieften und die zu Wortlaut und Geist der Marburger Artikel im Widerspruch stehen. In Artikel 10 der Augsburgischen Konfession heißt es: »Von dem Abendmahl des Herrn wird
gelehrt, daß Leib und Blut Christi wahrhaft gegenwärtig seien und
denen, die am Abendmahl des Herrn teilnehmen, ausgeteilt werden.
Die anders Lehrenden werden verworfen.«[114] Diese Verdammung der
anders Lehrenden richtete sich, wie nicht der geringste Zweifel möglich
ist, vor allem gegen Zwingli und einige Schwärmer wie Karlstadt und
Schwenckfeld. Von dem Gegensatz zur römischen Abendmahlslehre
hat Melanchthon hier, wie auch sonst öfter in der Augsburgischen Konfession, geschwiegen. Leider sollte es nicht das letzte Mal sein, daß die
Lutheraner weniger Entgegenkommen und Verständigungsbereitschaft
zeigten als die Reformierten. Calvin hat später jedenfalls ähnliche Erfahrungen machen müssen wie damals Zwingli.

Von dem neuen Verständnis des Bekennens her kam es nicht nur zu bestimmten Lehrabgrenzungen wie derjenigen, die in dem vorigen Abschnitt erörtert wurde, sondern auch zu umfangreichen Bekenntnisschriften. Dabei haben verschiedene Gründe mitgewirkt. Zunächst war auch hier einfach der Wunsch maßgebend, seinen evangelischen Glauben zu bekennen. In diesem Sinne kann man es als das erste gemeinsame evangelische Bekenntnis bezeichnen, wenn bei dem Reichstag zu Speyer 1526 das Gefolge der evangelischen Fürsten, des hessischen Landgrafen und des sächsischen Kurfürsten, auf den Rockärmeln einheitlich den Spruch trug: Verbum Dei manet in aeternum (Das Wort Gottes bleibt in Ewigkeit; vgl. Jesaja 40, 8). Daneben haben aber auch äußere Faktoren zur Abfassung der Bekenntnisschriften geführt. Das gilt vor allem für die Augsburgische Konfession, die im Blick auf die Religionsverhandlungen des Reichstages zu Augsburg 1530 abgefaßt wurde. Aber auch ganz andere Gründe haben Bekenntnisschriften entstehen lassen. Die beiden Katechismen Luthers sind für den Unterricht im evangelischen Glauben geschrieben worden. Sie waren ursprünglich gar nicht als Bekenntnisschriften gedacht, haben aber gleichwohl später wegen ihrer großen Verbreitung und ihrer Bedeutung für Predigt und Lehre Eingang in das Corpus der Bekenntnisschriften gefunden. Die Schmalkaldischen Artikel waren als Verhandlungsgrundlage für das 1537 nach Mantua einberufene Konzil gedacht, das dann jedoch erst 1545 in Trient zusammentreten sollte. Andere Bekenntnisschriften sollten bestimmte Lehrstreitigkeiten innerhalb der eigenen Kirche entscheiden. Innerhalb der lutherischen Kirche gilt das vor allem für die Konkordienformel.

Die Bekenntnisschriften der Reformation unterscheiden sich in manchen Punkten von den altkirchlichen Bekenntnissen, aber auch von den dogmatischen Entscheidungen des Mittelalters. Äußerlich betrachtet, zeigt sich ein Unterschied darin, daß die altkirchlichen Bekenntnisse in den Gottesdiensten Verwendung fanden, daß aber keine einzige der reformatorischen Bekenntnisschriften jemals im Gottesdienst gebraucht worden ist: sie sind ihrer Natur nach dafür nicht geeignet. Immerhin hatte Luthers Bekenntnis von 1528 doch rein äußerlich einen ähnlichen Charakter wie die altkirchlichen Bekenntnisse, da es auch in der Ich-Form redet. Zudem ist Luthers Erklärung des Glaubensbekenntnisses im Kleinen Katechismus seit jeher in der lutherischen Kirche öfter auch in gottesdienstlichem Gebrauch gewesen. Stärker aber zeigt sich der Unterschied zwischen den altkirchlichen Bekenntnissen und den reformatorischen Bekenntnisschriften, wenn man auf den Inhalt achtet. Die altkirchlichen Bekenntnisse sind knapp formulierte Aussagen über bestimmte Inhalte des christlichen Glaubens. Die Bekenntnisschriften dagegen bieten längere, oft sogar sehr breite Ausführungen über zahlreiche Fragen sowohl des evangelischen Glaubens als auch der Kontroverstheologie. Sie sind über weite Strecken hin theologische Erörterungen und erwecken nach Form und Inhalt nur gelegentlich den Eindruck von wirklichen Bekenntnissen.

Trotzdem kann kein Zweifel bestehen, daß es auch bei den Bekenntnisschriften der Reformation letztlich um nichts anderes ging als um das Bekennen des Glaubens. Der besondere Charakter der Bekenntnisschriften ist durch die gegenüber der früheren Zeit völlig veränderte Situation bedingt.

Als erste lutherische Bekenntnisschrift gilt die Augsburgische Konfession. Kaiser Karl V. wollte auf dem 1530 nach Augsburg einberufenen Reichstag zwischen den beiden streitenden Parteien vermitteln. An sich hatte ja der Wormser Reichstag von 1521 über Luther die Reichsacht verhängt und die Unterdrückung der evangelischen Bewegung beschlossen. Aber die reformatorische Botschaft hatte sich derart schnell ausgebreitet, daß an eine rasche, gewaltsame Lösung gar nicht zu denken war. Zudem hatte Karl V. seit dem Wormser Reichstag fast ununterbrochen Kriege führen müssen und war Jahre hindurch dem Reichsgebiet ferngeblieben. Daraus erklärt sich die große Milde des kaiserlichen Ausschreibens für den Reichstag von 1530. Karl wollte eines jeden »Gutdünken, Opinion und Meinung« hören. So mußten sich die Evangelischen darauf vorbereiten, Rechenschaft abzulegen. Zu diesem Zweck verfaßten die Wittenberger Theologen im März 1530 zu Torgau die sogenannten Torgauer Artikel. Diese behandelten überwiegend nur Fragen der praktischen Kirchenreform. Als die Evangelischen in Augsburg waren, stellte sich bald heraus, daß das Verhandlungsklima sehr viel rauher war, als das kaiserliche Ausschreiben hatte hoffen lassen. Daher mußten auch die Lehrfragen ausführlich erörtert werden. Dieser Aufgabe hat sich, da Luther als Geächteter nicht in Augsburg vor dem Kaiser erscheinen konnte, Melanchthon unterzogen. Er hat dabei für die Lehrfragen die Marburger Artikel vom Oktober 1529 sowie die sogenannten Schwabacher Artikel vom Sommer 1529 herangezogen. Diese Schwabacher Artikel waren von den Wittenberger Theologen verfaßt und hatten ihrerseits teilweise den Marburger Artikeln als Vorlage gedient. Für die Behandlung der praktischen Fragen benutzte Melanchthon die Torgauer Artikel. Stets hat Melanchthon jedoch die älteren Artikel in eine neue Form gebracht und auch sachlich an nicht wenigen Stellen geändert, so daß die Augsburgische Konfession doch ein ganz neues Bekenntnis darstellt. Melanchthon ist übrigens von anderen Evangelischen unterstützt worden; aber die meisten Formulierungen gehen doch auf ihn selbst zurück. Am 25. Juni 1530 fand die feierliche Verlesung des deutschen Textes der Augsburgischen Konfession vor dem Reichstag und in Gegenwart des Kaisers statt. Die Augsburgische Konfession existiert sowohl in einer lateinischen als auch in einer deutschen Fassung. Beide Texte weichen an einigen, auch theologisch wichtigen Stellen etwas voneinander ab. Hier ist der lateinische Text zugrunde gelegt.

Die Entstehung der Augsburgischen Konfession spiegelt sich auch in ihrem Aufbau wider. Die Augsburgische Konfession enthält zwei Teile. Der erste, die Artikel 1—21 umfassend, behandelt »die hauptsächlichen Artikel des Glaubens«; der zweite, der die Artikel 22—28 enthält, bringt »Artikel, in welchen die Mißbräuche erörtert werden, die geändert sind«. Schon aus den Überschriften dieser beiden Teile wird ersichtlich, daß die Augsburgische Konfession den Eindruck erwecken möchte, als wären nicht die eigentlichen Lehrfragen, sondern lediglich bestimmte Mißbräuche strittig. Tatsächlich betont Melanchthon am Ende des ersten Teiles: »Dies ist die Summe der Lehre bei uns. In ihr ist, wie man sehen kann, nichts enthalten, was von der Schrift oder von der katholischen Kirche oder von der römischen Kirche abweicht, wie es aus den Kirchenvätern uns bekannt ist. Da das so ist, urteilen diejenigen nicht milde, die die Unseren zu Häretikern erklären wollen. Der ganze Streit betrifft einige wenige Mißbräuche, welche ohne gewisse Autorität in die Kirche Eingang gefunden haben.«[115] Das war eine deutliche Abschwächung der vorhandenen Differenzen, die um so weniger zu überzeugen vermochte, als Melanchthon in der Augsburgischen Konfession von Fragen wie dem Papsttum und dem Ablaß vollends schwieg. Lehrstücke wie das von der Rechtfertigung oder von der Predigt oder von der Kirche waren zudem im ersten Teil erörtert: über sie sollten angeblich keine Meinungsverschiedenheiten bestehen! Melanchthon kann solche Aussagen schwerlich mit gutem Gewissen gemacht haben. Dazu wußte er viel zu gut über die Tiefe der Kluft zwischen Katholiken und Protestanten Bescheid. Der Grund für diese

Verharmlosung besteht in der damals besonders bedrohten Lage der
Evangelischen. Melanchthon wollte alles versuchen, um den Katholiken so weit wie möglich entgegenzukommen; andererseits wollte er
aber auch nicht zentrale evangelische Glaubensartikel aufgeben.

Die ersten Artikel handeln von Gott, von der Erbsünde und vom
Sohn Gottes. Melanchthon nimmt hier die Entscheidungen der altkirchlichen Konzile auf, ohne jedoch die enge Verbindung zur Sotero-
logie herzustellen, die in Luthers Bekenntnissen begegnet. Der vierte
Artikel erörtert die Rechtfertigung: »Ebenso wird gelehrt, daß die
Menschen vor Gott nicht aus eigenen Kräften, Verdiensten oder Werken gerechtfertigt werden, sondern umsonst um Christi willen durch
den Glauben gerechtfertigt werden, wenn sie glauben, daß sie in Gnaden angenommen und die Sünden um Christi willen vergeben werden, der durch seinen Tod für unsere Sünden Genugtuung geleistet
hat. Diesen Glauben rechnet Gott als Gerechtigkeit an, die vor ihm
gilt.«[116] Melanchthon hat mit diesem Satz der evangelischen Auffassung von der Rechtfertigung einen knappen und treffenden lehrmäßigen Ausdruck verliehen. Freilich, die ganze Tiefe der Anschauung
Luthers von der Rechtfertigung findet man hier nicht. Das gilt weniger
darum, weil das berühmte »allein« im Wortlaut dieser Formel fehlt,
als vielmehr wegen einiger inhaltlicher Akzentverschiebungen. Das
»um Christi willen durch den Glauben« kann hier leicht im Sinne
einer Rationalisierung mißverstanden werden, als ob der Glaube nun
doch diejenige Stelle einnehmen soll, die für die katholische Auffassung
die Verdienste innehaben. Melanchthon hat diesen Artikel sicher nicht
so verstanden wissen wollen. Aber man spürt dieser Formel doch an,
daß sie nicht aus schwersten, inneren Anfechtungen heraus gefunden
ist. Tatsächlich läßt sich bei Melanchthon in späterer Zeit eine folgenreiche Veränderung in der Rechtfertigungslehre beobachten, wonach
der Mensch doch die Fähigkeit hat, sich der Gnade Gottes zu öffnen,
und bei der Bekehrung drei Ursachen zusammenwirken, nämlich das
Wort, der Heilige Geist und der Wille, der nicht müßig ist, sondern
seiner eigenen Schwachheit widerstreitet.

Daß Melanchthon hier nicht die volle Auffassung Luthers über die
Rechtfertigung wiedergegeben hat, tritt vor allem auch in Artikel 6
zutage, der vom neuen Gehorsam handelt: »Ebenso wird gelehrt, daß
jener Glaube gute Früchte hervorbringen muß und daß es nötig ist, die
von Gott gebotenen guten Werke zu tun, wegen des Willens Gottes,
nicht damit wir darauf vertrauen, daß wir durch diese Werke die

Rechtfertigung vor Gott verdienen.«[117] Luther hat niemals gesagt, daß es sich bei dem Tun der Werke um ein Müssen handelt, zu welchem der Glaube verpflichtet ist. Melanchthon hat Luthers umfassendes, tiefes Verständnis des Glaubens hier nicht voll wiedergegeben. Auch hier zeigt sich somit eine Akzentverschiebung, die zunächst kaum bemerkt wurde, die aber später zu folgenreichen Entwicklungen führen sollte.

Vom Predigtamt heißt es in Artikel 5: »Damit wir diesen Glauben erlangen, ist das Amt eingesetzt, um das Evangelium zu verkündigen und die Sakramente darzureichen. Denn durch das Wort und die Sakramente wird, gleichsam als durch Instrumente, der Heilige Geist gegeben, der den Glauben bewirkt, wo und wann es Gott gefällt, in denen, die das Evangelium hören.«[118] Wichtig ist hier, daß die Gabe des Heiligen Geistes an Wort und Sakrament gebunden wird. Damit wird die Auffassung der Schwärmer abgewehrt, als ob der Geist unabhängig von der Predigt und den Sakramenten zuteil wird.

Wort und Sakrament bestimmen auch die Kirche (Artikel 7): »Ebenso wird gelehrt, daß es immer eine heilige Kirche geben wird. Die Kirche ist aber die Versammlung der Heiligen, in welcher das Evangelium rein gelehrt wird und die Sakramente recht verwaltet werden. Und zur wahren Einheit der Kirche ist es genug, wenn man betreffs der Verkündigung des Evangeliums und der Verwaltung der Sakramente übereinstimmt. Es ist nicht nötig, daß überall die gleichen menschlichen Traditionen, Riten oder Zeremonien herrschen.«[119] Hier zeigt sich das neue evangelische Verständnis der Kirche. Auf der einen Seite ist alles auf Predigt und Sakrament konzentriert und wird nichts von der Notwendigkeit des vollen Heilsglaubens genommen; es genügt nicht, wenn man nur »keinen Riegel vorschiebt«. Auf der anderen Seite ist das evangelische Kirchenverständnis von ökumenischer Weite. Äußere Faktoren sind für das Vorhandensein der Kirche nicht ausschlaggebend. Die Reformatoren haben der römischen Kirche nicht bestritten, daß sie Kirche ist. Trotz aller Entstellung der rechten Verkündigung fand Luther, daß auch Rom die Schrift, die Sakramente und in gewisser Hinsicht auch den Glauben hat. Was Luther Rom vorwarf, war, daß Göttliches und Menschliches vermischt und daß zweitrangige Dinge für heilsnotwendig erklärt wurden. Bleiben sie zweitrangig, so können sie nach lutherischer Auffassung geduldet werden. In dieser Freiheit steht die lutherische Kirche etwa dem Problem der apostolischen Sukzession gegenüber.

Nicht unproblematisch ist freilich die Sakramentslehre der Augsburgischen Konfession. Das gilt zunächst für die Frage der Zahl der Sakramente. Melanchthon geht auf sie nicht ausdrücklich ein. Aber indirekt läßt sich seine Auffassung deutlich ablesen. Da er nacheinander Taufe, Abendmahl, Beichte und Buße behandelt, um sodann »vom Gebrauch der Sakramente« zu handeln (Artikel 9—13), ist mit Sicherheit auch die Buße bzw. Beichte als Sakrament verstanden. Dabei hatte Melanchthon sich schon in seinen Loci communes von 1521 Luthers Auffassung zu eigen gemacht, daß nur Taufe und Abendmahl Sakramente seien, weil nur ihnen äußere Zeichen beigegeben seien. Melanchthon hat sich an dieser Stelle in der Augsburgischen Konfession wieder von seiner oft allzu großen Kompromißbereitschaft leiten lassen. In der Apologie hat er ausdrücklich drei eigentliche Sakramente zugestanden, nämlich Taufe, Abendmahl und Buße; bei der Ordination war er bereit, sie allenfalls auch noch als Sakrament anzuerkennen. Hier leidet das grundlegende Bekenntnis der lutherischen Kirche an einer gewissen Unklarheit, die ihr auch von den späteren Bekenntnisschriften nicht genommen worden ist.

Von den übrigen Bekenntnisschriften der lutherischen Kirche — auf die Katechismen und die Schmalkaldischen Artikel Luthers wurde schon hingewiesen — sind noch die Apologie und die Konkordienformel zu nennen.

Als die Augsburgische Konfession verlesen und dem Kaiser übergeben war, begannen die Katholiken, eine Erwiderung zu verfassen. Nach dem kaiserlichen Ausschreiben hätten sie an sich ebenfalls eine Darlegung ihrer Lehre geben sollen. Allein, sie hatten es zunächst abgelehnt, eine eigene Bekenntnisschrift vorzulegen, mit der Begründung, nicht sie, sondern die Protestanten seien von der überkommenen Lehre abgewichen; daher sei es deren Sache, sich zu verteidigen. Nun aber schrieben einige katholische Theologen, unter ihnen vor allem Eck, eine Entgegnung, die sogenannte Confutatio. Sie geht Punkt für Punkt auf die Augsburgische Konfession ein und sucht sie zu widerlegen. Als Entgegnung auf die Confutatio verfaßte Melanchthon wiederum die Apologie des Augsburgischen Bekenntnisses. Übrigens hatte sich der Kaiser nach der Verlesung der Confutatio am 3. August 1530 geweigert, den Evangelischen ein Exemplar derselben auszuhändigen. Melanchthon war daher bei der Ausarbeitung seiner Apologie auf einige Notizen angewiesen, die manche Protestanten bei der Verlesung der Confutatio insgeheim gemacht hatten.

Die Apologie folgt in ihrem Aufbau ganz der Augsburgischen Konfession. Am wichtigsten ist in der Apologie der vierte Artikel, der die Lehre von der Rechtfertigung eingehend behandelt und dabei auch Belege aus den Kirchenvätern beibringt, um zu zeigen, daß die evangelische Rechtfertigungslehre nicht etwas völlig Neues darstellt. Sachlich ist besonders bedeutsam, daß Melanchthon hier wiederholt betont, daß die Rechtfertigung nicht nur die Zurechnung der fremden Gerechtigkeit Christi, sondern auch die Gerechtmachung des Ungerechten bedeutet. In diesem Punkt sind die Ausführungen der Apologie eine wichtige Ergänzung zu denjenigen in der Augsburgischen Konfession.

Zwischen der Abfassung der Augsburgischen Konfession und der Apologie auf der einen und der der Konkordienformel, die in ihrer heutigen Form im Jahre 1577 entstand, auf der anderen Seite liegen fast fünf Jahrzehnte. In ihnen hat die lutherische Theologie und Kirche eine bedeutsame und folgenreiche Wandlung durchgemacht. Luther war 1546 gestorben. Nach seinem Tode kam es innerhalb der lutherischen Kirche zu einer Reihe von schweren Lehrstreitigkeiten. Diese waren teilweise durch die Veränderung hervorgerufen, die Melanchthon in seiner Theologie seit der Mitte der 30er Jahre durchgemacht hatte und die im Laufe der Zeit immer schärfer hervortrat. Die einen wollten das wahre Erbe Luthers wieder zur Geltung bringen, die anderen bemühten sich mit Melanchthon um eine irenische Linie, und manche gerieten zwischen beide Gruppen. Luther selbst hatte die Unterschiede, die sich in seinen letzten Jahren in theologischer Hinsicht zwischen ihm und Melanchthon zeigten, nicht beachtet. Er muß um sie gewußt haben, da er von verschiedenen Seiten ausdrücklich auf sie aufmerksam gemacht wurde. Aber er hat sie, von einigen Streitigkeiten abgesehen, in der ihm eigenen Großzügigkeit nicht weiter schwer genommen. Gerade die Tatsache, daß Luther selbst hier nicht Stellung bezogen hatte, machte den späteren Theologen die Entscheidung so schwer. Im Grunde konnte keine der streitenden Parteien sich mit vollem Recht auf Luther berufen. Daß Melanchthon von ihm an wesentlichen Punkten abwich, war deutlich. Aber auch die »Gnesiolutheraner« (echten Lutheraner) hatten doch eher Luthers Formeln als Luthers Geist. Auf breiter Front setzte die Entwicklung zur Orthodoxie ein. Aus der Bekenntniskirche wurde die Lehrkirche. Trotzdem kann kein Zweifel sein, daß die Position, die die Konkordienformel in den Streitfragen bezieht, der Theologie Luthers näher ist als diejenige der von ihr abgelehnten Meinungen.

Die Streitigkeiten, auf die hier nicht näher eingegangen werden kann, betrafen unter anderem verschiedene Probleme der Rechtfertigungslehre, darunter auch Melanchthons »Synergismus«, das heißt die Lehre von dem Zusammenwirken zwischen göttlicher Gnade und menschlichem Willen; ferner ging es um die Lehre vom Abendmahl, um bestimmte Probleme der Christologie und auch um die Lehre von Gesetz und Evangelium. Es bedurfte langer Bemühungen und Verhandlungen, ehe die Konkordienformel schließlich von einer großen Zahl lutherischer Fürsten und Theologen angenommen wurde. Ganz durchgesetzt hat sie sich freilich im Luthertum nicht. Die Augsburgische Konfession blieb auch weiterhin das grundlegende Bekenntnis der Lutheraner und hat diese Rolle bis heute behalten.

Die neuere Lutherforschung hat die Unterschiede zwischen Luther und Melanchthon sowie der späteren Konkordienformel an einer ganzen Reihe von Punkten scharf herausgearbeitet. Von daher stellt sich die Frage, ob die lutherische Kirche im Konfliktsfall eher Luther oder den Bekenntnisschriften folgen soll. Beide Antworten, die man auf diese Frage geben kann, haben ihre besonderen Schwierigkeiten. Entscheidet man sich dafür, daß die Bekenntnisschriften, insbesondere die Augsburgische Konfession, normativ sind, dann hat man zwar den Vorteil, daß man nicht auf die Worte eines einzigen Meisters schwört; dafür gibt man aber wesentliche Erkenntnisse Luthers auf, deren Preisgabe sich schon wiederholt schwer gerächt hat. Stellt man hingegen Luthers Theologie höher als die Autorität der Bekenntnisschriften, dann hat man zwar eine Theologie für sich, die an Tiefe und innerer Geschlossenheit in der Kirchen- und Dogmengeschichte wohl nicht ihresgleichen gefunden hat; dafür aber macht man einen einzelnen Theologen zum Richter über spätere Entwicklungen, die teilweise aus ganz neuen Situationen heraus entstanden sind.

Es ist gut, daß die lutherische Kirche diese Frage nicht in dem einen oder anderen Sinne zu beantworten braucht. Wenn sie der Sache des Evangeliums treu bleiben will, dann darf sie dieses Problem auch nicht endgültig lösen wollen. Weder die Theologie Luthers noch die Aussagen der Bekenntnisschriften sind ein letztes. Sie wollen das auch gar nicht sein, vielmehr wollen sie zu einem tieferen und besseren Verständnis der Heiligen Schrift anleiten. Sie erheben daher ausdrücklich nicht den Anspruch auf unfehlbare Autorität, sondern stellen sich unter die Autorität der Schrift. Darum hat die lutherische Kirche sowohl gegenüber Luthers Theologie als auch gegenüber den Bekenntnisschriften eine evangelische Freiheit. Diese Freiheit bedeutet nicht Willkür und Individualismus. Denn immerhin haben die Väter der lutherischen Kirche auf Grund angestrengten Schriftstudiums und nicht selten unter dem Einsatz ihrer Existenz ihre Aussagen gemacht und hat die Kirche darin das rechte Verständnis des Evangeliums bezeugt gefunden.

Calvin und die reformierte Kirche

Aus der reformatorischen Bewegung ist nicht eine einheitliche evangelische Kirche hervorgegangen, sondern zwei große protestantische Kirchentypen, der lutherische und der reformierte, wobei es im einzelnen noch eine Anzahl von Differenzierungen gibt. Wie ist es dazu gekommen, und welche Bedeutung hat diese Tatsache in dogmengeschichtlicher Hinsicht?

Die Antwort auf diese Frage scheint einfacher zu sein, als sie in Wirklichkeit ist. Natürlich leiten sich die reformierten Kirchen von Calvin her, ebenso wie die lutherischen Kirchen auf Luther zurückgehen. Allein, die Frage nach den inneren Gründen, die zur Entstehung zweier reformatorischer Kirchen geführt haben, und auch die nach deren dogmengeschichtlicher Eigenart ist doch nicht so schnell zu beantworten. Hier haben verschiedene Faktoren mitgewirkt.

Zunächst ist darauf hinzuweisen, daß Luther, aber auch die anderen Reformatoren, nicht die Absicht gehabt haben, eine neue Kirche zu gründen, sondern die gesamte Kirche zu reformieren, sie von den »papistischen« Zusätzen zu reinigen und neu nach Gottes Wort zu gestalten. Dieser Versuch ist damals im 16. Jahrhundert an verschiedenen Stellen unternommen worden. Im ganzen ist er gescheitert, sofern sich nämlich die römische Kirche der Reformation versagt hat. Daher ist es zur Gründung evangelischer Kirchen gekommen. Man hat damals aber noch nicht in ausreichendem Maße die Aufgabe erkannt und in Angriff genommen, die verschiedenen evangelischen Kirchen zu einer Einheit zusammenzubringen. Die Auseinandersetzung mit Rom und die mannigfachen politischen Verwicklungen, in die die Reformation hineingeriet, haben viele Versuche, zu einer einheitlichen evangelischen Kirche zu gelangen, nicht wirksam werden lassen oder auf halbem Wege zum Stillstand gebracht. Wenn es auch zwischen Luther und Zwingli zum Bruch gekommen war, so wäre doch an anderen Stellen eine engere Gemeinschaft zwischen den verschiedenen evangelischen Kirchen, wie sie sich herausbildeten, grundsätzlich möglich gewesen.

Sodann muß man sagen, daß die innere Entwicklung, welche die lutherische Reformation nach Luthers Tode durchmachte, eine engere Gemeinschaft mit anderen evangelischen Kirchen auch sachlich unmöglich machte. Die Verfestigung der lutherischen Theologie zu einer gnesiolutherischen Orthodoxie, die ihrerseits nicht zuletzt durch Melanchthons Preisgabe einiger zentraler Anliegen Luthers bedingt war, führte zu einer Entfremdung vor allem zwischen der lutherischen Kirche und der Reformation Calvins. Dadurch sind Ansätze, die an sich vorhanden waren, nicht ausgenutzt worden. Calvin hat niemals eine reformierte Kirche gründen wollen. In den Anhängern der Augsburgischen Konfession sah er nicht Glieder einer anderen Kirche. Calvin hat vielmehr selbst die Augsburgische Konfession, allerdings in der abgeänderten Fassung von 1540, unterzeichnet und sich um eine Annäherung der verschiedenen evangelischen Richtungen bemüht. Freilich hat er damit keinen Erfolg gehabt. Der Protestantismus hat bis heute an den Konsequenzen dieser Entwicklung zu tragen.

Die neuere Forschung hat in immer stärkerem Maße gezeigt, daß Luther und Calvin sich in vielem, und zwar gerade in den entscheidenden Fragen, sehr nahe stehen. Calvin selbst wußte sich Luther verpflichtet. Die erste Auflage seines großen Werkes »Unterricht in der christlichen Religion« (1536) ist im Aufbau und auch in vielen Einzelheiten nach Luthers Kleinem Katechismus gestaltet. In einem Brief vom 25. November 1544 konnte Calvin sagen: »Wenn Luther mich auch einen Teufel schölte, so werde ich ihm doch die Ehre antun, ihn für einen ganz hervorragenden Knecht Gottes zu halten, der freilich auch an großen Fehlern leidet, wie er an herrlichen Tugenden reich ist.«[120] Und 1545 hat er sogar über Melanchthon einen Brief an Luther gerichtet, der diese Verehrung bezeugt. Calvin nennt den Wittenberger Reformator seinen »im Herrn hochgeachteten Vater«[121]. Allein, der ängstliche Melanchthon hat diesen Brief nicht an Luther weitergegeben. So ist dieser einzige Versuch einer persönlichen Kontaktaufnahme zwischen Luther und Calvin gescheitert.

Was Luther betrifft, so hat er zwar manchmal Sorge gehabt, Calvin könnte es in der Abendmahlslehre mit Zwingli halten. Aber er hat doch zwischen Zwingli und Calvin durchaus zu unterscheiden gewußt. 1539 hat er einmal ausdrücklich einen Gruß an Calvin aufgetragen, weil er dessen damals gerade erschienene Reformationsschrift »Antwort an Sadolet« mit besonderem Vergnügen gelesen habe[122]. Wenn auch später eine so freundliche Äußerung von seiten Luthers nicht mehr begegnet, so hat Luther doch keinen Trennungsstrich zwischen Calvin und sich selbst gezogen. Die Dinge sind hier bis zu Luthers Tode offen geblieben. Später hat sich das Verhältnis zwischen Calvin und den lutherischen Theologen bald verschlechtert.

Sieht man von den persönlichen Beziehungen zwischen Luther und Calvin ab und richtet den Blick auf ihre Theologie, so ist auch hier festzustellen, daß manche verheißungsvollen Ansätze nicht weitergeführt worden sind. In früherer Zeit hat man es gern als besondere Eigentümlichkeit Calvins bezeichnet, daß er die doppelte Prädestination lehrt. Aber es ist kein Zweifel, daß auch Luther an der Prädestination in schroffer Weise festhielt. Und ein wesentlicher Zug ist gerade hier beiden gemeinsam, daß nämlich die Prädestinationslehre nicht das Zentrum darstellt, von dem her alles andere entfaltet wird, sondern daß sie der Lehre von der Rechtfertigung zugeordnet ist und nur von ihr her recht gewürdigt werden kann. Oder man hat auf die vierfache Gliederung der Ämter bei Calvin als ein besonderes Charakteristikum des Reformiertentums verwiesen: überall begegnen die Ämter der Pastoren, der Doktoren, der Ältesten und der Diakone. Gewiß, die lutherische Kirche hat diese Einteilung nicht in der gleichen Weise. Aber hat Calvin nicht gerade an diesem Punkte mit dem Gedanken des allgemeinen Priestertums praktisch Ernst gemacht, den Luther theologisch so stark betonte, ohne ihm bei der Neuordnung des Kirchenwesens auch die kirchliche Form zu geben? Ähnlich ist es auch mit zahlreichen anderen Lehrstücken, die man als besondere Eigenart des einen oder des anderen angegeben hat. Akzentverlagerungen finden sich durchaus. Aber wenn man die Verschiedenheit der Charaktere und vor allem die anders geartete äußere und innere Situation berücksichtigt, dann erweisen sich die meisten Unterschiede als zweitrangig. Luther war es, der mit der Reformation begann; Calvin ist schon ein Mann der zweiten Generation. Luther ging aus Rücksicht auf die Schwachen bei seinen Reformmaßnahmen langsam und bedächtig vor; Calvin, der in dem Zeitalter der beginnenden Gegenreformation einer Welt von Feinden gegenüberstand, mußte dementsprechend schärfer und entschlossener zu Werke gehen.

Eine Eigenart hat der durch Calvin geprägte Protestantismus zweifellos darin, daß er ganz besonders die Pflicht zum Bekennen betont hat. Calvin hat vor allem den französischen Protestanten eingeschärft, daß sie mit dem Katholizismus keine Kompromisse schließen dürfen. Der Besuch der Messe galt damals als Prüfstein des Glaubens. Viele

Anhänger der Reformation hatten gemeint, sie könnten äußerlich den Forderungen des Katholizismus nachgeben, aber innerlich dabei doch evangelische Christen sein. Allein, Calvin wies unermüdlich darauf hin, daß, wenn man einmal angefangen hat nachzugeben, ein Schritt auf den anderen folgt. Deshalb untersagte er strikt die Teilnahme an der katholischen Messe. Und er wies darauf hin, daß man die Folgen, die ein solches mutiges Bekenntnis haben würde, getrost Gott anheimstellen müsse. Wer wirklich seine Sorge auf Gott wirft, der wird von ihm auch nicht verlassen werden. Auf diese Weise hat Calvin seinen Anhängern eine unvergleichliche Tatkraft verliehen.

Handelt es sich hierbei nur um eine gegenüber dem Luthertum verschärfte Akzentsetzung, so lassen sich in der Abendmahlslehre doch wirkliche Unterschiede zwischen Luther und Calvin beobachten. Allerdings ist ihr Gewicht oft überschätzt worden. Calvins Abendmahlslehre bewegt sich zwischen der lutherschen und der zwinglischen. Gegenüber Zwingli hielt Calvin daran fest, daß das Abendmahl nicht nur Bekenntnis der Gemeinde ist. Mit Luther betonte er die reale Gegenwart Christi im Abendmahl. Aber er konnte doch nicht Luther in allem folgen. Nach Calvin widerspricht Luthers scharfe Betonung der Realpräsenz Christi in den Elementen der Himmelfahrt: Christi Leib befindet sich seit der Himmelfahrt an einem bestimmten Ort des Himmels und kann daher nicht von sich aus, auch nicht nur auf Grund der communicatio idiomatum, allgegenwärtig sein. Vielmehr ist Christi Gegenwart im Abendmahl durch den Heiligen Geist vermittelt. Es geschieht durch die Kraft des Heiligen Geistes, daß wir mit Fleisch und Blut Christi kommunizieren. Die geheime Kraft des Heiligen Geistes ist das Band unserer Verbindung mit Christus. Freilich ist die Gegenwart Christi durch den Heiligen Geist real gegeben. Darum bedeutet Christi Leib essen nicht nur glauben, sondern es ist eine wirkliche, besondere Vereinigung mit Christus, die allerdings den Glauben voraussetzt. Im Abendmahl wird also nicht nur eine geistige, sondern eine wirkliche Gemeinschaft mit Christus hergestellt. Brot und Wein sind nicht nur Zeichen, sondern Unterpfand der eigentlichen Gabe des Abendmahls. Während der Leib des Menschen Brot und Wein genießt, findet gleichzeitig, durch den Heiligen Geist vermittelt, die geistliche Speisung der Seele mit Christi Leib und Blut zur Vergebung der Sünden statt.

Es kann kein Zweifel bestehen, daß diese Abendmahlslehre Luther näher steht als Zwingli. Calvin selbst hat Zwinglis Abendmahlslehre für »profan« erklärt[123]. In der Hauptsache sind Luther und Calvin sich einig, nämlich in der Anschauung über die Gemeinschaft mit Christus und die Sündenvergebung, wie sie im Abendmahl geschenkt werden. Unterschiedlich ist von ihnen nur die Art und Weise der Gegenwart Christi bestimmt worden. Hier hat Calvin Luthers Anschauung über die Allgegenwart der erhöhten menschlichen Natur Christi nicht zu teilen vermocht.

Gerade die Bemühungen Calvins um eine engere Gemeinschaft unter den verschiedenen Kirchen der Reformation sollten, im Zusammenhang mit den Unterschieden in der Abendmahlslehre, zur Verschärfung der Differenzen zwischen ihm und den Lutheranern führen. Im Jahre 1549 schloß Calvin mit Zürich den sogenannten Consensus Tigurinus ab, der eine weitgehende Einigung zwischen den beiden schweizerischen Reformationen brachte. Die Abendmahlsformel, die man damals prägte, kam den Zwinglianern etwas entgegen. Calvin hat, wie aus mehreren Briefen hervorgeht, gegenüber der Consensus-Formel selbst manche Reserve empfunden. Auf lutherischer Seite verstärkte sich der Verdacht, Calvin halte es in der Abendmahlslehre im Grunde doch mit Zwingli. So hat der Hamburger Pfarrer Joachim Westphal Calvin alsbald scharf angegriffen. Calvins Antwort auf diesen Angriff fiel um so schärfer aus, als er sich in seinem eigensten Anliegen, eben der Einigung des Protestantismus, mißverstanden sah. Der nun einsetzende zweite Abendmahlsstreit führte zu einer schärferen Trennung zwischen Lutheranern und Calvinisten.

Weil Calvin nicht den Wunsch hatte, eine eigene reformierte Kirche zu gründen, besitzen die Reformierten auch nicht ein festes Corpus von Bekenntnisschriften, das sich den lutherischen Bekenntnisschriften vergleichen ließe. Es gibt keine reformierten Bekenntnisschriften, die allenthalben in den reformierten Kirchen anerkannt und gültig wären. Statt dessen findet sich eine ganze Reihe verschiedener Bekenntnisschriften, die teilweise nicht unerhebliche Unterschiede aufweisen. Freilich hat auch im Bereich der reformierten Kirche bald ebenfalls eine Entwicklung zur Orthodoxie eingesetzt, die den Erstarrungstendenzen in der lutherischen Kirche und Theologie nichts nachgab.

Die Antwort Roms

Die römische Kirche hat den Fragen, die ihr von Luther und der Reformation gestellt wurden, nicht ausweichen können, sondern hat auf sie über die bloße Verdammung der »Ketzer« hinaus auch eine sachliche Antwort geben müssen. Daß das 16. Jahrhundert in dogmengeschichtlicher Hinsicht seine Eigenart in der Frage nach der Rechtfertigung und der Aneignung des Heils hat, gilt also ohne Einschränkung auch für die römische Kirche. Dieses Thema ist ihr nicht nur von den Reformatoren diktiert worden. Vielmehr hat Rom faktisch zugeben müssen, daß in diesem Punkte tatsächlich bis dahin Wesentliches ungeklärt geblieben war.

Rom hat damals verschiedentlich auf die Fragen, die durch die Reformation gestellt wurden, geantwortet. Zunächst hatte man versucht, den Streit, den Luther erregt hatte, im stillen beizulegen. Dann war Luther in den Bann getan worden. Als seine Sache jedoch weiterhin Anhänger gewann, hat man es mit einer Vermittlung versucht. Schließlich kam das von allen Seiten immer wieder geforderte Konzil zustande und tagte mit längeren Unterbrechungen in der Zeit von 1545 bis 1563 in Trient, um die definitive Antwort Roms zu geben, an der bis heute nichts geändert worden ist. Diese Antwort betraf vor allem drei Probleme, nämlich das Verhältnis von Schrift und Tradition, die Lehre von der Rechtfertigung und die Frage der Heilsgewißheit.

Vinzens von Lerinum hatte als erster den katholischen Traditionsbegriff fixiert. Im Mittelalter hat man sich mit dem Problem, wie sich Schrift und Tradition zueinander verhalten, verhältnismäßig wenig befaßt. Die Gedanken, die sich hierzu bei Kirchenvätern wie Irenäus und Vinzens fanden, blieben in Kraft. Aber im ganzen stellte die Frage von Schrift und Tradition für die Scholastik kein ernstes Problem dar. Lediglich insofern ließe sich diese Feststellung einschränken, als durch die Neuentdeckung des Aristoteles die Theologie veranlaßt wurde, über Art und Umfang der Offenbarung gegenüber der natürlichen Erkenntnis des Menschen nachzudenken und dadurch eine wichtige Voraussetzung für die Behandlung der Frage nach Schrift und Tradition zu klären. Es waren freilich nur einige kritische Theologen, die das Problem erkannten, das hier noch seiner Lösung harrte. Vor allem sind dabei zu nennen einmal der kühne dialektische Denker Abälard (gest. 1142), der in seiner Schrift »Ja und Nein« widersprüchliche Aussagen von Kirchenvätern einander gegenüberstellte, und weiter auch der kritische englische Reformtheologe John Wyclif (gest. 1384), der schon von der Schrift her die Menschensatzungen in Frage stellen konnte, freilich in der Schrift das göttliche Gesetz, nicht das Evangelium erblickte.

Als die Reformatoren sich auf die Schrift gegen die Tradition beriefen, mußte die katholische Kirche sich über ihre Anschauung von Schrift und Tradition definitiv klarwerden. Gewiß waren die entscheidenden Momente bereits seit langem vorhanden, von der Auffassung über die Konzilsautorität bis zu der praktischen Nebenordnung von Schrift und Tradition. Aber erst das Trienter Konzil brachte diese Ansicht auf eine scharfe Formel. In der vierten Session wurde von der Heilswahrheit und der Sittenvorschrift, die Christus selbst verkündigt hat und die nach seinem Willen von den Aposteln gepredigt worden ist, gesagt: »Daß diese Wahrheit und Vorschrift in den schriftlich niedergelegten Büchern (der Bibel) enthalten ist und in den ungeschriebenen Überlieferungen, welche aus dem Munde Christi selbst von den Aposteln aufgenommen oder von denselben Aposteln, durch Eingebung des Heiligen Geistes, gleichsam von Hand zu Hand überliefert worden und bis zu uns gelangt sind.« Gleich darauf wird ausdrücklich festgestellt, daß die Kirche die Bücher der Heiligen Schrift und die Überlieferungen, welche sich auf den Glauben und die Sitten beziehen, »mit gleich frommer Liebe und Hochachtung annimmt und verehrt«. Damit ist die mündliche, apostolische Tradition der Schrift gleichgestellt, und zwar sowohl hinsichtlich der göttlichen Inspiration als auch hinsichtlich der Autorität in der Kirche. Die neuere katholische Theologie hat teilweise die Ansicht vertreten, daß diese Bestimmung die Meinung nicht ausschließe, daß die Schrift allein schon die göttliche Offenbarung enthalte. Mag das auch nach dem Wortlaut dieser Entscheidung richtig sein, so ändert das nichts daran, daß sie sich eben gegen das reformatorische Schriftprinzip richtet. Zudem beweisen die neueren katholischen Dogmen, daß die mündliche Überlieferung tatsächlich gleichwertig neben der Schrift steht. Dabei ist der apostolische Charakter dieser mündlichen Überlieferung in einem immer weiteren Sinne verstanden worden, und man hat darauf verzichtet, sachliche Kriterien dafür anzugeben, was als apostolische Tradition gelten kann und was nicht.

Wendet sich die Entscheidung des Trienter Konzils über das Verhältnis von Schrift und Tradition gegen die Grundlage der gesamten Reformation, so enthält die Bestimmung der sechsten Session über die Rechtfertigung die Antwort auf die Folgerung, die sich für die Reformatoren aus dem Schriftprinzip ergab. Freilich haben die Konzilsväter sich nur unzureichend mit Luthers Rechtfertigungslehre befaßt. Sie wußten nur wenig von ihr, wie ihnen überhaupt Luthers Schriften zum großen Teil unbekannt waren. Um so mehr kam es den Konzilsvätern darauf an, zwischen den gegensätzlichen Auffassungen, die es seit der Scholastik innerhalb der katholischen Rechtfertigungslehre gab, zu vermitteln. Dabei ist tatsächlich ein Kompromiß herausgekommen, das zwar Luther und die Reformation ausschließt, aber im übrigen die verschiedenen Schulmeinungen innerhalb der römischen Kirche gelten läßt. Die Tiefe und Schärfe der Konzeption Augustins ist dabei allerdings nicht wieder erreicht worden.

Mit Augustin und auch mit Thomas versteht das Dekret die Rechtfertigung als einen Prozeß, in dessen Verlauf der Mensch gerecht gemacht wird: »Die Rechtfertigung ist ein Hinüberbringen (translatio) aus dem Stande, in welchem der Mensch geboren wird als ein Sohn des ersten Adams, in den Stand der Gnade und der Aufnahme in die Kindschaft Gottes durch den zweiten Adam, Jesus Christus, unseren Erlöser.«[124] Am Anfang dieses Prozesses steht die Berufung durch die vorlaufende Gnade; dabei gibt es keinerlei Verdienste, die zu dieser Berufung führen. Wohl aber wirkt die vorlaufende Gnade so, daß sie den Menschen anregt und ihm hilft, so daß er sich selbst zu seiner Rechtfertigung »umwendet«. Das geschieht dadurch, daß man der Gnade zustimmt und mit ihr zusammen wirkt: auf diese Weise bereitet man sich selbst auf die Rechtfertigung vor, »also daß, während Gott des Menschen Herz durch die Erleuchtung des Heiligen Geistes berührt, weder der Mensch selbst durchaus nichts tut, indem er diese Erleuchtung in sich aufnimmt, da er dieselbe auch von sich werfen kann, noch auch auf der anderen Seite ohne die Gnade Gottes vermögend ist, sich vor ihm durch seinen freien Willen zur Gerechtigkeit hinzubewegen«[125]. Die Entscheidung des Konzils sucht also genau die Mitte zu wahren zwischen zwei Extremen, nämlich daß man einerseits alles der Gnade Gottes zuschreibt oder andererseits den Menschen von sich aus durch eigene Verdienste die Rechtfertigung erlangen läßt. Bei der Vorbereitung kommt es im einzelnen auf den Glauben und die Liebe an. Am Ende dieses Erneuerungsprozesses steht dann das eigentliche Ereignis der Rechtfertigung. Sie ist nicht nur Sündenvergebung, sondern zugleich auch Heiligung und Erneuerung des inneren Menschen. Sie wird dem Menschen durch die Sakramente zuteil, die ihm die Gnade eingießen, so daß diese zu einer neuen Qualität in ihm führt.

Es ist deutlich, daß diese Bestimmung die Mitwirkung des Menschen bei seiner Rechtfertigung auf ein Minimum eingrenzt. Im Grunde kann der Mensch nur die Gnade Gottes annehmen oder ihr seine Zustimmung verweigern. Insofern hat das Konzil die Differenzen zwischen Luthers Auffassung und derjenigen mancher spätmittelalterlichen Theologen, die einen vollendeten Pelagianismus vertraten, wesentlich vermindert. Trotzdem bestehen wichtige Unterschiede zwischen der lutherischen und der tridentinischen Anschauung. Einmal, indem die Rechtfertigung an die Sakramente gebunden wird, verliert die Gnade ihren Charakter als Gottes persönliche Zuwendung zum Menschen; statt dessen wird sie dinglich-seinshaft verstanden. Das hat zur Folge, daß die Notwendigkeit des persönlichen Heilsglaubens zurücktritt. Sodann, obwohl die Mitwirkung des Menschen stark eingeschränkt ist, so ist sie doch nicht ganz aufgegeben. Das hat die schwerwiegendsten Folgen für die Frage der Heilsgewißheit, wie gleich zu zeigen sein wird. Schließlich ist vielleicht der ernsteste Vorwurf, den man gegen das tridentinische Rechtfertigungsdekret erheben muß, daß es ganz an der Frage orientiert ist, wie die Rechtfertigung psychologisch vonstatten geht, daß es aber auf die theologische Frage, worauf die Rechtfertigung und die Heilsgewißheit des Menschen letztlich gründen, nicht eingeht. Psychologische Beschreibung des Rechtfertigungsvorgangs und theologische Frage nach dem Grund der Gnade und der Gewißheit sind nicht dasselbe. Weil das Trienter Konzil beides nicht voneinander unterschieden hat, konnte es Luthers Ansicht, daß dem sündigen Menschen die fremde Gerechtigkeit Christi zugerechnet wird und daß diese allein im Glauben ergriffen wird, nur als eitles Selbstvertrauen ansehen.

Tatsächlich lehnt das Trienter Konzil eine Heilsgewißheit ab. Entsprechend dem anthropologisch-psychologischen Gesichtspunkt seiner Rechtfertigungslehre trifft es auch hinsichtlich der Frage der Heilsgewißheit nur einige allgemeinere Feststellungen, die der streng theologischen Problematik ausweichen. Gewiß werden durch die Gnade um Christi willen die Sünden vergeben. Aber wer sich der Zuversicht und der Gewißheit der Sündenvergebung rühmt, dem sind die Sünden doch nicht vergeben. Weiter: »Aber auch dieses soll man nicht behaupten, daß diejenigen, die wahrhaftig gerechtfertigt sind, ohne irgendeinen Zweifel annehmen müßten, daß sie gerechtfertigt sind.«[126] Auch wird die Auffassung abgelehnt, daß nur demjenigen wirklich die Sünden vergeben sind, der fest glaubt, daß Gott ihm vergeben hat; oder, daß allein durch den Glauben die Rechtfertigung erlangt werden kann. Denn wer daran nicht so fest glaube, brauche darum doch noch nicht an den Verheißungen Gottes und an der Kraft des Todes und der Auferstehung Christi zu zweifeln. »Denn so wie kein Frommer an der Barmherzigkeit Gottes, am Verdienste Christi und an der Kraft und Wirkung der Sakramente zweifeln soll, so kann auch ein jeder, wenn er sich und seine eigene Schwachheit und mangelnde Vorbereitung ansieht, hinsichtlich seiner Gnade sich fürchten und besorgt sein, da keiner durch Gewißheit des Glaubens, welcher nichts Falsches enthalten kann, zu erkennen vermag, ob er die Gnade Gottes erlangt habe.« Furcht und Hoffnung müssen sich also die Waage halten.

Die Verfasser dieser Entscheidung haben — dies Urteil ist nicht zu scharf — überhaupt nicht begriffen, worum es Luther geht. Luther sieht den Menschen, wie er vor Gott steht. Besonders deutlich zeigt sich dieser Unterschied zu der Art und Weise, wie man in Trient die Rechtfertigung behandelt hat, in der ersten Invokavitpredigt, die Luther am 9. März 1522 nach seiner Rückkehr von der Wartburg in Wittenberg hielt: »Wir sind allesamt zum Tod gefordert, und wird keiner für den anderen sterben. Sondern ein jeglicher in eigener Person für sich mit dem Tod kämpfen (muß). In die Ohren könnten wir wohl schreien. Aber ein jeglicher muß für sich selber geschickt sein in der Zeit des Tods. Ich werd dann nicht bei dir sein noch du bei mir. Hierin so muß jedermann selber die Hauptstück, so einen Christen belangen, wohl wissen und gerüstet sein.«[127]

Die neuere katholische Theologie, vor allem in Deutschland, hat sich bemüht, Luther mehr Gerechtigkeit widerfahren zu lassen. Allerdings wird doch immer wieder der Vorwurf des Subjektivismus gegen den Reformator erhoben, der freilich in keiner Weise die Sache trifft. Jüngst hat jedoch der Dominikanertheologe St. Pfürtner in einem sehr beachtenswerten Buch das Kontroversgespräch über die Frage der Heilsgewißheit weitergeführt. Vor allem hat Pfürtner gezeigt, daß die Trienter Entscheidung wesentlich hinter Thomas' Auffassung von der Heilsgewißheit zurückbleibt[128]. Nach Pfürtner ist bei Thomas zwischen Glaubensgewißheit und Hoffnungsgewißheit zu unterscheiden. Wohl gilt, daß eine eigentliche Glaubensgewißheit nicht zu erlangen ist, sondern nur eine »mutmaßliche Gewißheit«. Aber sowohl die katholische als auch die protestantische Thomasforschung hat bislang übersehen, daß Thomas durchaus eine Hoffnungsgewißheit lehrt. Die Unterschiede zwischen Thomas und Luther sind hier mehr formaler Natur. Luther sieht das Vertrauen als ein Moment des Glaubens; Thomas hingegen versteht den Glauben mehr als Erkenntnis und rechnet das

Vertrauen der Hoffnung zu. Auf jeden Fall ist die Hoffnungsgewißheit für Thomas nicht eine inhaltlose Gewißheit, sondern Zuversicht
des eigenen Heils. Daher kann kein Zweifel bestehen, daß Thomas
wirklich die persönliche Heilsgewißheit gelehrt hat. Auch die Konzilsväter von Trient sind sich hierüber nicht im klaren gewesen. Sie haben,
wie Pfürtner betont, lediglich das Problem der Glaubensgewißheit behandelt.

Dies ist ein besonders wichtiger Punkt, wo sich die beiden großen
Konfessionen in der Gegenwart vielleicht näherkommen können.
Jedenfalls hat es den Anschein, daß die katholische Kirche zur Frage
der Heilsgewißheit noch sehr viel mehr und Besseres sagen kann, als
was das Trienter Konzil hierzu ausgeführt hat.

VII. KAPITEL

Das Dogma im neueren Katholizismus

Das Verständnis des Dogmas

Die Reformation bezeichnet den tiefsten Einschnitt, den es seit der alten Kirche in der Dogmengeschichte gibt. Das gilt nicht nur darum, weil seither die abendländische Christenheit gespalten ist. Vielmehr hat sich auch die Art der Thematik in der Dogmengeschichte seit der Reformation grundlegend geändert. Jedenfalls trifft das für den Katholizismus zu.

Der Katholizismus ist die einzige christliche Konfession, welche in der Neuzeit absolut verbindliche Glaubenssätze dogmatisiert hat. Es scheint so, als könnte daher wenigstens der Katholizismus den Anspruch erheben, daß die Dogmengeschichte in seinem Bereich ungebrochen ihren Fortgang genommen habe. Allein, der äußere Eindruck der Kontinuität dürfte hier täuschen. Gewiß sind manche der neueren Entscheidungen der römischen Kirche nicht ohne inneren Zusammenhang mit früheren Lehrbestimmungen getroffen worden, an die sie anknüpfen. Aber trotzdem besteht ein grundlegender Unterschied zwischen den älteren Konzilsentscheidungen und den drei neuen Dogmen, die die römische Kirche im 19. und 20. Jahrhundert definiert hat: die älteren Dogmen, auch noch diejenigen des Mittelalters, bleiben in großer Nähe zur Schrift und zu dem Glauben, den die Kirche im Grunde seit ihren Anfängen gehabt hat; dagegen entfernen sich die drei neuen Dogmen in erheblichem Maße vom Neuen Testament sowie von der Tradition der frühen Kirche, und zwar sowohl hinsichtlich ihrer Thematik als auch hinsichtlich ihres Inhaltes. Sämtliche neueren Dogmen der katholischen Kirche betreffen Probleme, die zugestandenermaßen dem Neuen Testament wie der ältesten Kirche auch nur ansatzweise nicht bekannt waren. Der Altersbeweis für diese neuen Dogmen ist daher katholischerseits auch nur außerordentlich schwer zu führen. Teilweise hat man sogar ganz auf ihn verzichtet und die neuen Dogmen in einer Weise begründet, wie sie in der alten Kirche und auch noch im Mittelalter nicht denkbar war.

Die entscheidende Weichenstellung für diese neuartige Entwicklung ist durch die Bestimmung des Trienter Konzils über das Verhältnis von Schrift und Tradition erfolgt. Ohne diese Bestimmung bleibt die neuere katholische Dogmengeschichte unverständlich. Erst die Gleichstellung der Autorität der mündlichen apostolischen Tradition mit der Autorität der Schrift hat die neue katholische Dogmenentwicklung ermöglicht, wobei insbesondere die Unklarheit der tridentinischen Ausführungen über den apostolischen Charakter der mündlichen Überlieferung folgenreich war. Dem tridentinischen Konzil kommt also eine ganz hervorragende Bedeutung für die neue katholische Dogmengeschichte zu. Die letzten Dogmen setzen wohl die Entwicklung fort, die sich in Trient anbahnte, nicht aber die ältere Dogmengeschichte. Aus diesem Grunde kann die katholische Kirche für die Entwicklung ihrer Lehre nicht ohne weiteres das Moment der Kontinuität beanspruchen, das sie den protestantischen Kirchen so gern bestreitet.

Das hindert freilich nicht, daß die Probleme, um die es in der neueren katholischen Dogmengeschichte geht, in gewisser Weise auch die anderen christlichen Konfessionen angehen. Die katholischen Mariendogmen haben nicht nur die Lehre von der Jungfrau Maria zum Inhalt, sondern zugleich auch die Anschauung über die erlöste Menschheit und über die Kirche. Das Dogma von der Unfehlbarkeit des Papstes beinhaltet nicht nur die Autorität des höchsten Vertreters der römischen Hierarchie, sondern damit zugleich auch die Lehre von der Autorität in der Kirche. Die evangelische Kirche kann, wenn sie dem Evangelium treu bleiben will, selbstverständlich nicht die römischen Entscheidungen übernehmen. Es ist auch energisch davon abzuraten, daß irgendwelche Versuche unternommen werden, den Katholiken in diesen Fragen insofern entgegenzukommen, als man mehrdeutige Formulierungen gebraucht, die der römischen Kirche allenfalls akzeptabel sein mögen, aber doch keinen Grund in der Schrift haben. Mit derartigen Kompromissen, wie sie von manchen evangelischen Kreisen angestrebt werden, ist nichts gewonnen. Wohl aber gilt, daß eben die Fragen, die in den neueren katholischen Dogmen mit anklingen, ohne deren eigentliches Thema auszumachen, in anderer Form auch der evangelischen Kirche gestellt sind. Der evangelische Ansatz der Reformation kann und darf nicht preisgegeben werden. Aber die Reformation hat in manchen Problemen noch nicht zu abschließenden

Lösungen geführt. Über die Kirche, insbesondere über ihre Einheit, ist vom Neuen Testament her mehr zu sagen, als in der Augsburgischen Konfession steht. Aber auch bei den anderen Fragen, die den Inhalt der neuen katholischen Dogmen ausmachen, mag die evangelische Kirche Anlaß nehmen, den ganzen Reichtum der Schrift nicht in katholischer, sondern in evangelischer Weite zu entfalten. Mit bloßer Ablehnung der neueren katholischen Dogmen ist es ebensowenig getan wie mit fragwürdigen Kompromißversuchen.

Die unbefleckte Empfängnis der Maria

Von katholischer Seite wird zuweilen behauptet, die Kirche befinde sich jetzt im marianischen Zeitalter. Für den Katholizismus mag dies in gewisser Weise zutreffen; denn immerhin haben zwei von den drei in der Neuzeit definierten katholischen Dogmen die Mariologie zum Gegenstand. Darüber hinaus nimmt die Mariologie im neuzeitlichen Katholizismus einen wichtigen Platz ein. Nach heutiger katholischer Lehre sind vier Aussagen über Maria heilsnotwendige Glaubenswahrheiten: Maria ist als Gottesgebärerin die Mutter Gottes; sie ist immer Jungfrau geblieben, auch bei der Geburt Jesu Christi; sie ist unbefleckt empfangen; und sie ist schließlich leiblich in den Himmel aufgenommen. Möglicherweise wird die katholische Kirche noch weitere Mariendogmen definieren.

Die Mariologie hat, bevor es zu den Mariendogmen kam, eine lange Entwicklung durchlaufen, die zwar formal manche Zusammenhänge und Parallelen zum christologischen Dogma aufweist, sich aber doch sachlich von den anderen Dogmen der Kirche grundlegend unterscheidet. Dem Neuen Testament ist eine besondere Marienfrömmigkeit oder auch eine Mariologie fremd. Wohl berichten Matthäus und Lukas, daß Jesus von der Jungfrau Maria ohne Zutun Josephs geboren sei. Aber die Tatsache, daß Markus, Johannes und Paulus mit keinem Wort auf dieses Wunder Bezug nehmen, zeigt, daß die Jungfrauengeburt keineswegs die zentrale Bedeutung gehabt hat, die ihr die katholische Kirche beimißt. Wahrscheinlich wollen Matthäus und Lukas durch ihren Bericht nur die Einzigartigkeit Jesu betonen. Aber wie immer es sich auch mit der Jungfrauengeburt verhalten mag, ein besonderer Vorrang Marias wird im Neuen Testament nicht aus ihr abgeleitet. Was die katholische Frömmigkeit und Theologie in dieser Hinsicht im Neuen Testament finden will, ist exegetisch nicht zu begründen, sondern beruht auf späterer Überlieferung.

Freilich hat die Marienfrömmigkeit schon im ausgehenden 2. Jahrhundert einen Aufschwung genommen, und zwar zunächst in gnostisch-asketischen Kreisen. Das sogenannte Protevangelium des Jakobus, das der zweiten Hälfte des 2. Jahrhunderts entstammt, behauptet erstmalig die ewige Jungfräulichkeit Marias. Auch in kirchliche Kreise drang die Vorstellung ein, die Brüder Jesu seien nicht Söhne der Maria, sondern aus einer ersten Ehe Josephs hervorgegangen, also nur Stiefbrüder Jesu. Hieronymus hat diese Theorie dahin abgewandelt, daß er in Jesu »Brüdern« seine Vettern sieht, und sich bemüht, dafür einen exegetischen Beweis zu liefern. Auch Joseph sei jungfräulich geblieben. Bei diesen Anschauungen hat deutlich der Wunsch Pate gestanden, Maria als Vorbild der Asketen hinzustellen. Augustin steuerte die Theorie bei, Maria habe als erste ein Gelübde ewiger Jungfräulichkeit abgelegt. Freilich, trotz der sich ausbreitenden Ansichten über Marias asketische Lebensweise ist eine eigentliche Marienverehrung der alten Kirche so gut wie ganz fremd. Auch die Entscheidung im christologischen Streit, Maria das Prädikat „Gottesgebärerin« zuzuerkennen, hat kein mariologisches, sondern nur ein christologisches Interesse.

Im Mittelalter wurde die Mariologie weiter entwickelt. Zudem breitete sich die Marienverehrung, die in der alten Kirche nur am Rande und auch nur in später Zeit begegnet, aus. In Maria verehrte man die schmerzensreiche Mutter, die Himmelskönigin und Fürsprecherin in allen Nöten. Marienaltäre wurden errichtet. Der ewigen Jungfrau schrieb man zahlreiche Wunder zu. Es ist nichts Ungewöhnliches, wenn Johann Paltz, Luthers Ordenslehrer in Erfurt (gest. 1511), die Demut Marias pries, kraft welcher sie Gott vom Himmel »herunterzog«, die drei Gelübde der Keuschheit, der Armut und des Gehorsams — es handelt sich nicht mehr nur, wie bei Augustin, um das Gelübde der Jungfräulichkeit — ausgehen ließ, ja überhaupt alle Klöster und sogar den gesamten christlichen Glauben begründete[129]. Wenn die Frömmigkeit derartige Blüten trieb, dann kann es nicht wundernehmen, daß auch die Theologie allmählich folgte. Wenn irgendwo, dann ist in der Mariologie die Frömmigkeit die Schrittmacherin der Dogmen gewesen. Dabei handelte es sich vor allem um die Frage, ob Maria der Erbsünde unterworfen gewesen sei.

Die alte Kirche hatte, ganz wie das Neue Testament, von einer Sündlosigkeit Marias nichts gewußt. Man hatte sich nicht gescheut, von Marias Fehlern und Schwächen zu reden, wozu ja manche Stellen in den Evangelien Anlaß gaben. Zwar konnte Augustin sagen, daß er, wenn von Sünden die Rede ist, keine Diskussion über die Jungfrau Maria zulassen wolle; aber er betont, daß er das »um der Ehre des Herrn willen« tue[130]. Und noch Anselm von Canterbury (gest. 1109), der Vater der Scholastik, äußerte, daß Maria in Sünden empfangen und der Erbsünde unterworfen sei; nur Christus selbst sei sündlos gewesen[131]. Weiter gingen jedoch die Häupter der beiden großen theologischen Schulen der Scholastik. Thomas von Aquin behauptet zwar noch nicht die unbefleckte Empfängnis der Maria. Aber er sagt doch, sie sei nach der Beseelung ihres Leibes noch vor der Geburt so gereinigt worden, daß sie keine persönliche Sünde begangen habe. Auf diese erste Heiligung sei später bei der Empfängnis Jesu eine zweite gefolgt, durch welche Maria vollends von der Erbsünde befreit worden sei. Duns Scotus (gest.1308) hingegen vertrat die Meinung, Maria sei schon im Mutterleib ganz von der Erbsünde gereinigt worden. Als sich ein umfangreicher Schulstreit um diese Frage erhob, verbot Papst Sixtus IV. (1483) die gegenseitige Verketzerung, da diese Frage von der römischen Kirche und vom apostolischen Stuhl noch nicht entschieden worden sei.

Der Stand, den die Marienfrömmigkeit damit erreicht hatte, spiegelt sich in gewisser Weise sogar in der Anschauung Luthers wider, wenn daneben auch scharfe Kritik an der übertriebenen Marienverehrung bei Luther begegnet. Zur Frage der unbefleckten Empfängnis der Maria hat Luther sich mehrfach geäußert. Er steht der thomistischen Position näher als der scotistischen. Maria hält »die Mitte zwischen Christus und den anderen Menschen«[132]. Gelegentlich spricht sich Luther freilich auch kritisch über die unbefleckte Empfängnis aus und nimmt diese ausdrücklich nur für Christus, nicht für seine Mutter an. Aber auch in anderen Fragen der Mariologie steht Luther nicht einfach kritisch zur Tradition. An der ewigen Jungfräulichkeit Marias hält auch er fest. Ja selbst den schon ziemlich verbreiteten Glauben an Marias leibliche Aufnahme in den Himmel billigt Luther. Zwar lehnt er jede Spekulation darüber ab, auf welche Weise Maria in den Himmel gelangt sei; aber daß sie samt allen Heiligen in Christus lebt, ist ihm gewiß[133].

Hier zeigt sich nun aber auch schon der andere Ton, den Luther in seiner Mariologie anschlägt. Es kommt ihm nicht darauf an, einzelne fromme Meinungen zu widerlegen, wenn sie nicht in Aberglauben ausarten. Es geht nicht um Marias Verdienste, durch die sie gewürdigt wurde, die Mutter Christi zu werden, sondern um Gottes Gnade. Darum kann Luther sogar in einer Predigt sagen: »Es liegt nicht viel daran, ob sie Jungfrau oder Frau gewesen ist, obwohl Gott wollte, daß sie Jungfrau sei.«[134] Mit allem Nachdruck aber warnt Luther davor, aus Maria einen Gott zu machen, wie es im Papsttum geschehen ist, und obendrein bei diesem Gott mehr Gnade zu suchen als bei dem Herrn Christus[135]. Indem Maria im Magnificat sich selbst demütigt und Gott die Ehre gibt, wird sie von Luther als unsere »rechte Päpstin« bezeichnet[136]: Rom hat die rechte Marienfrömmigkeit in ihr Gegenteil verkehrt.

Diese Freiheit, die Luther in der Mariologie bewährte, hat sich in der katholischen Kirche zu keiner Zeit gefunden. Im Gegenteil, die Entwicklung ging weiter. Papst Alexander VII. bezeichnete 1661 in einer Bulle die unbefleckte Empfängnis Marias als einen alten Glauben der ganzen Christenheit[137]. Theologie und Frömmigkeit hatten sich einander angeglichen. Der Glaube an die unbefleckte Empfängnis Marias war damit reif für die Dogmatisierung. Sie erfolgte durch Pius IX. im Jahre 1854 in der Bulle »Ineffabilis Deus«, nachdem zuvor die Meinung der katholischen Bischöfe über das geplante Dogma gehört worden war[138].

In dieser Bulle, die sich eng an Alexanders VII. Ausführungen anschließt, heißt es, »daß die allerseligste Jungfrau Maria in dem ersten Augenblick ihrer Empfängnis durch ein einzigartiges Gnadenprivileg des allmächtigen Gottes, im Hinblick auf die Verdienste Jesu Christi, des Erlösers des Menschengeschlechtes, vor allem Makel der Erbsünde bewahrt worden« sei. Dieser Satz sei »von Gott offenbart und müsse daher von allen Gläubigen fest und beständig geglaubt werden«. Diese Entscheidung bedeutet, daß die scotistische Lehre über die thomistische den Sieg davongetragen hat.

Die Bedeutung dieser Entscheidung erschöpft sich aber nicht in ihrem unmittelbaren Inhalt. Sie erstreckt sich darüber hinaus auf die Frage der päpstlichen Unfehlbarkeit sowie auch auf das Problem, ob und in welchem Sinne der Altersbeweis für die Dogmatisierung eines Glaubenssatzes erforderlich ist.

Was die Anschauung von der päpstlichen Unfehlbarkeit betrifft, so kann man in dieser Entscheidung eine direkte Vorbereitung des Unfehlbarkeitsdogmas sehen. Pius IX. hatte, wie erwähnt, eine Umfrage an die katholischen Bischöfe ausgehen lassen und um Stellungnahme zu der geplanten Dogmatisierung der Lehre von der unbe-

fleckten Empfängnis Marias gebeten. Nicht wenige Antworten fielen
negativ aus. Vor allem waren es die deutschen und österreichischen
Bischöfe, die vor dem Plan warnten. Die Mehrzahl der Bischöfe
stimmte jedoch dem Vorhaben zu. Eine vom Papst eingesetzte Kommission befürwortete ebenfalls die Dogmatisierung. Pius IX. dachte
nicht daran, ein förmliches Konzil einzuberufen, um die Frage beraten
zu lassen, sondern wollte dieses Dogma kraft seiner päpstlichen Vollmacht verkünden. Dabei kam ihm die Meinung der in Rom anwesenden Bischöfe und Kardinäle entgegen, die an die päpstliche Unfehlbarkeit glaubten. So wurde nun zum ersten Mal in der Geschichte
der Kirche ein Dogma ohne vorangehende Konzilsberatung verkündet.
Es ist selbstverständlich, daß darauf früher oder später die Dogmatisierung der Infallibilität des Papstes folgen mußte.

Aber auch hinsichtlich des Traditionsbeweises stellt dieses Dogma
ein Novum dar. Früher war es selbstverständlich gewesen, daß ein
Dogma der Sache nach in der Schrift enthalten sein müsse. Im trinitarischen Streit hatten die Arianer u. a. darauf hingewiesen, daß der
Begriff der Homousie nicht im Neuen Testament begegne und daher
abzulehnen sei; Athanasius hatte mit diesem Argument seine liebe
Not gehabt. Vinzens hatte zwar auch andere Maßstäbe für die Feststellung der katholischen Glaubenswahrheit gelten lassen. Aber auf
das Alter der rechten Lehre kam es ihm in hohem Maße an. Jetzt
aber erklärte die Kommission, die Pius IX. einberufen hatte, daß
es für die Dogmatisierung der Lehre von der unbefleckten Empfängnis
Marias nicht des Schriftbeweises und auch nicht einer breiten, alten
Tradition bedürfe. Vielmehr genüge die Autorität der gegenwärtigen
Kirche durchaus, um dieses Dogma zu definieren; und diese Autorität
fand damals, schon vor dem ersten Vatikanischen Konzil, ihren konkreten Ausdruck allein im Papst. Pius IX. hat sich diese Ansicht seiner
Kommission bereitwillig zu eigen gemacht und bei der Dogmatisierung
auf jeden Altersbeweis verzichtet. Im Grunde ist damit bereits die
Unfehlbarkeit des Papstes und der lehrenden Kirche mit dogmatisiert worden.

Die Unfehlbarkeit des Papstes

Freilich, für die Dogmatisierung der Unfehlbarkeit des Papstes
läßt sich ein Traditionsbeweis im Grunde noch schwerer erbringen als
für die Lehre von der unbefleckten Empfängnis Marias. Ja es gibt in

der Geschichte der Kirche sogar nicht wenige Ereignisse, die einer Unfehlbarkeit des Papstes entgegenstehen. So fehlte es nicht an Hindernissen, die eine Dogmatisierung der Unfehlbarkeit erschwerten. Aber der Papst und die Kurie haben sich über diese Hindernisse in der gleichen Weise hinweggesetzt, wie sie schon bei dem ersten Mariendogma auf Schriftgründe verzichtet hatten.

Um die Bedeutung der Dogmatisierung der Infallibilität recht zu würdigen, muß man zwischen einem Primat Roms und der vom ersten Vaticanum definierten päpstlichen Unfehlbarkeit sorgfältig unterscheiden. Mag es sich mit der Beauftragung des Petrus Matthäus 16, 18 f. verhalten, wie immer es wolle, von einer Unfehlbarkeit des Petrus oder gar seiner Nachfolger ist dort nichts gesagt. Der scharfe Gegensatz, in den später Paulus zu Petrus geriet und von dem er Galater 2 berichtet, schließt zudem jede derartige Vorstellung für die apostolische Zeit aus. Wohl aber hat die römische Kirche schon früh einen gewissen Vorrang vor den anderen Kirchen innegehabt. Dieser Vorrang gründete darauf, daß Petrus und Paulus dort das Martyrium erlitten hatten; auch die Größe der Gemeinde in der Hauptstadt des Reiches sowie ihre vorbildliche Liebesarbeit trugen zu dem besonderen Ansehen der römischen Christenheit bei. Aber eine lehrmäßige Autorität hat die römische Kirche in der Zeit der alten Kirche nicht besessen. Fragen der Lehre wurden auf Konzilen erörtert und entschieden. Das Konzil von Chalkedon (451) beschloß die Gleichstellung des Bischofs von Konstantinopel mit dem Bischof von Rom. Freilich war der Vertreter Roms bei dieser Beschlußfassung nicht zugegen. Rom hat diesen Beschluß auch niemals anerkannt.

Im Mittelalter vermochten die Päpste ihre Position nach allen Seiten hin auszubauen. Aus dem lang andauernden Kampf mit den Kaisern gingen sie als Sieger hervor. Papst Bonifatius VIII. hat 1302 in der berühmten Bulle »Unam sanctam« den päpstlichen Machtanspruch auf das schärfste formuliert. Danach sind die beiden »Schwerter«, das geistliche wie das weltliche, in der Hand der Kirche; jenes ist von der Kirche, dieses für die Kirche zu handhaben. Es sei für jeden Menschen heilsnotwendig, »daß er dem römischen Papst untertan ist«. Auch die Lehrautorität des Papstes sowie seine Jurisdiktionsgewalt wurden im Mittelalter immer nachdrücklicher betont. Schon Gregor VII. hatte in seinem »Dictatus Papae« 1075 ausgeführt, daß allein der römische Papst den Universalepiskopat innehabe und daß er aus eigener Machtvollkommenheit Bischöfe ein- und absetzen könne;

ohne päpstliche Einberufung könne keine Synode den Rang eines allgemeinen Konzils beanspruchen. Für die Behauptung einer Unfehlbarkeit des Papstes wurde dann nicht so sehr Thomas wichtig als vielmehr der Streit im Franziskanerorden. Die radikalere Richtung erklärte eine für sie günstige päpstliche Entscheidung für unfehlbar, um eine Revision zu vermeiden. An der Kurie hat man diese damals neue Anschauung nur zögernd aufgegriffen, weil man in ihr zunächst eine Einengung der Bewegungsfreiheit des jeweils amtierenden Papstes erblickte.

Freilich gab es im Mittelalter auch Kritik an dieser Anschauung. Wandte sich ein Reformtheologe wie John Wyclif gegen die Übersteigerung der päpstlichen Machtansprüche, so lehnten auch Konzile eine Unfehlbarkeit des Papstes ab. Das Konzil zu Konstanz (1414-1418) erklärte, daß es »als im Heiligen Geist rechtmäßig versammeltes allgemeines Konzil, das die katholische Kirche repräsentiert, seine Vollmacht unmittelbar von Christus hat« und daß seinen Beschlüssen jedermann in der Kirche, ja selbst der Papst, zu folgen habe. Der Papst steht also eindeutig unter der Autorität des ökumenischen Konzils. Die Päpste haben diese Bestimmung nicht anerkannt. Aber fürs erste waren sie außerstande, ihre Ansprüche gegenüber dem Konzil durchzusetzen. Noch auf dem Konzil zu Trient (1545-1563) wäre es unmöglich gewesen, eine Dogmatisierung der Unfehlbarkeit des Papstes zu erreichen. Die Opposition dagegen wäre zu groß gewesen, obwohl sich das Konzil in der Zurückweisung von Martin Luthers Kritik am Papsttum einig war.

Was Luthers Kritik am Papsttum betrifft, so richtete sie sich an sich nicht gegen das Vorhandensein einer höchsten Autorität in der Kirche. Luther hat vielmehr dem Papsttum vorgeworfen, daß es sich in der Kirche an die Stelle Christi setze, indem es nach eigenem Gutdünken das Wort Gottes verkündige oder auch unterdrücke und dabei noch seine eigenen, menschlichen Entscheidungen fälschlich unter dem Namen des göttlichen Rechts ausgehen lasse. Etwa beim Entzug des Laienkelches stellte Luther die kritische Frage, kraft welcher Vollmacht die Kirche an der klaren, eindeutigen Einsetzung des Abendmahls durch Christus etwas ändern dürfe. Luther war jedenfalls in den Anfangsjahren der Reformation bereit, den Papst als menschliche Autorität anzuerkennen. Melanchthon hat sogar zeitlebens eine solche Bereitschaft zu erkennen gegeben, während Luthers Kritik sich in der Spätzeit weiter verschärfte, da er es für unmöglich hielt, daß das Papsttum die Predigt des Evangeliums dulden würde.

Luthers Angriff auf das Papsttum hat auf die weitere Entwicklung der Papaltheorien innerhalb der römischen Kirche keinen Einfluß gehabt. Im Gegenteil, verschiedene Faktoren führten gerade in der Neuzeit zu einer Verschärfung der Anschauungen über die Macht des Papstes. Die Theologie bildete die Lehre von der Infallibilität des Papstes immer weiter aus. Kardinal Bellarmin (gest. 1621) lehrte bereits, daß die Bischöfe ihre Vollmacht nicht unmittelbar von Christus haben, wie es bei den anderen Aposteln neben Petrus immerhin der Fall war, sondern nur vom Papst. Daher stehe es auch allein dem Papst als dem Oberhaupt der Kirche zu, in Fragen des Glaubens und der Sitte bindende Entscheidungen zu treffen, die unfehlbar seien. Stieß eine solche Auffassung auch auf Kritik, so führte im 19. Jahrhundert einmal die politische Reaktion nach den Befreiungskriegen, sodann ganz allgemein die Bewegung der Romantik zu einer Verstärkung der päpstlichen Autorität. Angesichts der mancherlei geistigen und materiellen Nöte, die damals neu aufbrachen und die auf allen Gebieten Erschütterungen und Umwälzungen hervorriefen, schien vielen die Rückkehr unter die Fittiche der idealisierten kirchlichen Autorität geraten zu sein. Das Mittelalter erstrahlte als die Zeit der geistigen und kirchlichen Einheit in einem verklärten Lichte, wie es sich vor allem in Novalis' Schrift »Die Christenheit oder Europa« (1799) zeigt. Nicht zuletzt trug aber auch eine handfeste ultramontane kirchliche Politik zu dem Anwachsen der päpstlichen Autorität bei. Von daher konnte die Definierung des Dogmas der päpstlichen Unfehlbarkeit vielen Katholiken als eine wichtige Aufgabe der Zeit erscheinen.

Pius IX. berief das Vatikanische Konzil, das die Unfehlbarkeit des Papstes dogmatisieren sollte, auf das Jahr 1869 ein. Schon bei den Vorbereitungen des Konzils zeigte es sich, daß ein großer Teil der katholischen Kirchenführer die Unfehlbarkeit zum Dogma zu erheben wünschte. Man wies darauf hin, daß das Trienter Konzil die Lehre von der Kirche nicht näher entfaltet habe und daß daher in diesem wichtigen Lehrstück eine Unsicherheit im katholischen Kirchenvolk herrsche. Freilich fehlte es auch nicht an Widerspruch gegen diese Pläne. Selbst während der Verhandlungen auf dem Konzil kam es teilweise zu scharfen Auseinandersetzungen. Eine nicht unbeträchtliche Minderheit wollte die Dogmatisierung der Infallibilität verhindern. Sie setzte sich bezeichnenderweise gerade aus den Vertretern des deutschen, österreichischen und französischen Episkopates zusammen. Von den in Rom anwesenden 17 deutschen katholischen Bischöfen befanden sich

13 in Opposition, bei den Österreichern ebenfalls die Mehrzahl und bei den Franzosen etwa ein Drittel der Vertreter. Wenn es auch schon immer bei irgendwelchen Konzilsbeschlüssen eine opponierende Minderheit gegeben hatte, so sind doch die Gründe, auf die sich die Gegner der Unfehlbarkeit stützten, teilweise von besonderem Interesse.

Man betone etwa, daß die Dogmatisierung der Infallibilität gegenwärtig nicht opportun sei, da viele andersgläubige Christen vor den Kopf gestoßen würden und die Wiedervereinigung der getrennten Kirchen dadurch erschwert würde. Oder man erklärte, die Unfehlbarkeit sei noch nicht allgemein akzeptiert und darum noch nicht spruchreif. Wichtiger war der Einwand, daß die Dogmatisierung der päpstlichen Unfehlbarkeit die Stellung und Bedeutung der Bischöfe unterminieren würde. Zudem hätten dann die Konzile keinen eigenen Auftrag mehr. Dadurch würde aber die gesamte Kirchenverfassung grundlegend umgewandelt werden. Das gewichtigste Argument kam jedoch von historischer Seite. Im monotheletischen Streit hatte Papst Honorius I. einst die Ansicht propagiert, Christus habe nur einen einzigen Willen gehabt. Diese Lehrmeinung war von dem sechsten ökumenischen Konzil zu Konstantinopel 681 verurteilt worden. Gleichzeitig sprach man das Anathema über die Anhänger des Monotheletismus, Papst Honorius I. eingeschlossen, aus. Papst Leo II. (682/83) hat diesen Beschluß bestätigt. Obwohl dieses Urteil in das Glaubensbekenntnis aufgenommen wurde, das jeder neugewählte Papst bei seiner Thronbesteigung zu sprechen hatte, scheint es bald in Vergessenheit geraten zu sein. Im hohen und späteren Mittelalter wird es kaum noch erwähnt. In der Neuzeit versuchten Theologen wie Bellarmin, diese Verurteilung eines Papstes als einen Irrtum des Konzils hinzustellen. Aber als nun die Infallibilität des Papstes dogmatisiert werden sollte, wies die Opposition, insbesondere Bischof Hefele von Rottenburg, mit allem Nachdruck auf diesen Vorfall hin, der in der Tat der Behauptung der päpstlichen Unfehlbarkeit entgegensteht.

Freilich ließen sich der Papst und die Anhänger der päpstlichen Infallibilität weder durch die Vorgänge um Honorius I. noch durch den Hinweis auf die fehlende Schriftgrundlage beirren. Bezeichnend ist folgende Episode auf dem Konzil. Als Kardinal Giudi, Erzbischof von Bologna, betonte, daß der Papst in Glaubensentscheidungen an den vorher einzuholenden Rat der Bischöfe gebunden sei, ließ Pius IX. ihn zu sich kommen und erklärte ihm: »Die Tradition bin ich.« Gegenüber einer solchen Auffassung waren alle Argumente, welche die geplante

Dogmatisierung vermeiden wollten, vergebens. Das Dogma von der Infallibilität war nicht zu verhindern.

In der Entscheidung des Konzils, wie sie am 18. Juli 1870 gefällt wurde, heißt es über die Unfehlbarkeit[139]: »Indem wir daher an der von Anbeginn des christlichen Glaubens überlieferten Tradition treu festhalten, lehren wir zur Ehre Gottes, unseres Heilands, zur Erhöhung der katholischen Religion und zum Heil der christlichen Völker, mit Zustimmung des Heiligen Konzils, und erklären es als ein von Gott geoffenbartes Dogma: daß der römische Papst, wenn er von seinem Lehrstuhl aus spricht, das heißt, wenn er in Ausübung seines Amtes als Hirte und Lehrer aller Christen kraft seiner höchsten apostolischen Autorität eine von der gesamten Kirche festzuhaltende, den Glauben oder die Sitten betreffende Lehre entscheidet, auf Grund des göttlichen, in dem seligen Petrus ihm verheißenen Beistandes jene Unfehlbarkeit besitzt, mit welcher der göttliche Erlöser seine Kirche bei der Entscheidung einer den Glauben oder die Sitten betreffenden Lehre ausgestattet wissen wollte, und daß daher solche Entscheidungen des römischen Papstes aus sich selbst, nicht aber auf Grund der Zustimmung der Kirche, unveränderlich sind.«

Um die Bedeutung dieser Entscheidung recht zu verstehen, muß folgendes beachtet werden: Die Unfehlbarkeit, wie sie hier dogmatisiert wurde, betrifft nicht die Person des Papstes, sondern sein Amt. Daß der Papst von persönlichen Fehlern und Sünden frei wäre, ist hier nicht ausgesagt. Sachlich ist die Unfehlbarkeit sodann eingeschränkt einmal durch die Bestimmung, daß eine Entscheidung »ex cathedra« erfolgt, ferner dadurch, daß sie eine Lehre über Glauben oder Sitten zum Gegenstand hat, und schließlich insofern, als sie die gesamte Kirche betrifft. Wichtig ist auch, daß es kurz vor der Bestimmung über die Unfehlbarkeit heißt, daß den Nachfolgern des Petrus der Heilige Geist nicht darum verheißen sei, daß sie durch seine Offenbarung eine neue Lehre veröffentlichen sollen, sondern damit sie unter seinem Beistand die durch die Apostel überlieferte Offenbarung oder das depositum fidei heilig bewahren und getreu auslegen[140]. Freilich, dieser Versicherung stehen die von den Gegnern der Unfehlbarkeit vorgebrachten Argumente entgegen. Die geschichtliche Wirklichkeit kann den Anspruch dieses Dogmas in keiner Weise stützen.

Zu diesen sachlichen Bedenken gegenüber dem Unfehlbarkeitsdogma kommt hinzu, daß trotz aller Debatten und Verhandlungen über den Wortlaut wesentliche Punkte des Dogmas unklar geblieben sind. Vor allem geht aus dem Beschluß nicht hervor, wann der Papst »ex cathedra« spricht. Er tut es sicherlich dann, wenn er ausdrücklich einen solchen Anspruch erhebt und etwa ein weiteres Dogma definiert. Aber welcher Rang kommt nun den zahlreichen anderen päpstlichen Bullen, Enzykliken usw. zu? Tatsächlich sind seither in den Augen vieler Katholiken alle wichtigen Äußerungen des Papstes über den Glauben oder die Sitten mit dem Nimbus der Unfehlbarkeit umgeben. Weiter, es wird nicht deutlich, ob die Unfehlbarkeit, die hier für den Papst in Anspruch genommen wird, identisch ist mit der Unfehlbarkeit, die nach katholischer Auffassung der ganzen Kirche eignet. Anders ausgedrückt: Ist der Papst gleichsam Repräsentant der an sich der ganzen Kirche eignenden Unfehlbarkeit in der Erkenntnis der Wahrheit? Oder ist er es als Haupt der Kirche kraft des besonderen, ihm verheißenen göttlichen Beistandes? Nach katholischer Ansicht gilt im Zweifelsfall diejenige Meinung, die in eine Entscheidung nicht mehr hineinlegt, als in ihr unbedingt enthalten ist. Allerdings hat sich in der Geschichte der katholischen Kirche schon manches Mal im Laufe der Zeit die radikalere Anschauung durchgesetzt.

Das erste Vatikanische Konzil hat nicht nur die Unfehlbarkeit, sondern auch den Universalepiskopat des Papstes dogmatisiert. Damit wurde auch in kirchenrechtlicher Hinsicht die Autorität der Bischöfe und des Konzils zugunsten derjenigen des Papstes erheblich eingegrenzt. Die wichtigste Bestimmung lautet: »Wenn daher jemand sagt, der römische Papst habe nur das Amt der Aufsicht und der Leitung, nicht aber die volle und höchste Gewalt der Rechtsentscheidung (Jurisdiktion) über die gesamte Kirche, nicht nur in Sachen, die den Glauben und die Sitten betreffen, sondern auch in denen, welche die Disziplin und die Regierung der über den ganzen Erdkreis verbreiteten Kirche betreffen; oder, er habe nur den vorzüglichsten Teil, nicht aber die ganze Fülle dieser höchsten Gewalt; oder, diese seine Gewalt sei nicht eine ordentliche und unmittelbare wie über die gesamten und einzelnen Kirchen, so über die gesamten und einzelnen Hirten und Gläubigen: der sei verdammt.«[141] Der Papst ist der »wahre Stellvertreter Christi und das Haupt der ganzen Kirche sowie der Vater und Lehrer aller Christen«[142]. Von daher ist es nicht zuviel gesagt, wenn man den Papst als den eigentlichen Bischof jeder Diözese bezeichnet und in den Bischöfen nur die Stellvertreter des Papstes sieht. Zwar betont das Vatikanische Konzil, »daß diese Gewalt des Papstes jener ordentlichen und unmittelbaren Gewalt der bischöflichen Jurisdiktion nicht entgegenstehen soll, kraft welcher die Bischöfe, als vom Heiligen Geist eingesetzt, an die Stelle der Apostel getreten sind, als wahre Hirten die ihnen zugeteilten Herden, jeder die Seinen, weiden«[143]. Dabei beruft man sich auf das Wort Gregors des Großen: „Meine Ehre ist die Ehre der ganzen Kirche. Meine Ehre ist die sichere Stärke meiner Brüder. Dann bin ich wahrhaft geehrt, wenn allen Einzelnen die schuldige Ehre nicht verweigert wird.« Freilich kann diese Berufung auf Gregor den Großen doch nichts daran ändern, daß die Relation, die zwischen dem Universalepiskopat und der gesamten Kirche bestehen soll, bislang keinen hinreichenden Ausdruck in kirchenrechtlichen Bestimmungen gefunden hat. Es besteht die Gefahr, daß sowohl das unfehlbare Lehramt als auch der Universalepiskopat gleichsam eine Einbahnstraße sind, die von dem Papst hin zur Kirche führt, ohne daß die wechselseitige Beziehung zwischen beiden auch zu einer Mitbeteiligung der Kirche am Prozeß der Lehrbildung führt.

Die leibliche Aufnahme Marias in den Himmel

Die Befürchtung weiter Kreise, daß die Dogmatisierung der Infallibilität des Papstes zu einer Überfülle weiterer Dogmen der katholischen Kirche führen würde, hat sich nicht bestätigt. Bislang ist seit dem ersten Vatikanischen Konzil nur ein einziges neues Dogma definiert worden, nämlich die leibliche Aufnahme Marias in den Himmel. Allerdings zeigt gerade dieses Dogma, daß die katholische Kirche auf dem Weg, der mit dem Trienter Konzil begann, konsequent weiterschreitet. Dieses Dogma ist in mancher Hinsicht noch problematischer als die Dogmatisierung der unbefleckten Empfängnis der Maria.

Auch bei diesem jüngsten Dogma der katholischen Kirche war eine umfangreiche Vorbereitung vorangegangen. In päpstlichen Enzykliken und anderen Publikationen ist die Bedeutung der Maria in den letzten Jahrzehnten systematisch weiter unterstrichen worden. Auch jetzt wurde von vielen katholischen Kirchenführern und einfachen Gläubigen schon Jahre vorher der Wunsch nach Dogmatisierung der leiblichen Aufnahme Marias in den Himmel ausgesprochen. Freilich hat es auch dieses Mal nicht an warnenden Stimmen innerhalb der katholischen Kirche gefehlt. Sie haben allerdings nichts auszurichten vermocht.

Das Dogma, das Pius XII. in der Bulle »Munificentissimus Deus« am 1. November 1950 verkündete, hat folgenden Wortlaut: »Nachdem Wir nun immer wieder inständig zu Gott gefleht und das Licht des Geistes der Wahrheit angerufen haben, verkündigen, erklären und definieren Wir als von Gott geoffenbartes Dogma zur Herrlichkeit des allmächtigen Gottes, dessen besonderes Wohlwollen über der Jungfrau Maria gewaltet hat, zur Ehre seines Sohnes, des unsterblichen Königs der Ewigkeit, des Siegers über Sünde und Tod, zur Mehrung der Herrlichkeit der erhabenen Gottesmutter, zur Freude und zum Jubel der ganzen Kirche, kraft der Vollmacht unseres Herrn Jesus Christus, der seligen Apostel Petrus und Paulus und kraft unserer eigenen Vollmacht: die unbefleckte, stets jungfräuliche Gottesmutter Maria ist, nachdem sie ihren irdischen Lauf vollendet hatte, mit Leib und Seele zur himmlischen Herrlichkeit aufgenommen worden. Wenn daher jemand, was Gott verhüte, diese Wahrheit, die von Uns definiert worden ist, zu leugnen oder absichtlich in Zweifel zu ziehen wagt, so soll er wissen, daß er ganz und gar vom göttlichen und katholischen Glauben abgefallen ist.«[144] Ähnlich wie bei den beiden anderen Dogmen des neuzeitlichen Katholizismus wird also auch hier hervorgehoben, daß es sich um ein »göttlich geoffenbartes Dogma« handelt.

Nicht unwichtig sind einige andere Gedanken der päpstlichen Bulle. Pius XII. preist die Gnadenvorzüge, mit der die Jungfrau Maria ausgestattet sei. Christus habe durch seinen Tod die Macht der Sünde und des Todes gebrochen. Aber darum sind die Gläubigen doch nicht dem Sterben entnommen. Vielmehr wird Christi Sieg erst am Jüngsten Tage zu seiner vollen Auswirkung gelangen. Von diesem allgemeinen Gesetz ist jedoch die allerseligste Jungfrau Maria ausgenommen. »Sie hat durch ein besonderes Gnadenprivileg, durch ihre unbefleckte Empfängnis die Sünde besiegt, war deshalb dem Gesetz, in der Verwesung des Grabes zu bleiben, nicht unterworfen und hatte nicht bis zum Ende der Zeiten auf die Erlösung ihres Leibes zu warten.«

Diese näheren Ausführungen sind darum wichtig, weil durch sie einige Abschwächungsversuche katholischer Theologen bei der Interpretation dieses Dogmas ausgeschlossen werden. Der Jesuit Karl Rahner hat sich bemüht, dem neuen Dogma dadurch einen eher akzeptablen Sinn zu verleihen, daß er auf Matthäus 27, 52 f. hinwies, wo von der Auferstehung mancher Menschen im Zusammenhang der Passionsgeschichte Jesu die Rede ist[145]. Rahner schließt, wenn schon anderen Menschen diese besondere Gnade zuteil wurde, dann könne man Ähnliches auch von Maria aussagen. Diese Interpretation stellt nicht in Rechnung, daß Pius XII. in seiner Bulle für Maria eine Ausnahme von dem allgemeinen Gesetz behauptet, sie dürfte daher den Sinn des Dogmas nicht richtig wiedergeben.

Gegen dieses Dogma sind manche wichtigen Bedenken geltend zu machen, von denen hier nur zwei genannt werden können. Einmal, der Schrift- und Traditionsbeweis ist für dieses Dogma noch schwerer zu führen als für die früheren katholischen Dogmen. Weder das Neue Testament noch auch die ersten vier Jahrhunderte der Kirchengeschichte wissen etwas von der leiblichen Aufnahme Mariens in den Himmel. Zum ersten Mal begegnet eine solche Vorstellung im 5. Jahrhundert in der apokryphen Schrift »Über das Hinübergehen der Jungfrau Maria«. Diese Schrift ist derart voll von phantastischen Legenden, daß sich ihre Behauptung über Marias Aufnahme in den Himmel denkbar schlecht als Grundlage für ein Dogma eignet. Erst seit dem späteren 6. Jahrhundert haben sich Theologen allmählich den Gedanken an eine leibliche Aufnahme Marias in den Himmel zu eigen gemacht. Leitendes Motiv war dabei die Ansicht, daß eine solche Aufnahme Marias in den Himmel »passend« sei. Ein solches Argument kann jedoch keine hinreichende Grundlage für ein Dogma darstellen.

Katholischerseits wird auf den Einwand hinsichtlich des Alters der Überlieferung entgegnet, daß der Schrift- und Traditionsbeweis für die Dogmatisierung eines Satzes nicht notwendig sei. Es genüge völlig das lebendige Glaubensbewußtsein der heute bestehenden Kirche Christi. Dieses finde seinen sichtbaren Ausdruck im Lehramt des Papstes, und dieser wiederum sei in solchem Falle unfehlbar. Gegen eine solche Argumentation kann nur immer wieder darauf hingewiesen werden, daß sich die heutige katholische Kirche, wenn sie so denkt, von den Grundlagen entfernt hat, die weit über ein Jahrtausend für Glauben und Lehre der Kirche bestimmend waren.

Es ist aber noch ein anderer schwerwiegender Einwand geltend zu machen. Das Dogma von der unbefleckten Empfängnis der Maria mutet insofern noch eher evangelisch an, als es betont, daß Maria jener besonderen Gnade »im Hinblick auf die Verdienste Jesu Christi« gewürdigt worden sei. Ein derartiger Hinweis ist in dem Dogma über die leibliche Aufnahme Marias in den Himmel nicht enthalten. Das dürfte kein Zufall sein. Der Grund für diesen Unterschied besteht darin, daß im neuen Katholizismus Maria immer stärker eine eigene Bedeutung neben Christus gewinnt. Pius XI. erklärte bereits, an ältere Anschauungen anknüpfend, es sei ein lobenswerter

Brauch, Maria als »Miterlöserin« zu bezeichnen[146]. In den späteren Stellungnahmen des katholischen Lehramtes sind immer wieder ähnliche Anschauungen laut geworden.

Tatsächlich fehlt es nicht an Zeichen dafür, daß die römische Kirche eines Tages die Miterlöserschaft Marias dogmatisieren wird. Man kann den Satz hören, daß die Verehrung der Jungfrau Maria der einzige Weg sei, um zu Christus zu kommen. Maria wird sogar in enge Verbindung mit der Eucharistie gebracht[147]. Nicht selten spricht man von ihr als von der Herrin des allerheiligsten Sakramentes. »Christus allein« wird zuweilen ersetzt durch die Vorstellung »Christus und Maria«. So bildet die Mariologie heute eine besonders schwer zu überwindende Barriere zwischen den Konfessionen. Wenn sich die Kirchen in manchen anderen Problemen heute nähergekommen sind als im Jahrhundert der Reformation, so stellt die neuere Entwicklung der katholischen Mariologie eine schwere Belastung für das Bemühen um eine Annäherung der Kirchen dar.

VIII. KAPITEL:

Das Dogma im Protestantismus

Dogmengeschichte des Protestantismus?

Für den Protestantismus eine Dogmengeschichte zu schreiben, ist unvergleichlich viel schwieriger als für den neueren Katholizismus. So sehr sich auch in der römischen Kirche das Verständnis des Dogmas und der Charakter der neuen katholischen Dogmen gewandelt haben, so kann man doch nicht bestreiten, daß zumindest seit dem Trienter Konzil eine in gewisser Weise kontinuierliche Entwicklung der offiziellen römischen Lehrentscheidungen stattgefunden hat. Für den Protestantismus kann man nicht das Gleiche behaupten. Die Hindernisse, die sich dem Versuch, eine Dogmengeschichte des Protestantismus zu schreiben, in den Weg stellen, sind zahlreich und mannigfaltiger Natur. Die wichtigsten von ihnen seien hier kurz genannt.

Zunächst ist da die Schwierigkeit, daß der Protestantismus im ganzen alles andere als ein einheitliches Bild bietet. Er ist in eine große Zahl verschiedener Konfessionen und Denominationen gespalten. Sie alle legen in ihrer Lehre den Ton auf verschiedene Stücke des altkirchlichen Dogmas und der Entscheidungen der Reformationszeit. Ist schon von daher die Entwicklung im Protestantismus keine einheitliche gewesen, so kommen noch zahlreiche andere Unterschiede hinzu, die durch bestimmte politische und geistige Umbrüche und Veränderungen gekennzeichnet sind und die auf die verschiedenen protestantischen Kirchen von erheblichem Einfluß gewesen sind. Die Kirche von England ist nicht nur durch die besondere Geschichte, die die Reformation in England nahm, geprägt, sondern auch durch ein enges Miteinander von Staat und Kirche, wie es sich in Jahrhunderten dort eingespielt hat. Andererseits haben die Nonkonformisten in England niemals eine so radikale Staatsfeindlichkeit gehabt, wie sie vielen Vertretern des linken Flügels der Reformation auf dem Kontinent eigen war, und besitzen von daher im ganzen eher den Charakter einer Großkirche. Die lutherischen und reformierten Staatskirchen, die es lange Zeit gab und teilweise noch heute gibt, sind auch in ihrer Lehrentwicklung andere Wege gegangen als etwa die evangelischen Gemeinden Böhmens und Mährens, die nicht nur durch den Gegensatz zur katholischen Monarchie Österreichs, sondern auch durch bestimmte Traditionen von Johann Huß und den böhmischen Brüdern bleibend geformt sind. Nach welchen Gesichtspunkten sollte man die unumgängliche Auswahl treffen, wenn man eine Dogmengeschichte des Protestantismus schreiben will?

Aber selbst wenn man die nichttheologischen Faktoren außer acht läßt, wird es nicht einfacher, die Lehrentwicklung des Protestantismus darzustellen. Denn diese Lehrentwicklung selbst ist alles andere als einheitlich. Die Lehre von der apostolischen Sukzession oder dem historischen Episkopat spielt in der neueren Geschichte der Kirche von England eine große Rolle. Dagegen stehen zwar auch die lutherischen Bischöfe Schwedens in der apostolischen Sukzession, freilich ohne daß die schwedische Kirche dieser Tatsache eine lehrmäßige Bedeutung zuschreibt. Die lutherischen Kirchen des Kontinents, die diese Tradition nicht haben, halten sie ebenfalls nicht für wesentlich. Und die Reformierten des Kontinents, die dem grundlegenden Lehrdokument der anglikanischen Kirche, den 39 Artikeln, nahestehen, sehen in der Lehre von der apostolischen Tradition eine Verfälschung des christlichen Glaubens und eine Abkehr von der Botschaft der Reformation. So läßt sich gerade an dem einzigen Punkt, wo in der Geschichte des Protestantismus eine bedeutsame neue Lehrbildung stattgefunden hat, keine einheitliche Dogmengeschichte des Protestantismus schreiben. Ähnliches gilt erst recht für bestimmte Sonderlehren, die in manchen kleineren protestantischen Denominationen je und dann in den Mittelpunkt des Interesses gerückt worden sind.

Schließlich läßt sich aber die Aufgabe auch dann keineswegs leicht lösen, wenn man in den Dogmen Bekenntnisse sieht. In der Geschichte des Protestantismus gibt es kein einziges Bekenntnis, das sich in seiner Bedeutung auch nur annähernd mit den Dogmen der alten Kirche oder den Bekenntnisschriften der Reformationszeit vergleichen läßt. Im Grunde gilt das auch von der Barmer Theologischen Erklärung. So wichtig sie in der Zeit des Kirchenkampfes war und so bedeutend sie auch als ein Versuch ist, den christlichen Glauben in einer neuen Weise zu bekennen, so ist sie doch nicht einmal in den einzelnen evangelischen Kirchen Deutschlands überall in die Lehrgrundlage und die Bekenntnisverpflichtung der Pfarrer aufgenommen, geschweige denn, daß sie von dem gesamten Protestantismus als bindend akzeptiert worden wäre.

Von daher scheint es tatsächlich naheliegend, für den Protestantismus die Dogmengeschichte mit der Reformationszeit zu beenden. Die neuere Geschichte der Lehre im Protestantismus wäre dann, wie es an den deutschen evangelisch-theologischen Fakultäten geschieht, entweder im Rahmen der Kirchengeschichte der Neuzeit oder als Theologiegeschichte zu erörtern.

Und doch kann eine solche Lösung nicht befriedigen. Gewiß zeigt die Geschichte des Protestantismus — und in ihrer Weise, was man nicht vergessen sollte, auch diejenige des neueren Katholizismus —, daß das Dogma in eine Krisis geraten ist. Zu dieser Krisis des Dogmas ist es aus mannigfaltigen Gründen gekommen. Im Protestantismus liegen ihre Ursachen nicht zuletzt in der Wandlung, die die theologische Arbeit im Zeitalter der Orthodoxie erfuhr. Zugleich hat die Krisis des Dogmas in geistesgeschichtlicher Hinsicht ihren Grund in dem Aufkommen des geschichtlichen Denkens. Hier liegt eine Entwicklung vor, die letztlich unausweichlich gewesen ist und mit der sich der Protestantismus auseinanderzusetzen hat. Daß aber diese Krisis des Dogmas nicht zugleich auch dessen Ende darstellt, zeigt sich gerade in den letzten Jahrzehnten in der Geschichte des Protestantismus. Der Barmer Theologischen Erklärung kommt eine Bedeutung zu, die viel weiter reicht als die amtliche Rezeption, die sie in protestantischen Kirchen gefunden hat. Aber auch die ökumenische Bewegung gehört unter bestimmtem Gesichtspunkt in die Dogmengeschichte des Protestantismus hinein. Freilich beginnen sich die Konturen einer Dogmengeschichte des Protestantismus erst umrißhaft abzuzeichnen. Darum kann das Folgende nur ein Versuch sein, Neuland zu betreten.

Das Zeitalter der Orthodoxie

Die Epoche von der Reformation bis zur Aufklärung gilt mit Recht als das konfessionelle Zeitalter. Sie ist in theologischer Hinsicht gekennzeichnet durch das Vorherrschen der Orthodoxie, das heißt der reinen Lehre, die die klassischen großen dogmatischen Entwürfe auf dem Boden der Reformation hervorbrachte. Die Anfänge der Zeit der Orthodoxie reichen in die Mitte des 16. Jahrhunderts zurück. Mit dem Abschluß der Konkordienformel (1577) war die reformatorische Lehrbildung innerhalb des Luthertums im wesentlichen beendet. In den reformierten Kirchen nimmt die Dordrechter Synode (1618—1619) einen ähnlichen Rang ein, insofern sie gegen die Erweichung der Prädestinationslehre, wie sie Jakob Arminius (1560 bis 1609) in Leiden und die Arminianer vorgenommen hatten, an der schroffen Auffassung von der Prädestination festhielt. In den beiden großen Kirchen der Reformation begann nun eine neue Scholastik, die in ihrer Strenge des Systems hinter der mittelalterlichen Scholastik nicht zurückstand.

Wenn man heute von einem Theologen sagt, er sei orthodox, so ist das in der Regel nicht als ein Kompliment gemeint. Für den heutigen Sprachgebrauch meint der Begriff der Orthodoxie zumeist etwas Verknöchertes, Erstarrtes, ja Totes. Dahingegen lobt man die »Aufgeschlossenheit« anderer, die nicht am Alten festhalten, sondern die Fragen der Gegenwart ernst nehmen. Die Orthodoxie der lutherischen und der reformierten Kirche ist nicht ohne Schuld daran, daß der Begriff der Orthodoxie diesen Unterton bekommen hat. In fast allen Bereichen der Theologie hat die Orthodoxie die Dynamik der Reformation durch eine Statik ersetzt. Die Grenzen zwischen den Konfessionen verfestigten sich endgültig. In jeder Kirche ging es vor allem um die reine Lehre.

Freilich wäre es falsch, die Orthodoxie für hohl zu halten. Bei aller Überbetonung des Lehrhaften ging es den Menschen damals letztlich doch um nichts anderes als um den Glauben. Männer wie Paul Gerhardt oder Johann Sebastian Bach sind keine Außenseiter gewesen, sondern standen mit ganzem Herzen hinter der Sache der Kirche. Man hat damals die Frage nach der Wahrheit keineswegs leicht genommen. Ein vorschnelles Urteil über die Orthodoxie darf daher nicht gefällt werden.

Worin aber besteht die Eigenart der Orthodoxie in dogmengeschichtlicher Hinsicht? An sich ließen sich verschiedene Antworten auf diese Frage geben. Die Epoche der Orthodoxie ist in systematisch-theologischer Hinsicht außerordentlich fruchtbar gewesen, nicht zuletzt in der Bestimmung des Verhältnisses von Vernunft und Offenbarung. Zudem hat die Zeit der Orthodoxie zwar zu manchen erneuten Versuchen geführt, die Lehre verbindlich zu formulieren; aber allgemeine Geltung hat keines dieser neuen Bekenntnisse erlangt.

Vergleicht man die theologische Arbeit der Orthodoxie mit der früheren Lehrentwicklung der Kirche und behält zugleich auch die folgende Epoche der Aufklärung und des kritischen Denkens im Auge, so liegt es nahe, die dogmengeschichtliche Eigenart der Orthodoxie in der Lehre von der Heiligen Schrift zu sehen. Weder vorher noch nachher hat die Lehre von der Schrift derart im Mittelpunkt gestanden wie in der Orthodoxie. Damit ist natürlich nicht gesagt, daß andere Epochen nicht auch sehr viel über die Autorität der Schrift nachgedacht haben. Aber es blieb doch der Orthodoxie vorbehalten, diese Frage allen anderen vorzuordnen. Zugleich hat die Art und Weise, wie die Orthodoxie diese Lehre entfaltete, indirekt die spätere Epoche der Aufklärung mit vorbereitet.

Die älteren lutherischen Bekenntnisschriften enthalten bezeichnenderweise keinen eigenen Abschnitt über die Lehre von der Schrift. Selbstverständlich stand sowohl für Luther als auch für Melanchthon der Grundsatz »allein die Schrift« (sola scriptura) fest. Aber man hatte es doch mit guten Gründen nicht für nötig befunden, diesen Grundsatz bekenntnismäßig festzulegen. Die Schriftautorität war für Luther niemals eine formale, sondern immer nur von ihrer Mitte her, das heißt von Jesus Christus her, gegeben. Luther konnte darum einerseits manche Schrift des Kanons sehr kritisch betrachten, wie etwa den Jakobusbrief oder auch die Offenbarung des Johannes. Andererseits konnte er aber auch späteren Zeugnissen der Christenheit, wenn sie nur von Jesus Christus in der rechten Weise Zeugnis ablegten, eine fast kanonische Autorität zuschreiben.

Erstmalig findet sich in der Konkordienformel von 1577 ein eigenes Lehrstück »Von dem summarischen Begriff Grund, Regel und Richtschnur, wie alle Lehr nach Gottes Wort geurteilt und die eingefallenen Irrungen christlich erklärt und entschieden werden sollen«. Da heißt es dann: »Wir glauben, lehren und bekennen, daß die einige Regel und Richtschnur, nach welcher zugleich alle Lehren und Lehrer gerichtet und beurteilt werden sollen, allein die prophetischen und apostolischen Schriften Alten und Neuen Testaments sind ... Andere Schriften aber der alten oder neuen Lehrer, unter welchem Namen sie auch gehen, sollen der Heiligen Schrift nicht gleich gehalten, sondern alle zumal miteinander derselben unterworfen und anders oder weiter nicht angenommen werden, denn als Zeugen, welchergestalt nach der Apostel Zeit und an welchen Orten solche Lehre der Propheten und Apostel erhalten worden.«[148] Dieser Grundsatz entsprach

an sich ganz· der Theologie Luthers. Und doch kündigt sich hier
bereits die Entwicklung an, die dahin führen sollte, daß man aus der
Schrift lediglich Belege für ein umfassendes Lehrsystem sammelte und
zugleich die Schrift wie ein Gesetzbuch zur Entscheidung strittiger
Fragen gebrauchte.

Als die Väter der Konkordienformel diesen Satz formulierten,
wurde bereits hier und da in der Dogmatik die Lehre von der göttlichen Inspiration der Schrift näher entwickelt. An sich war natürlich
die Auffassung, daß die Verfasser der kanonischen Schriften von Gott
inspiriert seien, als solche nicht neu. Sie geht in die älteste Zeit der
Kirche zurück und hat bereits im Neuen Testament selbst gewisse
Ansätze (vgl. 2. Timotheus 3, 16; 2. Petrus 1, 21). Vor allem kannte
schon das hellenistische Judentum eine ausgeprägte Inspirationslehre,
an welche die alte Kirche dann anknüpfen konnte. In der Regel verstand man die Inspiration in der Kirche jedoch nicht dahin, daß die
Persönlichkeit des biblischen Verfassers bei der Niederschrift völlig
ausgeschaltet gewesen sei. Nach Origenes besteht die Inspiration nicht
in der Auslöschung des Bewußtseins, sondern in dessen besonderer
Erleuchtung sowie in seiner außergewöhnlichen Besonnenheit. Freilich
äußerte man gelegentlich auch schon Theorien über ein Diktat der
Schrift durch den Heiligen Geist. Aber im ganzen wurde doch die
Inspirationslehre in der alten Kirche und im Mittelalter schon darum
nicht zu letzter Schärfe fortentwickelt, weil die Autorität der Kirche
zugleich auch die Autorität der Schrift garantierte. Von daher bestand
keine Notwendigkeit, die Lehre von der Schrift näher zu entfalten.

In dem Augenblick, wo die römische Kirche ihre Lehre auf dem
Trienter Konzil in umfassender Weise entfaltete, mußte für den
Protestantismus die Lehre von der Schrift erhöhtes Gewicht erhalten.
Die römische Auffassung über die Inspiration von Schrift und Tradition forderte evangelischerseits die Ansicht, daß die Schrift allein
inspiriert sei, geradezu heraus. Dabei ging man aber nun im Protestantismus über die ältere Auffassung hinaus und suchte die Inspiration
der Schrift gegenständlich zu fixieren, um auf diese Weise eine unan-
greifbare Bastion gegen die römische Kirche zu haben. Man hat dabei
auch vor den seltsamsten Theorien nicht zurückgescheut.

Schon der streitbare Theologe des Reformationsjahrhunderts Mat-
thias Flacius Illyricus (1520—1575) vertrat die Inspirationslehre in
einer ausgeprägten Gestalt. Nicht nur der Wortlaut der kanonischen
Schriften ist inspiriert, sondern beim Alten Testament obendrein auch

noch die hebräischen Vokalzeichen, die unter den Konsonanten angegeben sind. Flacius stellte die Frage: Wenn die Kirchen dem Teufel erlauben, diese Hypothese zu bezweifeln, wird uns dann nicht die ganze Schrift überhaupt ungewiß werden? Und er betont, daß der Heilige Geist keinesfalls eine dunkel und undeutlich geschriebene Lehre von Gott vorgelegt hat, daß er vielmehr wollte, daß alles von der Kirche verstanden werden sollte, damit sie den Weg kennt, um Gott zu verehren und ihre Seligkeit zu finden. So ist der Heilige Geist der Urheber der Schrift, zugleich aber auch ihr Ausleger[149].

Spätere haben diese Auffassung weiter ausgebaut. Dabei unterschied man im Anschluß an scholastische Distinktionen zwischen der wirkenden Ursache der Heiligen Schrift und der weniger entscheidenden Ursache: jene ist Gott bzw. der Heilige Geist, diese die heiligen Männer, die nach dem Antrieb des Heiligen Geistes wörtlich niederschrieben, was ihnen eingegeben wurde. Die Verfasser der kanonischen Schriften sind weiter nichts als der Griffel gewesen, dessen sich der Heilige Geist bedient hat. Die Individualität der biblischen Autoren hat demnach für die Abfassung der Schriften keine Rolle gespielt.

Es wurde sogar eine Anzahl von Kriterien genannt, an denen die Inspiration kenntlich ist. David Hollaz (1648—1713) unterscheidet in seiner Dogmatik äußere und innere Kriterien. Zu den äußeren Kriterien zählen das Alter der Schrift; das besondere Licht der heiligen »Schreibhilfen«, ihr Streben nach Erkenntnis der Wahrheit; der Glanz der Wunder, durch welche die himmlische Lehre der Schrift bestätigt wird; das übereinstimmende Zeugnis der über die ganze Erde verbreiteten Kirche von der Göttlichkeit der Heiligen Schrift; die Beständigkeit der Märtyrer; und neben manchen anderen schließlich auch die schweren Strafen, die den Verächtern und Verfolgern des göttlichen Wortes zuteil geworden sind. Bei den inneren Kriterien hat Hollaz u. a. die Majestät Gottes, der sich selbst in dem heiligen Buch bezeugt, sowie die Erhabenheit und den Ernst des Stils der kanonischen Bücher im Auge, aber auch etwa die Wahrheit aller biblischen Aussagen oder die Genügsamkeit der Heiligen Schrift zur ewigen Seligkeit[150].

Die Lehre von der Schriftinspiration ist zu Beginn des 17. Jahrhunderts Gegenstand eines lebhaften Streites gewesen. Der Danziger Pfarrer Hermann Rahtmann (1585—1628) lehnte zwar die Inspirationslehre als solche nicht ab. Aber er ermäßigte sie dahingehend, daß das Übernatürliche, das die inspirierte Schrift an sich hat, nicht außerhalb ihres Gebrauches vorhanden sei, sondern erst bei der Verkündigung des Wortes hinzutrete. Rahtmann betonte, daß Gott nicht darum die Schrift geoffenbart habe, damit sie als ein toter Buchstabe auf dem Papier stehenbleibe, sondern damit sie in uns im Geist und im Glauben lebendig werde und uns zu einem neuen Menschen mache. Seine Gegner warfen Rahtmann nicht ganz zu Unrecht vor, daß er von der Unterscheidung zwischen Schriftwort und Geist, wie sie von Schwenckfeld und anderen vorgenommen worden war, bestimmt sei und daher den Schwärmern zugerechnet werden müsse. Andererseits aber verstieg man sich auf der gegnerischen Seite doch zu sehr problematischen Aussagen. Das Bedenken der Jenaer Theologischen Fakultät zur Lehre Rahtmanns (1626) wehrt zwar die Meinung ab, als solle man den Wörtern der Schrift eine magische oder übernatürliche Erleuchtungskraft zuschreiben. Aber es sagt dann doch nicht nur, daß das »gehörte, gelesene und betrachtete Wort den Glauben in den Herzen derer, die es hören, lesen und betrachten, wirken soll«, sondern auch, daß die göttliche Kraft, den Glauben zu wirken, allezeit in dem Sinn und Verstand der Schrift als der »innerlichen Form des Worts« vereinigt sei: deshalb habe die Schrift auch außer dem Gebrauch ihre innerliche Kraft[151].

Die Ansicht Rahtmanns war damit zunächst abgewiesen. Aber sie war doch ein erster Versuch, die ins Extrem gesteigerte Lehre von der Inspiration der Schrift zu erweichen. Diesem ersten Versuch sollten bald andere folgen, die sehr viel nachdrücklicher unternommen wurden und schließlich die orthodoxe Lehre von der Schrift insgesamt in Frage stellten. Man kann es nur als ein Glück bezeichnen, daß die Lehre von der Schrift damals nicht in einer für die evangelische Kirche verbindlichen Weise festgelegt worden ist, sondern daß man sich mit Entscheidungen begnügt hat, die hinsichtlich ihrer Autorität hinter den Dogmen der alten Kirche und den Bekenntnisschriften der Reformationszeit deutlich zurückstehen. Aber der Grund, weshalb man einen solchen Versuch damals nicht machte, war nicht die Einsicht in die Problematik der eigenen Position, auch nicht die Verlegenheit, ein neues Bekenntnis formulieren zu sollen, sondern die Überbetonung der Autorität der Bekenntnisschriften, denen man nichts hinzuzufügen sich getraute. Tatsächlich hat die Orthodoxie bei aller Größe, die ihrer theologischen Arbeit in vielem eignet, doch die ihr in besonderer Weise gestellte Aufgabe der Entfaltung der Lehre von der Heiligen Schrift nicht befriedigend gelöst. Gerade darum mußte die Krisis, in die das Dogma alsbald geraten sollte, so ernst und radikal werden.

Als die orthodoxe Theologie ihre Lehre von der Verbalinspiration der Schrift bis zu den letzten Konsequenzen entwickelte, hatte schon von verschiedenen Seiten ein scharfer Angriff gegen diese eingesetzt. In der geschichtlichen Folge ist dabei zunächst der Pietismus gegen die Orthodoxie aufgetreten, um allerdings bald von einer sehr viel weiter reichenden Bewegung abgelöst zu werden.

Der Pietismus setzte bei seiner Kritik an der orthodoxen Inspirationslehre nicht bei der wissenschaftlichen Unhaltbarkeit dieser Anschauung ein, sondern bei ihrer praktischen Verwendbarkeit in der Kirche. Eigentliche Polemik gegen die Inspirationslehre der Orthodoxie begegnet im Pietismus kaum. Und doch war die Inspirationslehre für den Pietismus ein Haus, in dem er sich nicht heimisch zu fühlen vermochte. Man ließ darum die Inspirationslehre auf sich beruhen, konnte sie durchaus anerkennen, aber betonte im übrigen, daß mit der Inspirationslehre und ihrer Anerkennung noch nicht das Entscheidende getan sei, daß es vielmehr auf innere Erfahrung dessen, von dem die Schrift Zeugnis ablegt, und auf den lebendigen Glauben ankomme. Die bloße Kenntnis der Schrift und die äußere Anerkennung ihrer Autorität genügt nicht. Dadurch kommt man noch nicht über einen toten historischen Glauben hinaus. Vielmehr muß man die Wahrheit der Schriftaussagen an sich selbst erfahren. Man muß in seinem eigenen Leben die Macht der Sünde und die helfende Kraft der Gnade spüren. Darum ist die Frage nach dem gesamten Inhalt des Glaubens nicht so wichtig wie die stete Selbstprüfung, ob man denn auch wirklich glaubt.

In diesem wesentlichen Anliegen sind sich die verschiedenen geistigen Führer des Pietismus von Philipp Jakob Spener (1635—1705) über August Hermann Francke (1663—1727) bis hin zu dem Grafen Nikolaus Ludwig von Zinzendorf (1700—1760) einig. Im einzelnen haben durchaus gewisse, nicht unerhebliche Verschiedenheiten zwischen ihnen bestanden. Spener hat stärker als die Späteren seine Übereinstimmung mit der Orthodoxie betont, obwohl er mit ihr in harte Auseinandersetzungen geriet. Francke hat sich von der Orthodoxie weiter entfernt, indem er die Notwendigkeit eines eigenen Bußkampfes hervorhob. Und Zinzendorf hat schließlich in seiner Brüdergemeine eine eigene Kirche geschaffen, die die konfessionellen Spaltungen der älteren Zeit einfach ignorierte und insofern eine erste Union darstellt:

die Bekenntnisse der Konfessionen besaßen nicht mehr letzte Gültigkeit, sondern wurden durch die Glaubenserfahrung und das Christus-
bekenntnis ersetzt und relativiert.

Die orthodoxen Theologen haben trotz der anfänglich vom Pietismus beteuerten Loyalität zur Kirchenlehre sehr schnell gespürt, daß
hier ein neuer Geist am Werke war. Wenn die Auseinandersetzung
zwischen Orthodoxie und Pietismus auch oft sehr scharf und kleinlich
geführt worden ist, so haben doch manche der damaligen Theologen
einen Blick gehabt für die Bedeutung, die diesem Streit zukommt. Ein
Mann wie Valentin Ernst Löscher (1673—1749), einer der letzten und
auch besten Vertreter der Orthodoxie, hat mit großer Sorge und nicht
minder großem Ernst vor der Gefahr gewarnt, die Frage nach dem
Gegenstand des Glaubens zurückzustellen hinter der nach der sub-
jektiv-psychologischen Gläubigkeit. Ein gewisses Recht kann man
dieser Kritik nicht absprechen. Der Pietismus hat vielfach, wenn auch
keineswegs überall, gegenüber der Autorität der Schrift und der Bekenntnisse eine auflösende Wirkung gehabt. Andererseits besteht kein
Zweifel, daß im Pietismus von neuem Motive lebendig wurden, die
für Luther wesentlich waren. Was in der Reformation zur Einheit
zusammengebunden war, trat in den beiden Parteien der Orthodoxie
und des Pietismus auseinander. Für Luther hatte die Gültigkeit des
Schriftwortes darin gegründet, daß es von Jesus Christus Zeugnis
ablegt; aber es hatte sich zugleich im Gewissen als die bindende und
befreiende Wahrheit erwiesen. Die Orthodoxie hatte nur die inzwischen formalisierte und historisierte Wahrheit des Schriftwortes beizubehalten vermocht; und der Pietismus lief Gefahr, die subjektive
Erfahrung zum Maßstab der objektiven Gültigkeit der Glaubensaussagen zu machen.

In der Auseinandersetzung zwischen Orthodoxie und Pietismus
klingt bereits gelegentlich ein neues Problem an, das die Theologie und
die Kirche in der Neuzeit wie kaum ein anderes beschäftigen sollte,
nämlich das geschichtliche Denken mit all seinen Konsequenzen für den
Glauben und die Lehre der Kirche. Gewiß hat das Problem der Geschichte in dem Streit zwischen Orthodoxie und Pietismus niemals im
Mittelpunkt gestanden. Aber das hindert doch nicht, daß, den Haupt-
kämpen nicht bewußt, im Hintergrund der Auseinandersetzung die
Frage nach der Geschichte und der geschichtlichen Relativität stand.
Die pietistische Kritik an der orthodoxen Inspirationslehre ist zumindest auch von hier aus zu verstehen.

Das moderne geschichtliche Denken, wie es im 18. Jahrhundert begann und sich allmählich in zunehmendem Maße in sämtlichen Bereichen durchgesetzt hat, hat mannigfache Ursachen und Wurzeln, die teilweise weit zurückreichen. Unter dem geschichtlichen Denken verstehen wir dabei nicht einfach die Aufklärung. Zwar sind Aufklärung und geschichtliches Denken nicht voneinander zu trennen, sondern haben die mannigfachsten Beziehungen zueinander. Trotzdem dürfte es geraten sein, in einem Überblick über die Dogmengeschichte des Protestantismus beide sorgfältig zu unterscheiden. Daß Aufklärung und historisches Denken nicht ohne weiteres identisch sind, zeigt sich an zwei hervorragenden Männern, die dem historischen Denken in der Theologie zum Sieg verholfen haben und die weit mehr waren als Vertreter einer allgemeinen Aufklärung, nämlich an Semler und an Lessing. Durch die Aufklärung ist gewiß das historische Denken mit in Gang gebracht worden. Ohne die Verweltlichung der Bildung und die kritische Einstellung gegenüber der traditionellen Kirchenlehre hätte man sich auch nicht der Geschichte kritisch-prüfend zugewandt. Aber das geschichtliche Denken hat sich doch sehr schnell zu einer Methode wissenschaftlichen, auch theologischen, Arbeitens entwickelt, die von den zeitbedingten philosophischen und theologischen Systemen der Aufklärungstheologen weitgehend unabhängig war und die darum den Verfall der weltanschaulichen Aufklärung in der Zeit des Idealismus und der Romantik überdauern sollte, um schließlich auch Bewegungen wie den Historismus des 19. Jahrhunderts zwar hervorbringen zu helfen, aber sich doch zugleich von ihnen abzuheben und ihren eigentlichen Triumph erst in der Gegenwart zu feiern. Das Aufkommen des geschichtlichen Denkens ist eine der größten Bewegungen in der Geistesgeschichte der Menschheit.

Gehört das neuzeitliche geschichtliche Denken auch in eine Darstellung der Dogmengeschichte hinein? Wäre es nicht eher angebracht, im Rahmen der Dogmengeschichte die zahlreichen philosophisch-theologischen Entwürfe der Aufklärung und ihrer theologischen Anhänger zu schildern? Zweifellos hat eine Theologiegeschichte die Aufgabe, vor allem auch die Gedanken der Aufklärungstheologie zu behandeln. Aber wenn man unter der Dogmengeschichte die Geschichte des kirchlichen Bekenntnisses oder Lehrbekenntnisses versteht und wenn es dabei nicht nur um die jeweilige Formulierung bestimmter Glaubensaussagen geht, sondern immer zugleich auch um deren neue Aneignung und Interpretation, dann sind die zeitbedingten und inzwischen längst

vergangenen Entwürfe der Aufklärungstheologen von viel geringerer
Bedeutung als das geschichtliche Denken als solches. Denn durch dieses
ist die gesamte überlieferte Lehre der Kirche, auch der biblische Kanon,
in einem Maße fragwürdig geworden, wie das vorher niemals der
Fall gewesen war. Zugleich aber wird hier offenkundig, daß es gegenüber dem geschichtlichen Denken nicht mit der Formulierung dieses
oder jenes Bekenntnisses getan ist, sondern daß sich die Theologie
in die Bewegung dieses Denkens selbst hineinreißen lassen mußte,
wenn sie an der Entwicklung der allgemeinen Geistesgeschichte teil-
haben und nicht der Erstarrung anheimfallen wollte.

Es ist kein Zweifel, daß das geschichtliche Denken in der Theologie
und auch in der Kirche zunächst und auf lange hinaus überwiegend
in zerstörendem und auflösendem Sinne gewirkt hat. Kanon, Dogmen
und Bekenntnisse der Kirche sind von der historischen Kritik in viel
schärferer Weise angegriffen und zersetzt worden als durch irgendeine
Häresie in der Zeit vor dem 18. Jahrhundert. Man kann daher schon
die Dogmengeschichte als Dogmenkritik schreiben und in dem Versuch,
die alten Bekenntnisse beizubehalten, weiter nichts als ein krampf-
haftes Festhalten an überlebten Formen und Inhalten erblicken. Andererseits hat aber das geschichtliche Denken doch die Theologie in
die Lage versetzt, den Sinn der Dogmen und Bekenntnisse in einer
ganz neuen Weise zu würdigen. Es nimmt dem Kanon und den Dogmen nichts von ihrem Rang, wenn man ihre Zeitbedingtheit und ihre
geschichtliche Kontingenz sieht. Mag darüber viel von dem überlieferten Glanz der kirchlichen Lehraussagen verlorengegangen sein, so
ist doch dadurch erst in letzter Radikalität deutlich geworden, daß
der Glaube sich nicht auf metaphysisch beweisbare Wahrheiten gründet, sondern jeweils neu in die Entscheidung gerufen ist und nur dann
Glaube sein kann, wenn er auf äußere Sicherungen verzichtet. In
diesem Sinne hat das geschichtliche Denken Motive aufgenommen, die
schon in Luthers Theologie, wenn auch in anderer Weise, wirksam
waren. Vor allem hat aber erst das geschichtliche Denken die Theologie
befähigt, die Eigenart der biblischen Religion, die ja eine spezifisch
geschichtliche ist, scharf zu erfassen. Das Phänomen der Geschichte
war zuerst im alten Israel als solches erkannt worden. Nicht zufällig
ist darum das geschichtliche Denken gerade auf dem Boden des christlichen Abendlandes entstanden.

Der Begründer der historisch-kritischen Methode in der Theologie
ist der Hallesche Theologieprofessor Johann Salomo Semler (1725

bis 1791) gewesen. In zahlreichen Untersuchungen zeigte er die all-
mähliche Entstehung des biblischen Kanons und untergrub damit die
orthodoxe Lehre von der Verbalinspiration der Schrift. Der Kanon-
begriff war für ihn nicht mehr ein dogmatischer, sondern ein historischer. Weiter zeigte Semler, daß die orthodoxe Schriftlehre auf ganz
bestimmten Voraussetzungen beruht, die nichts mit dem Gegenstand
des christlichen Glaubens zu tun haben. Auf diese Weise konnte Semler
die orthodoxe Lehre von der Verbalinspiration als eine wissenschaftlich
unhaltbare Hypothese widerlegen.

Es ist nicht selten behauptet worden, Semler sei bei seiner Kritik
von rationalistischen Erwägungen geleitet gewesen, die im Grunde
für eine Offenbarung keinen Raum mehr lassen. Demgegenüber ist
jedoch festzustellen, daß Semler bei aller Zeitgebundenheit, die auch
seinen Gedanken in mancher Hinsicht eigen ist, nicht dem Rationalismus angehangen hat. Semler hat sogar trotz seiner Kritik an der
orthodoxen Schriftlehre den Begriff der Inspiration als solchen nicht
aufgegeben. Auch nach seiner Ansicht geht der Inhalt der Heiligen
Schrift auf eine Eingebung zurück. Nur darf man diese nicht als Verbalinspiration verstehen, sondern muß in ihr eine Realinspiration
sehen: Schrift und Wort Gottes sind nicht identisch; vielmehr ist für
Semler Wort Gottes zunächst Christus selbst, dann aber auch die
apostolische Christusbotschaft. Ähnlich konnte Semler auch die Autorität der Dogmen nicht mehr unkritisch und fraglos anerkennen. Er
wies auf die geschichtliche Bedingtheit bestimmter Formulierungen der
Kirchenlehre hin und sah der Theologie die Aufgabe gestellt, die
Schriftgemäßheit der Dogmen und Bekenntnisse zu prüfen.

Es ist verständlich, daß eine solche Auffassung damals zunächst und
vor allem zersetzend wirken mußte. Die orthodoxen Theologen meinten, alles geriete ins Wanken, wenn man nicht an der buchstäblichen
Autorität der Schrift festhielte. Zugleich mußte die Verpflichtung der
Pfarrer auf die Bekenntnisse zu einem Problem werden: kann man
auf ein Bekenntnis verpflichtet werden, dessen geschichtliche Bedingtheit deutlich ist? Damit wurden zum ersten Mal Fragen angeschnitten,
welche im 19. und im beginnenden 20. Jahrhundert zu schweren Auseinandersetzungen führen sollten und über die es in der Gegenwart
erstaunlich ruhig geworden ist. Semler meinte, daß man wohl eine
Lehrverpflichtung, nicht aber eine Glaubensverpflichtung verlangen
könne. So berechtigt eine solche Unterscheidung in mancher Hinsicht
ist, so ist damit das Problem, das hier liegt, noch nicht wirklich gelöst.

Radikaler als Semler stellte Gotthold Ephraim Lessing (1729—1781) das überkommene Bild der Glaubenslehre in Frage. Lessing hat zwar auch selbst umfangreiche historische und kirchengeschichtliche Studien betrieben, die die theologische Forschung wesentlich gefördert haben. So ist Lessing zu der völlig richtigen Erkenntnis gelangt, daß das Christentum älter sei als die Bibel. In den Anfängen sei nicht der neutestamentliche Kanon, sondern die Glaubensregel Quelle und Norm von Verkündigung und Lehre der Kirche gewesen. Lessing hat damit die große Bedeutung, die der Glaubensregel in der Frühzeit der Kirche zukommt, als erster ins rechte Licht gerückt.

Allein, wichtiger als Lessings historische Beiträge zu bestimmten Problemen sind doch seine grundsätzlichen Erkenntnisse, die das Wesen des christlichen Glaubens als einer spezifisch geschichtlichen Religion betreffen. In seiner überaus bedeutsamen Schrift »Über den Beweis des Geistes und der Kraft« steht der bekannte Satz: »Zufällige Geschichtswahrheiten können der Beweis von notwendigen Vernunftwahrheiten nie werden.« Dieser Satz besagt weder, daß die notwendigen Vernunftwahrheiten durch sich selbst evident seien und die Geschichte für sie keine Bedeutung habe, noch auch, daß Geschichtswahrheiten niemals und unter keinen Umständen zu Vernunftwahrheiten werden können. Wohl weist Lessing auf den »garstigen breiten Graben« hin, der die eigene Gegenwart von der Vergangenheit trennt und den niemand überspringen kann, auch nicht durch orthodoxe Künsteleien. Aber worauf Lessing mit seinem Satz zielt, ist, daß Geschichtswahrheiten, wenn sie lediglich überliefert und nicht in ihrer Bedeutung jeweils neu erfahren worden sind, keine Vernunftwahrheiten werden können. Sie können jedoch dann zu Vernunftwahrheiten werden, wenn sie einem Menschen selbst einleuchten und ihm insofern tatsächlich notwendig werden: eben dann haben sie ihren Charakter als zufällige Wahrheiten verloren.

So sehr Lessing mit der Orthodoxie seiner Tage in Streit geriet und die Theologie vor Probleme stellte, die sie nicht zu lösen vermochte, so daß Lessing ihr als ein Gegner des Christentums erschien, so darf doch darüber nicht vergessen werden, welch befreiende Tat Lessing hier für den christlichen Glauben und seine Aussagen vollbracht hat. In den Glaubensaussagen metaphysische Wahrheiten zu sehen, die in der Geschichte geoffenbart worden sind, widerspricht nicht nur dem modernen geschichtlichen Denken, sondern auch dem Wesen des Glaubens und der christlichen Botschaft. Lessing wußte von dem christlichen

Glauben mehr als seine orthodoxen Gegner, wenn er sagte, daß dieser sich niemals auf historische Beweise gründen könne. Glaube gibt es nur je auf eigene Verantwortung. Die Wahrheit der Religion kann nicht durch äußere Mittel erwiesen werden. Vielmehr gibt es nur den Beweis des Geistes und der Kraft.

Das geschichtliche Denken, das bei Semler und Lessing zuerst in die Theologie eingedrungen ist, hat sich in den zwei Jahrhunderten seither überall durchgesetzt. In vielen Punkten ist die Forschung selbstverständlich weit über die Ergebnisse dieser beiden bahnbrechenden Männer hinausgekommen. Aber im Grundsätzlichen stehen wir heute eigentlich noch vor den gleichen Fragen wie sie. Die Probleme, die sie zuerst sahen, lassen sich nicht ein für alle Mal lösen. Kein »Deus ex machina« kann den garstigen Graben der Historie überspringen. Man hat wiederholt versucht, das Gewicht der Fragen, die Lessing der Theologie stellte, zu unterschätzen. In der konfessionalistischen Erweckungsbewegung des 19. Jahrhunderts haben Männer wie August Friedrich Christian Vilmar (1800—1868) ohne jede Einsicht gegenüber der kritischen Theologie die Autorität des Kanons und der Bekenntnisse betont. Aber die Fragen, die Lessing gestellt hat, haben sich doch zu keiner Zeit unterdrücken lassen.

Wollte man die Dogmengeschichte des Protestantismus bis in die Gegenwart hinein schildern, so müßte man die Geschichte der modernen Bibelwissenschaft schreiben. Von der orthodoxen Inspirationslehre führt eine einzige Linie über das geschichtliche Denken der Aufklärungszeit bis zur Frage nach dem historischen Jesus. Die Dogmengeschichte ist hier in die ganze Breite theologischer Forschung und auch kirchlicher Verkündigung hineingenommen worden. Die modernen Probleme der Entmythologisierung der Botschaft des Neuen Testaments sowie der Hermeneutik, des rechten Verstehens und Auslegens der Schrift, sind die Folge dieser Entwicklung, die, ob man sie begrüßt oder nicht, keinesfalls rückgängig gemacht werden kann.

Indem der Protestantismus der Neuzeit es nicht mehr einfach wie frühere Epochen mit der Abfassung bestimmter Bekenntnisse zu tun hat, sondern in die Weite der geistesgeschichtlichen Bewegung hineingerissen ist, ist zwar nicht das Ende des Dogmas oder der Dogmengeschichte gekommen. Wohl aber ist in einem früher nicht gekannten Ausmaß die Aufgabe rechter Interpretation und Aneignung des überkommenen Dogmas gestellt. Bahnbrechende Schritte hat hier vor allem Friedrich Daniel Ernst Schleiermacher (1768–1834) getan, der wie kein

anderer die dogmatische Arbeit des 19. und teilweise auch noch
die des 20. Jahrhunderts geprägt hat. In Auseinandersetzung mit
verschiedenen aufklärerischen Ansätzen fand Schleiermacher die Eigenständigkeit der Religion und damit auch der christlichen Offenbarung
im Gefühl. Dabei versteht er unter Gefühl nicht eine bloße Empfindung,
sondern das »unmittelbare Selbstbewußtsein« und unter Religion dem-
zufolge das »Gefühl der schlechthinnigen Abhängigkeit«. Freilich ist es
Schleiermacher von diesem Ansatz her letztlich nicht gelungen, den
überlieferten dogmatischen Stoff ganz zu durchdringen und in seiner
inneren Stringenz deutlich zu machen. Die Gefahr des Subjektivismus
ist hier nicht gebannt. Unter den zahlreichen Theologen, die Schleiermacher Wesentliches verdanken, ist diese Gefahr zuweilen noch größer
geworden. Gewiß muß vor einer bloßen Repristination veralteter Aussagen wie auch vor einer unüberlegten Abstoßung des Erbes der Vergangenheit gewarnt werden. Wenn auch das geschichtliche Denken eine Erscheinung der Neuzeit ist, so haben doch zu allen Zeiten die Besten
gewußt, daß der Glaube nicht in metaphysischen Sätzen aufgeht. Gerade wenn man sich vor Augen hält, daß die alte Kirche in ihren
Dogmen nicht das Geheimnis der göttlichen Person ergründen, sondern
ihren Glauben angesichts bestimmter damals aufgebrochener Fragen
bekennen wollte, wird deutlich, daß jeder Versuch einer Bilderstürmerei
in der Dogmengeschichte völlig fehl am Platze ist. Vielleicht aber kann
die Christenheit, wenn sie die Dogmen und Bekenntnisse in ihrer geschichtlichen Kontingenz sieht, lernen, ihren Glauben in der Sprache von
heute auszusagen.

Der Kirchenkampf

Die Dogmengeschichte des Protestantismus mündet aber nicht nur
in den breiten Strom theologischer Auseinandersetzung mit dem neuzeitlichen Denken und der stets neuen Versuche rechter Interpretation
der überkommenen Glaubensaussagen. Vielmehr ist auch der Kirche
von heute die Aufgabe gestellt, ihren Glauben neu und verbindlich zu
bekennen. Daß dieser Auftrag in der Gegenwart nicht weniger als in
vergangenen Epochen der Kirchengeschichte gegeben ist, ist der evangelischen Kirche vor allem in der Zeit des Dritten Reiches deutlich
geworden. Der Kirchenkampf ist nicht zuletzt auch in dogmengeschichtlicher Hinsicht von Bedeutung.

Man kann mit Recht sagen, daß die Zeit noch nicht reif sei, um
den Kirchenkampf im Zusammenhang der Kirchen- und Dogmen-

geschichte angemessen zu würdigen. Uns fehlt noch der nötige Abstand, um die ganze Verwicklung der jüngsten Vergangenheit zu überschauen und bei einer Darstellung die Akzente recht zu setzen. Der Kampf der Kirche mit den Deutschen Christen und den Machthabern des Dritten Reiches hat mannigfache Aspekte. Es ging dabei einmal um die Abwehr von Übergriffen des totalitären Staates in den Bereich der Kirche; insofern gehört der Kirchenkampf in die Geschichte der Auseinandersetzungen zwischen Staat und Kirche hinein. Es ging aber auch darum, daß die Kirche in den Jahren nach 1933 in zunehmendem Maße lernte, daß sie eine Verantwortung für die Welt und die Menschen hat, daß sie sich also keineswegs mit einer Gettoexistenz begnügen kann; insofern ist in dem Kirchenkampf ein neues Kapitel der Geschichte von Kirche und Öffentlichkeit begonnen worden. Es ging aber vor allem auch darum, daß die Kirche durch den Anspruch der Deutschen Christen, in den Ereignissen des Jahres 1933 und der Sendung Adolf Hitlers Gottes führende Hand unzweideutig zu erkennen, zu einer Besinnung auf die Grundlagen und die Richtschnur ihrer Verkündigung und ihres Glaubens gezwungen wurde, wie sie erst durch den Neuaufbruch der evangelischen Theologie in der Zeit nach dem ersten Weltkrieg, besonders durch Karl Barths theologische Arbeit, möglich war; insofern gehört der Kirchenkampf in die protestantische Theologiegeschichte hinein.

Allein, es kann und soll hier gar nicht der Versuch unternommen werden, den Kirchenkampf irgendwie schon dogmengeschichtlich einzuordnen und ihn auf diese Weise zugleich auch zu konservieren. Dazu sind die Fragen, um die es im Kirchenkampf ging, auch für die heutige Theologie und Kirche noch viel zu brennend. Hier soll nur darauf hingewiesen werden, daß der Kirchenkampf auch in dogmengeschichtlicher Hinsicht von Bedeutung ist. Wenn es in der Dogmengeschichte jeweils um die Aktualisierung des Glaubens und Bekenntnisses der Kirche geht und wenn es dabei niemals genügt, einfach bei dem Glauben der Väter zu verbleiben, wenn vielmehr noch einmal das Ganze des christlichen Glaubens in einer neuen, so noch nicht dagewesenen Situation bekannt werden muß, dann ist der Kirchenkampf zweifellos auch ein wichtiges Ereignis in der Dogmengeschichte der evangelischen Kirche.

Worin besteht die Bedeutung des Kirchenkampfes in dogmengeschichtlicher Hinsicht? Sie ist darin zu sehen, daß die Kirche sich Rechenschaft ablegte über die Quellen ihrer Verkündigung und ihrer Lehre, daß sie diese Grundlagen ihres Glaubens in einer neuen Weise öffentlich bekannte und daß sie dadurch zugleich die Abgrenzung nicht nur gegenüber dem neuheidnischen, totalitären Staat des Dritten Reiches vollzog, sondern auch gegenüber allen Versuchen, bestimmte Ereignisse der Geschichte oder der natürlichen, rassischen Veranlagung des Menschen zu Normen oder zum Inhalt ihrer Predigt zu machen. So wichtig der Widerstand der Bekennenden Kirche gegen den Nationalsozialismus oder das Eintreten für Recht und Gerechtigkeit war, so liegt der dogmengeschichtliche Ertrag des Kirchenkampfes doch in dieser neuen, so bis dahin noch nicht vorgenommenen Besinnung auf die Offenbarung Gottes in Jesus Christus im Unterschied von aller sonstigen Offenbarung.

Darum kommt den wichtigen Äußerungen der Bekennenden Kirche, vor allem der Barmer Theologischen Erklärung, eine Bedeutung zu, die weit über die Abwehr bestimmter Eingriffe des Staates in die Kirche hinausgeht. Gewiß, die Gründe, die zur Entstehung der Bekennenden Kirche führten, waren gewichtig genug. Die Deutschen Christen setzten sich durch den mit zahlreichen Gewaltmaßnahmen unternommenen Versuch, eine Reichskirche zu gründen und sämtliche evangelischen Landeskirchen ihr einzugliedern, offenkundig ins Unrecht. Aber von Anfang an ging es bei dem Kampf zwischen der Bekennenden Kirche und den Deutschen Christen doch um sehr viel mehr als um bestimmte Rechtsstreitigkeiten. Deshalb ist es auch ein Mißverständnis, wenn man in der Bekennenden Kirche vorwiegend eine Oppositionsgruppe sieht. Sie trägt vielmehr ihren Namen nicht zu Unrecht, da es ihr vor allem um das Positive, eben das Bekennen, gegangen ist. Freilich bewirkte dieses Bekenntnis zugleich eine scharfe Scheidung.

Ohne Zweifel stellt die Barmer Synode, die vom 29.—31. Mai 1934 als erste Bekenntnissynode der Deutschen Evangelischen Kirche tagte, den Höhepunkt des Kirchenkampfes dar. Es fehlt gewiß nicht an anderen mutigen Worten, die teilweise sogar in der Zurückweisung des deutschchristlichen Irrglaubens und des Neuheidentums weitergingen, so wie es etwa die Denkschrift der Vorläufigen Leitung der Bekennenden Kirche von 1936 tat, die in unmißverständlicher Weise Hitler die Wahrheit sagte. Aber in theologie- und dogmengeschichtlicher Hinsicht ist die Barmer Synode zweifellos wichtiger.

Die wichtigsten Sätze der Theologischen Erklärung der Barmer Synode lauten: 1) Jesus Christus, wie er uns in der Heiligen Schrift bezeugt wird, ist das eine Wort Gottes, das wir zu hören, dem wir im Leben und im Sterben zu vertrauen und zu gehorchen haben. (2.) Wie Jesus Christus Gottes Zuspruch der Vergebung aller unserer Sünden ist, so und mit gleichem Ernst ist er auch Gottes kräftiger Anspruch auf unser ganzes Leben; durch ihn widerfährt uns frohe Befreiung aus den gottlosen Bindungen dieser Welt zu freiem, dankbarem Dienst an seinen Geschöpfen. (3.) Die christliche Kirche ist die Gemeinde von Brüdern, in der Jesus Christus in Wort und Sakrament durch den Heiligen Geist als der Herr gegenwärtig handelt. Sie hat mit ihrem Glauben wie mit ihrem Gehorsam, mit ihrer Botschaft wie mit ihrer Ordnung mitten in der Welt der Sünde als die Kirche der begnadigten Sünder zu bezeugen, daß sie allein sein Eigentum ist, allein von seinem Trost und von seiner Weisung in Erwartung seiner Erscheinung lebt und leben möchte. (4.) Die verschiedenen Ämter in der Kirche begründen keine Herrschaft der einen über die anderen, sondern die Ausübung des der ganzen Gemeinde anvertrauten und befohlenen Dienstes. (5.) Die Schrift sagt uns, daß der Staat nach göttlicher Anordnung die Aufgabe hat, in der noch nicht erlösten Welt, in der auch die Kirche steht, nach dem Maß menschlicher Einsicht und menschlichen Vermögens unter Androhung und Ausübung von Gewalt für Recht und Frieden zu sorgen. Die Kirche erkennt in Dank und Ehrfurcht gegen Gott die Wohltat dieser seiner Anordnung an. Sie erinnert an Gottes Reich, an Gottes Gebot und Gerechtigkeit und damit an die Verantwortung der Regierenden und Regierten. Sie vertraut und gehorcht der Kraft des Wortes, durch das Gott alle Dinge trägt. (6.) Der Auftrag der Kirche, in welchem ihre Freiheit gründet, besteht darin, an Christi Statt und also im Dienst seines eigenen Wortes und Werkes durch Predigt und Sakrament die Botschaft von der freien Gnade Gottes auszurichten an alles Volk.«

Um diese Sätze, die ihren Höhepunkt in der ersten These haben, recht zu verstehen, muß man die Verwerfung hinzunehmen, die der ersten These angefügt ist: »Wir verwerfen die falsche Lehre, als könne und müsse die Kirche als Quelle ihrer Verkündigung außer und neben diesem einen Worte Gottes auch noch andere Ereignisse und Mächte, Gestalten und Wahrheiten als Gottes Offenbarung anerkennen.« Hier, wie auch bei den Verwerfungen, die jeweils auf die anderen Sätze folgen, wird deutlich, daß die Kirche ihren Grund ausschließlich in Jesus Christus hat und daß sie außer dem Evangelium von Jesus Christus nichts anderes zu verkündigen hat, auch keine anderen Quellen ihres Glaubens kennt als das eine Wort Gottes.

Man hat der Barmer Theologischen Erklärung nicht selten vorgeworfen, daß sie letztlich nichts weiter sei als eine Wiedergabe bestimmter Gedanken der Theologie Barths. Die Theologie Barths aber sei
charakterisiert durch eine Verkürzung der Gesetzespredigt. So wie
Barth an die Stelle der lutherischen Lehre von Gesetz und Evangelium
die umgekehrte Reihenfolge von Evangelium und Gesetz stelle, so
sei auch hier das Problem der natürlichen Offenbarung, der Zuordnung
von Vernunft und Offenbarung und von Recht und Gerechtigkeit
nicht im lutherischen Sinne zum Ausdruck gekommen. Aber diese Vorwürfe verkennen das, worum es in Barmen gegangen ist. Die Theologische Erklärung wollte weder eine bestimmte theologische Erkenntnis-
theorie zur Geltung bringen noch die Frage nach der natürlichen
Offenbarung im Verhältnis zur Offenbarung Gottes in Jesus Christus
abschließend klären. Ein solches Problem kann tatsächlich nicht durch
ein knappes Bekenntnis gelöst werden. Die Frage, die in Barmen
beantwortet wurde, lautete vielmehr, ob man auf die natürliche Offenbarung, welche Bewandtnis es mit ihr auch haben mag, hören darf
außer in Jesus Christus, und das heißt abgesehen von dem Wort der
Heiligen Schrift. Karl Barth hat selbst zu dem ersten Satz der Barmer
Erklärung gesagt, »daß er die Existenz anderer Ereignisse und Mächte,
Gestalten und Wahrheiten neben jenem einen Worte Gottes nicht in
Abrede stellt, daß er also auch die Möglichkeit einer natürlichen Theologie als solche durchaus nicht leugnet«[152]. Wohl aber bekennt die
Barmer Erklärung, daß irgendwelche anderen Ereignisse oder Wahr-
heiten nicht Quelle und Grundlage des Glaubens und der Verkün-
digung sein dürfen. Oder anders ausgedrückt: der erste Artikel des
Glaubensbekenntnisses kann nur im Lichte des zweiten verstanden
werden.

Freilich schließt die Barmer Theologische Erklärung Konsequenzen
ein, die für die Kirche nicht minder wichtig sind als für die gesamte
theologische Arbeit. Es kann für den Christen schlechterdings keinen
Bereich des Lebens und Handelns geben, in dem der Herrschaftsan-
spruch Christi nicht gilt. Die in der Zeit des Neuprotestantismus so
oft vollzogene Synthese von Christentum und Kultur kann nicht als
christlich angesehen werden. Die theologische Arbeit, die die Mitte
des Glaubens der Kirche aus den Augen verliert, sei es in der Auslegung der Schrift oder in der Systematik oder in der Kirchen- und
Dogmengeschichte, verfehlt ihre Aufgabe. Alle Bemühungen um eine
Erneuerung der Predigt, die nicht vor allem auf das eine ausgerichtet

sind, was der Kirche zu glauben und zu predigen aufgetragen ist, müssen notwendig scheitern.

Es ist weiter der Barmer Theologischen Erklärung vorgeworfen worden, daß sie den Versuch eines Unionsbekenntnisses für die drei evangelischen Konfessionen der Lutheraner, der Reformierten und der Unierten unternommen habe. Dagegen ließ sich wiederum geltend machen, daß in der Erklärung selbst ausdrücklich darauf Bezug genommen wird, daß die Deutsche Evangelische Kirche ein Bund der Bekenntniskirchen ist; darum stehe die Barmer Erklärung nach ihrem Selbstverständnis im Range hinter den reformatorischen Bekenntnisschriften. Aber beide Standpunkte lassen sich nicht halten. Die Barmer Theologische Erklärung wollte kein Unionsbekenntnis sein. Sie steht weder über noch unter den reformatorischen Bekenntnisschriften. Wohl aber stellt sie deren Aktualisierung angesichts der neu aufgebrochenen Fragen dar. Als solche aber erhebt sie einen unüberhörbaren Anspruch. Im Sinne unserer Auffassung kann man in der Barmer Theologischen Erklärung nichts anderes als ein Dogma sehen, das freilich nicht in der Weise des katholischen depositum fidei den früheren Dogmen und Bekenntnissen einfach hinzugefügt und mit ihnen u. U. auch ad acta gelegt werden kann, sondern das noch einmal den ganzen christlichen Glauben neu und verbindlich bekannt hat und dessen Wahrheitsanspruch darum nicht geringer ist als der früherer kirchlicher Lehrentscheidungen.

Aber so viel sollte über dem Für und Wider auf allen Seiten anerkannt werden, daß die evangelische Kirche hier erstmalig wieder eine Aufgabe gesehen und in Angriff genommen hat, der sie sich Jahrhunderte lang entzogen hatte, nämlich ihren Glauben neu und verbindlich auszusagen. Darum kann die Bedeutung der Barmer Theologischen Erklärung für die Dogmengeschichte des Protestantismus schwerlich überschätzt werden.

IX. KAPITEL

Die Einheit der Kirche

Das Ziel der Dogmengeschichte

Noch vor wenigen Jahrzehnten konnte Reinhold Seeberg, der die umfangreichste Dogmengeschichte im deutschen Sprachbereich verfaßt hat, die konfessionellen Typen als das Ziel der dogmengeschichtlichen Enwicklung bezeichnen. Die Dogmengeschichte endet dann bei einer Bestandsaufnahme der einzelnen Kirchen. Dabei wird vorausgesetzt, daß an dem Bestand selbst nicht mehr viel zu ändern ist.

Die Entwicklung in fast sämtlichen Kirchen während der letzten Jahrzehnte macht es unmöglich, eine derartige Auffassung heute noch zu vertreten. An die Stelle selbstzufriedener Abschließung gegenüber anderen Konfessionen ist in vielen Kirchen weithin ein ernstes Fragen nach der Einheit der Kirche getreten. Man hat quer durch die Konfessionen hindurch begonnen, das Verbindende der vielen Kirchen zu suchen, und hat es in einer neuen Weise in dem Bekenntnis zu dem gemeinsamen Herrn Jesus Christus gefunden.

Schon im letzten Jahrhundert hat eine Reihe von Theologen geäußert, daß der evangelischen Kirche vor allem noch eines fehle, nämlich die Erfahrung dessen, was Kirche ist und bedeutet. Diese Erkenntnis, die damals auf bestimmte Kreise der konfessionellen Erweckungsbewegung beschränkt war, ist heute weit verbreitet. Tatsächlich ist die dogmengeschichtliche Entwicklung der gesamten Christenheit in den letzten Jahrzehnten in einem außerordentlich hohen Maße von der Einheit der Kirche beherrscht. Das gilt für die römisch-katholische Kirche nicht minder als für die protestantischen Kirchen. Die Lehre von der Kirche ist innerhalb der römischen Kirche derjenige Komplex, in welchem bisher die wenigsten amtlichen Lehrentscheidungen gefällt sind. Das erste Vatikanische Konzil hatte an sich in umfassender Weise die Lehre von der Kirche definieren sollen. Aber wegen der damaligen politischen Lage sowohl in Italien als auch in Europa überhaupt hat man nur die Lehre von der Unfehlbarkeit des Papstes dogmatisiert und die anderen Stücke der Ekklesiologie zurückgestellt. Hier stellten sich dem zweiten Vatikanischen Konzil viele wichtige Aufgaben. Die Erwartung freilich, daß dieses Konzil hinsichtlich der Abgrenzung der Kompetenzen der Bischöfe gegenüber der Vollmacht des Papstes weiterführende Entscheidungen treffen würde, hat sich nur zum Teil erfüllt: die Unfehlbarkeit des Papstes erfuhr nicht die geringste Beschränkung.

Erst recht aber ist die Frage nach der Einheit der Kirche ein zentrales Thema des neueren Protestantismus. Schon im letzten Jahrhundert gab es bedeutende Unionen zwischen verschiedenen evangelischen Kirchen. Das 20. Jahrhundert sah die Entstehung der ökumenischen Bewegung. Ob die Entwicklung zu einer auch äußeren Vereinigung der verschiedenen Kirchen führt oder ob die Einheit der Kirche ihren Ausdruck nur in bestimmten gemeinsamen Aktionen und Bekenntnissen, nicht aber in der Organisation findet, läßt sich gegenwärtig noch nicht absehen. Kein Zweifel aber besteht, daß die Einheit der Kirche heute in ähnlicher Weise das zentrale Thema der Kirchen- und Dogmengeschichte ist, wie es in vergangenen Epochen die Trinitätslehre, die Christologie oder die Sünden- und Gnadenlehre oder auch die Frage der Rechtfertigung des Menschen war.

Das Suchen nach der Einheit der Kirche, das unsere gegenwärtige Epoche in dogmatischer Hinsicht bestimmt, ohne daß wir schon das Ergebnis deutlich vor Augen hätten, wirft eine Fülle von theologischen Fragen auf. Eine einzige von diesen Fragen sei hier wenigstens kurz angedeutet. Sie wird sicher den verschiedenen Kirchen in der ökumenischen Bewegung noch viel zu schaffen machen.

Wenn es eine Eigenart der dogmengeschichtlichen Epochen ist, daß in ihnen nicht nur den vergangenen Erkenntnissen jeweils eine neue hinzugefügt wird, sondern daß es stets in neuer Weise noch einmal um den gesamten christlichen Glauben geht, so gilt das auch für unser heutiges Zeitalter. Diese Tatsache ist freilich bislang noch nicht genügend ins Bewußtsein der Christenheit getreten. Das liegt wohl daran, daß die Infragestellung des Überkommenen in der Gegenwart eine ganz andere ist als in früheren Epochen. Es geht jetzt nicht mehr nur um eine Aktualisierung älterer Bekenntnisse angesichts neuer Situationen. Vielmehr ist gerade bei dem Bemühen um die Einheit der Kirche noch einmal die Frage nach der gesamten Lehrtradition der Kirche in umfassender Weise gestellt. Diese Frage gewinnt ihre ganze Schärfe, wenn man das Verhältnis der Jungen Kirchen Asiens und Afrikas zu der Christenheit des Westens ins Auge faßt.

In der Begegnung der verschiedenen Kirchen, wie sie im Rahmen der ökumenischen Bewegung sehr intensiv stattgefunden hat, hat sich gezeigt, welche Bedeutung den nicht-theologischen Faktoren bei der Entstehung und Ausbildung der verschiedenen Kirchen zugekommen ist und noch zukommt. Die römisch-katholische Kirche ist, abgesehen von allem, was sonst ihre Eigenart ausmacht, teilweise auch durch bestimmte geographische und völkische Gegebenheiten mit geprägt. Vielleicht ist es nicht zufällig, daß der Katholizismus im ganzen mehr unter den romanischen Völkern verbreitet ist, während der Protestantismus vorwiegend in den germanischen Ländern Anhänger gefunden hat. Die römische Kirche ist immer zugleich auch diejenige des europäischen Südens, die protestantische diejenige des europäischen Nordens. Auch Lehrunterschiede hängen mit äußeren Faktoren zusammen. In der Weltchristenheit zeigt sich immer deutlicher, daß die bisherigen großen Konfessionen sämtlich in gewisser Weise westlich bestimmt sind und daß demgegenüber die Jungen Kirchen trotz aller auch unter ihnen bestehenden Konfessionsunterschiede gewisse Eigentümlichkeiten gemeinsam haben. Die Frage nach der Einigung der gespaltenen Konfessionen ist eine andere, je nachdem, ob sie in dem sogenannten christlichen Abendland gestellt oder ob sie angesichts einer schlechthin überwältigenden nicht-christlichen Umwelt laut wird, wie sie etwa in Indien gegeben ist. Mit den geographischen und völkischen Faktoren hängen aber auf das engste auch bestimmte geistige und philosophische Traditionen zusammen, die über die Konfessionsgrenzen hinweg die Kirchen eines bestimmten Kontinents prägen. Sämtliche Kirchen des Abendlandes sind in geringerem oder stärkerem Maße durch das philosophische Erbe der Antike in ihrem Denken und auch in ihren Lehrentscheidungen geformt. Selbst wo eine Kirche leidenschaftlichen Protest gegen die Überfremdung der Theologie durch die Philosophie meint erheben zu müssen, da ist sie doch zumindest in diesem Protest durch das geistige Erbe und die Umwelt in eine Richtung gewiesen, der sie nicht ausweichen kann.

Mit diesen Feststellungen soll nun durchaus nicht einem völligen Relativismus das Wort geredet werden, als ob die Wahrheit nur von äußeren Faktoren abhängig wäre und es daher letztlich überhaupt keine allgemeinverbindliche Wahrheit gäbe. Wir haben die Wahrheit niemals anders als in vergänglichen Formen, das Wort Gottes nur in dem Zeugnis menschlicher Rede. Wohl aber stellt sich heute, da es in besonderer Weise um die Einheit der Kirche geht, die Frage, ob man den Jungen Kirchen die Übernahme des ganzen Erbes der Kirchen des Abendlandes zumuten kann und soll. Die Frage ist also keineswegs nur, ob es um der Wahrheit willen notwendig ist, die Konfessionsgrenzen des Abendlandes auch für Asien und Afrika maßgebend sein zu lassen. Die Frage reicht viel weiter: ob die ganze philosophische und theologische Terminologie, wie sie im Abendland im Verlaufe vieler Jahrhunderte ausgebildet worden ist, auch für die junge Christenheit verbindlich ist.

Ohne Zweifel gehört der wesentliche Inhalt der christlichen Bekenntnisse zu dem Unaufgebbaren. Christlicher Glaube ist nun einmal notwendig Glaube an den Dreieinigen Gott. Die Sünden- und Gnadenlehre gehört ihrem wesentlichen Gehalt nach nicht minder zum Glauben hinzu als die reformatorische Lehre von der Rechtfertigung. Ja auch das Aufkommen des geschichtlichen Denkens bezeichnet einen neuen Einschnitt in der Dogmengeschichte, der sicherlich nirgendwo außer acht gelassen werden kann. So gewiß das abendländische geschichtliche Denken in manchem einseitig und noch verbesserungsbedürftig sein mag, so ist eine andere Methode wissenschaftlichen Arbeitens als diejenige der historisch-kritischen Forschung auch in der Theologie schlechterdings unvorstellbar.

Und doch erhebt sich die Frage, ob die Jungen Kirchen gleichsam die 19 Jahrhunderte der Kirchen- und Dogmengeschichte des Abendlandes nachholen müssen. Wäre es nicht denkbar, daß in der systematisch-theologischen Arbeit etwa in Indien ganz andere Probleme in den Vordergrund rücken, als wir sie im Abendland gewohnt sind, und daß sich von da aus Antworten ergeben, die uns vielleicht zunächst genauso befremden, wie die Christen Asiens von den Lehrstreitigkeiten des Abendlandes befremdet sind? Gewiß lauert stets die Gefahr, daß in bestimmten Gebieten nur eine neue Variante einer deutsch-christlichen Theologie auftaucht. Aber auf der anderen Seite muß die Christenheit des Abendlandes sich hüten, ihre Tradition den Jungen Kirchen einfach aufzuoktroyieren.

Welche Aufgaben in diesem Zusammenhang auf die Kirche zukommen, zeigt sich an dem Beispiel der Kirche von Süd-Indien. Hier reichen offenbar rein abendländische Maßstäbe nicht aus, um zu einem gerechten Urteil zu gelangen. Die Kirche von Süd-Indien ist nach längeren Vorbereitungen im Jahre 1947 durch den Zusammenschluß

von Anglikanern, Kongregationalisten und Methodisten zustande gekommen. Hier ist also zum ersten Mal eine Kirche, die die apostolische
Sukzession bewahrt hat, mit nicht-bischöflichen Kirchen eine Union
eingegangen. Dabei wurden die früher vorgenommenen Ordinationen
gegenseitig anerkannt. In einer Übergangszeit von mindestens 30 Jahren sollen die Kirchen zusammenwachsen. Seit der Union von 1947
werden die Ordinationen von Bischöfen unter Mitwirkung von Pfar-
rern vollzogen. Während der Übergangszeit gibt es also drei verschiedene Ordinationen: die bischöflichen, die nicht-bischöflichen und
die nach der Unionsverfassung vorgenommenen. Weiter, die Unionsverfassung von 1947 enthält den wichtigen Satz: »Die Kirche von
Süd-Indien ist bestrebt, von ihrem indischen Erbteil alles zu bewahren,
was von geistlichem Wert ist; sie bringt den Geist und Lebensinhalt
der alle Völker umschließenden Kirche unter indischen Lebensbedin-
gungen und in indischen Formen zum Ausdruck.«

Offenbar versagen weithin die gewohnten abendländischen, kirchlichen Maßstäbe, um den Charakter der Kirche von Süd-Indien recht
zu beurteilen. Hat sich die südindische Kirche mit dem zitierten Satz
von der Kontinuität der Kirche losgesagt? Oder hat sie sich lediglich
von der Last westlicher Tradition befreit, die in der indischen Situation eine unnötige Behinderung darstellt? Aber auch die eigentlichen
Unionsbestimmungen als solche sind vom Westen aus schwer zu beurteilen. Selbstverständlich lassen sich zahlreiche theologische Bedenken
gegen die Art und Weise vorbringen, wie das Problem der apostolischen Sukzession gelöst worden ist. Faktisch wird auf die Dauer die
südindische Kirche die apostolische Sukzession selbst besitzen und ihr
wahrscheinlich eine ähnliche Bedeutung beimessen wie die anglikanische Kirche. Die Lutheraner, aber auch die Baptisten haben darum
in Süd-Indien die Teilnahme an der Kirchen-Union wegen der Unklarheit in wichtigen Lehrfragen nicht mitgemacht. Es läßt sich gewiß
nicht bestreiten, daß die Unionsverfassung der südindischen Kirche
manches Problem enthält. Aber in den Augen derer, die sich 1947
zusammengeschlossen haben, ist die Spaltung der Kirche ein viel grö-
ßeres Problem, und es galt, vor allem sich zunächst einmal zusammen-
zuschließen, um dann im Laufe der Zeit auch neue Wege für die bislang unzureichend gelösten Fragen zu finden. Es dürfte heute die Zeit
noch nicht gekommen sein, um ein abschließendes Urteil über diese
Union zu fällen. Aber ein Zweifaches läßt sich doch schon jetzt sagen.
Einmal, die Kirche von Süd-Indien hat in den Jahren ihres Bestehens

ein reiches geistliches Leben entfaltet. Die Kirchen sind nicht von der neuen Union absorbiert worden. Vielmehr hat eine jede ihre Tradition und ihre Eigenart in die neue Gemeinschaft mit hineingebracht. Dadurch haben sich die Kirchen gegenseitig bereichert. Sodann, die Union der südindischen Kirche ist für manche Kirchen in Asien und Afrika ein Vorbild geworden. Ganz offenbar ist den jungen Christen eine bloße Verwaltungsunion nicht genug. Vielmehr kommt es ihnen auf das wirkliche Zusammenwachsen der getrennten Glieder zu dem einen Leibe Jesu Christi an.

Für die Dogmengeschichte aber bedeutet das alles, daß noch einmal und unter ganz neuem Vorzeichen die Frage nach der Relevanz und der rechten Interpretation der überkommenen Bekenntnisse gestellt ist. Es darf weder der Ärgernis erregende Zustand, daß die Christenheit zerspalten ist, einfach hingenommen werden, noch auch um eines fragwürdigen Kompromisses willen der Ernst der Wahrheitsfrage verleugnet werden. Die Aufgabe, die der Christenheit heute gestellt ist, ist nicht weniger schwierig zu lösen als diejenigen, die in den vergangenen Epochen zu bewältigen waren.

Die ökumenische Bewegung

Die ökumenische Bewegung ist aus verschiedenen Versuchen entstanden, die Anfang des 20. Jahrhunderts unternommen wurden, um die Kirchen der Welt einander näherzubringen. Der »Weltbund für (internationale) Freundschaftsarbeit der Kirchen«, die »Bewegung für Praktisches Christentum« sowie der »Internationale Missionsrat« haben die Entstehung der ökumenischen Bewegung vorbereitet und veranlaßt. In der Zeit zwischen den beiden Weltkriegen hatten die beiden Bewegungen für Glauben und Kirchenverfassung (Faith and Order) und für praktisches Christentum (Life and Work) nebeneinander bestanden. Im Jahre 1948 gelang der Zusammenschluß dieser beiden Bewegungen, und der Ökumenische Rat konnte konstituiert werden. Bisher haben fünf Vollversammlungen des Ökumenischen Rates der Kirchen stattgefunden: 1948 in Amsterdam, 1954 in Evanston, 1961 in Neu-Delhi, 1968 in Uppsala und 1975 in Nairobi. Eine Behandlung der ökumenischen Bewegung im Rahmen der Dogmengeschichte könnte insofern als verfrüht erscheinen, als die ökumenische Bewegung sich selbst nicht als Kirche versteht. Nach seiner Verfassung ist der Ökumenische Rat »eine Gemeinschaft von Kir-

chen, die unseren Herrn Jesus Christus als Gott und Heiland anerkennen«; so lautet die 1938 in Utrecht aus der Verfassung der Bewegung für Glauben und Kirchenverfassung übernommene Formulierung.
Die im Ökumenischen Rat der Kirchen zusammengeschlossenen Kirchen sind teilweise durch erhebliche Unterschiede voneinander getrennt.
Manche dieser Kirchen stehen nicht in gegenseitiger Abendmahlsge-
meinschaft. Obendrein erkennen einige der Kirchen andere Gemein-
schaften nicht als Kirchen an, da ihnen nach ihrer Ansicht wesentliche
Eigenschaften wie etwa die apostolische Sukzession fehlen.

Auf der anderen Seite ist jedoch in den letzten Jahren in zunehmen
dem Maße deutlich geworden, daß die Bedeutung der ökumenischen
Bewegung sich nicht darin erschöpft, für bestimmte Fragen praktischer
Art eine gemeinsame Plattform zu schaffen sowie das gegenseitige Verstehen der Gliedkirchen zu fördern. Vielmehr hat die ökumenische
Bewegung seit ihrem Bestehen eine eigene Dynamik entfaltet, die weiter reicht als die in der Verfassung zum Ausdruck gekommenen Gedanken. Diese Dynamik zeigt sich einmal darin, daß die ältere, eben
zitierte Formulierung seit der Tagung des Zentralausschusses des Ökumenischen Rates in St. Andrews (1960), hauptsächlich auf Wunsch der
orthodoxen Kirchen, durch eine andere ersetzt worden ist, die den
gemeinsamen trinitarischen Glauben zum Ausdruck bringt: »Der Ökumenische Rat der Kirchen ist eine Gemeinschaft von Kirchen, die den
Herrn Jesus Christus gemäß der Heiligen Schrift als Gott und Heiland
bekennen und darum gemeinsam zu erfüllen trachten, wozu sie berufen
sind, zur Ehre Gottes, des Vaters, des Sohnes und des Heiligen Geistes.« Dies ist jetzt die »Basis« in der Verfassung des Ökumenischen
Rates der Kirchen.

Sodann geht aber auch die Entwicklung der gesamten Arbeit der
ökumenischen Bewegung dahin, in stärkerem Maße eine Gemeinsamkeit der Kirchen herbeizuführen. Hier kommt der Erklärung des Rates
von Toronto (1950) große Bedeutung zu, die unter dem Titel »Die
Kirche, die Kirchen und der Ökumenische Rat der Kirchen« veröffentlicht worden ist. Darin heißt es, daß der Ökumenische Rat keine
»Über-Kirche« sei und daß er nicht die Aufgabe habe, Unionsverhand-
lungen zwischen einzelnen Gliedkirchen zu führen. Ihm kommt auch
keine kirchenleitende Funktion gegenüber den Gliedkirchen zu. Jede
Gliedkirche hat vielmehr das Recht, Äußerungen oder Handlungen
des Rates anzunehmen oder sie abzulehnen. Die Autorität des Rates
ist eine rein geistliche; er übt an den Gliedkirchen einen brüderlichen

Dienst. Die Voraussetzungen des Ökumenischen Rates sind, daß nach dem Neuen Testament die Kirche eine ist und daß für jede Kirche die Frage nach dem Verhältnis anderer Kirchen zu der einen Kirche Gegenstand von Gesprächen sein soll. Es ist nicht nötig, daß jede Kirche die anderen Kirchen als Kirche im vollen Sinne des Wortes anerkennt. Aber die Unterschiede sollen in gegenseitiger Achtung getragen werden und zugleich in der Hoffnung, daß es unter der Führung des Heiligen Geistes möglich sein wird, die Einheit auch sichtbar zu machen. Es wird betont, daß alle christlichen Kirchen einschließlich der römisch-katholischen der Überzeugung sind, daß die Mitgliedschaft in der einen heiligen Kirche sich nicht vollständig mit der Mitgliedschaft in der eigenen Kirche deckt. Sie erkennen an, daß es auch außerhalb der eigenen Kirchengrenzen Glieder der einen Kirche Jesu Christi gibt. Die ökumenische Bewegung sucht die Gemeinschaft mit denen, die zwar durch Kirchengrenzen getrennt sind, die aber doch in der Gemeinschaft des einen Leibes Christi stehen. Insofern ist der Ökumenische Rat kein Selbstzweck, sondern lediglich Instrument, um diese Begegnung der Kirchen zu ermöglichen und zu fördern. Von den Mitgliedskirchen wird dabei erwartet, daß sie nicht nur einander helfen, sondern daß sie auf ein gemeinsames Zeugnis für ihren gemeinsamen Herrn vor der Welt bedacht sind.

Die Toronto-Erklärung hat damit genau umrissen, worauf es in der ökumenischen Bewegung ankommt. So wenig die Einheit der Kirche in romantisch-schwärmerischer Weise durch bloße Unionen oder Kompromisse verwirklicht werden kann, so begnügt sich der Ökumenische Rat doch nicht damit, den gegenseitigen Austausch zu fördern, sondern hat erklärtermaßen das Ziel, die sichtbare Einheit der Kirche mit vorbereiten zu helfen. Die Gemeinsamkeit, die dabei angestrebt wird, betrifft ein Dreifaches: Diakonia (Dienst), Martyria (Zeugnis) und Koinonia (volle Gemeinschaft bzw. Einheit). Das Zusammenkommen der Kirchen — das stellt gegenüber früheren Unionsversuchen ein Novum dar — wird dabei nicht durch Verhandlungen und Verträge erhofft, sondern durch ein geistliches Zusammenwachsen, indem die getrennten Kirchen ihre gemeinsame Berufung und ihre Einheit, die in Jesus Christus gründet, erkennen.

Tatsächlich ist die Entwicklung in der ökumenischen Bewegung in der Richtung, die die Toronto-Erklärung angibt, seither weitergegangen. Am stärksten zeigte sich das auf der dritten Vollversammlung in Neu-Delhi 1961. Dabei fand nicht nur die Aufnahme der russischorthodoxen Kirche statt; vielmehr wurde auch die Integration des Internationalen Missionsrates in den Ökumenischen Rat beschlossen und damit die missionarische Dimension der Kirche stärker als bisher betont. Vor allem aber ist in Neu-Delhi die Notwendigkeit, die Einheit der Kirche sichtbar darzustellen, deutlicher gesehen und hervorgehoben worden als früher.

Die beiden ersten Punkte des Berichts der Sektion »Einheit« lauten: »1. Die Liebe des Vaters und des Sohnes in der Einheit mit dem Heiligen Geiste ist die Quelle und das Ziel der Einheit, welche der dreieinige Gott für alle Menschen und die ganze Schöpfung will. Wir glauben, daß wir an dieser Einheit Anteil haben in der Kirche Jesu Christi, der vor allem ist und in dem alles besteht. In ihm allein, den der Vater zum Haupt des Leibes gesetzt hat, hat die Kirche ihre wahre Einheit. Zu Pfingsten wurde die Wirklichkeit dieser Einheit offenbar in der Gabe des Heiligen Geistes, durch den wir in dieser gegenwärtigen Zeit die Erstlingsgabe jener vollkommenen Einheit des Sohnes mit dem Vater erkennen, die in ihrer Fülle erst erkannt werden wird, wenn alle Dinge von Christus in seiner Herrlichkeit zusammengefaßt werden. Der Herr, der am Ende aller Dinge zur vollen Einheit führt, ist der, der uns nötigt, die Einheit zu suchen, die sein Wille für die Kirche ist. 2. Wir glauben, daß die Einheit, die zugleich Gottes Wille und seine Gabe an seine Kirche ist, sichtbar gemacht wird, indem alle an jedem Ort, die in Jesus Christus getauft sind und ihn als Herrn und Heiland bekennen, durch den Heiligen Geist in eine völlig verpflichtete Gemeinschaft geführt werden, die sich zu dem einen apostolischen Glauben bekennt, das eine Evangelium verkündigt, das eine Brot bricht, sich im gemeinsamen Gebet vereint und ein gemeinsames Leben führt, das sich in Zeugnis und Dienst an alle wendet. Sie sind zugleich vereint mit der gesamten Christenheit an allen Orten und zu allen Zeiten, in der Weise, daß Amt und Glieder von allen anerkannt werden und daß alle gemeinsam so handeln und sprechen können, wie es die gegebene Lage im Hinblick auf die Aufgaben erfordert, zu denen Gott sein Volk ruft. Wir glauben, daß wir für solche Einheit beten und arbeiten müssen.«[153]

Man hat gegenüber diesem Wort skeptisch die Frage gestellt, ob nun durch eine ökumenische Revolution von unten her, also von der Ortsgemeinde und den nationalen Kirchen her, die Einheit der Kirche erzwungen werden solle[154]. Das würde, so meint man in Kreisen der konfessionellen Weltbünde, zu einer Auflösung der übernationalen

Lehr-, Glaubens- und Bekenntnisgemeinschaften führen. Und man weist darauf hin, daß die Vollversammlung wohl das Ziel angegeben habe, daß sie es aber unterlassen habe, konkrete Wege zur Erlangung dieses Zieles aufzuzeigen.

Allein, man mißversteht dieses Wort, wenn man in ihm den Versuch sieht, die Kirchen über ihren eigenen Schatten springen zu lassen. Unter Punkt 3 heißt es nüchtern: »Diese kurze Beschreibung unseres Zieles läßt viele Fragen unbeantwortet. Wir sind uns noch nicht darüber einig, wie das eben beschriebene Ziel aufzufassen und mit welchen Mitteln es zu erreichen ist.« Und man hat das Mißverständnis abgewehrt, als strebe man eine Uniformität der Riten oder der Lebensformen der Kirche an. Aber es ist doch nicht zu verkennen, daß hier erstmalig in der Geschichte der ökumenischen Bewegung das Ziel deutlich formuliert worden ist, nämlich die sichtbare Einheit der Christenheit. Der Weg bis zu seiner Verwirklichung mag noch weit sein. Die Hindernisse, die sich auftürmen, mögen größer sein, als man selbst unter kritischen Beobachtern meint. Aber daß die volle Gemeinschaft der Christen das Ziel sein muß, wenn anders das Bekenntnis zu dem dreieinigen Gott wirklich von allen Gliedkirchen des Ökumenischen Rates ernst genommen wird, das hat Neu-Delhi unüberhörbar klargemacht. Dieses Ziel darf in der ökumenischen Bewegung fortan nicht wieder aus den Augen verloren werden, wenn anders sie ihrer Aufgabe gerecht werden will. Romantische Träumereien können bei der Verwirklichung dieses Zieles ebenso gefährlich sein wie konfessionelle Selbstzufriedenheit und Abgeschlossenheit.

Hatte die dritte Vollversammlung die Notwendigkeit ökumenischer Einheit auf der Ebene der lokalen Gemeinden hervorgehoben, so hat die vierte Vollversammlung, die 1968 in Uppsala getagt hat, mit ihren Ausführungen über die Katholizität der Kirche für das erforderliche Gegengewicht gesorgt. In dem Bericht der Sektion »Der Heilige Geist und die Katholizität der Kirche« werden der umfassende Charakter der Kirche, ihre Einheit und Vielfalt sowie ihre Verantwortung für die Einheit der Menschheit hervorgehoben. Obwohl die Katholizität in den einzelnen Kirchen noch verschieden verstanden wird, sind hier doch Worte gefunden worden, die über die gesetzliche Verteidigung des Anspruchs auf apostolische Sukzession und ebenso über die pauschale Verteidigung angeblich spezifisch protestantischer Positionen hinausführen. Hilfreich ist auch, daß Einheit und Vielfalt nicht als Gegensatz verstanden werden. Freilich stellt sich sowohl in den einzelnen Kirchen als auch in der Weltchristenheit immer drängender die Frage, wie weit der Pluralismus gehen darf, ohne daß die Substanz des gemeinsamen christlichen Glaubens aufgegeben wird.

Neben der Frage der Katholizität hat die vierte Vollversammlung insbesondere auch Fragen der Entwicklungspolitik erörtert. Die Vollversammlung, die unter dem Thema »Siehe, ich mache alles neu« stattfand, hat sich sowohl um eine Analyse der wirtschaftlichen und sozialen Weltentwicklung bemüht als auch den Versuch unternommen, die Aufgaben der Christen wie der Kirchen in der gegenwärtigen Weltlage zu umreißen. Es versteht sich, daß eine Vollversammlung, die für zwei Wochen zusammentritt und eine Fülle von Fragen zu behandeln hat, auch bei gründlicher Vorbereitung hier über einige allgemeine Ausführungen nicht hinauskommen kann. Dazu ist der Tatbestand, um den es hier geht, viel zu komplex. Im Grunde muß man sogar sagen, daß die vom Ökumenischen Rat der Kirchen 1966 in Genf veranstaltete »Weltkonferenz für Kirche und Gesellschaft« tiefer in die Materie eindringen konnte, da sie sich eben ausschließlich mit den einschlägigen Problemen befaßte. Wichtig bleibt jedoch, daß die Vollversammlung in Uppsala die hier sich stellenden Aufgaben gesehen und in Angriff genommen hat. Die Fragen der wirtschaftlichen und sozialen Entwicklung werden in Zukunft mit Sicherheit noch an Bedeutung zunehmen. Ihnen kann weder der einzelne Christ noch die Kirche ausweichen. Zugleich aber hat die Vollversammlung in Uppsala deutlich gemacht, daß die Einheit der Kirche auch für die Einheit der Menschheit wichtig ist. Die Kirchen werden freilich schon viel damit zu tun haben, für sich selbst daraus Konsequenzen zu ziehen.

Die fünfte Vollversammlung des Ökumenischen Rates der Kirchen, die 1975 in Nairobi tagte, stand unter dem Motto »Jesus Christus befreit und eint«. Auch diese Vollversammlung hat sich natürlich mit zahlreichen anderen Fragen befaßt. In den sechs Arbeitsgruppen wurden folgende Themen behandelt: Bekenntnis zu Christus, die Einheit der Kirche, Suche nach Gemeinschaft, Erziehung zur Befreiung, Kirche und Menschenrechte sowie Menschliche Entwicklung. Trotz dieses weitgespannten Programms war die Frage der Befreiung das eigentliche Thema dieser Vollversammlung. Dabei ist wichtig, daß mit der Redeweise von der »Erziehung zur Befreiung« zugleich auf den besonderen Beitrag hingewiesen werden sollte, den die Kirchen hier leisten können und sollen. In diesem Zusammenhang hat die Vollversammlung manche Texte verabschiedet, die teilweise im Westen als einseitig gegen den

Kapitalismus gerichtet verstanden wurden. Tatsächlich kann man nicht nur gegen manche Schlußfolgerungen, sondern stärker noch gegen einige theologische Begründungen in den Texten dieser Vollversammlung kritische Fragen oder gar Bedenken anmelden. Es scheint, daß auf dieser Vollversammlung in einer zu direkten Weise aus der Freiheit, welche Jesus Christus gebracht hat, die Befreiung der Menschen, ja der ganzen Kreatur, abgeleitet wird. Ähnliche Bedenken waren bereits früher gerade in der Bundesrepublik Deutschland gegenüber dem Anti-Rassismus-Programm geäußert worden, welches das Exekutivkomitee des Ökumenischen Rates der Kirchen 1970 beschlossen hatte. Die kritische Frage, die hier zu stellen ist, ist die nach der Anwendung von Gewalt: Darf die christliche Kirche Gewaltanwendung zur Änderung gesellschaftlicher Verhältnisse billigen? Darf sie Befreiungsbewegungen unterstützen, die selbst zur Gewaltanwendung schreiten? Diese und manche anderen Fragen werden nach wie vor lebhaft erörtert. Dabei sind gewisse Spannungen zwischen der Genfer Zentrale des Ökumenischen Rates und besonders der Evangelischen Kirche in Deutschland zutagegetreten. Was die Beschlüsse von Nairobi selbst angeht, so wäre es jedoch nicht angemessen, in ihnen eine einseitige Stellungnahme gegen westliche Formen des politischen und wirtschaftlichen Lebens zu erblicken. Diese Beschlüsse lassen sich vielmehr kritisch gegenüber jeder Gesellschaftsform anwenden, sofern hier von der Vollversammlung die Frage nach gesellschaftlichen Abhängigkeitsverhältnissen in umfassender Weise erörtert worden ist. Auch dies muß mit Nachdruck gesagt werden, daß nämlich der Ökumenische Rat der Kirchen zu Recht seine Mit-Verantwortung auch bei politischen und wirtschaftlichen Entwicklungen der Welt sieht und wahrzunehmen trachtet. Es versteht sich dabei von selbst, daß eine solche Bemühung dann auch zu konkreten Äußerungen führen muß. Mit unverbindlich gehaltenen, allgemeinen Stellungnahmen ist niemandem gedient.

Im übrigen haben sich auf dem Gebiet der Ökumene in der Zeit etwa seit 1970 manche bedeutsamen Entwicklungen zugetragen, die sich noch nicht in bestimmten Ereignissen oder Ergebnissen niedergeschlagen haben, die aber doch zumindest zu einer gewissen Veränderung des Schwergewichts der ökumenischen Initiativen geführt haben und vermutlich auch weiterhin führen werden. Diese Entwicklungen sind dadurch bedingt, daß nicht mehr so sehr das Neben- und Miteinander der im Ökumenischen Rat zusammengeschlossenen Kirchen im ganzen als vielmehr der Dialog zwischen den konfessionellen Weltbünden, aber

auch die Bemühung um Gemeinsamkeit auf regionaler Ebene von Bedeutung ist. Von da aus ergeben sich auch bestimmte Rückfragen an das
Konzept von der Einheit der Kirchen.

Was die Bedeutung der Weltbünde betrifft, so haben mehrfach bilaterale Dialoge stattgefunden, die teilweise fortgesetzt werden und
manche beachtlichen Resultate zeitigen. An diesen bilateralen Dialogen
ist die römisch-katholische Kirche in starkem Maße beteiligt, ja fast
führend, obwohl sie nach wie vor dem Ökumenischen Rat der Kirchen
selbst nicht angehört. Wohl am weitesten gediehen sind die bilateralen
Gespräche zwischen der römisch-katholischen und der anglikanischen
Kirche. Doch auch der bilaterale Dialog zwischen der römisch-katholischen Kirche und dem Lutherischen Weltbund, der in manchen Teilen
der Welt von Gesprächen auf nationaler Ebene begleitet wird, hat
schon beachtliche Gemeinsamkeiten ergeben.

Was die regionale Ebene angeht, die ebenfalls an Gewicht gewonnen
hat, so ist vor allem auf ein wichtiges Ereignis hinzuweisen, nämlich
auf die Leuenberger Konkordie reformatorischer Kirchen in Europa
von 1973. Hier heißt es in dem gemeinsamen Text gleich zu Beginn:
»Die dieser Konkordie zustimmenden lutherischen, reformierten und
aus ihnen hervorgegangenen unierten Kirchen sowie die ihnen ver-
wandten vorreformatorischen Kirchen der Waldenser und der Böhmischen Brüder stellen aufgrund ihrer Lehrgespräche unter sich das gemeinsame Verständnis des Evangeliums fest, wie es nachstehend ausgeführt wird. Dieses ermöglicht ihnen, Kirchengemeinschaft zu erklären
und zu verwirklichen. Dankbar dafür, daß sie näher zueinander geführt worden sind, bekennen sie zugleich, daß das Ringen um Wahrheit
und Einheit in der Kirche auch mit Schuld und Leid verbunden war
und ist.« In den Abschnitten über »das gemeinsame Verständnis des
Evangeliums« ist eine sehr weitgehende Gemeinsamkeit nicht nur bei
der Rechtfertigungsbotschaft, sondern auch bei der Auffassung von
Verkündigung, Taufe und Abendmahl festgestellt worden. Bei der
Frage der Verwerfungen, mit denen sich ja im 16. Jahrhundert und zuweilen auch noch später reformatorische Kirchen gegenseitig bedacht
haben, hat man weder frühere Urteile bestätigt noch auch sie aufgehoben; vielmehr hat man aufgrund der in der Konkordie erreichten
Übereinstimmung im Verständnis des Evangeliums erklärt, daß die
Verwerfungen nicht den Stand der Lehre der jeweiligen Kirchen betreffen.

Bei dem Konzept von Kircheneinheit stehen sich heute wohl im wesentlichen zwei unterschiedliche Auffassungen gegenüber, die freilich doch auch vieles gemeinsam haben. Die beiden Modelle werden mit den Begriffen »Konziliare Gemeinschaft« sowie »Versöhnte Verschiedenheit« bezeichnet. Dabei strebt das Konzept der »konziliaren Gemeinschaft« die organische Einheit auf lokaler, regionaler und nationaler Ebene an. Ziel ist nicht die Uniformität, wohl aber doch die organische Verbindung der verschiedenen Traditionen miteinander. Hingegen soll es legitime Verschiedenheit nur auf universaler Ebene geben. Demgegenüber möchte das Konzept der »versöhnten Verschiedenheit« die unterschiedlichen kirchlichen Traditionen weder auf der lokalen noch auf der universalen Ebene beseitigen, vielmehr miteinander versöhnen und darum auch bewahren. Angesichts der gestiegenen Bedeutung der Weltbünde und der Mitarbeit der römisch-katholischen Kirche bei vielen ökumenischen Aktivitäten dürfte dem Konzept der versöhnten Verschiedenheit gegenwärtig der Vorzug gebühren.

Das zweite Vatikanische Konzil

Nachdem das erste Vatikanische Konzil die Unfehlbarkeit des Papstes dogmatisiert hatte, wurde innerhalb und außerhalb der katholischen Kirche vielfach die Ansicht geäußert, daß es in Zukunft kein umfassendes Konzil mehr geben werde. Richtig ist zweifellos soviel, daß die Dogmatisierung der päpstlichen Unfehlbarkeit auch für die Konzilsgeschichte einen tiefen Einschnitt bezeichnet, sofern nämlich seit 1870 das Konzil nicht mehr eine unerläßliche, von keinem anderen wahrzunehmende Aufgabe hat. Seit 1870 ist es also durchaus nicht nötig, daß es überhaupt noch katholische Konzile gibt. Aber daß es gleichwohl Konzile geben kann und daß diese Konzile dann gegebenenfalls doch eine eigene Dynamik entfalten, hat wohl noch bis in die Zeit nach dem zweiten Weltkrieg kaum jemand erwartet.

Freilich hat die Tatsache, daß das erste Vatikanische Konzil wegen des Ausbruchs des deutsch-französischen Krieges abgebrochen werden mußte, gelegentlich schon den Gedanken an ein neues Konzil aufkommen lassen. Von Pius XI. (1922-1939) ist bekannt, daß er sich mit diesen Fragen befaßt hat. Pius XII. (1939-1958) hat in den Jahren 1948-1951 unter strengster Geheimhaltung umfangreiche Vorarbeiten für ein künftiges Konzil durchführen lassen. Für die breite Öffentlichkeit stellte es jedoch eine völlige Überraschung dar, als Johannes XXIII. (1958-1963) im Jahre 1959 das neue Konzil ankündigte. Wenn Johannes XXIII. dabei seine Eigenständigkeit hervorgehoben hat, so steht das durchaus nicht im Widerspruch zu den früheren Plänen. Vielmehr hat gerade dieser Papst ein starkes Gespür dafür gehabt, daß die katholische Kirche einer Öffnung hin zur Welt und zu den anderen Kirchen bedürfe und daß die notwendige Neubesinnung nicht allein vom päpstlichen Lehramt geleistet werden könne, sondern der intensiven Mitarbeit breiter Kreise bedürfe.

Johannes XXIII. hat mit seiner Entscheidung eine Entwicklung eingeleitet, die durch seinen Tod nicht aufgehalten werden konnte und die auch mit dem Ende des Konzils noch keineswegs an ihr Ziel gelangt ist. Das zweite Vatikanische Konzil, das in den Jahren 1962-1965 in vier Sitzungsperioden getagt hat, hat eine außerordentlich umfangreiche Arbeit geleistet, die für das gesamte Leben der katholischen Kirche, aber auch für ihr Verhältnis zur ökumenischen Bewegung von großer Bedeutung ist. Die Liturgie wurde reformiert und die Volkssprache auch bei der Sakramentsspendung zugelassen. Für die zeitgemäße Erneuerung des Ordenslebens wurden Bestimmungen erlassen, ebenso für den Dienst der Priester und nicht zuletzt für das Hirtenamt der Bischöfe. Ferner hat man Beschlüsse gefaßt über die missionarische Tätigkeit der Kirche oder über die publizistischen Mittel oder über die Religionsfreiheit oder auch über das Verhältnis zu den nichtchristlichen Religionen. Allein der Umfang der zahlreichen, vom Konzil verabschiedeten Texte ist sehr groß.

Unter den zahlreichen Konzilsdokumenten kommt der Konstitution über die göttliche Offenbarung, derjenigen über die Kirche sowie dem Dekret über den Ökumenismus besonderes Gewicht zu. Die Konstitution über die Offenbarung bringt die Neubewertung der Bibel klar zum Ausdruck. Obwohl die Geltung der Tradition nicht in Frage gestellt wird, ist eine Neubesinnung doch schon insofern zu konstatieren, als die Tradition hier als der Oberbegriff verstanden ist, in dem die mündlichen und schriftlichen Überlieferungen zusammengefaßt sind. Damit sucht das Konzil offenbar der gewissen Verengung, die das Thema von Schrift und Tradition seit dem 16. Jahrhundert erfahren hatte, zu entrinnen und zu dem älteren Verständnis von Tradition zurückzukehren. In der Konstitution über die Kirche wird ebenfalls gewiß nichts von dem hierarchischen Charakter der Kirche aufgegeben. Aber das Bedeutsame ist hier, daß die nicht selten vorwiegend rechtlich verstandenen Strukturen der Kirche einbezogen sind in einen heilsgeschichtlichen Ansatz, für welchen die Kirche vor allem das wandernde Gottesvolk ist. Im Ökumenismusdekret ist schließlich ebenfalls nichts von dem besonderen Anspruch, den die katholische Kirche erhebt, preisgegeben worden. Aber auf der Grundlage der römisch-katholischen Tradition hat man doch eine erstaunliche Öffnung hin zu den anderen Kirchen vollzogen.

Somit hat die katholische Kirche auf dem zweiten Vatikanischen Konzil, ohne sich und ihrer Tradition untreu zu werden, in wichtigen Fragen vom Neuen Testament her die Akzente neu gesetzt. Indem die katholische Kirche von ihren Voraussetzungen her sich auf die anderen Kirchen hin öffnete, hat sie in exemplarischer Weise etwas getan, was von allen Kirchen erwartet werden muß, daß sie nämlich, ohne ihrer besonderen Überlieferung untreu zu werden, zu der ganzen Fülle heranwachsen, die das spezifische Erbe der eigenen Konfession hineinnimmt in den umfassenden Leib Christi. Bei einem solchen Wachstumsprozeß kann es manche schmerzlichen Entwicklungen geben. Sie sind in der Zeit seit dem zweiten Vatikanischen Konzil der katholischen Kirche nicht erspart geblieben, sie begegnen aber in ähnlicher Weise heute in allen christlichen Kirchen. Angesichts der gewaltigen Veränderungen und der vielfältigen neuen Aufgaben ist das aber auch kaum anders zu erwarten.

So ist der heutigen Generation der Kirche nicht weniger als den vorangegangenen die Aufgabe gestellt, mit ihrem Bekenntnis in Wort und Tat Antwort zu geben auf die Frage, die der Herr einst an die Jünger richtete: »Wer sagt denn ihr, daß ich sei?« Die Antwort auf diese Frage muß in neuer Weise gegeben werden. Aber sie wird, wenn sie aus dem Glauben kommt, in der Einheit mit dem Glauben und dem Bekenntnis der Väter erfolgen.

Anmerkungen

[1] G. Ebeling, Die Frage nach dem historischen Jesus und das Problem der Christologie, in: Zeitschrift für Theologie und Kirche 56, Beiheft 1, 1959, 24.

[2] Luther, Von den Konziliis und Kirchen (1539), in: WA 50, 547, 13—31.

[3] A. Deneffe S. J., Dogma. Wort u. Begriff, in: Scholastik 6, 1931, 531.

[4] A. v. Harnack, Lehrbuch der Dogmengeschichte, Bd. 1, 5. Auflage 1931, 3.

[5] F. Loofs, Leitfaden zum Studium der Dogmengeschichte, Bd. 1, 6. Aufl. 1959, 9.

[6] K. Barth, Kirchliche Dogmatik I, 1, 280.

[7] W. Elert, Die Kirche und ihre Dogmengeschichte, in: Der Ausgang der altkirchlichen Christologie, 1957, 323.

[8] Melanchthon, Apologie 4, 385, in: BS 232, 20 f.

[9] P. Lengsfeld, Überlieferung — Tradition und Schrift in der evangelischen und katholischen Theologie der Gegenwart, 1960, 202 bis 204.

[10] O. Karrer, Das ökumenische Konzil in der röm.-kath. Kirche der Gegenwart, in: Die ökumenischen Konzile der Christenheit, hrsg. von H. J. Margull, 1961, 254.

[11] Luther, Von den neuen Eckischen Bullen und Lügen (1520), in: WA 6, 581, 14—16.

[12] Luther, Von den Konziliis und Kirchen (1539), in: WA 50, 618, 37.

[13] Luther, Von der Beicht, ob die der Papst Macht habe zu gebieten (1521), in: WA 8, 149, 34—150, 4.

[14] Augsburgische Konfession 7, 1, in: BS 61, 2 f.

[15] zit. nach Agnes von Zahn-Harnack, Adolf von Harnack, 2. Aufl. 1951, 103.

[16] Barnabasbrief 5, 6.

[17] Meliton, Passa-Homilie, hrsg. v. B. Lohse, 1958, 7 (36—40).

[18] Barnabasbrief 4, 14.

[19] 2. Clemensbrief 2, 4 f.

[20] Ignatius, An die Philadelphier 8, 2.

[21] Justin, Dialog 80, 3.

[22] Justin, Apologie 1, 12, 9.

[23] Justin, Apologie 1, 67, 3.

[24] Irenäus, Gegen die Häresien 1, 10, 2.

[25] Irenäus, Gegen die Häresien 3, 4, 1 f.

[26] H. Lietzmann, Geschichte der alten Kirche, Bd. 2, 3. Aufl. 1961, 106.

[27] H. Lietzmann, ebd.

[28] H. Lietzmann, ebd. 108.

[29] Tertullian, Apologeticum 47, 10.

[30] Justin, Dialog 56, 11.

[31] Justin, Apologie 1, 6, 1 f.

[32] Irenäus, Darstellung der apostolischen Verkündigung 2, 1, 47.

[33] Tertullian, Gegen Praxeas 12, 7.

[34] Tertullian, ebd. 2, 4.

[35] Origenes, Vom Gebet 1, 15, 1—4.

[36] Text und ausführlicher Kommentar bei J. N. D. Kelly, Altchristliche Glaubensbekenntnisse, Geschichte und Theologie, 1972, 205—229.

[37] Luther, Promotionsdisputation von Palladius u. Tilemann (1537), in: WA 39 I, 229, 16—19.

[38] Sokrates, Kirchengeschichte 1, 23.

[39] Athanasius, Gegen die Arianer 3, 6.

[40] Athanasius, Gegen die Arianer 3, 4.

[41] Athanasius, Über die Fleischwerdung 4, 3 (wohl 318 verfaßt).

[42] Athanasius, Über die Fleischwerdung 54, 3.

[43] Athanasius, Gegen die Arianer 2, 67.

[44] s. J. N. D. Kelly, Altchr. Glaubensbekenntnisse, 294—327.

[45] Theodoret, Kirchengeschichte 5, 9.

[46] Augustin, Über die Trinität 5, 14, 15.

[47] Augustin, Über die Trinität 2, 5, 9.

[48] Augustin, Enchiridion 12, 38.

[49] Augustin, Über die Trinität 5, 11, 12.

[50] Augustin, Über die Trinität 5, 9, 10.

[51] K. Barth, Kirchliche Dogmatik I, 1, 367.

[52] Augustin, Über die Trinität 15, 28, 51.

[53] Tertullian, Gegen Praxeas 27, 6—9.

[54] Tertullian, Gegen Praxeas 27, 11.

[55] H. Lietzmann, Apollinaris von Laodicea und seine Schule, 1904, 202, 5—10.

[56] H. Lietzmann, ebd. 251, 1 f.

[57] Melanchthon, CR 9, 1098.

[58] Leo I., Lehrbrief 3.

[59] Justin, Apologie 2, 14, 1.

[60] Tertullian, Apologeticum 17, 6.

[61] Tertullian, Über die Prozeßeinrede gegen die Häretiker 13, 4.

[62] E. Ivánka, Hellenisches u. Christliches im frühbyzantinischen Geistesleben, 1948, 62—65.

[63] Pelagius, Über das christliche Leben 6.

[64] Augustin, Über verschiedene Fragen, an Simplicianus 1, 2, 12.

[65] Augustin, Über die christliche Lehre 3, 10, 16.

[66] Augustin, Enchiridion 28, 107.

[67] Augustin, Enchiridion 9, 32.

[68] B. Lohse, Zu Augustins Engellehre, in: Zeitschrift für Kirchengeschichte 70, 1959, 278—291.

[69] Augustin, Brief 194, 5, 19.

[70] Konzil zu Karthago 418, can. 3.

[71] Konzil zu Karthago 418, can. 17.

[72] Augustin, Über die Vorherbestimmung der Heiligen 3, 7.

[73] Vinzens, Commonitorium 2, 3.

[74] Vinzens, ebd. 26, 37.

[75] Luther, WA Deutsche Bibel 7, 12, 21—25.

[76] Luther, WA Deutsche Bibel 7, 7, 27—29.

[77] Luther, Das Magnificat (1521), in: WA 7, 562, 19—21.

[78] Augsburgische Konfession 2, in: BS 53, 2—11.

[79] K. H. Oelrich, Der späte Erasmus und die Reformation, 1961, 125 f.

[80] Irenäus, Gegen die Häresien 4, 17, 5.

[81] Cyprian, Brief 63, 14.

[82] Ambrosius, Über die Mysterien 9, 52.

[83] Augustin, Johanneskommentar 80, 3.

[84] Augustin, ebd.

[85] Augustin, Gegen Adimantus 12, 3.

[86] Augustin, Psalmenkommentar 3, 1.

[87] Augustin, Johanneskommentar 26, 11.

[88] Augustin, Johanneskommentar 27, 11.

[89] Augustin, Brief 98, 9.

[90] Augustin, Enchiridion 39, 110.

[91] A. Michel, Die folgenschweren Ideen des Kardinals Humbert u. ihr Einfluß auf Gregor VII., in: Studi Gregoriani 1, 1947, 65—92.

[92] Hugo, Über die Sakramente 1, 9, 2.

[93] Petrus Lombardus, Sentenzen 4, 1, 2.

[94] Petrus Lombardus, Sentenzen 4, 22, 3.

[95] So erstmalig Luther, Von der babylonischen Gefangenschaft der Kirche (1520).

[96] Über das allerheiligste Meßopfer cap. 2 und can. 3; Denz. 940 (1743), 950 (1753). Vgl. R. Prenter, Das Augsburgische Bekenntnis und die römisch-katholische Meßopferlehre, in: Kerygma und Dogma 1, 1955, 42—58.

[97] Luther, Vorrede zum 1. Bd. der Gesamtausgabe seiner lat. Schriften (1545), in: WA 54, 186, 5—13.

[98] Luther, WA 7, 21, 1—4.

[99] WA 7, 22, 3—5, 9—14.

[100] Luther, WA 7, 30, 15—20.

[101] Augustin, Bekenntnisse, 2, 3, 5.

[102] Luther, WA 3, 26, 22—25.

[103] Luther, WA 3, 378, 24 f.

[104] Luther, WA 56, 419, 21—26.

[105] Luther, WA Deutsche Bibel 6, 8, 29—10,5.

[106] Luther, WA 26, 502, 18—21.

[107] BS 415, 7—416, 6.

[108] Luther, WA 46, 436, 7—12.

[109] Luther, Vom Anbeten des Sakraments des hl. Leichnams Christi (1523), in: WA 11, 433, 27 f.

[110] Luther, WA 19, 482, 15—483, 19.

[111] Luther, Vom Abendmahl Christi, Bekenntnis (1528), in: WA 26, 479, 3—7.

[112] zit. nach W. Köhler, Dogmengeschichte als Geschichte des christlichen Selbstbewußtseins, Bd. 2, 1951, 317 f.

[113] BS 65, 15—26.

[114] BS 64, 2—6, (nach dem lat. Text).

[115] BS 83 c, 7—16.

[116] BS 56, 2—10.

[117] BS 60, 2—7.

[118] BS 58, 2—8.

[119] BS 61, 2—11.

[120] Calvin, Briefe, hrsg. von R. Schwarz, Bd. 1, 1961, 285.

[121] Calvin, ebd. 288.

[122] Luther, WA Briefe 8 Nr. 3394, 29–31.

[123] Calvin, CR 11, 438.

[124] Konzil von Trient, Sessio VI cap. 4. Denz. 796 (1524).

[125] ebd. cap. 5. Denz. 797 (1525).

[126] ebd. cap. 9. Denz. 802 (1534).

[127] Luther, WA 10 III, 1,7—2,2.

[128] St. Pfürtner, Luther und Thomas im Gespräch, 1961.

[129] B. Lohse, Mönchtum und Reformation — Luthers Auseinandersetzung mit dem Mönchsideal des Mittelalters, 1963, 160—171.

[130] Augustin, Über Natur und Gnade 36, 42.

[131] Anselm, Warum Gott Mensch ward 2, 16.

[132] Luther, WA 17 II, 288, 17 f.

[133] Luther, WA 10 III, 268, 13—269, 1.

[134] Luther, WA 15, 411, 22 f.

[135] Luther, WA 52, 627, 16—24.

[136] Luther, WA 29, 454, 31.

[137] Denz. 1100 (2015).

[138] Denz. 1641 (2803).

[139] Denz. 1839 (3073 f.).

[140] Denz. 1836 (3070).

[141] Denz. 1831 (3064).

[142] Denz. 1826 (3059).

[143] Denz. 1828 (3061).

[144] Denz. 2333 (3903).

[145] K. Rahner, Das ›Neue‹ Dogma, 1951; zit. nach W. v. Loewenich, Der mod. Katholizismus vor u. nach dem Konzil, 1970, 246 f.

[146] Denz. 1978a Anm.

[147] s. G. Maron, Maria u. die Eucharistie, in: Evangelische Theologie 22, 1962, 394—410.
[148] BS 767, 14—768, 7.
[149] E. Hirsch, Hilfsbuch zum Studium der Dogmatik, 2. Aufl. 1951, 314.
[150] E. Hirsch, ebd. 316.

[151] E. Hirsch, ebd. 319—321.
[152] K. Barth, Kirchliche Dogmatik II, 1, 200.
[153] Neu Delhi Dokumente, hrsg. von F. Lüpsen, 1962, 65.
[154] E. Kinder, in: Lutherische Monatshefte 1, 1962, 17.

Wichtige Literatur zur Dogmengeschichte

Gesamtdarstellungen

A. v. Harnack, Lehrbuch der Dogmengeschichte, 3 Bde, 5. Aufl. 1931/32, Neudruck 1980. F. Loofs, Leitfaden zum Studium der Dogmengeschichte, 7. Aufl.; hrsg. v. K. Aland, 1968. R. Seeberg, Lehrbuch der Dogmengeschichte, 5 Bde, 4. Aufl. 1953/54, mehrmals neugedruckt. W. Köhler, Dogmengeschichte als Geschichte des christlichen Selbstbewußtseins, 2 Bde, 1951. M. Werner, Die Entstehung des christl. Dogmas, 2. Aufl. 1954. A. Adam, Lehrbuch der Dogmengeschichte, 2 Bde, 1965–1968. C. Andresen (Hrsg.), Handbuch der Dogmen- und Theologiegeschichte, 3 Bde, 1980 ff.

Dogma und Dogmengeschichte

F. Loofs, Art. Dogmengeschichte, in: RE 4, 752–764. Fr. W. Kantzenbach, Evangelium und Dogma – Die Bewältigung des theologischen Problems der Dogmengeschichte im Protestantismus, 1959. B. Lohse, Was verstehen wir unter Dogmengeschichte innerhalb der evangelischen Theologie? in: Kerygma und Dogma 8, 1962, 27–45. W.-D. Hauschild, Art. Dogmengeschichtsschreibung, in: TRE 9, 116–125.

I. Kanon und Glaubensregel

W. G. Kümmel, Einleitung in das NT, 20. Aufl. 1980, 420–444. H. v. Campenhausen, Die Entstehung der christlichen Bibel, 1968. Zum Glaubensbekenntnis: H. Lietzmann, Geschichte der alten Kirche, Bd. 2, 3. Aufl. 1961. O. Cullmann, Die ersten christlichen Glaubensbekenntnisse, 2. Aufl. 1949. J. N. D. Kelly, Altchristliche Glaubensbekenntnisse – Geschichte und Theologie, 1972. – Für die Dogmengeschichte der Zeit vor Nicäa (325): J. Daniélou S. J., Histoire des Doctrines Chrétiennes avant Nicée, 2 Bde, 1958–1961.

II. Die Trinitätslehre

G. Kretschmar, Studien zur frühchristlichen Trinitätstheologie, 1956. J. N. D. Kelly, Early Christian Doctrines, 1958. C. Andresen, Zur Entstehung und Geschichte des trinitarischen Personbegriffes, in: Zeitschrift für die neutestamentliche Wissenschaft 52, 1961, 1–39. F. H. Kettler, Art. Trinität, in: RGG 6, 1025–1032.

III. Die Christologie

A. Gilg, Weg und Bedeutung der altkirchlichen Christologie, 3. Aufl. 1966, W. Elert, Der Ausgang der altkirchlichen Christologie, 1957. A. Grillmeier, Jesus der Christus im Glauben der Kirche, Bd. 1: Von der apostolischen Zeit bis zum Konzil von Chalcedon (451), 1979.

IV. Die Lehre von Sünde und Gnade

J. Groß, Entstehungsgeschichte des Erbsündendogmas, Bd. 1: Von der Bibel bis Augustinus, 1960. G. Nygren, Das Prädestinationsproblem in der Theologie Augustins, 1956. J. Ferguson, Pelagius (engl.), 1956. G. Greshake, Gnade als konkrete Freiheit – Eine Untersuchung zur Gnadenlehre des Pelagius, 1972. O. H. Pesch und A. Peters, Einführung in die Lehre von Gnade und Rechtfertigung, 1981.

V. Wort und Sakrament

G. L. Hahn, Die Lehre von den Sakramenten in ihrer geschichtlichen Entwicklung innerhalb der abendländischen Kirche bis zum Konzil von Trient, 1864. W. Jetter, Die Taufe beim jungen Luther, 1954 (mit Überblick über die Entwicklung der Tauflehre seit Augustin). E. Kinder, Art. Sakramente, in: RGG 5, 1321–1326.

VI. Die Rechtfertigung

G. Ebeling, Art. Luthers Theologie, in: RGG 4, 495–520. P. Althaus, Die Theologie Martin Luthers, 5. Aufl. 1980. W. Elert, Morphologie des Luthertums, 2 Bde., 2. Aufl., 1952/53. W. Köhler, Zwingli und Luther, 2 Bde, 1924–1953. W. Niesel, Die Theologie Calvins, 2. Aufl. 1957. O. H. Pesch, Theologie der Rechtfertigung bei Martin Luther und Thomas von Aquin – Versuch eines systematisch-theologischen Dialogs, 1967. B. Lohse, Martin Luther – Eine Einführung in sein Leben und sein Werk, 2. Aufl. 1982.

VII. Das Dogma im neueren Katholizismus

B. Tierney, Origins of Papal Infallibility 1150–1350 – A Study on the Concepts of Infallibility, Sovereignty, and Tradition in the Middle Ages, 1972. W. v. Loewenich, Der moderne Katholizismus vor und nach dem Konzil, 1970. H. v. Campenhausen, Die Jungfrauengeburt in der Theologie der alten Kirche, 1962 (= Sitzungsberichte der Heidelberger Akademie der Wissenschaften, phil.-hist. Kl. 1962, 3). G. Miegge, Die Jungfrau Maria – Studie zur Geschichte der Marienlehre, 1962. W. Tappolet, Das Marienlob der Reformatoren, 1962.

VIII. Das Dogma im Protestantismus

E. Hirsch, Geschichte der neuern evangelischen Theologie, 5 Bde, 1949 bis 1954. H. Stephan, Geschichte der deutschen evangelischen Theologie seit dem deutschen Idealismus, 2. Aufl. von M. Schmidt, 1960. H. E. Weber, Reformation, Orthodoxie und Pietismus, 3 Bde, 1937–1951. G. Ebeling, Die Bedeutung der historisch-kritischen Methode für die protestantische Theologie und Kirche, in: Zeitschrift für Theologie und Kirche 47, 1950, 1–46 (auch in: Ebeling, Wort und Glaube, 3. Aufl. 1967, 1–49). Kl. Scholder, Ursprünge und Probleme der Bibelkritik im 17. Jahrhundert – Ein Beitrag zur Entstehung der historisch-kritischen Theologie, 1966. G. Hornig, Die Anfänge der historisch-kritischen Theologie – Johann Salomo Semlers Schriftverständnis und seine Stellung zu Luther, 1961. E. Wolf, Barmen – Kirche zwischen Versuchung und Gnade, 2. Aufl. 1970. Arbeiten zur Geschichte des Kirchenkampfes, 1958 ff. Kl. Scholder, Die Kirchen und das Dritte Reich, Bd. 1, 1977.

IX. Die Einheit der Kirche

R. Rouse u. St. Ch. Neill, Geschichte der Ökumenischen Bewegung, 3 Bde, 1957–1974. H. H. Harms und W. A. Visser't Hooft, Art. Ökumenische Bewegung, in: RGG 4, 1571–1581. H. Meyer, Versöhnte Verschiedenheit. Korrekturen am Konzept der „konziliaren Gemeinschaft", in: Lutherische Monatshefte 14, 1975, 675–679. – Zum zweiten Vatikanischen Konzil: Lexikon für Theologie und Kirche, Das zweite Vatikanische Konzil, Texte und Kommentare, 3 Bde, 1965 bis 1968. E. Schlink, Nach dem Konzil, 1966.

Zeittafel

I.	30	Jesu Kreuzigung
	ca. 144	Marcion schafft seinen neutestamentlichen Kanon, bestehend aus dem von „jüdischen" Resten gereinigten Lukasevangelium und den ersten 10 Paulusbriefen. Der kirchliche Kanon des NT war gleichzeitig schon im Entstehen begriffen.
	ca. 180	Vorläufiger Abschluß der Bildung des neutestamentlichen Kanons.
	Ende des 2. Jh.s	Sowohl im Osten als auch im Westen hat die Glaubensregel grundlegende Bedeutung als Zusammenfassung der kirchlichen Lehre.
	367	In seinem 39. Osterfestbrief nennt Athanasius, Bischof von Alexandrien, erstmalig den fest umschriebenen Kanon des NT mit den 27 Büchern, die seither allein als kanonisch gelten.
	382	Eine römische Synode setzt den neutestamentlichen Kanon in dem gleichen Umfang fest. Die Synoden von Hippo Regius (393) und Karthago (397, 419) schließen sich der römischen Entscheidung an.
II.	Ende des 2. und Anfang des 3. Jh.s	Irenäus von Lyon und Tertullian von Karthago entwerfen als erste eine eigentliche Trinitätslehre, die nicht mehr nur die Personen der Trinität nebeneinanderstellt, sondern sowohl die Einheit Gottes als auch die Unterschiedenheit der drei Personen deutlich zum Ausdruck bringt. Freilich ist die Trinität subordinatianisch gedacht: der Sohn ist dem Vater untergeordnet, der Heilige Geist steht unter dem Sohn.
	um 200	Die beiden Richtungen des Monarchianismus suchen die Einpersönlichkeit Gottes festzuhalten. Für die dynamistischen Monarchianer ist Christus ein von der unpersönlichen göttlichen Kraft erfüllter Mensch gewesen, der als Gottes Sohn adoptiert wurde (Hauptvertreter: Theodotus der Gerber und Theodotus der Wechsler Ende des 2. Jh.s; Paul von Samosata, gest. nach 272). Für die modalistischen Monarchianer hat der eine Gott verschiedene Weisen des Wirkens, nämlich als Vater, als Sohn und als Heiliger Geist (Hauptvertreter: Sabellius, Anfang des 3. Jh.s).
	Anfang des 3. Jh.s	Nachdem die beiden Richtungen des Monarchianismus von der Kirche ausgeschieden worden sind, hat im We-

sten die tertullianische Trinitätslehre bestimmenden Einfluß. Im Osten entfaltet Origenes (gest. 254) seine stark spekulative Trinitätslehre, die zwar schon den Begriff der Homousie (Wesenseinheit) kennt, aber an der numerischen Unterschiedenheit der Personen betont festhält und die Gottheit ganz in Gott-Vater konzentriert denkt. Darum konnte Origenes den Sohn als Geschöpf des Vaters bezeichnen. Die Trinitätslehre des Origenes konnte in verschiedener Weise fortentwickelt werden, sowohl in Richtung auf den Arianismus als auch in Richtung auf die spätere Orthodoxie.

319   Arius, Pfarrer in Alexandrien, wird von der Synode zu Alexandrien exkommuniziert, weil er den Sohn Gottes als Geschöpf bezeichnet, das nicht von Ewigkeit her da war und dem daher die Gottheit nicht wesensmäßig eignet.

325   Das Konzil zu Nicäa verurteilt die Lehre des Arius und bezeugt in seinem Bekenntnis, daß der Sohn mit dem Vater eines Wesens und wahrhaftiger Gott aus wahrhaftigem Gott ist.

325—361   In der Hauptphase des arianischen Streites gelingt es dem Widerstand der überwiegend von Origenes bestimmten Theologen des Ostens, zeitweilig das nicänische Bekenntnis durch mehr oder weniger arianisch formulierte Bekenntnisse zu ersetzen. Die Mehrheit des Ostens wird dabei unterstützt von der Politik der Kaiser. Athanasius und seine Freunde sowie vor allem der lateinische Westen in seiner Mehrheit verharren jedoch bei dem Nicänum.

361—381   Die letzte Phase des arianischen Streites ist gekennzeichnet einmal dadurch, daß die Theologie der Kappadozier die Unterscheidung zwischen Usia (das den Personen der Trinität gemeinsame Wesen) und Hypostasis (Person) ermöglicht und insofern ein modalistisches Mißverständnis der Homousie des Sohnes mit dem Vater verhindert; sodann dadurch, daß die Frage der Stellung des Heiligen Geistes in der Trinität aufgeworfen und von Athanasius und den Kappadoziern analog den nicänischen Aussagen über das Verhältnis von Gott-Vater und dem Sohn beantwortet wird.

381   Das Konzil zu Konstantinopel, das den arianischen Streit abschließt, bekennt die Homousie des Sohnes und des Heiligen Geistes mit Gott-Vater.

Anfang des 5. Jh.s   Augustin ist in seiner theologischen Arbeit darauf bedacht, vor allem die Einheit Gottes zu betonen. Statt von „Person" spricht er lieber von „Relation", hält aber an den Unterschieden der Personen fest. Augustins Gedanken sind für die spätere abendländische Trinitätslehre maßgebend geworden, die daher stärker die Einheit der Personen der Trinität betont, während die morgenländische Theologie im ganzen ihre Trinitätslehre von der Gottheit des Vaters aus entwirft, freilich ebenfalls an der Homousie des Sohnes und des Heiligen Geistes mit dem Vater festhält. Der Unterschied zwischen griechischer und lateinischer Trinitätslehre findet seinen scharfen Ausdruck darin, daß nach dieser der Heilige Geist von dem Vater und dem Sohne ausgeht, während nach jener der Heilige Geist nur von dem Vater, allerdings durch den Sohn, ausgeht.

III. Mitte des 2. Jh.s

Die Apologeten entwerfen als erste eine eigentliche Christologie, indem sie den Logosbegriff der griechischen Philosophie aufnehmen und Christus als Weltvernunft und kosmisches Prinzip verstehen, das in der antiken Philosophie nur unvollkommen erschienen ist, sich aber in Jesus Christus endgültig und vollkommen geoffenbart hat. Näherhin äußern sie, daß Gott-Vater sein Wort (Logos), das er von allem Anbeginn an bei sich hatte, zum Zweck der Weltschöpfung aus sich heraus gesetzt hat.

Anfang des 3. Jh.s

Die Logoschristologie setzt sich allenthalben durch, nicht zuletzt dank der theologischen Arbeit des Origenes. Freilich birgt auch die Christologie des Origenes zahlreiche Probleme, vor allem seine Auffassung über Jesu menschliche Seele. Origenes lehrt die Präexistenz der Seele Jesu. Während die anderen präexistenten Seelen von Gott abfielen, blieb Jesu präexistente Seele Gott treu und wurde mit dem göttlichen Logos vereinigt. Bei dem Fleischgewordenen kommt der Seele eine Mittlerrolle zwischen dem Logos und dem Leib zu. Aber nach der Auferstehung setzt eine fortschreitende Absorption des erhöhten menschlichen Leibes Jesu ein. Diese Lehre konnte sowohl in Richtung auf die spätere Wort-Fleisch-Christologie als auch in Richtung auf die spätere Wort-Mensch-Christologie fortentwickelt werden, je nachdem, wie man das Problem der menschlichen Seele Jesu zu lösen unternahm.

Mitte des 4. Jh.s

Apollinaris von Laodicea (gest. 390) äußert, daß der irdische Jesus keinen „Geist" gehabt habe, daß dessen Stelle vielmehr von dem fleischgewordenen Logos eingenommen worden sei. Dadurch wurde die Vollkommenheit der menschlichen Natur Jesu Christi geleugnet. Apollinaris wurde auf verschiedenen Synoden in der letzten Zeit des arianischen Streites verurteilt.

| Anfang des 5. Jh.s | Zwei christologische Schulen stehen sich gegenüber: a) die Antiochener, die eine Wort-Mensch-Christologie vertreten und dementsprechend die Unversehrtheit und Vollkommenheit der menschlichen Natur Jesu Christi betonen, dafür aber die Einheit von Gottheit und Menschheit nicht wirklich klarmachen können; b) die Alexandriner, die eine Wort-Fleisch-Christologie vertreten und dabei die „eine Natur des fleischgewordenen Logos" hervorheben, freilich in Gefahr sind, die Unversehrtheit und Vollkommenheit der menschlichen Natur zu verkürzen. |

431 Das unter Rechtsbruch eröffnete Konzil zu Ephesus, das später (451) als ökumenisches anerkannt worden ist, verurteilt Nestorius von Konstantinopel, einen hervorragenden Vertreter der Antiochener.

451 Das Konzil von Chalkedon, das den christologischen Streit vorläufig abschließt, bezeugt in seinem Bekenntnis, daß Jesus Christus wahrhaft Gott und wahrhaft Mensch aus einer vernunftbegabten Seele und einem Leibe ist, und zwar in (nicht: aus) zwei Naturen, die unvermischt, unverwandelt, ungetrennt, ungesondert sind; und daß beide Naturen unbeschadet ihrer Vollständigkeit und Besonderheit zu einer Person vereinigt sind.

Ende des 5. und Anfang des 6. Jh.s Die Entstehung verschiedener monophysitischer Kirchen im Orient, die in dem Chalcedonense die Einheit der Person Christi nur ungenügend ausgedrückt fanden, zugleich aber durch einen nationalen Gegensatz gegen Byzanz bestimmt sind, veranlassen die Kaiser verschiedentlich zu Vermittlungsversuchen.

553 Das Konzil zu Konstantinopel (5. ökumenisches) betont stärker als das Chalcedonense die Einheit der beiden Naturen Christi und bekennt ihre hypostatische Einheit.

680/81 Das 6. ökumenische Konzil zu Konstantinopel entscheidet das inzwischen aufgeworfene Problem, ob Christus einen oder zwei Willen, entsprechend seinen beiden Naturen, gehabt habe, dahin, daß er zwei Willen und zwei Tätigkeiten gehabt habe, daß diese jedoch ungesondert, unverwandelt, ungetrennt, unvermischt seien.

IV. Anfang des 3. Jh.s Tertullian entwickelt als erster Ansätze einer Erbsündenlehre, wonach auch schon die kleinen Kinder als unrein anzusehen sind. Freilich verhinderte der Gegensatz gegen die Gnosis, die die gesamte Materie und auch die Leiblichkeit des Menschen als gottfeindlich betrachtete, auf lange hinaus ein tieferes Erfassen der paulinischen Aussagen über die Macht der Sünde.

um 400   Pelagius und in noch stärkerem Maße sein Freund Caelestius betonen die völlige Freiheit des Willens gegenüber Gott. Bei ihren praktischen Reformforderungen erscheint ihnen die Behauptung einer Erbsünde und der Unfreiheit des Willens gegenüber der göttlichen Gnade als schweres Hindernis. Freilich ist der Moralismus der früheren Kirchenväter bei Pelagius und Caelestius ins Grundsätzliche erhoben worden. Ihr Gottesbegriff ist weithin rationalistisch; der Glaube erschöpft sich im wesentlichen in der Beobachtung des göttlichen Gesetzes.

um 400   Augustin gelangt einmal durch seine eigenen Erfahrungen, in denen ihm die Macht der Sünde deutlich wurde, sodann aber und vor allem durch ein intensives Schriftstudium zu einer wesentlich tieferen Auffassung von der Sünde und der Gnade. Ohne daß Augustin die psychologische Willensfreiheit des Menschen leugnet, erkennt er, daß der menschliche Wille nur innerhalb der einmal eingeschlagenen Richtung, in der er sich immer schon vorfindet, frei ist, daß es aber gegenüber Gott und der Gnade auf Grund der Erbsünde keine Freiheit gibt.

411   Eine Synode zu Karthago verurteilt die Lehre des Pelagius.

418   Nachdem es Pelagius auf zwei Synoden in Palästina 415 gelungen war, sich unter Preisgabe seines Freundes Caelestius zu rechtfertigen, und nachdem Pelagius wie Caelestius 417 sogar durch eine römische Synode unter Zosimus I. als rechtgläubig anerkannt waren, verurteilt eine Synode zu Karthago, die fürs erste den pelagianischen Streit abschließt, den Pelagianismus. Sie bekennt, daß alle Menschen durch die Sünden Adams in Mitleidenschaft gezogen sind, daß sie der Gnade Gottes nicht nur für die Vergebung der Sünden, sondern auch als Hilfe für ein neues Leben bedürfen, indem sie von ihr die Kraft dazu erhalten.

431   Das 4. ökumenische Konzil zu Ephesus bestätigt die Verurteilung der Lehre des Pelagius und des Caelestius.

ca. 420—529   In dem semipelagianischen Streit geht es einmal um die von Augustin entwickelte Prädestinationslehre, sodann um die Frage, ob der freie Wille im Menschen durch die Sünde nur geschwächt ist und daher mit der göttlichen Gnade zusammenwirken kann oder ob die Gnade stets den Anfang setzt und den Willen des Menschen erst befreien muß.

529   Die Synode zu Orange, die den semipelagianischen Streit abschließt, vertritt im ganzen einen gemäßigten Augustinismus. Sie lehrt, daß schon die Anrufung der göttlichen Gnade von der Gnade bewirkt sei. Eine Prädestination zur Verdammnis, die Augustin nicht gelehrt hatte, wird abgelehnt. Augustins Auffassung, daß die Gnade in den Prädestinierten unwiderstehlich wirkt, ist nicht übernommen worden. Insofern besteht eine Spannung zwischen der Sünden- und Gnadenlehre Augustins, des bedeutendsten Kirchenvaters des Abendlandes, und den Entscheidungen der Synoden. Diese Spannung ließ die Frage der Sünde und der Gnade im Abendland immer wieder von neuem lebendig werden.

V. um 100   Erstmalig findet sich in der Didache (14, 1 Ostsyrien) die Bezeichnung des Abendmahls als Opfer. Um die gleiche Zeit werden auch in anderen Teilen der Kirche Priester- und Opferaussagen des AT auf die kirchlichen Amtsträger und das Abendmahl übertragen, freilich zunächst nur in bildlichem Sinne. Aber im 3. Jh. ist es allgemeine Überzeugung, daß das Abendmahl das Opfer der Christen ist, wenn auch im Westen der Opferbegriff stärker rechtlich verstanden wird als im Osten. Neben dem Abendmahl hat selbstverständlich auch die Taufe von Anfang an große Bedeutung. Doch bot sie weniger Ansatzpunkte für eine der Abendmahlslehre entsprechende Entwicklung. Außer Taufe und Abendmahl hat die ganze alte Kirche und auch noch das frühe Mittelalter zahlreiche andere heilige Handlungen gekannt, die ebenfalls als „Sakramente" bezeichnet wurden.

Anfang des   Der erste Theologe, der die Frage der Sakramente im
5. Jh.s   Gegenüber zum Wort näher erörtert, ist Augustin. Erst bei ihm wird das Problem „Wort und Sakrament" zu einem eigenen Thema. Augustins Definition, daß das Zusammenkommen von Wort und Element das Sakrament zustande bringt, ist für die gesamte spätere Theologie des Abendlandes grundlegend. In seiner Lehre vom Abendmahl teilt Augustin nicht den Realismus des Ambrosius (gest. 397), sondern vertritt mit Hilfe seiner Unterscheidung von Zeichen und Sache eine symbolische Deutung. Der mittelalterlichen Theologie wurde daher sowohl eine realistische als auch eine symbolische Auffassung überliefert.

ca. 831 bis ca. 845	Der erste Abendmahlsstreit, geführt zwischen Paschasius Radbertus und Ratramnus, bringt eine gewisse Klärung der Fronten zwischen den beiden Abendmahlsauffassungen; jener hing mehr der realistischen, dieser mehr der symbolischen Auffassung an. Es kam zu keiner Entscheidung.
ca. 1050 bis 1079	In dem zweiten Abendmahlsstreit wird Berengar gezwungen, seine symbolische Deutung aufzugeben und eine Formel zu unterschreiben, wonach Brot und Wein im Abendmahl durch die Konsekration in realer Weise Leib und Blut Christi werden. Damit war einmal die Lehre, daß durch die Konsekration eine Wandlung der Elemente eintritt, festgelegt, obwohl sie im Grunde schon etwa von Ambrosius vertreten worden war; zum anderen setzte in der Theologie, insbesondere dank der Arbeit Humberts, eine christozentrische Betrachtung des Abendmahls ein.
Mitte des 12. Jh.s	In der Dogmatik wird der ältere, weite Sakramentsbegriff durch einen präzisen, engeren ersetzt, wonach es sieben Sakramente gibt (Taufe, Konfirmation, Abendmahl, Buße, letzte Ölung, Priesterweihe, Ehe). Erstmalig begegnet dieser neue Sakramentsbegriff bei Petrus Lombardus. Er setzt sich schnell allenthalben durch.
1215	Das 4. Laterankonzil dogmatisiert die Transsubstantiationslehre.
13. Jh.	Die theologische Arbeit der großen Scholastiker, vor allem Thomas' von Aquin, bestimmt die theologische Bedeutung der Sakramente näher. Zwar wird der extreme Realismus durch Aufnahme augustinischer Gedanken in manchen Punkten ermäßigt. Andererseits gewinnen die Sakramente für die Zueignung der Gnade an den Menschen fast ausschließlich Bedeutung: sie „enthalten" die Gnade und gießen sie dem Menschen ein. Auf seiten des Menschen ist nicht der volle Heilsglaube vonnöten; vielmehr genügt es, „keinen Riegel vorzuschieben".
1439	Das Konzil zu Florenz bestätigt die Siebenzahl der Sakramente.
16. Jh.	Luthers Kritik an der Sakramentslehre der mittelalterlichen Kirche richtet sich nicht so sehr gegen die Siebenzahl der Sakramente und die Transsubstantiationslehre, obwohl er mit beiden bricht, als vielmehr gegen die Verdinglichung der Gnade und die Verrechtlichung des Gottesverhältnisses, die in der Auffassung gipfelt, daß die Messe ein Opfer sei, durch das Gott jeweils von neuem versöhnt werden muß, um die Tatsünden zu

vergeben. Statt dessen betont Luther die Einsetzungsworte, die den Charakter der Verheißung haben, welche allein im Glauben ergriffen wird. Da nach dem NT nur Taufe und Abendmahl von Christus eingesetzt sind, sind nur sie in den Kirchen der Reformation als Sakramente beibehalten worden.

VI. a) 1514   Luther (1483—1546) gelangt zu seiner reformatorischen Auffassung über die Gerechtigkeit Gottes und die Rechtfertigung des Menschen. Diese Erkenntnis, die zugleich Luthers persönliche Fragen in seinen Anfechtungen überwindet, ist durch intensives Schriftstudium gewonnen. Durch die kritische Bedeutung, die die Schrift gegenüber der Kirche und der Tradition hat, ergibt sich die Aufgabe, die überkommenen Lehrbekenntnisse der Kirche von der Schrift her zu überprüfen und sie von ihr her zu interpretieren.

1517   Die Abfassung der 95 Thesen über den Ablaß bezeichnet den Beginn der Auseinandersetzung zwischen Luther und Rom.

1525—1529   Der Abendmahlsstreit zwischen Luther und Zwingli (1484—1531) läßt nicht nur wesentliche Unterschiede in der Deutung der Einsetzungsworte, sondern auch Differenzen in der Christologie hervortreten. Luther hält an dem buchstäblichen Verständnis des „ist" fest; zugleich betont er mit der alexandrinischen Christologie die Einheit der Person Christi. Zwingli versteht das „ist" im Sinne von „bedeutet"; mit der antiochenischen Christologie hebt er den Unterschied der zwei Naturen Christi hervor: die menschliche Natur kann nicht allgegenwärtig sein. Das Marburger Religionsgespräch 1529 bringt zwar eine gewisse Annäherung beider Seiten, nicht aber die erhoffte Einigung oder gegenseitige Anerkennung.

1528   Luthers „Bekenntnis" in der Schrift „Vom Abendmahl Christi".

1529   Die Schwabacher Artikel, ein Bekenntnis der lutherischen Theologen Kursachsens.

1529   Die Marburger Artikel, die das Ergebnis des Religionsgespräches festhalten.

1530   Die Torgauer Artikel als Vorbereitung Kursachsens für den Augsburger Reichstag 1530.

1530   Melanchthon verfaßt in Augsburg unter Benutzung der älteren Artikel die Augsburgische Konfession. Sie enthält einen Abriß der wichtigsten Lehren der evang.-

luth. Kirche. Im gleichen Jahr schreibt er als Entgegnung auf die kath. Confutatio die Apologie.

1537   Luther verfaßt die Schmalkaldischen Artikel.

1577   Um die nach Luthers Tode aufgebrochenen Streitfragen zu lösen, wird nach langen Verhandlungen und Vorbereitungen die Konkordienformel angenommen.

1580   Abschluß des Konkordienbuches, d. h. der evang.-luth. Bekenntnisschriften.

b) 1530   Confessio Tetrapolitana, von Straßburg, Konstanz, Memmingen und Lindau auf dem Augsburger Reichstag Karl V. übergeben.

1536   Calvin (1509—1564) veröffentlicht seinen „Unterricht in der christlichen Religion", eine zusammenfassende, systematische Darstellung des christlichen Glaubens (letzte, stark veränderte Aufl. 1559).

1536   Confessio Helvetica prior, u. a. von H. Bullinger verfaßt.

1549   Calvin schließt mit Bullinger den Consensus Tigurinus, der zwischen Genf und Zürich eine Annäherung bringt, dafür aber den Unterschied zu den Lutheranern verschärft und vor allem den zweiten Abendmahlsstreit heraufbeschwört.

1563   Entstehung des Heidelberger Katechismus, verfaßt von Z. Ursinus. Der Heidelberger Kat. ist die am weitesten verbreitete reformierte Bekenntnisschrift.

1566   Confessio Helvetica posterior, von Bullinger verfaßt, von vielen reformierten Kirchen verschiedener Länder angenommen.

1618/19   Die Synode zu Dordrecht entscheidet verschiedene in der reformierten Kirche aufgebrochene Lehrstreitigkeiten.

c) 1545—1563   Das Trienter Konzil bringt nicht nur die endgültige Ablehnung Roms gegenüber der gesamten Reformation, sondern zugleich auch eine sehr weitgehende Festlegung des kath. Glaubens. Die röm. Kirche setzt dem reformatorischen Schriftprinzip das Neben- und Miteinander von Schrift und Tradition entgegen. Die unzureichende Bestimmung dessen, was dabei als apostolische Tradition verstanden werden soll, gestattet es dem neuzeitlichen Katholizismus, seine Lehre immer weniger von der Schrift und immer stärker von der Tradition her, sogar ohne Rücksicht auf deren Alter, zu entfalten. Insofern bezeichnet das Trienter Konzil einen schlechthin entscheidenden Wendepunkt in der Geschichte der kath. Lehrbildung.

VII. 17. u. 18 Jh. Der neuere Katholizismus hat sich konsequent und beharrlich gegen das Eindringen des modernen Denkens, vor allem der Aufklärung, gewehrt, aber auch gegen innerkatholische Versuche einer Erneuerung und Vertiefung, wie sie etwa im 17. Jh. vom Jansenismus, einer an Augustin orientierten Bewegung in Theologie und Frömmigkeit, unternommen wurden. Statt dessen hat die röm. Kirche auf dem von dem Trienter Konzil gelegten Fundament folgerichtig weitergebaut.

1854 Nachdem die röm. Kirche mehrere Jahrhunderte hindurch kein neues Dogma definiert hatte, erklärt Papst Pius IX., erstmalig ohne Befragung und Zustimmung eines Konzils, die unbefleckte Empfängnis der Maria als ein von allen Christen zu glaubendes Dogma. Neu ist bei dieser Definition nicht nur der spezifische Inhalt, der sich nicht auf Schriftaussagen stützen kann, sondern vor allem auch die vom Papst erstmalig in Anspruch genommene Vollmacht, allein von sich aus Dogmen zu definieren.

1870 Das erste Vatikanische Konzil definiert die Unfehlbarkeit des Papstes als Dogma, die gegeben sein soll, wenn er ex cathedra spricht und zu Fragen des Glaubens oder der Sitte, die die ganze Kirche betreffen, Stellung nimmt. Obwohl vor der Definition insbesondere in Deutschland und Österreich erheblicher Widerstand gegen das geplante Dogma geleistet worden war, beugt sich doch die überwiegende Mehrheit der Bischöfe und Theologen. Freilich kommt es zur Abspaltung der altkatholischen Kirche, die das neue Dogma nicht anerkennt.

1950 Papst Pius XII. definiert als vorerst letztes kath. Dogma, daß Maria nach Vollendung ihres irdischen Lebenslaufes leiblich in den Himmel aufgenommen worden sei.

VIII. 18. Jh. Der allgemeine geistige Umbruch, der sich im europäischen Denken vollzieht und u. a. seinen Ausdruck in dem Aufkommen der historisch-kritischen Methode findet, führt im Protestantismus zu einer schweren Krise und zwingt zu einer tiefen Neubesinnung, die noch keineswegs als abgeschlossen gelten kann. Die evang. Kirche nimmt die Aufgaben, die ihr gestellt werden, wenn auch oft nur zögernd, auf und stellt sich damit der unumgänglich notwendigen geistigen Auseinandersetzung.

19. Jh. Die Einflüsse der Philosophie des Idealismus und der Romantik auf die protestantische Theologie (vgl. Schlei-

ermacher, gest. 1834) helfen zwar, die Aufklärungstheologie zu überwinden, verhindern jedoch den vollen
Einblick in die Geschichtlichkeit des Daseins und die
damit der Theologie gestellten Aufgaben. Gleichzeitig
setzt sich jedoch die historisch-kritische Methode in der
Theologie endgültig durch.

20. Jh.   Neben den Aufgaben, die der evang. Kirche durch die
Auseinandersetzung mit dem modernen Denken gestellt
sind, bricht das Problem von Staat und Kirche auf und
fordert eine neue Lösung.

1933—1945   Im Kirchenkampf geht es nicht nur um die Abwehr der
Irrlehre der Deutschen Christen sowie der totalitären
Ansprüche des Staates, sondern zugleich um eine kritische Selbstprüfung des Protestantismus und eine Neubesinnung auf das Wesen des Glaubens und die Quellen
der theologischen Erkenntnis und Lehre. Die Barmer
Theologische Erklärung (1934) bekennt, daß Jesus
Christus das eine Wort Gottes ist, das wir zu hören und
dem wir zu folgen haben.

IX. 1910   Die Weltmissionskonferenz zu Edinburgh sowie

1925   die Konferenz für praktisches Christentum zu Stock-
holm und

1927   die Konferenz für Glauben und Kirchenverfassung zu
Lausanne bringen jeweils in ihrem Bereich eine Annäherung der großen protestantischen Kirchen. Die verschiedenen Bewegungen führen zur

1948   Gründung des Ökumenischen Rates der Kirche.

1948   Die 1. Vollversammlung des Ökumen. Rates in Amsterdam.

1954   Die 2. Vollversammlung in Evanston.

1961   Die 3. Vollversammlung in Neu-Delhi. In Neu-Delhi
wird die Integration des Internationalen Missionsrates
in den Ökumenischen Rat vollzogen.

1968   Die 4. Vollversammlung in Uppsala befaßt sich u. a. insbesondere mit Fragen der wirtschaftlichen und sozialen
Weltentwicklung.

1975   Die 5. Vollversammlung in Nairobi widmet sich insbesondere dem Thema der Befreiung.

1962—1965   Das zweite Vatikanische Konzil von Johannes XXIII.
einberufen und unter Paul VI. zu Ende geführt, bemüht
sich, die katholische Kirche in den Stand zu setzen, die
Aufgaben der Gegenwart zu bewältigen. Es gibt den
schon lange vorhandenen theologischen Reformkräften
Raum, leitet eine intensivere Begegnung mit anderen
Kirchen ein und vollzieht die »Öffnung zur Welt«.

1973   In der Leuenberger Konkordie stellen die meisten reformatorischen Kirchen in Europa untereinander die Kirchengemeinschaft her.

Erklärung von Fachausdrücken

accidens	das Zufällige, Hinzukommende, Veränderliche
Adiaphora	Mitteldinge; Erlaubtes, das weder geboten noch verboten ist
Allöosis	Gegenwechsel; Zwinglis Anschauung, daß die Lehre von der communicatio idiomatum nicht einen realen Austausch der Eigenschaften der Naturen Christi bedeutet, sondern nur eine Redefigur ist
Äon	Zeitraum, Weltalter, Ewigkeit; oft personifiziert vorgestellt
character indelebilis	unzerstörbares Merkmal, das nach katholischer Lehre durch die Taufe, die Firmung und die Priesterweihe verliehen wird
communicatio idiomatum	Mitteilung der Eigenschaften der einen Natur Christi an die andere
Depositum fidei	Hinterlage des Glaubens; Schatz der Glaubenswahrheiten, die nach katholischer Lehre von Jesus und den Aposteln dem kirchlichen Lehramt übergeben sind, von ihm unversehrt weitergereicht und gegebenenfalls näher enfaltet werden
Doketismus	Lehre von der nur scheinbaren Menschwerdung Christi
Dyotheletismus	Lehre von den zwei Willen Christi, dem göttlichen und dem menschlichen
Eschatologie	Lehre von den letzten Dingen
ex opere operato	katholische Lehre, daß die Sakramente bloß auf Grund des Vollzugs der Handlung heilswirksam sind, wenn der Empfänger „keinen Riegel vorschiebt"
Homousie	Wesenseinheit, Wesensgleichheit
Hypostase	selbständige Wesenheit, Person
Ikonoklasmus	Bildersturm
Logos	Wort, Rede, Offenbarungsmittler
Monarchianismus	Lehre von der Einpersönlichkeit Gottes
Monophysitismus	Lehre von der einen gottmenschlichen Natur Christi
Monotheletismus	Lehre von dem einen gottmenschlichen Willen Christi
Pneumatomachen	Gegner der Homousie des Heiligen Geistes mit dem Vater und dem Sohn
Soteriologie	Lehre von der Erlösung
Symbol	(in der Dogmengeschichte oft:) Glaubensbekenntnis
Synergismus	Lehre von dem Mitwirken des freien Willens mit der Gnade bei der Bekehrung
Usia	Wesen, Wesenheit, Substanz; später: Einzelwesen

Namen- und Sachregister

Bibelstellenverzeichnis